UTB

UTB :

CW01670153

Eine Arbeitsgemeinschaft der Verlage

Beltz Verlag Weinheim · Basel
Böhlau Verlag Köln · Weimar · Wien
Wilhelm Fink Verlag München
A. Francke Verlag Tübingen und Basel
Haupt Verlag Bern · Stuttgart · Wien
Lucius & Lucius Verlagsgesellschaft Stuttgart
Mohr Siebeck Tübingen
C. F. Müller Verlag Heidelberg
Ernst Reinhardt Verlag München und Basel
Ferdinand Schöningh Verlag Paderborn · München · Wien · Zürich
Eugen Ulmer Verlag Stuttgart
UVK Verlagsgesellschaft Konstanz
Vandenhoeck & Ruprecht Göttingen
Verlag Recht und Wirtschaft Heidelberg
VS Verlag für Sozialwissenschaften Wiesbaden
WUV Facultas Wien

Roland Sturm/Heinrich Pehle

Das neue deutsche Regierungssystem

Roland Sturm/Heinrich Pehle

Das neue deutsche Regierungssystem

Die Europäisierung von Institutionen, Entscheidungsprozessen und Politikfeldern in der Bundesrepublik Deutschland

VS Verlag für Sozialwissenschaften, Wiesbaden

VS VERLAG FÜR SOZIALWISSENSCHAFTEN

VS Verlag für Sozialwissenschaften
Entstanden mit Beginn des Jahres 2004 aus den beiden Häusern
Leske+Budrich und Westdeutscher Verlag.
Die breite Basis für sozialwissenschaftliches Publizieren

Bibliografische Information Der Deutschen Bibliothek
Die Deutsche Bibliothek verzeichnet diese Publikation in der Deutschen Nationalbibliografie; detaillierte bibliografische Daten sind im Internet über <http://dnb.ddb.de> abrufbar.

2. Auflage Juni 2005

Der VS Verlag für Sozialwissenschaften ist ein Unternehmen von
Springer Science+Business Media.
www.vs-verlag.de

ISBN: 3-531-14632-7
NE: UTB für Wissenschaft/Uni-Taschenbücher
Gesamtherstellung: MercedesDruck, Berlin
Einbandgestaltung: Atelier Reichert, Stuttgart
Printed in Germany

ISBN 3-8252-2244-6 (UTB-Bestellnummer)

Vorwort

Die Erlanger Europaforschung legt mit diesem Band ein Lehr- und Arbeitsbuch vor, das die gängigen Einführungen zum „Politischen System der Bundesrepublik Deutschland“, wie wir hoffen, in geradezu idealer Weise ergänzt. Es ist überfällig und dringend nötig, die politischen und institutionellen Grundlagen des deutschen Regierungssystems nicht mehr nur aus einer Perspektive nachvollziehbar zu machen, die bis zur immer durchlässiger werdenden Landesgrenze reicht.

Europa ist für uns alle kein Ort politischer Weichenstellung zweiter Wahl. Die Mitgliedschaft der Bundesrepublik in der EU hat unmittelbare Folgen für alle Dimensionen des Politischen in Deutschland, für die Institution des Landes ebenso wie für die politische Willensbildung und die Produktion materieller Politik. Das politische System der Bundesrepublik Deutschland existiert selbstverständlich weiter, aber verstehen kann man sein Funktionieren heute nur noch, wenn man es als europäisiertes Regierungssystem betrachtet. Dieses neue deutsche Regierungssystem systematisch und allgemeinverständlich darzustellen, ist die Aufgabe, die wir uns gestellt haben.

Wir greifen mit diesem aus gemeinsamer Arbeit entstandenen Produkt die im internationalen Bereich begonnene spannende Debatte zu den Folgen der europäischen Integration für nationale Regierungssysteme auf und versuchen, diese für das deutsche Regierungssystem fruchtbar zu machen. Kritik und weiteren Anregungen sehen wir auch deshalb mit großem Interesse entgegen. Unser herzlicher Dank gilt Monika Viehfeger, die ein bis zur Unkenntlichkeit redigiertes Manuskript mit gewohnter Routine wieder in eine lesbare Form gebracht hat.

Erlangen, im Mai 2001

Roland Sturm
Heinrich Pehle

Vorwort zur zweiten Auflage

„Das neue deutsche Regierungssystem" hat sich als Lehrbuch, aber auch als innovativer Beitrag zur Debatte um die Europäisierung politischer Systeme in all ihren Dimensionen bewährt. Die Diskussion um theoretische und empirische Zugänge zur Europäisierung von Institutionen, von Prozessen politischer Willensbildung und der zahlreichen Politikfelder ist in vollem Gange. Damit ist das Gewicht der hier untersuchten Zugänge und Argumentationsmuster forschungsstrategisch und auch was ihre Praxisrelevanz betrifft weiter gewachsen. Die Neuauflagen der Standardwerke zum Regierungssystem der Bundesrepublik Deutschland orientieren sich noch immer in erster Linie an der traditionellen Binnensicht des Regierungssystems. Der Blick auf die Europäische Union geschieht ergänzend und in der verdienstvollen Absicht, die Besonderheiten des sich wandelnden europäischen politischen Systems zu vermitteln. So bleibt die hier gewählte analytische Perspektive nicht nur als selbständiger Weg zum Verständnis deutscher Gegenwartspolitik, sondern auch als ergänzende Sichtweise im Hinblick auf die Einführungsliteratur zum deutschen Regierungssystem, wie wir hoffen, hilfreich und weiterführend.

Für die zweite Auflage wurde die ursprüngliche Fassung des Textes gründlich überarbeitet und auf den neuesten Sachstand gebracht. Dies schließt neben einer Darstellung neuerer politischer Veränderungen auch die Aufarbeitung jener theoretischen Zugänge ein, die seit der ersten Auflage rasch weiterentwickelt wurden. Die Theoriedebatte zum Thema „Europäisierung" kann nun im Detail studiert und nachvollzogen werden. Die zweite Auflage erweitert den Blickwinkel der ersten aber auch dadurch, dass sie neue Politikfelder miteinbezieht. Erstmals dargestellt wird die Europäisierung der in der Politikwissenschaft häufig vernachlässigten Politikfelder Verkehrspolitik und Wettbewerbspolitik, sowie die Europäisierung der deutschen Kommunalpolitik. Damit rundet sich das Bild des allgegenwärtigen Phänomens der Europäisierung deutscher Politik weiter ab. Bei Erstellung der Druckvorlage für unser Gemeinschaftsunternehmen konnten wir wieder auf die freundliche und kompetente Unterstützung von Monika Viehfeger zählen, bei der wir uns ebenso wie bei Stefanie Wolf, die uns bei den Korrekturarbeiten unterstützte, herzlich bedanken möchten.

Erlangen im Januar 2005

Roland Sturm
Heinrich Pehle

Inhalt

1 Vom nationalstaatlichen zum „europäisierten" Regieren

Wer sich in der Vergangenheit mit dem deutschen politischen System beschäftigen wollte, griff zu Einführungen, Lehrbüchern oder wissenschaftlichen Abhandlungen, welche die politischen Institutionen, die Prozesse der Willensbildung und die Politikergebnisse auf den wichtigsten Politikfeldern deutscher Innen- und Außenpolitik kenntnisreich darstellten. Die deutschen Staatsgrenzen waren nicht zu Unrecht auch eine Grenzlinie für die Beschäftigung mit den Vorbedingungen und Möglichkeiten des Regierens in Deutschland. Im öffentlichen Bewusstsein war und ist der Nationalstaat der genuine Ort von Politik.

Von dieser traditionellen Auffassung von Regieren gilt es Abschied zu nehmen. Nicht nur, weil der wissenschaftliche Erkenntnisstand überzeugend herausgearbeitet hat, dass der anhaltende Prozess der Internationalisierung von Politik einen irreversiblen Wandel von Formen und Bedingungen des Regierungshandelns hervorgebracht hat, sondern auch, weil diese Internationalisierung inzwischen Alltagserfahrung ist. Die Währung und der Pass in den Taschen der Bürger sind ebenso europäisch wie die Spielregeln für unternehmerisches Handeln oder für die Nahrungsmittelproduktion.

Immer häufiger wurde und wird in Wissenschaft und Politik deshalb die Frage gestellt, ob den Nationalstaaten ihre politisch zentrale Stellung entgleitet. Der Prozess der europäischen Integration hat die Nationalstaaten in der EU in eine Mehrebenenbeziehung gebracht, in der diese politisch zur mittleren Ebene zwischen der europäischen auf der einen und der regionalen/kommunalen auf der anderen Seite geworden sind. Dies ist allerdings kein rein mechanischer Vorgang, der die europäische Ebene politischen Entscheidens den nationalstaatlichen Ebenen hinzufügt. Die Einbindung des Nationalstaats in europäische Entscheidungsprozesse geschieht systematisch, ist auf Dauer gestellt und führt zu einer Veränderung der nationalen politischen Institutionen, ihrer Verwaltungspraxis (Knill 2001; Siedentopf 2004) und ihrer Kompetenzen, sowie des gesellschaftlichen Willensbildungsprozesses. Diese Veränderungen sind nicht in allen genannten Bereichen von gleicher Reichweite, finden aber parallel und aufeinander bezogen statt.

Die Europäisierung[1] ist ein politisch-gesellschaftlicher Prozess, der angetrieben von der Geschwindigkeit und Reichweite der europäischen Integration einen Veränderungsdruck auf Nationalstaaten und europäische Gesellschaften ausübt, aber auch europäische Institutionen zur Responsivität gegenüber nationalen Interessen zwingt und damit diese zu fortwährendem politischen Wandel und zum Teil auch zu institutioneller Anpassung bewegt. Europäisierung erweitert den Wahrnehmungshorizont und den politischen Handlungsraum von Nationalstaaten um die europäische Dimension (Kohler-Koch 2000: 22).

Man mag beklagen, dass diese Entwicklung im politischen Alltag nicht ausreichend transparent gemacht wird und dass sich der Europa-Enthusiasmus der Bürger nun schon seit einigen Jahren in engen Grenzen hält. Die Tatsache einer Europäisierung des deutschen Regierungssystems und damit dessen fundamentale Neugestaltung ist dennoch nicht zu leugnen. Bei dem heutigen deutschen Regierungssystem handelt es sich um ein penetriertes politisches System, in dem die europäische „Einmischung" vertraglich verankert und legitimiert ist und das eingebunden ist in das Ziel „einer immer engeren Union der Völker Europas" (Art. 1, EU-Vertrag). Die deutsche Politik verändert sich in diesem Prozess institutionell und in ihren Inhalten inkremental. Politisches Handeln folgt in vielen Teilbereichen in zu-

1 Zum Forschungsstand: Vink (2003). Einen ersten ausführlichen Literaturbericht hat Kevin Featherstone (2003) erstellt. Die erste grundlegende Definition von Europäisierung lieferte Robert Ladrech (1994: 69). Er definierte „Europäisierung" als „a process reorienting the direction and shape of politics to the degree that EC political and economic dynamics become part of the organizational logic of national politics and policy-making." Inzwischen gibt es auch den Vorschlag von „EU-fication" (deutsch: EU-Europäisierung) zu sprechen, um vor allem kulturräumliche Missverständnisse zu vermeiden, die sich mit dem Begriff „Europäisierung" verbinden könnten.

nehmendem Maße der europäischen Logik der Entscheidungsfindung und der Bewertung von Entscheidungsalternativen.

Wir wissen heute weder, welche staatsrechtliche Qualität die Europäische Union in Zukunft haben wird, noch können wir voraussehen, in welcher Form das deutsche Regierungssystem überlebt. Offen ist die Finalität des Veränderungsprozesses, nicht aber dessen Existenz. Sowohl Theorien der Internationalen Beziehungen als auch Modelle der Vergleichenden Politikwissenschaft haben versucht, den Wesenskern des so entstehenden neuen Europas zu erfassen und die neuartige Verbindung zu erklären, welche die Nationalstaaten und die EU heute eingehen. Unsere Perspektive ist eine konsequent andere. Uns interessiert nur in zweiter Linie die zukünftige Gestalt der Europäischen Union. In erster Linie wollen wir erörtern, was unter den Bedingungen des Fortschreitens der Europäischen Integration aus dem deutschen Regierungssystem wurde und wird.

Mindestens zwei Probleme müssen theoretische Zugänge zum Prozess der Europäisierung erfassen. Zum einen die Art der Beziehungen von Nationalstaat und europäischer politischer Ebene und zum anderen den Umgang von Nationalstaaten mit den Impulsen zur Weiterentwicklung dieser Beziehungen. Die unterschiedlichen Schulen des Neoinstitutionalismus sind sich alle darin einig, dass der europäische Veränderungsimpuls in den einzelnen EU-Mitgliedstaaten zum einen nicht im gleichen Maße als Handlungsanweisung interpretiert und umgesetzt wird und dass zum anderen die unterschiedliche institutionelle und politisch-kulturelle Grundausstattung der Nationalstaaten in der EU dazu führt, dass gleichlautende europäische Herausforderungen in unterschiedlicher Weise diese Grundausstattungen verändern und so eine Pluralität von Europäisierungsrealitäten zur Folge haben. Es wäre deshalb eine unzulässige Verkürzung des Europäisierungsprozesses würde man ihn, wie dies die frühe Europäisierungsliteratur tat (vgl. Börzel/Risse 2003: 63f.), etwa mit einem Mechanismus gleichsetzen, der letztendlich die Konvergenz nationalstaatlicher Entwicklung in der EU fördert. Nicht einmal die Vertiefung der Integration ist automatisch zu unterstellen, denn dem Nationalstaat bleibt immer auch die Option, den Europäisierungsimpuls faktisch zu neutralisieren.Übersehen kann er ihn allerdings nicht, und langfristiges Ignorieren führt zu europäischen Sanktionen. Also werden sich immer nationalstaatliche Veränderungen zumindest im Sinne formaler Anpassungen an den jeweiligen Status quo in der EU vorfinden lassen.

Institutionelle und gesellschaftliche Folgen des Europäisierungsprozesses

Wie sich Europäisierungsprozesse auf Nationalstaaten konkret auswirken, bleibt umstritten. Eine Reihe von theoretischen Zugängen stellt die gewachsene institutionelle Verflechtung der EU mit den Nationalstaaten bzw. die Integration von Entscheidungsprozessen der EU mit denen des Nationalstaats in den Vordergrund. Entsprechende Modellvorstellungen reichen von der Verschmelzung der europäischen und der nationalstaatlichen Ebene über die Entscheidungsverflechtung bis hin zu gegenseitigen Lernprozessen, die auf nationaler oder europäischer Ebene zu institutioneller Imitation führen. Stärkeres Gewicht auf die gesellschaftlichen Folgen von Europäisierung legen theoretische Ansätze, die die Veränderung von Elementen der gesellschaftlichen Selbststeuerung in den Vordergrund stellen. Zu nennen sind hier in erster Linie Hinweise auf veränderte Denkweisen, Werte, Präferenzsysteme von Entscheidungsträgern auf der einen Seite, also die politisch-kulturelle Dimension der nationalstaatlichen Neuorientierung im Europäisierungsprozess, sowie die nichtstaatliche, meist im Wirtschaftswettbewerb, sich vollziehende Europäisierung. Auch im Zuge des Abbaus von Staatlichkeit im Zeichen des Binnenmarktes, also auch im Falle der sog. „negativen Integration", erhöht die gesellschaftliche Selbststeuerung den Europäisierungsgrad durch Anpassung im europäischen Wettbewerb. Auf diesen bisher nur knapp skizzierten Theoriebestand soll im Folgenden ausführlicher eingegangen werden.

Die Fusionsthese

Die Fusionsthese füllt die Erkenntnis mit Leben, dass der Nationalstaat im Europäisierungsprozess überlebt, sich aber durch die Spezifika seiner dynamisch-symbiotischen Einbindung in diesen Prozess ständig formal und substanziell wandelt. Mit Fusion ist der Verschmelzungsprozess staatlicher Handlungs- und Steuerungsinstrumente, die teils in der Verfügungsgewalt der EU-Mitgliedstaaten (oder auch ihrer Regionen) und teils in derjenigen der EU-Organe liegen, gemeint. „Demnach sind staatliche Akteure mehrerer Ebenen gemeinsam, aber in variierenden Formen, an der Vorbereitung, Herstellung, Durchführung und Kontrolle allgemein verbindlicher Entscheidungen zum Einsatz legislativer und budgetärer Handlungs- und Steuerungsinstrumente der EU beteiligt" (Wessels 1997: 35). Die Fusionsthese erwartet, dass durch solche „spezifischen gegenseitigen Beteiligungsformen" ein „fusionierter Föderalstaat" (Wessels 1992: 40) in Europa entsteht. Die Fusion ist irreversibel.

Aus der Sicht des Nationalstaats bedeutet dies nicht den Ausschluss von nationalen Entscheidungsträgern durch Prozesse der Europäisierung, sondern deren Mitwirkung an Entscheidungen im institutionellen Kontext der EU, dort aber unter den neuen Bedingungen europäischen Entscheidens. Die Fusionsthese konzipiert „europäisches Entscheiden" als Verschmelzung der Wahrnehmung von Kompetenzen und Verantwortung, die es unmöglich macht, separate nationalstaatliche und europäische Zuschreibungen vorzunehmen.

Nationales Regieren unter den Kontextbedingungen der Europäisierung ist in zunehmendem Maße ausgerichtet auf das Management der Interdependenzbeziehungen, die sich aus der gemeinsamen Nutzung der Instrumente politischer Steuerung durch die unterschiedlichen politischen Ebenen ergeben. Ein zentrales Managementinstrument ist das Schnüren von Paketlösungen bei Verhandlungen, die Verluste bei der Wahrnehmung nationaler Interessen durch entsprechende Zugewinne ausgleichen. Hinsichtlich des sich daraus ergebenden institutionellen Wandels wird vermutet, dass die nationalen und regionalen Parlamente gegenüber den in Brüssel verhandelnden Exekutiven geschwächt werden und dass der Nationalstaat bei abnehmender Effizienz seines politischen Handelns um die Zuschreibung politischer Legitimität kämpfen muss (vgl. u.a. Weßels 2000: 339). Ein Teufelskreis entsteht, da immer mehr staatliche und nichtstaatliche Akteure eine Mitwirkung im fusionierten Entscheidungsprozess anstreben, dadurch aber auch dessen Komplexität erhöhen und diesen noch stärker delegitimieren, statt durch verstärkte Partizipation, wie aus der nationalstaatlichen Sicht wünschenswert, die Legitimation fusionierten Entscheidens zu verbessern (Mittag/Wessels 2003: 447).

Politikverflechtung

Die Politikverflechtungsthese konkretisiert die Vermutung der Fusionsthese, dass die Nationalstaaten in der EU inzwischen in eine Art föderale Ordnung eingebunden sind. Dies ist weniger als die von der Fusionsthese unterstellte Verschmelzung. Es bleibt noch immer die (nicht leicht durchsetzbare) Möglichkeit der Entflechtung von Kompetenzen, wie sie ja auch 2002/03 im Vorfeld der Entscheidung zum Vertragsentwurf über eine Verfassung für Europa immer wieder diskutiert wurde. Wichtiger aber ist die Tatsache, dass die Politikverflechtungsthese einer der möglichen Ansätze ist, der in der Europäisierungsdiskussion das Regieren über mehrere Ebenen hinweg thematisiert und dabei der nationalstaatlichen Ebene trotz Europäisierung noch einen deutlichen eigenständigen Status zubilligt. Modelle der Mehrebenregierung gehören zum Grundbestand der Theorien internationaler Beziehungen und der EU-Forschung. Allerdings wurden sie hier vor allem formuliert, um den Integrationsprozess zu verstehen, also um – vom Nationalstaat aus gesehen –, die „bottom up"-Perspektive zu thematisieren. Europäisierung bezieht sich aber auf die umgekehrte Sichtweise, die „top down"-Betrachtung der Folgen des Integrationsprozesses für den Nationalstaat.

Bezogen auf die Politikverflechtungsthese heißt dies konkret, dass politische Entscheidungen durch Kompromisse der Regierungen aller politischen Ebenen gefunden werden (Beteiligungsföderalismus), und dass die aus solchen Entscheidungen hervorgehenden Programme ein dichtes Mehrebenengeflecht von Finanzierung, Implementation und Evaluation bilden. Nationalstaaten sind Mitentscheider, aber machen nicht die Spielregeln. Zu diesen Spielregeln gehört auch die strukturelle Bevorzugung von Entscheidungsträgern, die auf europäischer Ebene gefundene Kompromisse nationalstaatlich umsetzen können. Daraus ergibt sich eine durch die Europäisierung geförderte strategische Privilegierung von Strukturen der nationalstaatlichen Exekutive, die innerstaatlich gefördert wird vom Eigeninteresse der nationalen Ministerialbürokratie an eigenständiger Gestaltungsmacht und möglichst politisch kontrollfreien Räumen. Dies wird auch durch empirische Studien bestätigt, die als Folge der Europäisierung eine Machtverschiebung zugunsten der Regierungen und Verwaltungen und noch genauer zugunsten der Regierungschefs und Finanzminister festgestellt haben (Maurer u.a. 2003: XVI). „Zugespitzt lässt sich", so Gusy (2000: 139), „die Kompetenzverteilung in Europa so zusammenfassen: Je wichtiger eine Aufgabe ist, desto geringer ist die parlamentarische Beteiligung daran."

Die Vertreter der Politikverflechtungsthese verweisen häufig auf die Analogie zum deutschen Bundestaat, zum einen wegen „der dem deutschen Bundesrat vergleichbaren Zusammensetzung des Rates aus Regierungsvertretern" und zum anderen wegen der „funktionalen Kompetenzverteilung zwischen Rechtsetzungszuständigkeiten der supranationalen Ebene und dem weitestgehenden Verbleib der Verwaltungszuständigkeiten bei den Mitgliedstaaten und ihren Regionen" (Fischer/Schley 1999: 33). In föderalen Staaten, wie der Bundesrepublik, wurde darüber hinaus als Europäisierungsfolge eine „doppelte Politikverflechtung" (Hrbek 1986) diagnostiziert. Inzwischen wurde zumindest für Deutschland die Frage gestellt, ob der Begriff „doppelte Politikverflechtung" nicht deutlicher im Hinblick auf Europäisierungswirkungen gefasst werden müsse. Der Art. 23 GG, der die Mitwirkungsrechte der Länder bei der europäischen Entscheidungsfindung regelt, wird weitgehend nicht als Einschränkung des Europäisierungsprozesses gesehen (Oschatz/Risse 1995). Ja selbst die Mitgestaltung des Europäisierungsprozesses auf dieser Verfassungsgrundlage durch die Länder erscheint fraglich, sodass die doppelte Politikverflechtung zwar formal die Intransparenz des Europäisierungsprozesses erhöht, aber dessen Wirkung nicht verändert (vgl. Schick 2003: 78).

Die Politikverflechtungsthese definiert eine deutliche Schranke des Europäisierungsprozesses, die sie mit der Unfähigkeit begründet, einzelne nationale Interessen gegen ihr Eigeninteresse zugunsten einer europäischen Problemlösung zu überwinden. Die Entscheidungsstrukturen der Politikverflechtung werden so aus Sicht des Europäisierungsprozesses zu einer „Politikverflechtungsfalle." „Das eingespielte System der nationalstaatlichen Kontrolle über die europäische Politik ist institutionell unfähig zur Selbsttransformation in Richtung auf eine effektive Europäisierung europäischer Entscheidungen"

(Scharpf 1994: 42). Der aufgrund der grundsätzlichen Entscheidung zugunsten der europäischen Handlungsebene gebotene Rückzug des Nationalstaats aus Entscheidungszusammenhängen bleibt aus, wegen der europäisierungsresistenten politischen Bezugssysteme der nationalen Entscheidungsträger, wozu beispielsweise Imperative des nationalen politischen Wettbewerbs gehören.

Betrachtet man die Mehrebenenbeziehung, die der Politikverflechtung zugrunde liegt, in allgemeinerer Form, so wird deutlich, dass Europäisierung nach einem Principal-agent-Modell funktioniert, das die nationalstaatliche der europäischen Ebene nachordnet. Der damit verbundene nationalstaatliche Machtverlust wird aber dank unterschiedlich wirksamer Beteiligung der nationalstaatlichen Repräsentanten am Europäisierungsprozess nicht unbedingt nationalstaatlich kommuniziert. Es ist sogar möglich, nationale Entscheidungen als Europäisierungsfolgen im Nachhinein zu legitimieren. Ebenso erlaubt die Politikverflechtung durch Beteiligung an europäischen Beschlüssen, die Europäisierungslogik mitzusteuern, um damit in einem nationalstaatlichen Kontext gewünschte, aber hier schwer durchsetzbare politische Weichenstellungen alternativlos erscheinen zu lassen.

Die Politiknetzwerkthese

Sieht man einmal von den föderalismusspezifischen Konnotationen des Begriffes „Politikverflechtung" ab, so lassen sich Verflechtungsbeziehungen nationalstaatlichen und europäischen Entscheidens auch in einer weniger auf formale Institutionen bezogenen Weise fassen. In der Literatur zum europäischen Regieren (governance) besteht Einigkeit darüber, dass dieses sich nicht alleine auf das für die Politikverflechtungsthese zentrale institutionelle Zusammenspiel stützt, sondern sich auch eines Netzwerks gesellschaftlicher Akteure bedient (Rhodes u.a. 1996; Kohler-Koch/Eising 1999). Der Nationalstaat verliert nicht nur deshalb an Bedeutung, weil seine Grenzen porös werden und er von der EU-Ebene penetriert wird, sondern auch deshalb, weil seine traditionellen Institutionen sich in Entscheidungsprozessen gegenüber neuen gesellschaftlichen Entscheidungsträgern öffnen müssen.

Nationale Politiknetzwerke werden in den Kontext europäischer Politiknetzwerke gestellt bzw. verbinden sich mit diesen bei entsprechend fortgeschrittener Integration einzelner Politikfelder in einem Mehrebenenentscheidungssystem. Chris Ansell (2000) spricht im Hinblick auf die Regionalpolitik in Europa sogar von einer harmonisch zusammen wirkenden „networked polity", einem vernetzten Gemeinwesen. Gerda Falkner (2000) hat demgegenüber zurecht darauf hingewiesen, dass die Netzwerkthese häufig übersieht, dass es zu einfach ist zu behaupten, nationale Politiknetzwerke würden durch ihre Europäisierung schlicht geographisch erweitert. Europäische und nationale Netzwerke müssen nicht automatisch gleichgerichtet agieren. Aus nationalen Netzwerken kann ebenso effizienter Widerstand gegen die Europäisierung von Politikfeldern entstehen wie andererseits auch ein Beschleunigungseffekt für den „Durchgriff" europäisch vorgedachter Regelungskulturen.

Im Einzelnen sind die Politiknetzwerke nach ihren Charakteristika zu unterscheiden je nachdem, ob sie quasi interessengruppenfrei agieren (Staatscluster), ob sie sich an einem bestimmten Thema ausrichten mit relativ offenem, pluralistischem Zugang für gesellschaftlich organisierte Interessen (Issue Netzwerk), ob sie eine festgefügte Fachgruppe sind mit langer Entscheidungstradition (policy community), oder ob sie exklusive Mitgliedschaft kennen und die Interessengruppen zu Mitentscheidern machen (Korporatismus).

Die Netzwerkbildung im europäischen Kontext geschieht nicht nur wegen gesellschaftlicher Interessen an funktionierendem Eurolobbying, nachdem die Interessenvertreter als Adressaten ihres Bemühens um Einflussnahme nun auch die Brüsseler Institutionen entdeckt haben. Sie ist auch – zumindest aus der Sicht der Netzwerktheorie – eine und vielleicht in der EU die einzige Möglichkeit, effizientes Regieren zu ermöglichen. „Um politische Steuerungsfähigkeit zu sichern bzw. wiederzuerlangen, ist Staatlichkeit über die Grenzen von Nationalstaatlichkeit und innergesellschaftlich durch die Einbindung eines breiten Spektrums politischer Akteure neu zu formieren" (Heinelt 1996: 18). Das deutsche Regierungssystem löst sich aus der Sicht der Netzwerkanalyse in politikfeldspezifische Handlungskontexte auf. Die Regierungsinstitutionen bilden nur einen Ort für Knotenpunkte des Netzwerkes bzw. für die Mitwirkung relevanter Akteure.

Neben den institutionell vermittelten Europäisierungsprozessen gibt es auch „weichere“ Mechanismen der Anpassung an EU-Vorgaben bzw. Reaktionsmuster auf die europäische Kontextbindung des Nationalstaats. Die Argumentation der Europäisierungsliteratur greift hier konstruktivistische Ansätze der Theorien Internationaler Politik auf, die u.a. auf die Wirkmächtigkeit von Wertesystemen für das Abstecken der Möglichkeiten politischen Handelns („framing“) aufmerksam gemacht haben.

Europäisierung wirkt aus dieser Perspektive indirekter als im Rahmen institutioneller Handlungszwänge. Der neue Kontext politischen Entscheidens in der EU verursacht in den Nationalstaaten einen politisch-kulturellen Wandel, der kognitive Dispositionen der Entscheidungsträger verändert und selbst ohne institutionelle Zwänge nationale Präferenzen für EU-kompatibles Entscheiden plausibel erscheinen lässt. Man sollte also erwarten, dass die EU-Mitgliedstaaten sich automatisch in jenen Bereichen „europäisieren“, in denen sie eine Diskrepanz zwischen europäischen Standards politischer, sozialer oder ökonomischer Normen feststellen, sofern diese europäischen Standards mit dem nationalen Normenhaushalt kompatibel sind (Montpetit 2000: 578). Am ehesten und zuerst sind solche Anpassungsprozesse im Bereich der Politikfelder zu erwarten, am schwierigsten fällt hingegen die Anpassung der im nationalen Konsens weit fester und grundsätzlicher verankerten Institutionen.

Mit den kognitiven Folgen der Europäisierung beschäftigt sich auch die „politische Kultur-These“. Sie knüpft nicht zuletzt an historische Arbeiten zur deutschen Europapolitik an, die immer wieder deutlich gemacht haben, dass es zur europäischen Option für die deutsche Nachkriegspolitik keine Alternative gab und gibt. „Europa“ ist aus der Perspektive der politischen Kultur-These ein Baustein des genetischen Codes deutscher Institutionen. Die europäische Orientierung ist in Deutschland eine eigenständige Norm für politisches und Verwaltungshandeln, die institutionelle Präferenzen beeinflusst. Die Folge dieser Rahmenbedingungen deutscher Politik und der kognitiven Dispositionen der deutschen Entscheidungseliten war die Herausbildung eines „permissiven Konsenses“, der erfolgreiche nationale Politik und die „Europäisierung" von Politik zum großen Teil gleichsetzte. Es gelang bisher allerdings auch in Deutschland nicht, die mit der Europäisierung politischen Entscheidens einhergehende symbolische Ausrichtung nationaler Politik an einem zusammenwachsenden Europa mit einem im nationalen Kontext akzeptierten Normenkontext zu verbinden, der außerhalb des Kreises der politischen Elite, wo die EU bereits heute eine „selbsttragende" Akzeptanz findet, auch ohne den Verweis auf den unmittelbaren und individuellen Nutzen der Europäisierung dieser ausreichend eigenständige Legitimation zu verschaffen vermag (Rometsch/Wessels 1996: 351f.).

Europäisierung konstituiert bezogen auf Entscheidungen über spezielle Politiken auf die Europäisierungsnorm ausgerichtete „belief systems", von denen der Advocacy Coalition-Ansatz (Sabatier 1998) annimmt, dass sie das Verhalten von Akteurskoalitionen in Politikfeldern steuern und Aussagen darüber ermöglichen, wie sehr Europäisierungswirkungen auf Dauer gestellt sind. Verhaltenssteuernde und für die Gestaltung von Entscheidungen auf allen Politikfeldern relevante belief systems haben drei Schichten: den „deep core", das sind Grundüberzeugungen, gesellschaftliche Werthaltungen und Identitätsbezüge, den policy core, hier handelt es sich um Fragen der Problemerkenntnis und Problembewertung im Hinblick auf einzelne Policies, sowie sog. „secondary aspects", in erster Linie Reaktionsmuster auf Implementationsprobleme. Entscheidend für die Europäisierungswirkung sind gesellschaftliche Lernprozesse, insbesondere reflexiver Art, die Grundüberzeugungen berühren oder zumindest die Problemsicht verändern.

Europäisierung durch regulativen Wettbewerb

Auf steuernde Eingriffe der EU bezogene Europäisierungsstudien vernachlässigen häufig den Europäisierungsdruck, der nicht positiver, sondern negativer Integration zu verdanken ist. Das zentrale Element zur Umsetzung von Europäisierung im Nationalstaat ist in diesem Falle meist, aber nicht nur, der ökonomische Wettbewerb (Featherstone 2003: 16). Es setzen sich europaweit selbsttragende Regelsysteme durch, für die die EU, wie beispielsweise in der Umweltpolitik

(Vorgabe von Umweltqualitätszielen), nur noch den Rahmen liefert (Kraack u.a. 2001) bzw. weitergehend die Entstaatlichungsvorgabe.

Bedeutender als die Marktregulierung einzelner Politikfelder ist die Europäisierung nationaler Wirtschaftssysteme durch deren Ausrichtung auf die Imperative des Binnenmarkts und dessen Wettbewerbsordnung (Hartwich 1998). In jedem EU-Mitgliedstaat wurde auf diese Weise der Sozialstaat auf den Prüfstand gestellt, und die Wettbewerbsfähigkeit der nationalen Gesellschaftsstrukturen musste begründet werden. Die jüngste Debatte um die Zukunft der Daseinsvorsorge hat den Sog der Europäisierungswirkung des Binnenmarktes erneut deutlich gemacht. Verteidiger nationalstaatlicher Wohlfahrtsmodelle interpretieren Europäisierung als Bedrohung. Leibfried (2001: 158) beispielsweise meint, der deutsche Staat der Daseinsvorsorge sei seit der zweiten Hälfte der 1980er Jahre umgestürzt worden. „Es handelt sich hier um einen ‚Nebenkriegsschauplatz' der europäischen, der europarechtlichen Transformation des gesamten deutschen Wirtschaftsrechts." Es ist aber auch die gegenteilige Interpretation der Marktintegration möglich. Kreile (1999: 607) weist darauf hin, dass die Europäisierung gerade auch zum Schutzwall eines spezifisch europäischen Wirtschaftsmodells werden kann, während nationalstaatliche Wohlfahrtsmodelle dem Globalisierungsdruck nicht würden widerstehen können.

Europäisierung durch Marktintegration kennt ebenso wie institutionelle Anpassungszwänge für Nationalstaaten Friktionen. Allerdings erscheint sie alternativloser als politisch vermittelte Europäisierungsprozesse, und sie schreitet permanent, quasi natürlich, voran.

Europäisierungswirkungen

Theoretische Überlegungen zu den Auswirkungen des Europäisierungsprozesses thematisieren die Fragen: Was passiert, wenn die europäische Herausforderung auf die nationalstaatliche Realität trifft? Welche Reaktionen des Nationalstaats sind unter welchen Bedingungen zu erwarten?

Die „misfit"-Hypothese

Der gedankliche Ausgangspunkt der Literatur zu den Europäisierungswirkungen ist die „misfit" oder „mismatch"-Hypothese. Sie besagt, dass es nur dann zu Reaktionen auf der nationalstaatlichen Ebene kommt, wenn die europäische Herausforderung sich nicht mit nationalen Entscheidungsverfahren und Willensbildungsprozessen, sowie nationaler politischer Kultur oder der Realität nationaler Politikfelder vereinbaren lässt. Die so hervorgerufene nationalstaatliche Irritation wird als notwendige, wenn auch nicht als ausreichende Voraussetzung für Anpassungsprozesse des Nationalstaats angesehen. Es geht also zunächst einmal um das Problem des Entstehens einer „Gelegenheitsstruktur" für Europäisierung. Was wir dann tatsächlich als europäisierte Realität vorfinden, bedarf der weiteren Analyse und Erklärung.

Die misfit-These blendet die Alternative des „fit", also der Übereinstimmung der europäischen Herausforderung mit der nationalstaatlichen politischen Logik, aus. Dies ist bei der Analyse von Politikfeldern, zumindest was den materiellen Gehalt von Politik betrifft, unmittelbar einsichtig. Warum sollte Deutschland beispielsweise seine Forschungspolitik ändern, wenn sie europäischen Vorgaben genügt? Allerdings ist die Europäisierungswirkung selbst bei der Übereinstimmung mit europäischen Vorgaben im Bereich der politischen Willensbildung und bezüglich der politischen Institutionen nicht zu vernachlässigen (Sturm/Dieringer 2004). Anders als die misfit-Hypothese vermutet, ist es durchaus denkbar und auch geschehen, dass nationale Institutionen sich im Europäisierungsprozess verändern (z.B. änderte der Bundestag seine Ausschussstruktur oder Ministerien ihre interne Organisation), auch wenn prinzipiell kein misfit zwischen der institutionellen Struktur und der Europäisierungsherausforderung besteht. Effizienzanpassungen dieser Art zwingen nicht zum grundsätzlichen Umdenken. Die Europäisierungsherausforderung ist hier kein Fremdkörper im nationalen politischen Entscheidungsprozess. Ähnliches gilt für den politischen Willensbildungsprozess, wenn man sich beispielsweise die Mitwirkung deutscher Parteien in europäischen Parteiverbünden oder die europäische Orientierung deutscher Verbandspolitik vor Augen führt.

Tabelle 1: Europäisierungswirkungen

	Fit	**Misfit**
Anpassung	Effizienzanpassung	Anpassung durch politischen Wandel
Widerstand	Überwindung irrationaler Irritationen	Formale Anpassung (opting out)

Ein anderer Aspekt der Europäisierungswirkungen fehlt ebenfalls in der bisherigen Literatur. Die Annahme eines Automatismus der Adaption europäischer Vorgaben hat dazu geführt, den Gedanken des Widerstandes gegen europäische Zumutungen im nationalstaatlichen Bereich auszublenden. Auch wenn der politische Widerstand gegen Europäisierung noch selten explizite politische Folgen hatte, bleiben diese möglich, wie beispielsweise die dänischen Opt-out Klauseln zum Maastrichter Vertrag, die Sozialcharta und den Euro betreffend, zeigen. Wichtiger sind die impliziten Folgen von Europäisierungswiderstand, die den Zustand beschreiben, dass der Bestand an europäischer Gesetzgebung zwar in nationalstaatliche Gesetzgebung übernommen wird, dies aber extrem langsam geschieht bzw. in erster Linie eine Formalität bleibt. Es ist sogar irrationaler Widerstand aus bekennender Europaskepsis heraus möglich, der Sand in das Getriebe der Europäisierung wirft, obwohl die im Europäisierungsprozess geforderte Anpassungsmaßnahme im nationalen Interesse ist.

Die Misfit-Hypothese wurde kritisiert, weil sie teilweise auf falschen Voraussetzungen beruhe. Die Misfit-Annahme sei zu statisch. Wo Anpassungskonflikte entstehen, sei nicht von vorneherein festzulegen. Europäische Positionen seien schließlich verhandelbar in der Substanz oder zumindest im Verfahren, wie das Beispiel der Maastricht-Kriterien in der Haushaltspolitik zeige. Zudem übersehe die misfit-Hypothese, dass europäische Positionsbestimmungen nicht immer auf nationalstaatliche Festlegungen treffen. In manchen Politikbereichen gibt es keine nationalstaatliche Festlegung und damit auch keine Möglichkeit des misfit, aber dennoch wichtige nationalstaatliche Anpassungen (zum Beispiel im Falle der Beitrittsländer). Schließlich wird vor dem politischen Gebrauch des „misfit“ gewarnt, also vor einer Situation, in der Regierungen Europa induzierte Anpassungszwänge vorschützen, um innenpolitische Prioritäten leichter durchzusetzen (Dyson/Goetz 2003: 16f.).

Implementation

Die Anpassung des Nationalstaats an europäische Vorgaben kann, insbesondere wenn es um Entscheidungen auf bestimmten Politikfeldern geht, durchaus traditionell und hierarchisiert im Wege der Umsetzung europäischer Gesetzgebung geschehen. Dass hierbei nationale Entscheidungsspielräume zur Umsetzung solcher Europäisierungsimperative verbleiben, ist nicht zu vermeiden und häufig aus Effizienzgründen auch beabsichtigt. Die EU stellt allerdings den möglichen Misfit mit nationalstaatlicher Verwaltungspraxis und nationalstaatlichen Prioritäten in Rechnung, denn sie definiert Regeln, die die Grenzen nationalstaatlicher Kreativität bei der Umsetzung von EU-Regeln bestimmen sollen, und kennt ex ante- und ex post-Kontrollen (Franchino 2001).

Nachhaltig wird die Europäisierung von Nationalstaaten aber erst, wenn sie (auch) Ergebnis eines politischen Lernprozesses im oben erwähnten Sinne ist. Die Europäisierung geschieht hier auch, aber nicht ausschließlich, in der Form des institutionellen Isomorphismus. Die aus der Organisationstheorie entlehnte These des institutionellen Isomorphismus (der Tendenz zur institutionellen Angleichung) geht davon aus, dass einerseits die Nationalstaaten europäische Lösungen in ihr institutionelles Gefüge sowie ihr Handlungsrepertoire aufnehmen und dass andererseits auch die EU nationale Vorbilder institutioneller Regelungen in ihre institutionelle und Entscheidungspraxis integriert. Hier wird wieder deutlich, dass Europäisierung keine Einbahnstraße zur Veränderung des Nationalstaats ist, sondern ein Wirkungszusammenhang, der auch die EU verändert. Eine Verabsolutierung des Isomorphismus als Strukturprinzip der Europäisierung (Risse u.a. 2001: 16) führt allerdings in die Irre, denn dann wäre als Folge von Europäisierung nur noch die Konvergenz der politischen Realitäten in den EU-Mitgliedstaaten möglich.

Die EU übernimmt gelegentlich nationalstaatliche Vorbilder im Wege des policy learning, also durch die Übernahme der bestmöglichen Regelung, dabei aber auch selektiv an eigenen Zielen orientiert, um die Legitimität der gefundenen Lösung zu verbessern. Ein in diesem Zusammenhang häufig zitiertes, wenn auch nicht unbedingt völlig stimmiges Beispiel ist das der „Modellierung“ der Europäischen Zentralbank nach dem Vorbild der Deutschen Bundesbank. Aber auch zahlreiche weitere Beispiele wurden angeführt, wie die deutsche Erfahrung mit Mehrebenenregierungssystemen, die deutschen Traditionen des Regierens im Konsens und des Korporatismus, der deutsche Rechtsstaat und die Ordnungspolitik im Wettbewerbsrecht (Bulmer 1997), die alle von der EU imitiert worden sein sollen.

Die These des institutionellen Isomorphismus kann aber auch umgekehrt gelten (Olsen 1997: 161). Sie argumentiert, dass die Möglichkeit besteht, dass auf der europäischen Ebene, z.B. durch die Kommission, institutionelle und prozedurale Lösungsmodelle für Probleme auf bestimmten Politikfeldern entwickelt werden können, die erfolgreich dem nationalen Gesetzgeber angeboten werden können, falls dieser nicht auf einen Traditionsbestand eigener Lösungen zurückgreifen kann. Als Beispiel hierfür nennt Radaelli (2000) das Nutzen des Instruments der Einschaltquote zur Messung der relativen Machtposition von Medienkonzernen bei der Definition von Wettbewerb auf dem Medienmarkt. Im britischen Falle wäre auf die taktisch bestimmte Annäherung an europäische Sozialstandards zu verweisen. Der Beitritt zur Europäischen Sozialcharta gleich nach dem Regierungswechsel von John Major (Konservative Partei) zu Tony Blair (Labour Party) war ein Beispiel für die innenpolitische Bedeutung der symbolischen und faktischen Referenz an eine europäisierte politische Lösung für den innerstaatlichen Parteienwettbewerb.

Weniger freiwillig sind isomorphe Strukturen, die sich aus europäischen Harmonisierungsvorgaben ergeben. Ein Beispiel ist die Einrichtung unabhängiger Notenbanken als Vorbedingung der Mitgliedschaft in der Europäischen Währungsunion. Es ist fraglich, ob solche erzwungene Konvergenz überhaupt dem „institutionellen Isomorphismus“ zugeordnet werden sollte, wie dies in der Literatur teilweise geschieht (z.B. Risse u.a. 2001:16). Sinnvoller wäre es, zwischen der europapolitisch durchgesetzten Harmonisierung nationalstaatlicher Politik und deren institutioneller Konvergenz durch Politiklernen zu unterscheiden. Anders als im Falle der europäischen Vertragspolitik, die den jeweils formal erreichten Europäisierungsgrad festschreibt, oder die informellen Strukturen der Europäisierung, die in Politiknetzwerken ihren Ausdruck finden, wirkt der institutionelle Isomorphismus, sofern er auf nationales Regieren zurückwirkt, durch Vorbild und ein bestimmtes Politikangebot.

Für solch formellen oder informellen Institutionentransfer können sich aus Eigeninteresse Nationalstaaten oder in Netzwerken organisierte Interessenkoalitionen (advocacy coalitions) einsetzen. Das politische „Unternehmertum" bzw. die Aktivitäten von „change agents" sind der Katalysator für die langfristige Verankerung des Wandels durch Europäisierung und für die Verstärkung von Europäisierungsimpulsen.

Neben den erwähnten, in Netzwerken organisierten Interessenkoalitionen kann auch der wissenschaftliche Sachverstand, organisiert in sog. „epistemic communities" zur Implementation europäisierten Regierens im Nationalstaat beitragen. Nach der klassischen Definition von Peter Haas (1992: 3) sind epistemic communities „a network of professionals with recognized expertise and competence in a particular domain and an authoritative claim to policy-relevant knowledge within that domain or issue-area". Die Aufnahmefähigkeit und -willigkeit der EU für den Rat von Experten bei der Gestaltung von Politik steht außer Zweifel. Im Weißbuch der Kommission zum Thema „European Governance" (Commission 2001: 19) beispielsweise wird das Vertrauen der Kommission in den Rat von Experten ausdrücklich betont. Die Kommission fordert, dass die noch vorwiegend nationalen Beratungsnetzwerke zusammenarbeiten sollen, um ein wissenschaftliches Referenzsystem zu bilden, das das EU-Policy-making unterstützt.

Reichweite der Europäisierung und Ausblick

Die Reichweite von Europäisierungsprozessen ist unterschiedlich, je nachdem, welchen Teilbereich des politischen Systems man betrachtet. Empirische Studien haben gezeigt, dass sich Politikfelder am leichtesten Europäisierungsanforderungen öffnen. Es ist allerdings vor der Annahme zu warnen, dass jegliche Veränderung von Politikfeldern im Sinne einer Öffnung von Inhalten und Verfahren für die europäische Dimension sich alleine aus Europäisierungszwängen erklären lässt (Radaelli 2003: 50f.). Die Ursachen für den Wandel auf Politikfeldern sind komplex und selten monokausal, sieht man von der Übernahme des acquis communautaire als Voraussetzung für den Beitritt zur EU in den jeweils neuen Mitgliedstaaten der EU einmal ab.

Die Europäisierung von Politikfeldern entspricht am ehesten der bisherigen Vertragslogik, die ein Fortschreiben der Europäisierung auf dem Wege der Ausweitung von EU-Kompetenzen impliziert bis hin zu neofunktionalistisch begründbaren Spill-over-Effekten. Anpassungsleistungen im Europäisierungsprozess erbringen auch nationale Institutionen. Hier ist zu beobachten, dass sich nicht nur das Verhältnis der Institutionen zur EU verändert, sondern auch, dass die Anpassungsleistungen der Institutionen im nationalen Kontext deren relatives Gewicht im nationalen politischen System verschieben. Ein Extremfall ist der Deutsche Bundesrat, der national immer wieder als Blockadeinstrument bei politischen Entscheidungen wahrgenommen wird, aber trotz Strukturreformen, wie der Einrichtung einer Europakammer, seine machtpolitische Verankerung im innerstaatlichen Kontext bei EU-Entscheidungen nicht bewahren konnte.

Wenn die organisatorischen Anpassungsleistungen von Institutionen schwach ausgeprägt sind, sollte daraus nicht voreilig der Schluss gezogen werden, die Europäisierung sei weitgehend folgenlos geblieben. Jordan (2003: 280) hat gezeigt, wie das britische Department of the Environment trotz großer organisatorischer Kontinuität im Europäisierungsprozess seine Identität neu definierte: „the EU has helped to make the DoE a more environmental department than it would otherwise have been. In a sense, the EU helped the DoE to find a culture. This change, which has occurred at the deep level of organizational values and assumptions, owes much to the ‚uncongealing' effect of political crises, created by the misfit between European and British politics."

Kassim (2003: 102ff.) hat die Anpassungsleistungen nationaler Institutionen an den Europäisierungsdruck vergleichend untersucht. Er kommt zu dem Ergebnis, dass dessen Wirkungen von zwei Faktoren abhängen, zum einen von der Grundhaltung zur europäischen Integration und zum anderen von den institutionellen und politisch-kulturellen Traditionen der Nationalstaaten. Letzterer Faktor befördert institutionelle Unterschiede im Europäisierungsprozess. Ersterer bewegt die Länder, die ihre nationalstaatliche Souveränität verteidigen wollen, dazu (Kassim nennt hier Dänemark, Frankreich, Schweden und Großbritannien), ihre innerstaatlichen europapolitischen Koordinationsmechanismen in einem umfassenden Sinne zu zentralisieren.

Der Befund für die Europäisierung der politische Willensbildung ist uneinheitlich. Die in der Systematik der Analyse von Regierungssystemen den Institutionen näher stehenden Parteien sind weniger und die den Politikfeldern näher stehenden Interessengruppen sind stärker europäisiert. Aber auch im parteipolitischen Wettbewerb sind neben direkten Europäisierungsfolgen wie der Mitarbeit nationaler Parteien in europäischen Parteienverbünden, weitreichende indirekte Europäisierungseffekte festzustellen, die vom Testwahlcharakter der Europawahlen bis zu nationalen Debatten über Wahlbeteiligung reichen, wenn diese bei Europawahlen stark zurückgeht (Hix/Goetz 2000: 10ff.).

Die Relativierung der Reichweiten von Europäisierung ist, auch wenn sie durch Wahrnehmung bestätigt werden kann, nicht unproblematisch. Was als qualitative Aussage einleuchtet, hat ein quantitatives Manko. Wie messe ich mehr oder weniger Europäisierung? Oder, wie Radaelli (2003: 32) zu Recht polemisch formulierte: „If everything is europeanized to a certain degree, what is not europeanized?“ Für dieses Messproblem fehlen in der wissenschaftlichen Debatte noch die Antworten. Auch ist es zur Erkundung der Reichweite von Europäisierung sicherlich immer wichtig, zwei kontrafaktische Fragen zu stellen, nämlich a) hätte die beobachtete nationalstaatliche Veränderung möglicherweise auch ohne Europäisierungseinflüsse stattgefunden, und b) ist der Einfluss, den wir beobachten, nicht eher eine Globalisierungs- als eine Europäisierungsfolge? (Anderson 2003: 47ff.) Die Debatte zum Verhältnis von Europäisierung und Globalisierung hat gerade begonnen (vgl. z.B. Knodt 2004).

Die über Sachpolitik und Bereichsinteressen vermittelte Europäisierung vollzieht sich zumindest aus der Sicht der Öffentlichkeit hinter dem Rücken der nationalen Institutionen, die zum einen auf solche Entwicklungen reagieren und diese zum anderen beklagen. Die Diskrepanz zwischen tatsächlichem und vermeintlichem Souveränitätstransfer nach Brüssel, der besonders deutlich wird an dem allgemeinen Wissensstand über die Rolle des EuGH beim Europäisierungsprozess, wird Politikern oft erst dann deutlich, wenn sie mit ihren Plänen in der EU an Grenzen stoßen. Dem kognitiven Defizit der Politik entspricht ein Desinteresse auf der Wählerebene, das sich nicht zuletzt aus dem politikfeldbezogenen, output-orientierten Charakter der Europäisierung oder, anders ausgedrückt, dem Mangel an input-orientiertem emotionalen Engagement für die europäische Interpretation speist.

Es ist zu erwarten, dass die hier angesprochenen theoretischen Aspekte der Europäisierung in der intensiver gewordenen wissenschaftlichen Debatte weiter ausgearbeitet und fortentwickelt werden. Vor allem steht als große Aufgabe die Verbreiterung und Systematisierung der empirischen Basis der Europäisierungsforschung bevor. Es wäre aber fatal, würde sich die Europäisierungsforschung wissenschaftlich zu sehr verselbständigen. Die Europäisierung ist nur eine Variable, die auf die Entwicklung der Nationalstaaten in der EU einwirkt und die Rückwirkungen auf die Staatlichkeit der EU und in der EU hat. Eine ganze Reihe weiterer Variablen sind denkbar von der Globalisierung bis hin zu innerstaatlichen Konflikten. Diese dürfen nicht vernachlässigt werden, will man nationalstaatliche Realitäten fassen und erklären (Geyer 2003). Als bleibender Gewinn der Europäisierungsforschung bleibt aber, die politische Dynamik nationalstaatlicher Einbindung in die EU durch eine wichtige Facette ergänzt zu haben. Diese neue Perspektive wollen wir am deutschen Beispiel im Folgenden noch deutlicher herausarbeiten.

Wir beginnen mit Überlegungen zur Europäisierung der Verfassung und der politischen Institutionen von der Bundes- über die Landesebene bis hin zu den Kommunen. Die Betrachtung der „polity"-Dimension des deutschen Regierungssystems schließt sich an die Untersuchung seiner „politics"-Dimension, also der Europäisierung des politischen Willensbildungsprozesses durch Parteien und Verbände, an. Die „policy"-Dimension des neuen deutschen Regierungssystems wird durch das Ausleuchten der Wettbewerbs-, Währungs-, Agrar-, Umwelt-, Verkehrs-, Regional- und Justiz- und Innenpolitik erhellt. In einem abschließenden Kapitel stellen wir die Europäisierung des deutschen Regierungssystems in einer theoretisch angeleiteten Gesamtschau dar und verweisen auf offene Forschungsfragen.

Literatur

Anderson, Jeffrey J. (2003): Europeanization in Context: Concept and Theory, in: Dyson, Kenneth/Goetz, Klaus (Hrsg.): Germany, Europe and the Politics of Constraint, Oxford, S. 37–53.

Ansell, Chris (2000): The Networked Polity: Regional Development in Western Europe, in: Governance 13(3), S. 303–333.

Börzel, Tanja A./Risse, Thomas (2003): Conceptualizing the Domestic Impact of Europe, in: Featherstone, Kevin/Radaelli, Claudio M. (Hrsg.): The Politics of Europeanization, Oxford, S. 57–80.

Bulmer, Simon J. (1997): Shaping the Rules?. The Constitutive Politics of the EU and German Power, in: Katzenstein, Peter (Hrsg.): Tamed Power. Germany in Europe, Ithaca, S. 49–79.

Commission of the European Communities (2001): European Governance. A White Paper, Brüssel (COM (2001) 428).

Dyson, Kenneth/Goetz, Klaus (2003): Living with Europe: Power, Constraint, and Contestation, in: Dies. (Hrsg.): Germany, Europe and the Politics of Constraint, Oxford, S. 3–35.

Falkner, Gerda (2000): Policy Networks in a Multi-Level System: Convergence Towards Moderate Diversity?, in: West European Politics 23(4), S. 94–120.

Featherstone, Kevin (2003): Introduction: In the Name of ‚Europe', in: Ders./Radaelli, Claudio M. (Hrsg.): The Politics of Europeanization, Oxford, S. 3–26.

Fischer, Thomas/Schley, Nicole (1999): Europa föderal organisieren. Ein neues Kompetenz- und Vertragsgefüge für die Europäische Union, Bonn.

Franchino, Fabio (2001): Delegation and Constraints in the National Execution of the EC Policies: A Longitudinal and Qualitative Analysis, in: West European Politics 24(4), S. 169–192.

Geyer, Robert R. (2003): Globalization, Europeanization, Complexity, and the Future of Scandinavian Exceptionalism, in: Governance 16(4), S. 559–576.

Gusy, Christoph (2000): Demokratiedefizite postnationaler Gemeinschaften unter Berücksichtigung der Europäischen Union, in: Brunkhorst, Hauke/Kettner, Matthias (Hrsg.): Globalisierung und Demokratie. Wirtschaft, Recht, Medien, Frankfurt a.M., S. 131–150.

Haas, Peter M. (1992): Introduction: Epistemic Communities and International Policy Coordination, in: International Organization, 46(1), S. 1–35.

Hartwich, Hans-Hermann (1998): Die Europäisierung des deutschen Wirtschaftssystems, Opladen.

Heinelt, Hubert (1996): Die Strukturförderung – Politikprozesse im Mehrebenensystem der Europäischen Union, in: Heinelt, Hubert (Hrsg.): Politiknetzwerke und europäische Strukturfondsförderung, Opladen, S. 17–32.

Hix, Simon/Goetz, Klaus H. (2000): Introduction: European Integration and National Political Systems, in: West European Politics 23(4), S. 1–26.

Hrbek, Rudolf (1986): Doppelte Politikverflechtung: Deutscher Föderalismus und Europäische Integration, in: Hrbek, Rudolf/Thaysen, Uwe (Hrsg.): Die deutschen Länder und die Europäischen Gemeinschaften, Baden-Baden, S. 17–36.

Jordan, Andrew (2003): The Europeanization of National Government and Policy: A Departmental Perspective, in: British Journal of Political Science 33(2), S. 261–282.

Kassim, Hussein (2003): Meeting the Demands of EU Membership: The Europeanization of National Administrative Systems, in: Featherstone, Kevin/Radaelli, Claudio M. (Hrsg.): The Politics of Europeanization, Oxford, S. 83–111.

Knill, Christoph (2001): The Europeanisation of National Administrations. Patterns of Institutional Change and Persistence, Cambridge.

Knodt, Michèle (2004): International embeddedness of European multi-level governance, in: Journal of European Public Policy 11(4), S. 701–719.

Kohler-Koch, Beate/Eising, Rainer (Hrsg.) (1999): The transformation of governance in the European Union, London.

Kohler-Koch, Beate (2000): Europäisierung: Plädoyer für eine Horizonterweiterung, in: Knodt, Michèle/Kohler-Koch, Beate (Hrsg.): Deutschland zwischen Europäisierung und Selbstbehauptung, Frankfurt a.M./New York, S. 11–31.

Kraack, Michael/Pehle, Heinrich/Zimmermann-Steinhart, Petra (2001): Umweltintegration in der Europäischen Union. Das umweltpolitische Profil der EU im Politikfeldvergleich, Baden-Baden.

Kreile, Michael (1999): Globalisierung und europäische Integration, in: Merkel, Wolfgang/Busch, Andreas (Hrsg.): Demokratie in Ost und West, Frankfurt a.M., S. 605–623.

Ladrech, Robert (1994): Europeanization of Domestic Politics and Institutions: The Case of France, in: Journal of Common Market Studies 32(1), S. 69–89.

Leibfried, Stephan (2001): Über die Hinfälligkeit des Staates der Daseinsvorsorge. Thesen zur Zerstörung des äußeren Verteidigungsrings des Sozialstaats, in: Schader-Stiftung (Hrsg.): Die Zukunft der Daseinsvorsorge. Öffentliche Unternehmen im Wettbewerb, Darmstadt, S. 158–168.

Maurer, Andreas/Mittag, Jürgen/Wessels, Wolfgang (2003): Preface and major findings: the anatomy, the analysis and the assessment of the ‚beast', in: Wessels, Wolfgang/Maurer, Andreas/Mittag, Jürgen (Hrsg.): Fifteen into one? The European Union and its member states, Manchester, S. XIII–XVII.

Mittag, Jürgen/Wessels, Wolfgang (2003): The ‚One' and the ‚Fifteen'? The Member States between procedural adaptation and structural revolution, in: Wessels, Wolfgang/Maurer, Andreas/Mittag, Jürgen (Hrsg.): Fifteen into one? The European Union and its member states, Manchester, S. 413–454.

Montpetit, Éric (2000): Europeanization and Domestic Politics: Europe and the Development of a French Environmental Policy for the Agricultural Sector, in: Journal of European Public Policy 7(4), S. 576–592.

Olsen, Johan P. (1997): European Challenges to the Nation State, in: Steunenberg, Bernard/Vught, Frans van (Hrsg.): Political Institutions and Public Policy. Perspectives on European Decision-Making, Dordrecht u.a., S. 157–188.
Oschatz, Georg-Berndt/Risse, Horst (1995): Die Bundesregierung an der Kette der Länder? Zur europapolitischen Mitwirkung des Bundesrates, in: Die Öffentliche Verwaltung 48(11), S. 437–452.
Radaelli, Claudio M. (2000): Policy Transfer in the European Union: Institutional Isomorphism as a Source of Legitimacy, in: Governance 13(1), S. 25–43.
Radaelli, Claudio M. (2003): The Europeanization of Public Policy, in: Featherstone, Kevin/Radaelli, Claudio M. (Hrsg.): The Politics of Europeanization, Oxford, S. 27–56.
Rhodes, R.A.W./Bache, Ian/George, Stephen (1996): Policy Networks and Policy-Making in the European Union: A Critical Appraisal, in: Hooghe, Lisbet (Hrsg.): Cohesion Policy and European Integration: Building Multi-Level Governance, Oxford, S. 367–387.
Risse, Thomas/Green Cowles, Maria/Caporaso, James (2001): Europeanization and Domestic Change: Introduction, in: Cowles, Maria Green/Caporaso, James/Risse, Thomas (Hrsg.): Transforming Europe. Europeanization and Domestic Change, Ithaca/London, S. 1–20.
Rometsch, Dietrich/Wessels, Wolfgang (Hrsg.) (1996): The European Union and Member States. Towards Institutional Fusion?, Manchester.
Sabatier, Paul A. (1998): The advocacy coalition framework: revisions and relevance for Europe, in: Journal of European Public Policy 5(1), S. 98–130.
Scharpf, Fritz W. (1994): Optionen des Föderalismus in Deutschland und Europa, Frankfurt a.M./New York.
Schick, Gerhard (2003): Doppelter Föderalismus in Europa. Eine verfassungsökonomische Untersuchung, Frankfurt a.M.
Siedentopf, Heinrich (Hrsg.) (2004): Der Europäische Verwaltungsraum, Baden-Baden.
Sturm, Roland/Dieringer, Jürgen (2004): Theoretische Perspektiven der Europäisierung von Regionen im Ost-West Vergleich, in: Europäisches Zentrum für Föderalismus-Forschung Tübingen (Hrsg.): Jahrbuch des Föderalismus 2004, Baden-Baden, S. 21–35.
Vink, Maarten (2003): What is Europeanisation? and other questions on a new research agenda, in: European Political Science 3(1), S. 63–74.
Wessels, Wolfgang (1992): Staat und (westeuropäische) Integration. Die Fusionsthese, in: Kreile, Michael (Hrsg.): Die Integration Europas, Opladen, S. 36–61 (= PVS-Sonderheft 23).
Wessels, Wolfgang (1997): Die Europäische Union der Zukunft – immer enger, weiter und ... komplexer? Die Fusionsthese, in: Jäger, Thomas/Piepenschneider, Melanie (Hrsg.): Europa 2020. Szenarien politischer Entwicklungen, Opladen, S. 45–79.

Weßels, Bernhard (2000): Politische Repräsentation und politische Integration in der EU: Ist die Quadratur des Kreises möglich?, in: van Deth, Jan W./König, Thomas (Hrsg.): Europäische Politikwissenschaft: Ein Blick in die Werkstatt, Frankfurt a.M./New York, S. 337–372.

2 Grundgesetz und Gemeinschaftsrecht: Das Souveränitätsproblem

„Wie sollte jemand souverän genannt werden können, der die Rechtsprechung eines Höheren anerkennt, der seine Urteile aufhebt, Gesetze ändert und ihn bestraft, wenn er sich Fehltritte zuschulden kommen lässt?" Angesichts der Tatsache, dass Verordnungen der Europäischen Union und Entscheidungen der Kommission in den Mitgliedstaaten unmittelbar gelten, dass die Richtlinien, die vom Rat der Europäischen Union verabschiedet werden, vom nationalen Gesetzgeber umgesetzt werden müssen, und dass schließlich die Urteile des Europäischen Gerichtshofs im Extremfall sogar die Verhängung von Strafgeldern gegen die nationalen Regierungen beinhalten können, könnte diese Frage auf das Verhältnis der Mitgliedstaaten zur EU gemünzt sein. Gestellt wurde sie allerdings bereits im 16. Jahrhundert von Jean Bodin (1981: 286) im ersten seiner „Sechs Bücher über den Staat".

Für Bodin verlor „die Souveränität ihre Pracht, wenn man auch nur den geringsten Einbruch in sie zulässt" (ebenda: 287). Bodin beschränkte seinen Souveränitätsbegriff von vornherein nicht auf die innenpolitische Gestaltungsfreiheit, sondern wandte „die in ihm enthaltene Binnenstruktur nach außen und bestimmt(e) auf diese Weise gleichzeitig ‚innere' und ‚äußere Souveränität'" (Klippel 1990: 120). Souveränität und Staatlichkeit waren in dieser Vorstellung, die sich auch in Deutschland im 17. Jahrhundert durchsetzte, unlösbar aneinander gebunden: Als souverän galt nur auch der äußerlich freie, unabhängige Staat.

Empfindliche Einbrüche erlitt diese Konzeption im 19. Jahrhundert im Zuge der seinerzeit einsetzenden Theoriedebatte über den Charakter des Bundesstaates, galt es doch das Problem zu lösen, dass hier der Zentralstaat den Gliedstaaten – in welcher Weise auch immer – übergeordnet erschien. Da man bis dato meinte, nur einen solchen Staat als souverän denken zu können, der lediglich durch seinen eigenen Willen rechtlich gebunden werden kann (Jellinek 1882: 34), zwang die Existenz föderal verfasster Staaten dazu, die Souveränität zu einem „nicht-wesentlichen Merkmal der Staatsgewalt abzuwerten" (Boldt 1990: 147).

Schon bald wurde die Erkenntnis, dass es demnach souveräne und nicht souveräne Staaten gibt, über die „innere Souveränität" des Gesetzgebers hinaus auch auf den außenpolitischen Bereich ausgedehnt. Bereits im 19. Jahrhundert, verstärkt aber nach dem Ersten Weltkrieg, setzte sich der Gedanke einer völkerrechtlichen Beschränkung der staatlichen Souveränität durch. Der Souveränitätsbegriff erschien seither mehr und mehr als „Popanz", der die Weiterentwicklung der Staatslehre hemmte, und mit dem im Grunde keine sinnvollen Vorstellungen mehr verbunden werden konnten (Boldt 1990: 152).

Die große Mehrzahl der Abgeordneten des Parlamentarischen Rates, der ab September 1948 das Grundgesetz für die Bundesrepublik Deutschland beriet, war sich dieser Problematik des Souveränitätsgedankens sehr bewusst. Eine über die Fraktionsgrenzen hinaus geltende Prämisse der Beratungen über die Grundsätze der künftigen Verfassung bestand in der Überzeugung, dass die Zukunft Deutschlands nur „in Europa" gefunden werden könne. Den deutlichsten Bezug zur künftigen, wegen der Vorbehaltsrechte der Alliierten durch das Grundgesetz seinerzeit allerdings noch nicht herstellbaren Souveränität Deutschlands stellte Carlo Schmid von der SPD her. Vor dem Plenum führte er – nicht nur unwidersprochen, sondern von fraktionsübergreifendem Beifall begleitet – aus, was seiner Ansicht nach geschehen müsse und werde, nachdem die Beschränkungen, welchen die Souveränität des deutschen Volkes noch unterlag, einmal gefallen seien: „Das deutsche Volk wird dann einen anderen Gebrauch von dieser Souveränität machen, als es die Übung der vergangenen Jahrzehnte gewesen ist. Während man sonst die Souveränität wollte, um sie mit Zähnen und Klauen zu verteidigen und sie zum Selbstzweck zu machen, wollen wir heute diese Souveränität haben, um Deutschland in *Europa* aufgehen lassen zu können. So kann aber nur ein Volk handeln, das frei ist, denn um auf Souveränität verzichten zu können, muss man vorher souverän handeln können" (Parlamentarischer Rat 1996: 183, Hervorhebung im Original).

Diese Überlegungen, die der CDU-Abgeordnete Süsterhenn auf die einfache Formel brachte: „Wir sind gern bereit, die Souveränitätsrechte auf den verschiedensten Gebieten an eine höhere, übernationale politische Einheit abzutreten“ (Parlamentarischer Rat 1996: 53), reduzierten den Souveränitätsgedanken auf die volle Handlungsfähigkeit des Staates im völkerrechtlichen Verkehr. Sie sollte nach der im Parlamentarischen Rat gehegten Vorstellung primär dazu genutzt werden, die europäische Integration zu ermöglichen (von Simson/ Schwarze 1994: 69).

Ihren Niederschlag fand diese Konzeption schon in der Präambel des Grundgesetzes, die von dem Willen des deutschen Volkes sprach und spricht, „als gleichberechtigtes Glied in einem vereinten Europa dem Frieden der Welt zu dienen“. Auch wenn diese Formel in der Präambel plaziert wurde, stellt sie uneingeschränkt gültiges Verfassungsrecht dar. Die europäische Integration war also von Anbeginn an eine „Staatszielbestimmung“ der Bundesrepublik Deutschland, deren Politik damit auf die Herstellung eines vereinten Europa verpflichtet war und ist (Schwarze 2000: 129).

In der Folgezeit setzte sich die Einsicht durch, dass es angesichts des fortschreitenden europäischen Integrationsprozesses unangemessen ist, mehr oder weniger umstandslos von einer „Durchlöcherung staatlicher Souveränität“ zu sprechen, die „aber von der Bundesrepublik akzeptiert“ werde (so noch Rudzio 2000: 35). Denn der aktuellen politikwissenschaftlichen Diskussion gilt die Kategorie der Souveränität (nicht nur) angesichts der Existenz der Europäischen Union als „generell überholt“ und nur noch von „anachronistischer Qualität“ (Czempiel 1993: 147; 157). Der Parlamentarische Rat, der die Souveränität Deutschlands von vornherein als eine Souveränität konzipiert hat, die im Wesentlichen dazu dienen sollte, das deutsche Staatswesen weitgehend zugunsten Europas abzuschaffen, war damals seiner Zeit voraus. Die Bundesrepublik Deutschland erleidet heute deshalb keine „Durchlöcherung“ ihrer Souveränität, sondern realisiert durch den „Souveränitätstransfer“ nach Europa aktiv eines ihrer Staatsziele, oder, wie Zuleeg (1989: 1617) treffend formuliert, den „Verfassungsgrundsatz der Integrationsbereitschaft“. Für die Entwicklung hin zu einem System, „dessen innere Verhältnisse in hohem Maße von außen mitbestimmt werden" (Rudzio 2003: 35), war die deutsche Verfassung von vornherein offen.

Nun war das Grundgesetz bekanntlich als Provisorium, als Übergangslösung, konzipiert. Ganz ähnlich wie etwa hinsichtlich der Frage nach der Einführung plebiszitärer Elemente, die von der Mehrheit des Parlamentarischen Rats für die Zeit nach der posttotalitären Übergangsphase als selbstverständlich betrachtet wurde (Pehle 1998), gab es deshalb seinerzeit keinen Anlass, über die Kompatibilität des visionären „Zukunftsprojekts" Europa mit dem, wie man damals dachte, durch das Grundgesetz errichteten „Notschuppen" (Carlo Schmid) nachzudenken. Zur Konkretisierung der offenen Staatlichkeit (West-) Deutschlands begnügte man sich daher mit der Vorschrift des Art. 24 Abs. 1, welche den Bund ermächtigt, durch Gesetz Hoheitsrechte auf zwischenstaatliche Einrichtungen zu übertragen.

Art. 24 stellte ein absolutes Novum in der deutschen Verfassungsgeschichte dar. Das Grundgesetz wies mit dieser Bestimmung von vornherein „über sich selbst hinaus" (Hesse 1977: 44), und zwar in umfassender Weise, denn der Begriff „Hoheitsrechte" umfasst jedwede Kompetenz zur Ausübung öffentlicher Gewalt, gleich ob es sich um Gesetzgebung, Vollzug oder Rechtsprechung handelt (Schwarze 2000: 130). Besonders bemerkenswert ist dabei, dass die nach Art. 24 erforderlichen Gesetze weder an eine Zwei-Drittel-Mehrheit der Abgeordneten des Bundestages noch an die Zustimmung des Bundesrates gebunden wurden, obwohl jede Übertragung von Hoheitsrechten einen Eingriff in die nationale Zuständigkeitsordnung und damit eine materielle Verfassungsänderung darstellt (Schwarze 2000: 131f.). Deutlicher hätte der Parlamentarische Rat die Integrationsoffenheit des Grundgesetzes kaum dokumentieren können.

Problematisch, mindestens aber missverständlich, ist allerdings die für Art. 24 – den „Integrationshebel", der die deutsche Rechtsordnung für die Anwendung des Gemeinschaftsrechts öffnete – gewählte Begrifflichkeit von der „Übertragung" von Hoheitsrechten. Dieser Begriff suggeriert, dass es sich um eine Abtretung deutscher Hoheitsrechte an die zwischenstaatliche Einrichtung handele. Doch ermächtigt die Bestimmung „nicht eigentlich zur Übertragung von Hoheitsrechten, sondern öffnet die nationale Rechtsordnung [...] derart, dass der ausschließliche Herrschaftsanspruch der Bundesrepublik Deutschland im Geltungsbereich des Grundgesetzes zurückgenommen und der unmittelbaren Geltung und Anwendbarkeit eines Rechts aus anderer Quelle innerhalb des staatlichen Herrschaftsbereichs Raum gelassen wird" (BVerfGE 37: 271 (280)). Zweck des Art. 24 war es also, die Ausübung „fremder Hoheitsgewalt" im innerstaatlichen Bereich zu ermöglichen (Schwarze 2000: 131).

Durch den neuen Art. 23, der Ende 1992 als „lex specialis" zu Art. 24 in das Grundgesetz eingefügt wurde, kam es zwar zu einer Aufwertung des Bundesrats, der nunmehr jeder Kompetenzübertragung an die Europäische Union zustimmen muss (vgl. hierzu ausführlich Kapitel 3.3). An der offenen Staatlichkeit Deutschlands, an der Tatsache also, dass die nationale Rechtsordnung grundsätzlich die Geltung supranational gesetzten Rechts erlaubt, hat er jedoch nichts geändert.

Der Begriff „fremde Hoheitsgewalt", der in diesem Zusammenhang eingeführt wurde, ist indes gegen Missverständnisse und Fehlinterpretationen ebenso wenig gefeit wie der von der „Übertragung" von Hoheitsrechten, denn „fremd" ist sie nur im Sinne von „anders geartet" als die nationalstaatliche. Diese neue und „andere" Hoheitsgewalt der Europäischen Union, deren Ausübung durch das Grundgesetz legitimiert wird, ist der deutschen schon deswegen nicht „fremd", weil nationale Verfassungsorgane mittelbar und unmittelbar an ihrem Zustandekommen beteiligt sind. Am deutlichsten wird dies durch die Mitwirkung der Bundesminister im zentralen Gesetzgebungsorgan der Europäischen Union, dem Rat. Die vom Grundgesetz nicht nur erlaubte, sondern gewollte Integration lässt sich deswegen zusammenfassend am besten als Einbringung ehemals in nationaler Verantwortung wahrgenommener Zuständigkeiten zur „gemeinsamen Ausübung" beschreiben (von Simson/Schwarze 1994: 74).

Die Entscheidung darüber, welche Aufgaben in die supranationale Verantwortung überführt werden können oder sollen, lässt das Grundgesetz offen und stellt sie in das Ermessen des Bundesgesetzgebers. Der Bund ist damit auch ermächtigt, Kompetenzen, die den Ländern zukommen, in die Hoheitsgewalt der Europäischen Union zu überführen (Randelzhofer 1992: Rdnr. 28). Der Ermessensspielraum des Gesetzgebers hinsichtlich der Zulassung der europäischen Hoheitsgewalt im innerstaatlichen Bereich der Bundesrepublik ist allerdings nicht grenzenlos. Wo diese Grenzen genau verlaufen, ist unter Verfassungsrechtlern nach wie vor strittig. Als kleinster gemeinsamer Nenner in der einschlägigen Debatte lassen sich allerdings die durch Art. 79 Abs. 3 geschützte und in Art. 20 GG definierte Grundstruktur der Verfassung und der Schutz der Grundrechte identifizieren. Sie dürfen nach allgemein herrschender Überzeugung der europäischen Integration nicht geopfert werden.

Auch das Bundesverfassungsgericht bleibt hinsichtlich einer Definition der Grenzen, die es bei der Einräumung von Hoheitsrechten für die Europäische Union zu beachten gilt, zwangsläufig vage, wenn es davon spricht, dass dem deutschen Gesetzgeber „Aufgaben und Befugnisse von substantiellem Gewicht" verbleiben müssten (BVerfGE: 155 (156)). In diesem Zusammenhang gewann in der „Post-Nizza-Diskussion" das Argument zunehmend an Gewicht, dass der europäische Integrationsprozess nicht als Einbahnstraße missverstanden werden dürfe. Auch in Bereichen, in denen sich die Mitgliedstaaten dazu verstanden hätten, zugunsten Europas auf die Wahrnehmung bestimmter Zuständigkeiten zu verzichten, müsse es möglich sein, über eine Rückverlagerung von Aufgaben zu verhandeln, wenn sich herausstelle, dass dieselben auf nationaler Ebene „sachgerechter" erledigt werden können. Der vom Europäischen Konvent vorgelegte Entwurf eines Vertrages über eine Verfassung für Europa thematisiert eine Rückverlagerung von Kompetenzen zwar nicht. In einem dem Verfassungsentwurf angehängten Protokoll wird aber immerhin ein – allerdings schwer praktikables – Verfahren zur „Subsidiaritätskontrolle" durch die nationalen Parlamente geregelt (vgl. dazu Kapitel 3.2 und 3.4.), das die Mitgliedstaaten vor einem weiteren, „unverhältnismäßigen" Kompetenzverlust schützen soll.

Was für das Souveränitätsproblem in materieller Hinsicht gilt, dass es nämlich inhaltlich nur schwer zu konkretisieren ist, bewahrheitet sich auch bezüglich der institutionellen Dimension: Das Grundgesetz schweigt sich über den Funktionswandel, den die Verfassungsorgane im Zuge der europäischen Integration durchlaufen haben, weitgehend aus. Sieht man von Art. 23 einmal ab, mit dessen Hilfe versucht wurde die Mitwirkungsrechte von Bundestag und Bundesrat an der deutschen Integrationspolitik zu konkretisieren, sowie von den Art. 45 und 52 Abs. 3 a, welche die Einsetzung eines Bundestagsausschusses für die Angelegenheiten der Europäischen Union bzw. einer Europakammer des Bundestages vorsehen, enthält die deutsche Verfassung keine Aussagen darüber, ob und in welcher Form die nationalen politischen Institutionen an der Ausübung der europäischen Hoheitsgewalt beteiligt sind bzw. sein sollen. Der Begriff von der „offenen Staatlichkeit" Deutschlands, die in den Kommentaren zu Art. 24 durchgängig beschworen wird (vgl. etwa Randelzhofer 1992: Rdnr. 1), kann deshalb nicht nur seiner eigentlichen Bedeutung gemäß auf die Integrationsfreundlichkeit des Grundgesetzes bezogen werden, sondern auch auf den Funktionswandel der Verfassungsorgane. Eben weil das Verfassungsrecht diesen Wandel offen lässt, ist eine politikwissenschaftliche Analyse, wie sie im Folgenden geleistet werden soll, besonders gefordert. Sie muss nicht zuletzt nachzeichnen, wie sich im Rahmen des juristisch möglichen „Souveränitätstransfers" oder in der Sprache der Europäisierungsliteratur formuliert, im Rahmen des grundsätzlichen „fit" der deutschen Verfassung, tatsächlich Veränderungen im Zusammenwirken der politischen Institutionen des Landes, der Willensbildung des Volkes und im Hinblick auf politische Entscheidungsprozesse und Politikergebnisse eingestellt haben.

Literatur

Bodin, Jean (1981): Sechs Bücher über den Staat, München (Original französisch 1583).

Boldt, Hans (1990): Staat und Souveränität IX-X, in: Brunner, Otto/Conze, Werner/Kosselleck, Reinhart (Hrsg.): Geschichtliche Grundbegriffe. Historisches Lexikon zur politisch-sozialen Sprache in Deutschland, Band 6, S. 129–154.

Czempiel, Ernst Otto (1993): Die neue Souveränität – ein Anachronismus? Regieren zwischen nationaler Souveränität, europäischer Integration und weltweiten Verpflichtungen, in: Hartwich, Hans-Hermann/Wewer, Göttrik (Hrsg.): Regieren in der Bundesrepublik V. Souveränität, Integration, Interdependenz – Staatliches Handeln in der Außen- und Europapolitik, Opladen, S. 145–158.

Hesse, Konrad (^{10}1977): Grundzüge des Verfassungsrechts der Bundesrepublik Deutschland, Heidelberg/Karlsruhe.

Jellinek, Georg (1882): Die Lehre von den Staatenverbindungen, Berlin.

Klippel, Diethelm (1990): Staat und Souveränität VI-VIII, in: Brunner, Otto/Conze, Werner/Koselleck, Reinhart (Hrsg.): Geschichtliche Grundbegriffe. Historisches Lexikon zur politisch-sozialen Sprache in Deutschland, Band 6, S. 89–128.

Parlamentarischer Rat (1996): Der Parlamentarische Rat 1948 – 1949. Akten und Protokolle, Band 9: Plenum, bearbeitet von Wolfram Werner, München.
Pehle, Heinrich (1998): Probleme einer plebiszitären Ergänzung des Grundgesetzes, in: Gegenwartskunde 47(3), S. 299–310.
Randelzhofer, Albrecht (1992): Artikel 24, in: Maunz, Theodor/Dürig, Günther: Grundgesetz. Kommentar (Loseblattsammlung, Lfg. 30).
Rudzio, Wolfgang (2000, 62003): Das Regierungssystem der Bundesrepublik Deutschland, 5. Auflage, Opladen.
Schwarze, Jürgen (2000): Deutschland, in: Schwarze, Jürgen (Hrsg.): Die Entstehung einer europäischen Verfassungsordnung. Das Ineinandergreifen von nationalem und europäischem Verfassungsrecht, Baden-Baden, S. 109–204.
Simson, Werner von/Schwarze, Jürgen (1994): Europäische Integration und Grundgesetz – Maastricht und die Folgen für das deutsche Verfassungsrecht, in: Benda, Ernst/Maihofer, Werner/Vogel, Hans-Jochen (Hrsg.): Handbuch des Verfassungsrechts der Bundesrepublik Deutschland, 2. Aufl., Berlin/New York, S. 53–123.
Zuleeg, Manfred (1989): Artikel 14 Absatz 1, in: Wassermann, Rudolf (Hrsg.): Kommentar zum Grundgesetz der Bundesrepublik Deutschland (Reihe Alternativkommentare), Band 1, S. 1603–1629.

3 Die Europäisierung nationaler Institutionen und Entscheidungsprozesse

3.1 Die Bundesregierung als Mitgestalterin supranationaler Politik

Der europäische Integrationsprozess hat das Verhältnis der mitgliedstaatlichen Exekutiven und Legislativen zueinander sukzessive und nachhaltig verändert. Als „Verlierer" dieser Entwicklung gelten gemeinhin die nationalen Parlamente, weil sie im Laufe der Jahre vermehrt legislative Zuständigkeiten an die Europäische Gemeinschaft bzw. die Europäische Union abgeben mussten (vgl. dazu Kapitel 3.2). Vermittelt über die Entscheidungszuständigkeit des Rates sind diese Gesetzgebungskompetenzen letztlich bei den mitgliedstaatlichen Regierungen angekommen. Deshalb ist die Frage nach der Konstruktionslogik der europapolitischen Willensbildungs- und Entscheidungsprozesse innerhalb der Bundesregierung von entscheidender Bedeutung für das Verständnis von Europäisierungsprozessen.

Der einschlägige politik- und verwaltungswissenschaftliche Diskurs, der seit mehr als zehn Jahren geführt wird, ist durchzogen von einer zentralen Kontroverse. Auf der einen Seite wurde und wird – meist unter Berufung auf die in Frankreich und vor allem in Großbritannien praktizierten regierungsorganisatorischen Modelle, die auf eine möglichst umfassende Zusammenführung der „Europazuständigkeiten" abzielen – kritisiert, dass die integrationspolitischen Entscheidungsprozesse innerhalb der Bundesregierung aufgrund des dominierenden Prinzips der Ressortverantwortlichkeit extrem fragmentiert und fern ab von dem erforderlichen Maß an Koordination seien. Dies führe zu einer mangelnden Berechenbarkeit der deutschen Europapolitik, welche sich verbinde mit einer primär nur reaktiven Rolle bei der Gestaltung des europäischen Integrationsprozesses (Bulmer/Jeffery/Paterson 1998).

Andererseits wird – nicht zuletzt unter Berufung auf die durchaus erfolgreichen deutschen Ratspräsidentschaften (vgl. zuletzt Sturm/

Zimmermann-Steinhart 1999) – darauf verwiesen, dass das auf horizontaler Koordination der Fachressorts basierende deutsche Modell nicht pauschal als ineffizient diffamiert werden könne (Engel/Bormann 1991: 22f.). Auf diese Kontroverse wird zurückzukommen sein, nachdem die Struktur der europapolitischen Willensbildungs- und Entscheidungsprozesse der Bundesregierung dargestellt worden ist. Ausgangspunkt dieser Darstellung ist der allen europapolitisch akzentuierten Regierungsanalysen gemeinsame Hinweis auf gleichsam „geborene" Ressortkonkurrenzen, die ihren Anfang bereits in den fünfziger Jahren nahmen.

Während die Unterzeichnung des Vertrages über die Europäische Gemeinschaft für Kohle und Stahl (EGKS) im Jahr 1951 für die damalige Bundesregierung noch keinen Anlass gab, über eine Verteilung der europapolitischen Kompetenzen zwischen den Ministerien zu entscheiden, änderte sich die Situation im März 1957 mit der Unterzeichnung der Römischen Verträge über die Europäische Wirtschaftsgemeinschaft. Sie erzwang eine Regelung der Zuständigkeitsverteilung innerhalb des Regierungsapparates hinsichtlich der Europapolitik. In Bonn wurden zunächst jene drei theoretisch denkbaren Modelle diskutiert, die eine eindeutige Kompetenzzuweisung zugunsten nur eines Ressorts ermöglicht hätten: Erstens die Gründung eines Europaministeriums, zweitens die Bündelung der entsprechenden Zuständigkeiten im Auswärtigen Amt (AA) und drittens eine Konzentrationslösung zugunsten eines anderen klassischen Ressorts, wofür aufgrund des absoluten Primats ökonomischer Fragen in der damaligen Gemeinschaft das Bundesministerium für Wirtschaft (BMWi) prädestiniert schien (Derlien 2000: 57). Letztlich entschied man sich für keine der genannten Optionen.

Der Grund hierfür ist in dem Umstand zu suchen, dass die Diskussion im Kern nur von den beiden gerade genannten Ministerien geführt wurde. Es bedurfte monatelanger Verhandlungen, bis die beiden Minister, Heinrich von Brentano und Ludwig Erhard, im Jahr 1958 eine – im Übrigen niemals veröffentlichte – Vereinbarung unterzeichnen konnten (Hoyer 1998: 77). Sie lief auf eine europapolitische Funktionsteilung zwischen AA und BMWi hinaus, die immerhin 40 Jahre lang Bestand hatte. Diese Arbeitsteilung lässt sich dahingehend beschreiben, dass alle außenpolitischen Angelegenheiten im

Ministerrat sowie alle institutionellen Fragen der EG/EU einschließlich der Weiterentwicklung der Verträge und die Erweiterung der Union um neue Mitgliedstaaten federführend vom Außenministerium bearbeitet wurden (und werden), während die Vertretung der wirtschaftspolitischen Fragen dem BMWi oblag.

Angesichts der herausragenden Bedeutung von Wirtschaftsfragen für die europäische Integration bedeutete dies, dass das Wirtschaftsministerium bis in die achtziger Jahre hinein die zentrale Koordinierungsrolle in der deutschen Europapolitik innehatte. Organisatorisch kam die Dominanz des Wirtschaftsministeriums dadurch zum Ausdruck, dass es das erste und für lange Zeit einzige Ressort war, das eine eigene Europaabteilung (Abteilung E) unterhielt. Infolge der Aufgabenerweiterung der Europäischen Union durch den Vertrag von Maastricht verschoben sich die Gewichte zwischen den beiden Ressorts allerdings sukzessive zugunsten des Auswärtigen Amts, denn das AA war das einzige Bundesministerium, das in Bezug auf alle „Säulen" des Vertrags über die Europäische Union substanzielle Kompetenzen hatte. Es war daher nur konsequent, dass Außenminister Klaus Kinkel im Jahr 1993 entschied, auch in seinem Haus eine Europaabteilung einzurichten (Hoyer 1998: 77f.). Im Zuge der Regierungsbildung von 1998 wurde die Abteilung E vom Wirtschafts- in das Finanzministerium überführt, wodurch die arbeitsteilige Führungsrolle von Außen- und Wirtschaftsministerium in der Europapolitik definitiv endete.

Aufgrund des neuen Ressortzuschnitts, zu dem sich Bundeskanzler Gerhard Schröder auf Betreiben des seinerzeit designierten Finanzministers Oskar Lafontaine verstand, muss die Frage nach der Bedeutung, die den verschiedenen Ministerien einschließlich des Kanzleramts im europapolitischen Willensbildungsprozess der Bundesregierung zukommt, heute neu gestellt werden. Sie kann mit dem Hinweis auf traditionelle Stärken und Schwächen bestimmter Ressorts im innenpolitischen Entscheidungsprozess allein nicht befriedigend beantwortet werden, denn das integrationspolitische Gewicht der einzelnen Ressorts bestimmt sich mindestens im gleichen Maße nach den jeweiligen Schwerpunkten auf der europäischen Agenda. Wie bereits angedeutet, haben sich diese Schwerpunkte in einer Weise verändert, die es durchaus konsequent erscheinen lässt, dass das Wirtschaftsministerium seiner durch die Abteilung E verbürgten Schlüsselstellung, die es innerhalb des Regierungsapparates seit den Anfängen des europäischen Integrationsprozesses eingenommen hatte, beraubt wurde.

Seitdem das Binnenmarktprojekt im Wesentlichen abgeschlossen ist, geht es im Kompetenzbereich des Wirtschaftsministers nur noch um wenig mehr als um die Verwaltung des Status quo (Kohler-Koch 1998: 303). Mit den seit dem Vertrag von Maastricht aktuellen Problemen der Wirtschafts- und Währungsunion, den institutionellen Reformen der EU und der Erweiterung der EU um neue Mitgliedstaaten sind nunmehr Materien angesprochen, die ohne Zweifel in den Aufgabenbereich des Finanzministeriums sowie von Kanzleramt und Auswärtigem Amt gehören. Die genannten Ressorts sind die eindeutigen integrationspolitischen Gewinner der vergangenen Jahre. Wie hoch insbesondere das Finanzministerium seinen europapolitischen Kompetenzgewinn bewertet, wurde deutlich, als im Laufe des Jahres 2000 eine regierungsinterne Debatte um den Ressortzuschnitt der Öffentlichkeit bekannt wurde. Angestoßen wurde sie durch einen Antrag der Bundestagsfraktion der FDP, in welchem eine Rückverlagerung der Europaabteilung in das BMWi gefordert wurde (Bundestagsdrucksache 14/2707). Finanzminister Hans Eichel ließ daraufhin verlauten, dass er sich einer Preisgabe der Federführung für die Europapolitik, die „immer wichtiger" werde, auf jeden Fall widersetzen werde (Süddeutsche Zeitung, 21.7.2000: 1). Auch sechs Jahre nach der Neuregelung der europapolitischen Kompetenzen gelten Forderungen, den Zustand wieder herzustellen, der vor 1998 herrschte, als politisch völlig unrealistisch (Hetmeier 2004: 174).

Die skizzierte Entwicklung wurde begleitet von der Besetzung immer neuer Politikfelder durch die Europäische Union, wie etwa der Umwelt-, Verkehrs- und Regionalpolitik, sowie der Vergemeinschaftung der Bereiche Justiz und Inneres. Die für diese Bereiche zuständigen Ministerien unterhalten jeweils ressortspezifische Beziehungen zu den supranationalen Institutionen. In fachpolitisch je unterschiedlicher Intensität gilt also, dass jedes Fachressort immer auch ein „Europaressort" ist (Hetmeier 2004: 172). Das Recht, mit den Organen und Dienststellen der EU in den Angelegenheiten ihres eigenen Geschäftsbereichs unmittelbar zusammenzuarbeiten, wird den Bundesministerien durch § 37 der im Juli 2000 beschlossenen, neuen Gemeinsamen Geschäftsordnung der Bundesministerien ausdrücklich garantiert.

In allen Politikfeldern hat die europäische Dimension an Bedeutung gewonnen, wenngleich in unterschiedlichem Ausmaß. Dies spiegelt sich auch in den formalen Organisationsstrukturen der Ministerien deutlich wider. Heute unterhalten acht der 13 Bundesministerien eigenständige Europaabteilungen, denen teilweise allerdings auch andere Aufgaben wie etwa „Internationale Beziehungen" zugewiesen sind. Teilweise wurden auf die Europäische Union zugeschnittene Unterabteilungen eingerichtet. Ein oder mehrere Europareferat(e) finden sich in allen Ressorts. Bis zum Jahr 2002 wurde das Set europapolitischer Akteure durch zwei entsprechende Referate im Kanzleramt komplettiert, die der für auswärtige Beziehungen zuständigen Abteilung 2 bzw. der Abteilung 4 (Wirtschafts- und Finanzpolitik) eingegliedert waren (Busse 2001: 118). Im Zuge der Regierungsbildung im Herbst 2002 veranlasste Bundeskanzler Gerhard Schröder eine Organisationsreform im Kanzleramt: Die Abteilung für Grundsatzfragen wurde aufgelöst und durch eine neue Abteilung für Europapolitik ersetzt. Sie umfasst insgesamt vier Referate, von denen jeweils zwei eine „Gruppe" – das Kanzleramt kennt keine Unterabteilungen – bilden.

Die je eigenständige Wahrnehmung der fachpolitischen Beziehungen zu den Institutionen der Europäischen Union durch die zuständigen Bundesministerien verweist auf das Problem, dass es kein von allen Ressorts getragenes und in sich geschlossenes europapolitisches Konzept der Bundesregierung zu geben scheint (Kohler-Koch 1998: 293). Folgt man dem Tenor im vorliegenden Schrifttum, drängt sich der Eindruck auf, dass das in Art. 65 Satz 2 GG fixierte Ressortprinzip, dem zu Folge jeder Bundesminister seinen Aufgabenbereich selbständig und in eigener Verantwortung leitet, das Erscheinungsbild der Bundesregierung auf dem europäischen Parkett nachhaltig prägt (z.B. Rometsch 1996: 71). Aber auch wenn sich die meisten Bundesminister angesichts der Europäisierung der von ihnen verantworteten Aufgabenbereiche genötigt sahen, eine je eigene „EU-Diplomatie" aufzubauen, gilt grundsätzlich natürlich auch für die Europapolitik, dass der Bundeskanzler die Geschäfte der Regierung leitet.

Auch nach der Einrichtung der Europaabteilung sind die integrationspolitischen Kapazitäten, die das Kanzleramt bereithält, allerdings

Tabelle 2: Europapolitische Arbeitseinheiten im Kanzleramt und in den Bundesministerien (BM)

Ministerium	*Abteilung*	*Anzahl der Referate*
Kanzleramt	Abteilung 5	4
Auswärtiges Amt	Abteilung E	17
BM der Finanzen	Abteilung E	28
BM der Justiz	Abteilung E	5
BM der Verteidigung	–	2
BM des Innern	Abteilung V	6
BM für Bildung und Forschung	Abteilung 1	4
BM für Verbraucherschutz, Ernährung und Landwirtschaft	Abteilung 6	9
BM für Familie, Senioren, Frauen und Jugend	–	3
BM für Gesundheit und soziale Sicherung	Abteilung E	5
BM für Umwelt, Naturschutz und Reaktorsicherheit	–	3
BM für Verkehr, Bau- und Wohnungswesen	–	5
BM für Wirtschaft und Arbeit	Abteilung X	21
BM für Wirtschaftliche Zusammenarbeit und Entwicklung	–	2
Gesamt	9	114

Quelle: Eigene Darstellung nach den Organisationsplänen der Bundesministerien (Stand: September 2004)

nicht sonderlich beeindruckend. Eines der seit 2002 vier Referate befasst sich mit europapolitischen Grundsatzangelegenheiten, ein weiteres widmet sich den Beziehungen zu den anderen EU-Mitgliedstaaten und Fragen der Erweiterung. Den beiden Referaten der anderen Gruppe obliegen „Finanz- und Wirtschaftsfragen“ sowie allgemein die „Koordinierung der Europapolitik der Bundesregierung“. Traditionell besteht die Aufgabe der Europareferate im Kanzleramt nicht darin, Einzelentscheidungen materiell vorzubereiten. Ihre Funktion besteht – dem Wesen von „Spiegelreferaten“ entsprechend – vielmehr darin, die Kommunikation mit den zuständigen Fachministerien zu pflegen und den Kanzler vor den Sitzungen des Europäischen Rates mit entsprechenden Informationen zu versorgen (Rometsch 1996: 70). Über die Frage, inwieweit insbesondere die Einrichtung des europapolitischen Koordinierungsreferates an dieser Aufgabenzuschreibung Substanzielles geändert hat, lässt sich mangels publizierter „Insiderberichte“ nur spekulieren.

Die Ressourcen, aus denen sich der Einfluss des Bundeskanzlers – und damit auch derjenige der ihm unterstellten Behörde – auf die Europapolitik der Regierung speist, sind primär jedenfalls nicht in personellen Kapazitäten zu suchen. Sie sind vielmehr prozeduraler Natur und finden sich, der eigenen Logik der europäischen Entscheidungsprozesse entsprechend, sowohl am Sitz der Bundesregierung als auch an den Tagungsorten des Europäischen Rates.

Der Europäische Rat hat im Verlauf der neunziger Jahre eine immer dominantere Rolle nicht nur bei grundsätzlichen Entscheidungen, sondern auch in der Tagespolitik der Europäischen Union eingenommen (Bertelsmann Europa-Kommission 2000: 22). Der Grund für diese Entwicklung ist darin zu suchen, dass es den Fachministerräten häufig nicht gelingt, zu Kompromissen zu finden, weil sie nicht in der Lage sind, Forderungen und Zugeständnisse aus verschiedenen Politikbereichen gegeneinander zu verrechnen (Wessels 1997: 707). Weil nur die Staats- und Regierungschefs imstande sind, politikfeldübergreifende Verhandlungspakete zu schnüren, sind sie de facto auch zu „Einzelfallentscheidern“ geworden, welche die von ihnen erzielten Kompromisse an ihre jeweils betroffenen Fachminister zur formellen Entscheidung im Rat der Europäischen Union weiterreichen. Dieser Funktionswandel des Europäischen Rates, der sich am Wortlaut der

Verträge vorbei vollzogen hat, hat den Interventionsspielraum des Bundeskanzlers innerhalb der Regierung und damit einhergehend den europapolitischen Gestaltungsanspruch des Kanzleramtes spürbar gestärkt (Bulmer/Jeffery/Paterson 1998: 27). Dem Bundeskanzler wird die „Delegation" von im Europäischen Rat ausgehandelten Entscheidungen an den zuständigen Minister formal dadurch erleichtert, dass seine Richtlinienkompetenz grundsätzlich mit einem Weisungsrecht verbunden ist.

Schon aus Rücksicht auf den jeweiligen Koalitionspartner sind die bisherigen Bundeskanzler mit dem Einsatz der Richtlinienkompetenz allerdings sehr zurückhaltend umgegangen. Bezüglich der Europapolitik sind bislang insgesamt nur zwei Fälle bekannt geworden, in denen offiziell von ihr Gebrauch gemacht wurde: Im Jahr 1978 setzte Helmut Schmidt auf diese Weise innerhalb der Bundesregierung die Etablierung des Europäischen Währungssystems durch, und Gerhard Schröder wies im Juni 1999 seinen Umweltminister Jürgen Trittin an, im Rat gegen die Verabschiedung der Altauto-Richtlinie zu stimmen, obwohl dieser die Richtlinie persönlich befürwortete (Hurrelmann: 2001: 154). Beide Fälle repräsentieren die absolute Ausnahme. Regieren in Koalitionen erfordert Kooperation und nicht Subordination; die Bedeutung der Richtlinienkompetenz reduziert sich in der Praxis deshalb normalerweise darauf, dass die politischen Ziele der Regierung unter Beteiligung des Bundeskanzlers gemeinsam entwickelt werden (Rudzio 2003: 287).

Bei dieser „Beteiligung" ist der Kanzler formal allerdings allein schon dadurch privilegiert, dass er den Vorsitz bei den Kabinettsitzungen innehat. Alle wichtigen europapolitischen Entscheidungen werden seit langem zur ausführlichen Erörterung auf die Tagesordnung des Kabinetts gesetzt. Zeitweise existierte zwar noch ein Kabinettausschuss für Europapolitik, der im Jahr 1973 ins Leben gerufen wurde. Er trat Zeit seines Bestehens allerdings nur zwei Mal – in den Jahren 1973 und 1980 – zusammen (Rometsch 1996: 74). Seitdem war er ohne jede praktische Bedeutung (Hoyer 1998: 78), weshalb er von der rot-grünen Bundesregierung offenbar stillschweigend aufgelöst wurde (vgl. die Synopse der Kabinettausschüsse bei Busse 2001: 90). Europapolitische Fragen – auch solche von politischer Relevanz – werden also nicht von einem exklusiven Zirkel vorentschieden, sondern alle Minister haben die Möglichkeit, im Grundsatz gleichberechtigt an der Willensbildung der Regierung mitzuwirken.

Auf die Tagesordnung des Kabinetts gelangt allerdings nur, was zwischen den betroffenen Ministerien bereits abgestimmt wurde. Diese Abstimmungsprozesse sind streng hierarchisch organisiert. Sie beginnen auf der sog. Arbeitsebene zwischen den zuständigen Referenten. Die Vorbereitung der Zusammenkünfte der verschiedenen Fachministerräte in Brüssel obliegt dem jeweils zuständigen Ministerium, das sich mit allen anderen sachlich betroffenen Ministerien abzustimmen hat (Hoyer 1998: 79). Die Initiative geht also jeweils von dem zuständigen Referatsleiter im federführenden Ressort aus.

Nur was auf der Ebene der Referatsleiter strittig bleibt, wird „nach oben" – über die Unterabteilungs- und Abteilungsleiter – auf die Staatssekretärsebene weitergeleitet. Erst, wenn auch die Staatssekretäre keine Einigung erzielen können, werden die Minister persönlich eingeschaltet. Diese horizontalen, multilateralen Abstimmungsprozesse sind tägliche Routine bei der Gesetzesvorbereitung. Hinsichtlich der Europapolitik ist ihr Funktionieren aber besonders wichtig, weil angesichts feststehender Entscheidungstermine im Rat keine Möglichkeit besteht, ein Thema, das zwischen den beteiligten Ministerien noch strittig ist, bis zur Beseitigung des Konflikts von der Tagesordnung des Kabinetts zu nehmen. Dies ist der Grund, warum die europapolitischen Koordinationsmechanismen besonders „ausgefeilt" erscheinen und einen Formalisierungsgrad erreicht haben, der dem sonstigen Alltagsgeschäft der Bundesregierung fremd ist.

Dreh- und Angelpunkt dieser Mechanismen ist die bereits mehrfach erwähnte Abteilung E des Finanzministeriums. Entscheidende Bedeutung kommt ihr deshalb zu, weil sie eine Doppelfunktion wahrnimmt. Sie fungiert zum einen als „Verteiler" aller offiziellen EU-Dokumente an die anderen Ministerien sowie den Bundestag und den Bundesrat. Dadurch, dass alle Richtlinien- und Verordnungsentwürfe zuerst die Abteilung E durchlaufen und von dieser an die federführenden Ressorts überstellt werden, ergibt sich nicht nur eine administrative Entlastung für das Kanzleramt (Siwert-Probst 1998: 22f.), sondern – vermittelt etwa über die nicht selten eingesetzte Taktik der verspäteten Information anderer Ressorts (Pehle 1998: 71ff.) – auch ein beachtliches Steuerungspotenzial, das letztlich aus dem enormen

Zeitdruck resultiert, unter dem europapolitische Entscheidungen häufig stehen (Hetmeier 2004: 173). Zwar versuchen durchaus auch die kleineren Ressorts von vergleichsweise geringem politischen Gewicht, sich den Steuerungsansprüchen des Wirtschafts- bzw. Finanzministeriums zu entziehen (Kohler-Koch 1998: 303), doch sind dem deutliche Grenzen gesetzt. Dies hat auch mit der zweiten Funktion der Abteilung E zu tun. Sie besteht darin, dass sie in Arbeitsteilung mit der Europaabteilung des Auswärtigen Amtes die Koordinierung der europabezogenen Ressortpolitiken organisiert. Diese Koordinierungsprozesse spielen sich zwar zunächst in Form einer von niemandem überschaubaren Vielzahl informeller Kontakte zwischen den einzelnen Ministerien ab. Diese münden jedoch in drei eigens für die Europapolitik geschaffene Gremien.

Im „Dienstags-Komitee“ kommen wöchentlich die zuständigen Abteilungsleiter aus den einzelnen Ministerien zusammen. Häufig werden sie begleitet von fachlich versierten Referenten, sodass in diesem Gremium bis zu 30 Beamte versammelt sind (Derlien 2000: 60). Die Aufgabe des Komitees besteht darin, die Agenda des ebenfalls wöchentlich tagenden Ausschusses der Ständigen Vertreter in Brüssel („AstV“ oder französisch „COREPER“ = Comité des représentants permanents) vorbereitend zu diskutieren, um sicherzustellen, dass die Ständige Vertretung Deutschlands mit zwischen den zuständigen Ressorts abgestimmten Instruktionen versehen wird. Zudem obliegt es dem Komitee, die Arbeit der deutschen Vertreter in den etwa 200 Arbeitsgruppen und Kommissionen des Rates zu koordinieren. Das Sekretariat des Komitees, dem die Vorbereitung der Sitzungen übertragen ist, ist der Abteilung E, mithin seit dem Jahr 1998 dem Finanzministerium, zugeordnet. Man schätzt, dass etwa 90 Prozent aller anstehenden Fragen und Konflikte in diesem ausschließlich aus Beamten bestehenden Gremium gelöst werden (Derlien 2000: 60).

Der Brüsseler Ausschuss der Ständigen Vertreter tagt in zwei Formationen: „COREPER II“, in dem die Leiter der Ständigen Vertretungen, die im Botschafterrang stehen, zusammenkommen, bereitet die Räte Allgemeine Angelegenheiten (also Außenbeziehungen, GASP, institutionelle und allgemeine Fragen), Justiz und Inneres, Entwicklung sowie Wirtschaft und Finanzen (den ECOFIN-Rat) vor. COREPER I vereint die stellvertretenden Botschafter. Sie zeichnen

Tabelle 3: Interministerielle Koordinationsgremien für die Europapolitik

	Gründungsjahr	*Sitzungsfrequenz/Vorsitz*
Komitee der Staatssekretäre	1963	etwa vierwöchentlich (häufiger während deutscher Ratspräsidentschaften)/ Auswärtiges Amt
Gremium der Europabeauftragten	1971	vier- bis sechswöchentlich/Bundesministerium der Finanzen
„Dienstags-Komitee" der Abteilungsleiter		wöchentlich/Bundesministerium der Finanzen

Quelle: Verändert nach Rometsch (1996: 74)

für die Vorbereitung der Räte Landwirtschaft, Binnenmarkt, Arbeit und Soziales, Verkehr, Bildung und Kultur verantwortlich. Vor dem Regierungswechsel des Jahres 1998 oblag es allein dem Wirtschaftsministerium, die Weisungsgebung der Bundesregierung für den gesamten COREPER zu koordinieren und die Weisungen nach Brüssel weiterzuleiten. Dies hat sich nach der Neuverteilung der europapolitischen Kompetenzen dahingehend geändert, dass die Zuständigkeiten für die EU-Koordinierung nunmehr zwischen Auswärtigem Amt und Finanzminsterium aufgeteilt wurden. Die neue Aufgabenteilung sieht im Grundsatz vor, dass das Auswärtige Amt für COREPER II zuständig ist, während das Finanzministerium für COREPER I verantwortlich zeichnet. In einer Mitteilung des Kanzleramtes über die neue Zuständigkeitsverteilung wird dieses Prinzip durch Ausnahmeregelungen zugunsten des Finanzministeriums konkretisiert. Befasst sich COREPER II mit der Vorbereitung des Rates Wirtschaft und Finanzen, mit Haushalts- oder Steuerfragen, geht die Zuständigkeit in Berlin vom Außen- auf das Finanzministerium über. Gleiches gilt, wenn COREPER II – wegen der Brisanz der anstehenden Themen – ausnahmsweise Angelegenheiten berät, die eigentlich in die Zuständigkeit von COREPER I fallen (Demmke/Unfried 2000: 105).

In allen Ministerien sind seit Beginn der siebziger Jahre auf Arbeitsebene sog. Europabeauftragte ernannt worden. Dabei handelt es sich mitunter um Unterabteilungs-, meist aber um Referatsleiter. In ihrer Funktion als Europabeauftragte kommen ihnen nicht etwa besondere Weisungsrechte innerhalb der ressortinternen Hierarchie zu; ihre Funktion besteht vielmehr darin, besonderes Augenmerk auf alle europapolitischen Vorgänge zu richten, von denen ihr jeweiliges Ministerium betroffen sein könnte, und für einen möglichst reibungslosen Kommunikationsfluss zu den anderen Ministerien zu sorgen. Die Europabeauftragten der einzelnen Ministerien bilden gemeinsam ein Gremium, das auf Einladung der Abteilungsleitung Europa des Finanzministeriums in unregelmäßigen Abständen zusammentritt. Diese Zusammenkünfte dienen der Unterstützung des „Dienstags-Komitees" durch gegenseitigen Informationsaustausch.

Die Klärung der interministeriellen Konflikte, die von der im „Dienstags-Komitee" versammelten Arbeitsebene nicht gelöst werden können, ist Aufgabe des Komitees der Staatssekretäre, das auch als Staatssekretärsausschuss bezeichnet wird. Die Zusammensetzung dieses Gremiums wechselt je nach Problemhaushalt. Wegen ihrer ständigen gemeinsamen Gremienpräsenz hat sich für die Staatssekretäre des Auswärtigen Amtes, des Wirtschafts-, Finanz- und des Landwirtschaftsministeriums die Bezeichnung „Vier Musketiere" eingebürgert. Ständige Teilnehmer sind darüber hinaus der Leiter der Abteilung 5 des Bundeskanzleramtes und der Ständige Vertreter Deutschlands bei der Europäischen Union. Zu ihnen gesellen sich die Staatssekretäre derjenigen Ressorts, die von den auf der aktuellen Agenda befindlichen Problemen inhaltlich betroffen sind.

Den Ausschussvorsitz führt der für Europapolitik zuständige Staatssekretär im Auswärtigen Amt; der stellvertretende Vorsitz und das Ausschusssekretariat lagen früher beim Wirtschaftsministerium und sind heute dem Finanzministerium zugeordnet. Das Komitee entscheidet einstimmig, seine Beschlüsse sind für die beteiligten Ministerien bindend (Rometsch 1996: 73). Nur Entscheidungen von übergeordneter Bedeutung werden dem Kabinett anschließend zur Kenntnis gebracht. Das macht deutlich, dass die Funktion des Staatssekretärsausschusses am besten mit der einer zentralen „Clearing-Stelle" beschrieben werden kann, die dazu dient, das Kabinett nicht mit fachspezifischen, interministeriellen Konflikten zu belasten, sondern es frei zu halten für die Erörterung von zentralen Fragen mit politischer Tragweite (Hoyer 1998: 78).

In einer Gesamtschau des europapolitischen Koordinierungs- und Entscheidungssystems der Bundesregierung fällt zunächst auf, dass Spuren eines „neuen" deutschen Regierungssystems – trotz der Herausforderung durch einen neuen Themenhaushalt – in organisationsstruktureller Hinsicht kaum zu entdecken sind. Die von der Regierung eingerichteten Koordinierungsgremien existieren seit 1963 bzw. 1971, und die Mechanismen der Abstimmung der einzelnen europabezogenen Ressortpolitiken entsprechen der in Bezug auf die herkömmliche nationalstaatliche Politik seit Anbeginn an gepflegten administrativen Tradition der horizontalen Koordination (Derlien 2000: 56).

Was an „Neuem" zu finden ist, beschränkt sich demnach neben der neuen Europaabteilung im Kanzleramt auf Bedeutungsverluste und -gewinne einzelner Ressorts. Deren vorerst letzter besteht im Machtzuwachs des Bundesfinanzministeriums, welcher in der Literatur unterschiedlich beurteilt wurde. So wies etwa Derlien (2000: 59) darauf hin, dass sich die „technischen Prozeduren" der intragouvernementalen Politikkoordination durch die Herauslösung der Abteilung E aus dem Wirtschaftsministerium in keiner Weise geändert hätten. Letztere könne daher allenfalls als Indikator für eine künftig mögliche Unterordnung der Europapolitik unter fiskalische Prioritäten gewertet werden. Eben dies sahen Neuss und Hilz (1999: 71) als von vornherein gegeben an. Sie hielten das Finanzministerium als „federführende Institution" für die Europapolitik für „völlig ungeeignet, da zwangsläufig Haushaltsinteressen über langfristige, übergeordnete politische Zielvorstellungen dominieren werden".

Die Frage, ob neben dem Kanzleramt und dem Auswärtigen Amt besser das Finanz- oder doch das Wirtschaftsministerium die europapolitische Regierungstroika komplettieren soll, erscheint jedoch nachgeordnet. Zur (wissenschaftlichen) Debatte steht im Kern vielmehr seit einigen Jahren die Frage, ob die Troika als solche nicht dysfunktional ist, denn angemahnt wird das Fehlen einer *zentralen* europapolitischen Koordinierungsstelle. Es schlägt sich, wie ein etwas drastisch formulierter „Werkstattbericht" aus dem Wirtschaftsministerium resümiert, darin nieder, „[...] dass wir uns in der Hauptstadt sehr intensiv bekämpfen und beschießen, um dann verwundet auf den Hauptkampfplatz in Brüssel getragen zu werden“ (Hetmeier 2004: 173). Das letztlich entscheidende Kriterium für die Antwort auf die Frage, ob die bislang geübte europapolitische Regierungsorganisation den Anforderungen genügt, oder ob die Zeit für die Etablierung tatsächlich „neuer“ Elemente innerhalb der Regierungsapparates nicht längst überfällig ist, ist also die Beurteilung des bisherigen „outputs“ der deutschen Europapolitik. Sie fällt durchaus unterschiedlich aus.

Bulmer, Jeffery und Paterson (1998: 28ff.) beispielsweise kritisierten die „starke Sektoralisierung“ der Europapolitik der Bundesregierung. Weil es keine zentrale Autorität gegeben habe, die sich um kohärente Positionen bemüht hätte, sondern beinahe jedes Ministerium seine eigene Europapolitik zu verfolgen trachtete, sei die politische Linie der deutschen Regierung in den Brüsseler Institutionen häufig erst sehr spät deutlich geworden, was etwa dazu geführt habe, dass ihr bei den Vorschlägen der Europäischen Kommission für Richtlinien und Verordnungen „keine große Rolle“ zugekommen sei. Eine weitere Konsequenz der Sektoralisierung habe darin bestanden, dass häufig unklar geblieben sei, ob eine von einem deutschen Ministerium in Brüssel vertretene Position wirklich die der Bundesregierung gewesen sei oder nur die Auffassung eines Einzelressorts repräsentiert habe. Das Fazit der zitierten Autoren lautete daher: „Im Alltag der europäischen Politik boxt Deutschland eine Gewichtsklasse niedriger als es eigentlich könnte“ (ebenda: 99). Dem schlossen sich Neuss und Hilz (1999: 70ff.) an, indem sie von einem „unkoordinierten, heterogenen Stimmengewirr in der Politikformulierung auf Bundesebene“ sprachen, das sich auch in einer verfehlten Personalpolitik niederschlage. Die Folge: Deutschland sei in den Institutionen der EU – gemessen am Bevölkerungsanteil und am Beitrag zum EU-Haushalt – deutlich unterrepräsentiert. Die folgende Tabelle, die einer Antwort der Bundesregierung auf eine parlamentarische Anfrage aus dem Jahr 2002 entnommen ist, zeigt, dass sich daran auch drei Jahre nach Erscheinen der Schrift von Neuss/Hilz kaum etwas geändert hatte.

Die Lehre, die aus derartigen Defizitanalysen gezogen wurde, bestand und besteht in der Forderung nach einer Bündelung der europapolitischen Kompetenzen, wofür es faktisch nur zwei unterschied-

Tabelle 4: Der Anteil deutscher Beamter am Personal der europäischen Institutionen

Einrichtung/Organ	*Anteil deutscher A-Beamter*	*Anteil in Prozent*	*Gesamtzahl der A-Beamten*
Europäische Kommission	682	12,0 %	5 646
Verwaltung des Europäischen Parlaments	94	15,2 %	617
Europäischer Gerichtshof	22	12,9 %	170
Europäischer Rechnungshof	24	10,3 %	233
Europäische Zentralbank – leitende Angestellte – Referenten	 17 170	 über 23 % über 26 %	 73 637
Europäische Investitionsbank – leitende Angestellte – Referenten	 23 73	 15,2 % 15,6 %	 151 469

(Die A-Laufbahn bei der EU ist vergleichbar dem deutschen höheren Dienst.)

Quelle: Bundestagsdrucksache 14/8347

liche Modelle gibt. Deren erstes ist die Schaffung eines eigenen Europaministeriums. Auf politischer Ebene wurden einschlägige Forderungen wiederholt – jeweils vor den Regierungsbildungen in den Jahren 1994 und 1998 – von der Bayerischen Landesregierung erhoben (Derlien 2000: 66). Die Kritik an diesem Vorschlag bezieht sich auf die zwei denkbaren Kompetenzzuschnitte eines derartigen Ressorts (vgl. zum Folgenden auch Derlien 2000: 66f.). Entweder würde die Schaffung eines Europaministeriums darauf hinauslaufen, ein zweites „diplomatisches Corps" neben dem des Auswärtigen Amtes zu kreieren. Eine derartige Lösung würde auf eine Beseitigung der traditionellen Konkurrenz zwischen Kanzleramt, Außen- und Wirtschafts- bzw. heute Finanzministerium um die Federführung in der Europapolitik der Regierung zielen. Dabei würden allerdings zwei Probleme ungelöst bleiben. Erstens würde sich unverändert die Frage nach dem grundsätzlichen Führungsanspruch des Kanzleramts stellen, und zweitens hätte man einen neuen Konfliktherd geschaffen. Diskutiert werden müsste nämlich die, wie man aufgrund französischer Erfahrungen weiß, nicht unproblematische Hierarchie zwischen Außen- und Europaminister, die Frage also, ob mit der Schaffung eines Europaministeriums auch die Herauslösung der Verantwortung für den Allgemeinen Rat in Brüssel aus dem Auswärtigen Amt verbunden sein soll.

Hinzu kommt, dass mit einer Zusammenführung der „europadiplomatischen Expertise" in einem gesonderten Ministerium für die Überwindung der vielfach beklagten Sektoralisierung der Fachpolitiken nichts gewonnen wäre. Wollte man diese ernsthaft durch ein Konzentrationsmodell bekämpfen, bliebe nur die Alternative, sämtliche von Europäisierungstendenzen betroffenen Verwaltungseinheiten aller Ressorts zusammenzuführen. Damit wäre allerdings nicht mehr erreicht als die Überführung des gegenwärtigen, interministeriellen Koordinationsproblems in ein intraministerielles. Ein derartiges, tendenziell alle von der Bunderegierung verantworteten Politikbereiche umschließendes „Superministerium" würde nicht nur das Gleichgewicht innerhalb der Bundesregierung empfindlich stören (Hoyer 1998: 80), sondern auch die Kontrollspanne des zuständigen Ministers mit Sicherheit überfrachten.

Es verwundert daher nicht, dass in der Fachliteratur deshalb seit geraumer Zeit ein anderes Modell favorisiert wird. Dieses Modell sieht die Ernennung eines Staatsministers für Europafragen im Kanzleramt vor, wobei allerdings unterschiedliche Vorstellungen hinsichtlich der Aufgaben- und Ressourcenzuweisung an diese neu zu schaffende Position identifiziert werden können. Bulmer, Jeffery und Paterson (1998: 102) schlugen vor, einem Europaminister lediglich eine kleinere „Koordinierungseinheit" zuzuweisen, welche alle auf offizieller Ebene stattfindenden, interministeriellen Konsultationen zu leiten hätte. Die bestehenden Verantwortlichkeiten der Ministerien einschließlich des Auswärtigen Amtes und des BMWi (an dessen Stelle die Autoren heute das Finanzministerium nennen müssten) sollten diesem Vorschlag entsprechend bestehen bleiben, weshalb die Funktion der einem Europaminister im Kanzleramt zugeordneten Koordinierungsstelle beschrieben wurde als „neutrale Nabe, welche die verschiedenen Speichen" zusammenhalten solle.

Nimmt man den Vorwurf der aus Kompetenzüberschneidungen und -zersplitterungen resultierenden Vielstimmigkeit der deutschen Europapolitik ernst, wäre mit der Realisierung des skizzierten Vorschlags allerdings wenig gewonnen, da sich – auch wenn der Europaminister mit einem formalen Bundeskanzlerauftrag ausgestattet wäre – an der Konkurrenz dreier Ressorts um den politischen Führungsanspruch kaum etwas ändern würde. Deshalb gingen andere Autoren, wie etwa Janning und Meyer (1998: 19), einen gewichtigen Schritt weiter, auch wenn sie auf den ersten Blick dieselben Vorstellungen zu hegen schienen wie die oben zitierten, britischen Autoren. Ihnen ging es darum, mit der Ernennung eines „Staatsministers für die Europäische Integration" im Bundeskanzleramt die althergebrachte, neben dem Kanzleramt agierende „Doppelspitze" zu ersetzen. Dem „Europa-Staatsminister" sollte einmal die Aufgabe obliegen, alle Unionsvorlagen und Unionsdokumente aus Brüssel auf Ressortebene auf den Weg zu bringen. Zum anderen sollte er dafür sorgen, dass es künftig zu einer wirklichen „Bündelung des europapolitischen Handelns aller Ressorts" komme. Zu diesem Zweck sollte ihm der Vorsitz im bereits bestehenden Staatssekretärsausschuss für Europafragen übertragen werden. Zudem müsse man ihm den Botschafter und die Beamten der Ständigen Vertretung der Bundesrepublik Deutschland in Brüssel zuordnen.

Auch wenn Janning und Meyer die organisatorischen Voraussetzungen für eine Realisierung ihres Vorschlags nicht beim Namen nannten, so liegen sie angesichts der skizzierten Aufgabenzuschreibung für einen „Europa-Staatsminister" doch auf der Hand. Sie bestünden zunächst zwangsläufig in einer erneuten Verlagerung der „Abteilung E", die vom Finanzministerium in das Bundeskanzleramt überführt werden müsste. Doch nicht nur der Finanzminister müsste dem hier diskutierten Vorschlag zufolge einen Machtverlust zugunsten des Kanzleramtes hinnehmen. Gleiches gilt offensichtlich auch für den Minister des Auswärtigen, auch wenn die Autoren betonten, dass die Zuständigkeit des Auswärtigen Amtes für die „allgemeine integrationspolitische, vertragliche Weiterentwicklung der Europäischen Union" durch die vorgeschlagene Reform nicht berührt werden sollte. Was dies aber angesichts der angestrebten Überantwortung des Vorsitzes im Komitee der Staatsekretäre an das Kanzleramt inhaltlich noch hätte bedeuten können, bleibt unklar. Verstärkt wird dieser Eindruck dadurch, dass das AA, Janning und Meyer zufolge, zusätzlich einer klassischen diplomatischen Aufgabe – nämlich der Aufsicht und des Weisungsrechts über die Ständige Vertretung in Brüssel – beraubt werden sollte.

Angesichts der Tatsache, dass das Auswärtige Amt seit nunmehr beinahe 40 Jahren, genau seit dem Amtsantritt der Großen Koalition im Jahr 1966, stets dem kleineren Koalitionspartner anvertraut wurde, war der referierte Reformvorschlag politisch von vornherein unrealistisch. Solange diese Konvention Bestand hat, muss es jedem Bundeskanzler schwerfallen, eine Beschneidung der europapolitischen Zuständigkeiten des Außenministeriums durchzusetzen. Diese Erfahrung machte auch Bundeskanzler Gerhard Schröder, der gegen Ende der 14. Legislaturperiode ernsthaft gewillt schien, eine Organisationsreform im Sinne von Janning und Meyer durchsetzen. Der Öffentlichkeit deutlich wurde dies, als sich der Kanzler in seiner Regierungserklärung vom 21.3.2002 explizit für die Etablierung eines „Rates von Europaministern“ auf europäischer Ebene einsetzte. Zwar ließ er offen, wo der in der Konsequenz zu ernennende deutsche Europaminister angesiedelt werden solle, doch wurde seine Erklärung allseits dahingehend interpretiert, dass er selbigen dem Kanzleramt unterstellen wollte (Müller-Brandeck-Bocquet 2002: 215; Goetz 2003: 67).

Dieses Vorhaben provozierte naturgemäß den Widerstand des Außenministers, der sich nach der Bundestagswahl vom September 2002 – gestärkt durch das unerwartet gute Wahlergebnis für Bündnis 90/Die Grünen – in den Koalitionsverhandlungen zunächst sogar darum bemühte, die europapolitische Ressortkonkurrenz mit dem Finanzministerium zugunsten seines Hauses zu entscheiden. Mit der aus Sicht des Koalitionspartners überzogenen Forderung, die „Abteilung E“ aus dem Finanzministerium in das Auswärtige Amt zu überführen, scheiterte er jedoch. Immerhin aber konnte er sich erfolgreich gegen die europapolitischen Okkupationspläne des Kanzleramtes zur Wehr setzen. Der für Europafragen zuständige Staatsminister residiert also weiterhin im Auswärtigen Amt. Er wird vom großen Koalitionspartner, also der SPD, gestellt, was ein Grund dafür sein mag, dass seine Zuständigkeit nur sehr allgemein und eher unverbindlich, nämlich als „Kommunikation mit der Europäischen Union und den Mitgliedstaaten", beschrieben wird. Die im Bereich der Europaabteilung E angesiedelten materiellen Agenden hingegen fallen nach wie vor in die Zuständigkeit eines beamteten Staatssekretärs.

Die Reaktion des Bundeskanzlers auf das selbstbewusste Auftreten des Außenministers in Bezug auf die integrationspolitischen Zuständigkeiten wurde bereits angesprochen: Nachdem sich das Modell „Europaminister im Kanzleramt" als nicht durchsetzbar erwies, wurde die bisherige Abteilung für Grundsatzfragen im Kanzleramt aufgelöst und durch eine neue Abteilung für Europafragen ersetzt. Die Tatsache, dass der Bundeskanzler die Europaexpertise seines Amtes deutlich verstärkt hat, könnte als Ausdruck eines entsprechenden Steuerungsanspruchs interpretiert werden, der spätestens dann problematisch würde, wenn der Kanzler und sein Außenminister unterschiedliche integrationspolitische Ziele verfolgen würden. Der Umstand etwa, dass Außenminister Joschka Fischer das Amt des Beauftragten der Bundesregierung im Europäischen Konvent, dem die Vorbereitung eines „Verfassungsvertrages" für die EU übertragen wurde, in der entscheidenden Phase der Beratungen von Peter Glotz (SPD) übernahm, weist allerdings zumindest für die erste Hälfte der 15. Legislaturperiode in eine andere Richtung.

Trotz Einrichtung der neuen Europaabteilung im Bundeskanzleramt ist also im Wesentlichen doch „alles beim Alten" geblieben. Ob es tatsächlich angemessen ist, von einem *neuen* europapolitischen „Dreigestirn" aus Kanzleramt, Auswärtigem Amt und Finanzministerium zu sprechen, ist zumindest fraglich, denn solange die deutsche Bundesregierung eine Mehrparteienregierung ist, wird sie aus Gründen der Koalitionsarithmetik auch künftig mit hoher Wahrscheinlichkeit versuchen müssen, bei der Akkomodierung von Europäisierungsprozessen ohne einen Europaminister zu bestehen. Auch und gerade europapolitisch erfahrene Ministerialbeamte fordern immer wieder eine bessere Koordination der einzelnen Fachpolitiken (Hetmeier 2004: 174). Wenn dies mithilfe des umorganisierten Kanzleramtes, dessen Aufgabe ohnehin weniger in politischer Steuerung denn in der Koordination der einzelnen Fachpolitiken besteht (Rudzio 2003: 287f.), gelingt, muss der Verzicht auf einen Europaminister angesichts der eingespielten Europadiplomatie des Auswärtigen Amtes nicht unbedingt von Nachteil sein.

Literatur

Antrag (2000): Für eine sachgerechte Aufteilung wirtschaftspolitischer Zuständigkeiten, Bundestagsdrucksache 14/2707 vom 16.2.2000.

Bertelsmann Europa Kommission (2000): Europas Vollendung vorbereiten. Forderungen an die Regierungskonferenz 2000, Gütersloh.

Bulmer, Simon/Jeffery, Charlie/Paterson, William E. (1998): Deutschlands europäische Diplomatie: Die Entwicklung des regionalen Milieus, in: Weidenfeld, Werner (Hrsg.): Deutsche Europapolitik: Optionen wirksamer Interessenvertretung, Bonn, S. 11–102.

Busse, Volker (32001): Bundeskanzleramt und Bundesregierung. Aufgaben, Organisation, Arbeitsweise, Heidelberg.

Demmke, Christoph/Unfried, Martin (2000): Umweltpolitik zwischen Brüssel und Berlin. Ein Leitfaden für die deutsche Umweltverwaltung, Maastricht.

Derlien, Hans-Ulrich (2000): Germany. Failing Successfully?, in: Hussein Kassim/Peters, B. Guy/Wright, Vincent (Hrsg.): The National Co-ordination of EU Policy. The Domestic Level, Oxford, S. 54–78.

Engel, Christian/Borrmann, Christine (1991): Vom Konsens zur Mehrheitsentscheidung. EG-Entscheidungsverfahren und nationale Interessenpolitik nach der Einheitlichen Europäischen Akte, Bonn.

Goetz, Klaus H. (2003): The Federal Executive: Bureaucratic Fusion versus Governmental Bifurcation, in: Dyson, Kenneth/Goetz, Klaus H. (Hrsg.): Germany, Europe and the Politics of Constraint, Oxford, S. 57–72.

Hetmeier, Heinz (2004): Auswirkungen der europäischen Integration auf die deutsche Bundesverwaltung: Europapolitik aus der Perspektive des BMWi, in: Siedentopf, Heinrich (Hrsg.): Der Europäische Verwaltungsraum – Beiträge einer Fachtagung, Baden-Baden, S. 171–175.

Hoyer, Werner (1998): Nationale Entscheidungsstrukturen deutscher Europapolitik, in: Eberwein, Wolf-Dieter/Kaiser, Karl (Hrsg.): Deutschlands neue Außenpolitik, Band 4: Institutionen und Ressourcen, München, S. 75–86.

Hurrelmann, Achim (2001): Politikfelder und Profilierung, Mitarbeit in Raschke, Joachim: Die Zukunft der Grünen, Frankfurt a.M./New York, S. 143– 265.

Janning, Josef/Meyer, Patrick (1998): Deutsche Europapolitik – Vorschläge zur Effektivierung, Gütersloh.

Kohler-Koch, Beate (1998): Bundeskanzler Kohl – Baumeister Europas? Randbemerkungen zu einem zentralen Thema, in: Wewer, Göttrik (Hrsg.): Bilanz der Ära Kohl. Christlich-liberale Politik in Deutschland 1982 – 1998, Opladen, S. 283–311.

Müller-Brandeck-Bocquet, Gisela et. al (2002): Deutsche Europapolitik von Konrad Adenauer bis Gerhard Schröder, Opladen.

Neuss, Beate/Hilz, Wolfram (1999): Deutsche personelle Repräsentanz in der EU-Kommission (Konrad-Adenauer-Stiftung, Interne Studie Nr. 180).

Pehle, Heinrich (1998): Das Bundesministerium für Umwelt, Naturschutz und Reaktorsicherheit: Ausgegrenzt statt integriert? Das institutionelle Fundament der deutschen Umweltpolitik, Wiesbaden.
Rometsch, Dietrich (1996): The Federal Republic of Germany, in: Rometsch, Dietrich/Wessels, Wolfgang (Hrsg.): The European Union and Member States. Towards Institutional Fusion?, Manchester/New York, S. 61–104.
Rudzio, Wolfgang (2003): Das Regierungssystem der Bundesrepublik Deutschland, 6. Auflage, Opladen.
Siwert-Probst, Judith (1998): Die klassischen außenpolitischen Institutionen, in: Eberwein, Wolf-Dieter/Kaiser, Karl (Hrsg.): Deutschlands neue Außenpolitik, Band 4: Institutionen und Ressourcen, München, S. 13–28.
Wessels, Wolfgang (1997): Das politische System der Europäischen Union, in: Ismayr, Wolfgang (Hrsg.): Die politischen Systeme Westeuropas, Opladen, S. 693–722.
Wessels, Wolfgang (1999): Decision-making and Institutional Change, in: Katz, Richard S./Wessels, Bernhard (Hrsg.): The European Parliament, the National Parliaments, and European Integration, Oxford, S. 213–228.

3.2 Der Bundestag als „Juniorpartner“ der europäischen Institutionen?

Die fortschreitende europäische Integration betrifft nicht nur die Regierungsorganisation. Sie bedeutet eine auch massive Verschiebung von Regelungsmaterien vom nationalen Kompetenzbereich auf die Ebene der Europäischen Union, womit naturgemäß ein deutlicher Verlust der legislativen Aufgaben der nationalen Parlamente verbunden ist (Verheugen 1993: 163). Diesem Prozess der „Entparlamentarisierung“ (Scheuing 1997: 92; Börzel 2000) steht eine „Europäisierung“ der Parlamentsarbeit gegenüber, die sich in einer immer umfangreicheren Auseinandersetzung des Deutschen Bundestages mit Angelegenheiten der Europäischen Gemeinschaft bzw. der Europäischen Union niederschlägt. Seit dem Jahr 1957 beschäftigt sich der Deutsche Bundestag mit heute so genannten Unionsvorlagen. Unter diesem Begriff werden Dokumente zu allen Vorhaben der Europäischen Union, die für die Bundesrepublik Deutschland von Interesse sein könnten, wie zum Beispiel Mitteilungen der Kommission, Grünbücher und Weißbücher, Entwürfe von Richtlinien und Verordnungen (einschließlich aller relevanten Informationen über den Verlauf der Entscheidungsprozesse), zusammengefasst. Wie Tabelle 5 aus-

Tabelle 5: Anzahl der EG/EU-Vorlagen im Deutschen Bundestag

1957 – 1961	13
1961 – 1965	224
1965 – 1969	745
1969 – 1972	946
1972 – 1976	1 759
1976 – 1980	1 706
1980 – 1983	1 355
1983 – 1987	1 828
1987 – 1990	2 413
1990 – 1994	1 860
1994 – 1998	2 070
1998 – 2002	2 131

Quellen: Bis 1994 Derlien 2000: 63; 1994 – 1998 Ismayr 2000: 291; 1998 – 2002 EU Ausschuss 2002.

weist, hat ihre Zahl seit Mitte der sechziger Jahre kontinuierlich zugenommen und mit Beginn des Binnenmarktprojekts in der 8. Legislaturperiode einen vorläufigen Höhepunkt erreicht.

Der Bundestag ist mit EU-Angelegenheiten in unterschiedlicher Weise befasst. Bei der Fortentwicklung des gemeinschaftlichen Primärrechts hat er (zusammen mit dem Bundesrat) formal das letzte Wort, denn jede Änderung der Gemeinschaftsverträge bedarf der Bestätigung durch ein nationales Ratifizierungsgesetz. Die zweite Variante besteht in der Umsetzung („Transformation") gemeinschaftlichen Sekundärrechts in der Gestalt von Richtlinien in nationales Recht. Die von den Regierungskonferenzen ausgehandelten und vom Europäischen Rat verabschiedeten Verträge können von den nationalen Parlamenten naturgemäß nicht mehr geändert werden. Es bleibt grundsätzlich also nur die Entscheidung über Annahme oder Ablehnung des von den Staats- und Regierungschefs erzielten Kompromisses.

Zumindest für die parlamentarische Regierungsmehrheit gilt, dass sie kein Interesse haben kann, mit einer Ablehnung eines Ratifizierungsgesetzes eine Regierungskrise (und gleichzeitig eine Krise der EU) herbeizuführen. Auch bei der Beratung von Transformationsgesetzen ist der Entscheidungsspielraum des Bundestags begrenzt. Das „Ob" steht nach der Verabschiedung europäischer Richtlinien bereits unverrückbar fest, und auch über das „Wie" sind im Ministerrat bereits weitgehende Vorentscheidungen getroffen. Deshalb kommt der dritten Facette der europabezogenen Parlamentsarbeit besondere Bedeutung zu. Hierbei geht es um die Kontrolle und Beeinflussung des Verhandlungs- und Abstimmungsverhaltens der Mitglieder der Bundesregierung im Ministerrat und im Europäischen Rat. Nur auf diesem Wege kann sich für das Parlament überhaupt noch eine Chance zur inhaltlichen Mitgestaltung der europäischen Politik eröffnen.

Wie sieht die europapolitische Arbeit des Deutsche Bundestages konkret aus? Bei der Suche nach einer Antwort auf diese Frage stößt man auf zwei miteinander zusammenhängende Gesichtspunkte. Der erste ist institutioneller Natur und bezieht sich auf das Recht des Parlaments, seine interne Organisation autonom zu regeln. Der zweite Gesichtspunkt stellt den Zusammenhang zu bestimmten Verfahrensabläufen her. Hierbei geht es um Beteiligungsrechte, die dem Bundestag gegenüber der Bundesregierung zukommen und vermittels derer er unter Umständen versuchen kann, den europäischen Rechtsetzungsprozess zumindest mittelbar zu beeinflussen. Bezüglich beider Gesichtspunkte hat sich – nicht nur im Deutschen Bundestag, sondern in allen mitgliedstaatlichen Parlamenten – sukzessive ein Anpassungsprozess an die fortschreitende europäische Integration vollzogen (Bergman 1997; Raunio 1999). Es handelt sich dabei um eine dreistufige Entwicklung, deren Chronologie wesentlich durch die verschiedenen Reformschritte auf europäischer Ebene bestimmt wurde. Es waren dies die erste Direktwahl des Europäischen Parlaments im Jahr 1979, die Verabschiedung der Einheitlichen Europäischen Akte im Jahr 1985 sowie die Unterzeichnung des Vertrages von Maastricht im Februar 1992.

Bezogen auf dem institutionellen Gesichtspunkt bedeutete das Jahr 1979 einen ersten wichtigen Einschnitt, der als Entflechtung struktureller Verbindungen zwischen dem Deutschen Bundestag und dem Europäischen Parlament beschrieben werden kann. Vor diesem Datum bestand das Europäische Parlament aus Abgesandten der nationalen Volksvertretungen. Diese obligatorischen Doppelmandate sorgten für eine natürliche „Verklammerung" beider Parlamente (Bleckmann 1991: 572), die eine ständige Präsenz europapolitischer Expertise im Bundestag sicherstellte. Zwar ließ der sog. „Direktwahlakt" grundsätzlich auch weiterhin eine gleichzeitige Mitgliedschaft im Europäischen Parlament und in einem Parlament eines Mitgliedstaates zu, doch waren von den 1979 in das Europäische Parlament gewählten 81 deutschen Abgeordneten nur noch 26 zugleich Mitglieder des Bundestages (Kabel 1995: 248). Die Inanspruchnahme der Europaabgeordneten hat in einem Maße zugenommen, dass Doppelmandate in der Praxis nicht mehr effektiv wahrgenommen werden können, weshalb das Europäische Parlament die Mitgliedstaaten aufgefordert hat, ihren Volksvertretern wegen ihres Straßburger „Vollzeitmandats" eine Kandidatur bei den Europawahlen zu untersagen.

Mit den zweiten Europawahlen von 1983 war die personelle Entkoppelung beider Parlamente faktisch vollzogen. Heute ist kein Abgeordneter des Deutschen Bundestages gleichzeitig Mitglied des Europäischen Parlaments (EU-Ausschuss 1998: 4f.). Diese Entwicklung war abzusehen, weshalb der Ältestenrat des Bundestages in der 9. Legislaturperiode eine Kommission einsetzte, die sich mit der Frage beschäftigte, wie die Beziehungen zwischen beiden Parlamenten künftig ausgestaltet werden sollten. Resultat dieser Vorarbeiten war der Vorschlag, eine „Europa-Kommission" einzurichten. Im Juni 1983, also zu Beginn der 10. Legislaturperiode, folgte das Plenum dieser Empfehlung mit einem entsprechenden Einsetzungsbeschluss.

Die Bezeichnung „Kommission" brachte bereits zum Ausdruck, dass es sich bei dem neuen Gremium um eine Konstruktion handelte, die von derjenigen der ständigen Ausschüsse des Bundestages abwich. Zur Grundlage seiner Einrichtung hatte man die Bestimmungen über Enquête-Kommissionen gemacht, weil es auf diese Weise möglich war, ohne Änderung der Geschäftsordnung Mitglieder des Bundestages und des Europäischen Parlaments gleichberechtigt zusammenarbeiten zu lassen. Diese Konstruktion der Kommission, in der jeweils elf Angeordnete aus beiden Parlamenten vertreten waren, hatte allerdings auch einen Nachteil. Er bestand darin, dass die Kommission zwar den Auftrag hatte, alle „Angelegenheiten der Gemeinschaftspolitik von grundsätzlicher Bedeutung zu beraten" und dem Bundestag darüber Bericht zu erstatten, ihr jedoch das Recht fehlte, dem Plenum Beschlussvorlagen zuzuleiten und Empfehlungen an die mit Europavorlagen befassten Ausschüsse zu richten.

Die Kommission, die sich mit allen wichtigen Reformprojekten der Europäischen Gemeinschaft, insbesondere also mit dem Weißbuch der Kommission zur Vollendung des Binnenmarktes und der Einheitlichen Europäischen Akte auseinandergesetzt hatte, fristete deshalb innerhalb des Bundestages eher ein Schattendasein; zusätzlich hatte sie sich in mehreren Fachausschüssen aufgrund ihrer „allumfassenden Betriebsamkeit" (Pöhle 1988: 294) relativ unbeliebt gemacht. Obwohl die Europakommission in ihrem letzten Bericht, den sie dem Bundestag zum Ende der 10. Legislaturperiode vorlegte, ihre eigene institutionelle Fortschreibung durch eine Änderung der Geschäftsordnung empfahl, wurde sie deshalb vom neu gewählten Bundestag nicht wieder eingesetzt (Kabel 1995: 249).

Dem fraktionsübergreifenden Konsens über das Scheitern des ersten auf EG-Fragen spezialisierten Bundestagsgremiums entsprang allerdings kein von allen parlamentarischen Kräften gemeinsam getragenes Zukunftskonzept. Die SPD-Fraktion warb zwar für die Einsetzung eines eigenständigen EG-Ausschusses, scheiterte mit diesem Ansinnen trotz Unterstützung durch den damaligen Bundestagspräsidenten Philipp Jenninger (CDU) allerdings an der Regierungsmehrheit. Die Gründe, warum sich die Koalitionsfraktionen der Einsetzung eines EG-Ausschusses verweigerten, sind bis heute unklar. Es werden sowohl starke Widerstände aus der FDP-Fraktion, die ihren Ursprung im Auswärtigen Amt gehabt haben sollen, für das Scheitern der SPD-Initiative verantwortlich gemacht (Leonardy 1989: 533), wie auch darauf hingewiesen wird, dass der Auswärtige Ausschuss einen gravierenden Kompetenzverlust gefürchtet habe (Rometsch 1996: 79). Seine Mehrheit habe sich deshalb in den Regierungsfraktionen mit Erfolg für eine andere Lösung eingesetzt.

Diese Lösung bestand darin, dass im Jahr 1987 ein „Unterausschuss des Auswärtigen Ausschusses für Fragen der Europäischen Gemeinschaft" konstituiert wurde. Der Unterausschuss vereinte 13 Mitglieder des Bundestages und eine gleiche Zahl von Europaabgeordneten, die allerdings aus verfassungsrechtlichen Gründen anders als noch in der Europakommission kein Stimm- und Antragsrecht mehr besaßen. Die Entscheidung zu dem Zeitpunkt als die Einheitliche Europäische Akte in Kraft trat und das Binnenmarktprojekt in Angriff genommen wurde, für die parlamentarische Behandlung von EG-Fragen lediglich einen Unterausschuss des Auswärtigen Ausschusses einzusetzen, erwies sich als unglücklich: „Insgesamt war der Unterausschuss gegenüber der Europa-Kommission sogar eher noch ein Rückschritt" (Weber-Panariello 1995: 259). Der Unterausschuss durfte nämlich nur diejenigen Vorlagen beraten, die ihm sein einsetzender Ausschuss überwies. Zu dieser Abhängigkeit gesellte sich als weiteres Problem, dass auch dem Auswärtigen Ausschuss bei weitem nicht alle EG-Vorlagen überwiesen wurden. Der Unterausschuss hatte im Deutschen Bundestag nur sehr geringen Einfluss; sein Ansehen war dort wie auch im Europäischen Parlament und den anderen nationalen Parlamenten denkbar gering. Gleichwohl beließ man es bis zum Jahr 1991 bei der geschilderten Konstruktion, obwohl dies auch in Reihen der CDU/CSU-Fraktion teilweise vehement kritisiert wurde (Hellwig 1993: 21f.).

Erst die schlechten Erfahrungen, die der Bundestag in der ersten Hälfte des Jahres 1991 hinsichtlich der parlamentarischen Beteiligung an den Regierungskonferenzen im Vorfeld des Maastrichter Vertrages machte (Weber-Panariello 1995: 260), bewog die damaligen Koalitionsfraktionen dazu, in eine ernsthafte Diskussion über eine Aufwertung der Behandlung europäischer Fragen im Bundestag einzutreten. Es bedurfte allerdings monatelanger Verhandlungen, bevor im Juni 1991 – gestützt auf einen fraktionsübergreifenden Antrag, der von CDU/CSU, SPD und FDP getragen wurde – die Einsetzung eines vollberechtigten EG-Ausschusses beschlossen werden konnte. Der EG-Ausschuss, der sich am 4.9.1991 konstituierte, bestand aus 33 Mitgliedern des Deutschen Bundestages. Daneben waren elf deutsche Mitglieder des Europäischen Parlaments zur Mitwirkung berechtigt, um eine Zusammenarbeit beider Parlamente institutionell abzusichern. Laut Einsetzungsbeschluss des Bundestages war der EG-Ausschuss zuständig für die Änderung der Verträge der Europäischen Gemeinschaften und deren institutionelle Angelegenheiten, für die Zusammenarbeit mit dem Europäischen Parlament und den nationalen Parlamenten in den anderen Mitgliedstaaten sowie für die Beratung von EG-Vorlagen. Zu Beginn seiner Tätigkeit konzentrierte sich der Ausschuss im Wesentlichen auf Stellungnahmen zur Haltung der Regierung bei den Regierungskonferenzen zum Maastrichter Vertrag (Hellwig 1993: 23). Nennenswerten Einfluss konnte der Ausschuss jedoch nicht ausüben, seine Stellungnahmen blieben „weitgehend unbeachtet" (Hauck 1999: 33).

Vom EG-Ausschuss hatte man sich neben einer effizienteren parlamentarischen Begleitung der Regierungskonferenzen vor allem eine verbesserte Koordinierung der Behandlung von EG-Vorlagen im Bundestag erhofft. Er war als Querschnittsausschuss konzipiert, dessen eigentliche Aufgabe darin bestehen sollte, „in EG-Angelegenheiten miteinander unvereinbare Stellungnahmen der Fachausschüsse zu einem Gesamtkonzept deutscher Europapolitik zu bündeln" (Hellwig 1993: 26). Dieser Aufgabe konnte der Ausschuss auch nach Einschätzung seiner Vorsitzenden nicht einmal ansatzweise gerecht werden (ebenda). Das war in erster Linie einem Vorbehalt im Einsetzungsbeschluss geschuldet, dem zu Folge der EG-Ausschuss nur dann für die ihm grundsätzlich zugeschriebenen Aufgaben zuständig war, wenn diese nicht in die Zuständigkeit anderer Fachausschüsse fielen. Diese Klausel war vor allem aufgrund starken Drucks aus der FDP-Fraktion formuliert worden. Erklärt werden kann dies damit, dass der FDP seinerzeit die Leitung des Auswärtigen Amtes und des Wirtschaftsministeriums zukam, weshalb sie in der Einrichtung eines „mächtigen" EG-Ausschusses wohl eine eher lästige Konkurrenz erblickte. Zudem fürchtete man innerhalb der FDP, dass es in der Konsequenz einer solchen Spezialisierung zu der Errichtung eines Europaministeriums hätte kommen können, was einer Entmachtung des Außenministeriums gleichgekommen wäre (Weber-Panariello 1995: 261).

Resultat der erwähnten Klausel war, dass der EG-Ausschuss regelmäßig „empfindliche Niederlagen" (Hellwig 1993: 26) hinnehmen musste, wenn er sich darum bemühte, die Federführung für Stellungnahmen in Bezug auf EG-Vorlagen zu erhalten. Stets wurden ihm in diesen Fällen verschiedene Fachausschüsse vorgezogen, sodass dem EG-Ausschuss in der gesamten Zeit seines Bestehens nur eine einzige EG-Vorlage zur Federführung überwiesen wurde (Hauck 1999: 34). Dem EG-Ausschuss war es damit in der Praxis versagt, Beschlussempfehlungen an das Plenum zu richten. Seine Tätigkeit beschränkte sich faktisch auf die Mitberatung von EG-Vorlagen, an deren Ergebnis der jeweils federführende Ausschuss allerdings nicht gebunden war. Dies mag die deutliche Zurückhaltung des EG-Ausschusses bei der Abgabe von Mitberatungsvoten erklären. 92 % der ihm zur Mitberatung überwiesenen Vorlagen nahm er lediglich zur Kenntnis und verzichtete damit von vornherein auf jeden Versuch inhaltlicher Einflussnahme auf die Willensbildung des Parlaments (Hauck 1999: 34).

Wie gering Ansehen und Einfluss des EG-Ausschusses im Deutschen Bundestag waren, zeigte sich in besonderer Schärfe beim parlamentarischen Ratifizierungsverfahren zum Maastrichter Vertrag. Der EG-Ausschuss blieb hier völlig außen vor. Statt seiner befasste sich ein eigens konstituierter, aus 39 Mitgliedern des Bundestages bestehender „Sonderausschuss Europäische Union (Vertrag von Maastricht)“ mit der Materie, die drei Themenkomplexe umfasste: das eigentliche Ratifizierungsgesetz, die durch den EU-Vertrag geforderten Änderungen des Grundgesetzes sowie Ausführungsgesetze betreffend die Beteiligung der Bundesländer und des Bundestages in Angelegenheiten der Europäischen Union (Verheugen 1993: 163). Resultat dieser Beratungen und der auf ihrer Grundlage schließlich verabschiedeten Gesetze war unter anderem, dass der Deutsche Bundestag seit dem 21.12.1992 durch den neu formulierten Art. 45 GG verpflichtet ist, einen „Ausschuss für die Angelegenheiten der Europäischen Union“, kurz EU-Ausschuss, zu bestellen. Der EU-Ausschuss ist damit neben dem Petitionsausschuss, dem Ausschuss für Auswärtiges und dem Verteidigungsausschuss der vierte verfassungsrechtlich abgesicherte Bundestagsausschuss.

Tabelle 6: Die Europagremien des Deutschen Bundestages

1983 – 1987	Europa-Kommission
1987 – 1991	Unterausschuss des Auswärtigen Ausschusses für Fragen der EG
1991 – 1994	EG-Ausschuss
1992	Sonderausschuss Europäische Union (Vertrag von Maastricht)
seit 1994	Ausschuss für Angelegenheiten der Europäischen Union („EU-Ausschuss“)

Art. 45 GG muss in Verbindung mit dem gleichzeitig verabschiedeten Art. 23 (neu) GG interpretiert werden. Die Abs. 2 und 3 dieses Artikels in Verbindung mit dem „Gesetz über die Zusammenarbeit von Bundesregierung und Bundestag in Angelegenheiten der Europäischen Union“ (EUZBBG), das am 12.3.1993 in Kraft trat, brachten dem Deutschen Bundestag gleichzeitig auch verfahrensrechtliche Neuerungen, die ihm eine wirkungsvolle Mitwirkung an der europabezogenen Willensbildung des Bundes ermöglichen sollten.

Bis dahin beruhte die über die parlamentarische Kontrolle der Regierung vermittelte Beteiligung des Deutschen Bundestages an der europäischen Rechtsetzung auf Art. 2 des Zustimmungsgesetzes zu den Verträgen zur Gründung der EWG und EURATOM vom 27.7.1957. Dort war festgelegt, dass die Bundesregierung den Bundestag „über die Entwicklungen im Rat der Europäischen Wirtschaftsgemeinschaft und im Rat der Europäischen Atomgemeinschaft laufend zu unterrichten“ hat. Diese Unterrichtung sollte vor der Beschlussfassung des Rats erfolgen, soweit durch solche Beschlüsse in der Bundesrepublik unmittelbar geltendes Recht geschaffen oder die Verabschiedung innerdeutscher Gesetze erforderlich wurde.

Dieser Soll-Vorschrift kam die Bundesregierung in einer Weise nach, die dazu führte, dass die Ausschüsse und das Plenum des Bundestages häufig über EG-Vorlagen berieten, die der Rat in Brüssel längst in Form von Richtlinien oder Verordnungen verabschiedet hatte. Für den Zeitraum von 1980 bis 1986 beispielsweise wird der Anteil der EG-Vorlagen, der zum Zeitpunkt ihrer Beratung durch das Bundestagsplenum bereits in Kraft getreten war, mit etwa zwei Drittel beziffert (Ismayr 2000: 293). Das daraus resultierende Legitimationsdefizit hat man auch auf europäischer Ebene erkannt. Im „Protokoll über die Rolle der einzelstaatlichen Parlamente in der EU“, das dem Amsterdamer Vertrag beigefügt ist, findet sich deshalb eine Selbstverpflichtung des Rates, der zu Folge der Rat frühestens sechs Wochen nach Vorlage durch die Kommission entscheidet, um so den nationalen Parlamenten ein Mindestmaß an Zeit für die Beratung der entsprechenden Vorlagen zu gewährleisten.

Der Deutsche Bundestag hat diese „Vorlage“ des Amsterdamer Vertrages bei den Beratungen über die im Zuge seiner Ratifizierung erforderlichen Grundgesetzänderungen nicht sofort erkannt und zu nutzen versucht. Ursprünglich hatte man bei den Beratungen über den neuen Art. 23 GG nämlich nicht daran gedacht, die Mitwirkungsrechte des Bundestages an der europäischen Rechtsetzung näher zu präzisieren; es ging zunächst nur um die neu auszugestaltenden Rechte des Bundesrates (Di Fabio 1993: 207). Erst durch das „beharrliche Drängen" des Bundesrates nach einer verfassungsmäßigen Fixierung fairer europapolitischer „Spielregeln" zwischen ihm und der Bundesregierung wurde der Bundestag darauf aufmerksam, dass die Zeit auch für seine verfahrensrechtliche Aufwertung mehr als reif war (Zeh 1999: 41).

Art. 23 Abs. 2 GG legt fest, dass die Bundesregierung den Bundestag über Angelegenheiten der Europäischen Union „umfassend" und „frühestmöglich" zu unterrichten hat. Präzisiert wird diese Bestimmung durch das bereits erwähnte „Zusammenarbeitsgesetz". Wichtig ist § 5 dieses Gesetzes. Er bestimmt, dass die Bundesregierung dem Bundestag Gelegenheit zur Stellungnahme geben muss, bevor sie an Rechtsetzungsakten der Europäischen Union mitwirkt; die Frist zur Stellungnahme muss so bemessen sein, dass der Bundestag ausreichend Gelegenheit hat, sich mit der Vorlage zu befassen. Wenn eine zeitgerechte Befassung des Parlaments nicht möglich ist, muss die Bundesregierung im Ministerrat einen sog. „Parlamentsvorbehalt" einlegen, was eine Vertagung der entsprechenden Ratsentscheidung bis zur Abgabe der Stellungnahme durch den Deutschen Bundestag zur Folge hat (Ismayr 2000: 293). Dies ist beispielsweise im Jahr 1995 geschehen, als der EU-Ausschuss die Bundesregierung aufforderte, der Europol-Konvention nur unter bestimmten Bedingungen zuzustimmen (Maurer 2002: 345).

Die entscheidende Frage ist in diesem Zusammenhang die nach der Bindungswirkung der parlamentarischen Stellungnahme für das Verhandlungs- und Abstimmungsverhalten der Bundesregierung im Rat der Europäischen Union. Sie war von Anbeginn an strittig, was unter anderem dazu führte, dass das Zusammenarbeitsgesetz erst nach Einschaltung des Vermittlungsausschusses verabschiedet werden konnte (Verheugen 1993: 166). Gleichwohl wird die Problematik bis heute kontrovers diskutiert. Dies liegt daran, dass Art. 23 GG davon spricht, dass die Bundesregierung die Stellungnahmen des Bundestages bei ihren Verhandlungen „berücksichtigt", während Art. 5 EUZBBG normiert, dass sie dieselben ihren Verhandlungen „zugrunde legt". Die gemeinsame Verfassungskommission von Bundestag und Bundesrat, der die Vorberatung der genannten Bestimmungen oblag, hatte versucht, diese begriffliche Divergenz dahingehend aufzulösen, dass der Begriff des „Zugrundelegens" nur den Beginn der Verhandlungen betreffe, während das „Berücksichtigen" sich auf den gesamten Verhandlungsprozess beziehe (Gemeinsame Verfassungskommission 1993: 56). Diese Konstruktion ist schon deshalb wenig überzeugend, weil der Bundestag sich selbstverständlich auch mehrfach zu einem EU-Vorhaben äußern kann. Nimmt er etwa aufgrund einer neuen Verhandlungssituation im Rat, über die er von der Bundesregierung unterrichtet werden muss, erneut Stellung, so wäre diese neue Stellungnahme nach dem Zusammenarbeitsgesetz den Verhandlungen ebenfalls „zugrunde zu legen".

Der „Sonderausschuss Europäische Union" machte sich deshalb eine andere Interpretation zu eigen, derzufolge sich die Intensität der Berücksichtigung nach dem jeweiligen Beschluss des Bundestages richten soll (Verheugen 1993: 166; Kabel 1995: 244). Folgt man dieser Sichtweise, so ist damit gleichzeitig auch der Rechtsstreit darüber gelöst, ob die Stellungnahmen des Bundestages prinzipiell nur in Form „schlichter Parlamentsbeschlüsse" ergehen können, welche die Bundesregierung rechtlich nicht verpflichten (Hölscheidt 2000: 33), oder ob das Parlament zumindest grundsätzlich nicht auch die Möglichkeit hat, die Bundesregierung verbindlich auf bestimmte Verhandlungsziele festzulegen (Rath 1995: 145). Mittlerweile hat sich als „herrschende Lehre" innerhalb der Rechtswissenschaft die Auffassung durchgesetzt, dass der Bundestag die Regierung nur dann auf ein bestimmtes Stimmverhalten im Rat verpflichten kann, wenn er dies durch ein förmliches Gesetz im Einzelfall ausdrücklich beschließt (Scholz 1996: Rz.118).

Diese höchste Stufe der „Berücksichtigungsintensität" hat der Bundestag bislang allerdings noch niemals herbeigeführt. Im parlamentarischen System der Bundesrepublik, in dem sich bislang noch jede Regierung auf eine Mehrheit im Bundestag stützen konnte, ist es selbstverständlich, dass einerseits die Bundesregierung die Stellungnahmen des Bundestages in ihre Meinungsbildung einbezieht (Hölscheidt 2000: 33), wie andererseits die Parlamentsmehrheit wenig Interesse hat, die integrationspolitischen Handlungsspielräume der von ihr gestützten Regierung über Gebühr einzuschränken. Der europapolitische Parlamentsalltag verläuft wesentlich undramatischer als manche rechtswissenschaftliche Kontroverse vermuten lässt. In seinem Zentrum steht aus Sicht des Bundestages die Arbeit des EU-Ausschusses.

Erst im November 1994, also zu Beginn der 13. Wahlperiode, konnte der EU-Ausschuss konstituiert werden. Der Grund für die knapp zweijährige Verzögerung gegenüber der entsprechenden Grundgesetzänderung lag in den unterschiedlichen Auffassungen von Regierungsmehrheit und Opposition vor allem über die Reichweite der Informationspflichten der Bundesregierung gegenüber dem Parlament. Abweichend von der Gepflogenheit, Geschäftsordnungsänderungen möglichst einvernehmlich zu beschließen, handelte es sich seinerzeit um eine nur von der damaligen Regierungsmehrheit getragene Entscheidung (Bundestags-Plenarprotokoll 13/9 vom 15.12.1994, S. 440 (B)ff.), die allerdings bislang – auch nach dem Regierungswechsel von 1998 – nicht mehr in Frage gestellt wurde.

Dem EU-Ausschuss gehören seit der 15. Legislaturperiode – also seit 2002 – 33 Mitglieder des Bundestages an. Erweitert wird er durch 15 Mitglieder des Europäischen Parlaments, die wie schon ihre Vorgänger im EG-Ausschuss ein Rede-, aber kein Stimmrecht haben. Die SPD-Fraktion stellt 14, die CDU/CSU-Fraktion 13 und die Fraktion von Bündnis 90/Die Grünen sowie die FDP jeweils drei Ausschussmitglieder. Die Ausschussmitglieder, die dem Europäischen Parlament angehören, werden vom Bundestagspräsidenten auf Vorschlag der Fraktionen berufen, aus deren Parteien deutsche Mitglieder in das Europäische Parlament gewählt worden sind. Dabei orientiert man sich am Stärkeverhältnis dieser Parteien im Europäischen Parlament. Daher entstammen nach der Europawahl des Jahres 2004 acht der „mitwirkungsberechtigten“ Ausschussmitglieder der CDU/CSU, vier der SPD. Bündnis 90/Die Grünen entsenden zwei Ausschussmitglieder, die FDP eines (Fuchs 2004: 3). Für die politische Praxis hat sich der Versuch, die Zusammenarbeit beider Parlamente institutionell abzusichern, als weitgehend bedeutungslos erwiesen. Die Mitglieder des Europäischen Parlaments nehmen nur höchst selten an den Sitzungen des EU-Ausschusses teil, weil sie am Mittwoch, dem Sitzungstag des Ausschusses, regelmäßig in Brüssel bzw. Straßburg gebunden sind (Hölscheidt 2000: 34).

Die Bestimmungen über die Mitwirkung von EU-Parlamentariern sind nur ein Beispiel unter mehreren für die praktische Bedeutungslosigkeit detaillierter prozeduraler Regelungen in dem umfassenden Normgefüge, das eine effiziente Mitwirkung des Bundestages am europäischen Willensbildungs- und Normsetzungsprozess sicherstellen soll. Ein weiteres Beispiel liefert die „Ermächtigungsklausel", mit der man einen Beschleunigungseffekt für die parlamentarische Beratung von EU-Angelegenheiten erzielen wollte. Gestützt auf Art. 45 GG, der konkretisiert wird durch § 2 EUZBBG und § 91 a der Geschäftsordnung des Bundestages, kann der EU-Ausschuss auf Antrag einer Fraktion (bzw. von Abgeordneten in Fraktionsmindeststärke) vom Plenum dazu ermächtigt werden, die Rechte des Bundestages gegenüber der Bundesregierung wahrzunehmen, also eine Stellungnahme an Stelle des Plenums an die Regierung zu adressieren. Eine solche Ermächtigung entbindet den EU-Ausschuss allerdings nicht von der Verpflichtung, vor der Formulierung seiner Stellungnahme die Meinung der beteiligten Fachausschüsse einzuholen. Dieses Procedere ist zu kompliziert, um tatsächlich greifen zu können. Zudem steht es dem Verständnis von der Gleichrangigkeit der Bundestagsausschüsse entgegen. Für die Parlamentspraxis ist die Ermächtigungsmöglichkeit deshalb völlig bedeutungslos; bisher hat es noch keinen Anwendungsfall gegeben (Hölscheidt 2000: 34f.)

Ganz ähnlich steht es um die sog. „Generalermächtigung" des EU-Ausschusses. Nach § 93 a der Geschäftsordnung des Bundestages kann er gegenüber der Bundesregierung eine Stellungnahme zu einer Unionsvorlage abgeben, solange keiner der beteiligten Fachausschüsse widerspricht. Bislang hat es nur acht Anwendungsfälle dieser Bestimmung über „plenarersetzende Beschlüsse" gegeben. Wenn der EU-Ausschuss die Generalermächtigung in Anspruch nimmt, erstattet er den Plenum darüber einen Bericht, der allerdings nur diskutiert wird, wenn eine Fraktion dies beantragt. Dies war erstmals beim Bericht des Ausschusses zur EU-Grundrechtecharta im Jahr 1999 der Fall (Hölscheidt 2000: 35). Seitdem bis einschließlich 2003 hat es jährlich einen plenarersetzenden Beschluss des EU-Ausschusses gegeben: In den Jahren 2000 und 2002 ging es dabei um die Aufwertung der europäischen Betrugsbekämpfungsstelle OLAF, die Beschlüsse aus den Jahren 2001 und 2003 bezogen sich auf den sog. Verfassungskonvent

(Fuchs 2004: 16f.). In Bezug auf dessen Beschickung konnte der EU-Ausschuss gegenüber der Regierung insofern einen Erfolg verbuchen, als er nach Verabschiedung eines entsprechenden Beschlusses in Kooperation mit anderen mitgliedstaatlichen Parlamenten eine bessere Vertretung der nationalen Volksvertretungen durchsetzen konnte als vom Bundeskanzler ursprünglich gewollt (Auel/Benz 2003: 17; Fuchs 2004: 17).

Dass der EU-Ausschuss eine parlamentarische Mehrheit gegen die Regierung organisiert, ist unter den Bedingungen der in der Bundesrepublik traditionell nach den Spielregeln des Mehrheitsparlamentarismus funktionierenden Entscheidungsprozesse natürlich die Ausnahme – eine Ausnahme, die im Grunde nur in Bezug auf die Weiterentwicklung des europäischen Primärrechts realisierbar erscheint, weil sie mit dem parteiübergreifenden „proeuropäischen" Grundkonsens legitimiert werden kann, der ein punktuelles „Gegeneinander" von Regierung und Gesamtparlament unproblematisch erscheinen lässt.

Für den gesetzgeberischen Alltag, der sich auf den Erlass von europäischem Sekundärrecht in Form politikfeldspezifischer Regelungen bezieht, gilt indes nach wie vor, dass sich Engagement und Einfluss der Parlamentarier in sehr engen Grenzen halten: „Der EU-Ausschuss nutzt die formalen Verfahren zur Beeinflussung der europapolitischen Aktivitäten der Bundesregierung in diesem Bereich so gut wie gar nicht" (Töller 2004: 40; ähnlich auch Saalfeld 2003).

Seine rechtliche Exponierung gegenüber den anderen Ausschüssen des Deutschen Bundestages sagt angesichts der „faktischen Schwäche" der von seiner Arbeit ausgehenden Wirkungen (Maurer 2002: 344) also denkbar wenig aus. Der EU-Ausschuss hat im parlamentarischen Verfahren keineswegs die dominierende Stellung erhalten, die man ihm wegen seiner verfassungsrechtlichen Verankerung und seiner verfahrensrechtlichen Privilegierung auf den ersten Blick zuschreiben könnte (Zeh 1999: 45). Er ist zunächst einmal nicht mehr als der Adressat für sämtliche Unionsvorlagen, welche die Regierung an das Parlament weiterleitet. Dem Vorsitzenden des EU-Ausschusses obliegt es nach Eingang dieser Vorlagen, in Übereinstimmung mit den Fachausschüssen einen Überweisungsvorschlag vorzubereiten, in welchem der federführende Fachausschuss bestimmt wird.

Als Grundregel für die Arbeitsteilung zwischen den Ausschüssen gilt, dass der EU-Ausschuss nur Fragen von grundsätzlicher integrationspolitischer Bedeutung selbst federführend behandelt. Er beschäftigt sich also nur mit solchen europäischen Angelegenheiten, die keinen sachpolitischen Schwerpunkt haben, welcher die Zuständigkeit eines Fachausschusses begründen würde. Beispiele hierfür waren neben den bereits erwähnten plenarersetzenden Beschlüssen die Beratungen über den Ratifikationsgesetzentwurf zum Amsterdamer Vertrag und die Agenda 2000 (Hölscheidt 2000: 35) sowie die Ratifizierung des Vertrages von Nizza, die vom EU-Ausschuss parteiübergreifend gegen die Stimmen seiner damaligen PDS-Mitglieder empfohlen worden war (Bundestagsdrucksache 14/7172). Ansonsten beschränkt sich der EU-Ausschuss auf die Mitberatung fachpolitischer Themen. Mit der Umsetzung von EG-Richtlinien in deutsches Recht ist der EU-Ausschuss prinzipiell nicht befasst. Sie erfolgt im normalen Gesetzgebungsverfahren, d.h. die „Transformationsgesetze" werden grundsätzlich von den zuständigen Fachausschüssen beraten.

Gleich, ob dem als Integrations- und Querschnittsorgan konzipierten Europaausschuss oder einem der Fachausschüsse die federführende Beratung von EU-Vorlagen übertragen wird, kommt eine Beschlussempfehlung an das Plenum nur relativ selten zustande. In der 13. Legislaturperiode (1994–1998) war dies bei 158 von 2070 Vorlagen, in der 14. Legislaturperiode gar nur bei 30 von 2131 der Fall. Kommt es zu Beschlussempfehlungen, dann werden sie auf die Tagesordnung des Plenums gesetzt, womit sich die Möglichkeit zu einer Aussprache verbindet. Doch wird darauf meist verzichtet; in der 13. Wahlperiode wurde beispielsweise nur ein Fünftel dieser Beschlussempfehlungen im Parlament diskutiert (Ismayr 2000: 297).

Auch wenn die Spielregeln des parlamentarischen Regierungssystems bedingen, dass die Mehrheit des Bundestags nicht daran interessiert ist, den Verhandlungsspielraum der Regierung unnötig einzuschränken, schließt dies ein Interesse der Regierungsfraktionen an der inhaltlichen Mitgestaltung politischer Entscheidungen nicht aus. Die häufigen Änderungen, welche die Gesetzesentwürfe der Bundesregierung in den Bundestagsausschüssen erfahren (Rudzio 2000: 276), belegen dies. Von daher ist verständlich, dass sich viele Parlamentarier von den neu gefassten Art. 23 und 45 GG, dem EUZBBG sowie der

Neufassung der Geschäftsordnung des Deutschen Bundestages erhofft hatten, dass sie den Deutschen Bundestag in die Lage versetzen würden, „erstmals in der Geschichte des Europäischen Einigungsprozesses die laufende EG-Gesetzgebung im Ministerrat so gezielt und intensiv zu begleiten, dass man künftig zu Recht von einer parlamentarischen Kontrolle der deutschen Regierung im EG-Ministerrat sprechen kann" (Hellwig 1993: 27). Es ging den Abgeordneten um den Versuch, die unzureichende Beteiligung des Deutschen Bundestages am europäischen Integrationsprozess in einer Weise neu zu regeln, dass der mit diesem einhergehende Verlust an nationalen legislativen Kompetenzen durch verstärkte Mitspracherechte des Parlaments in europäischen Angelegenheiten kompensiert werden könne (Verheugen 1993: 163).

Derartige Hoffnungen und Ansprüche waren jedoch von vornherein überzogen, weil sie sich am herkömmlichen Procedere nationalstaatlicher Gesetzgebung orientierten. Die – für ein Arbeitsparlament charakteristische – inhaltliche Durcharbeitung und Veränderung von Gesetzesentwürfen durch die Bundestagsausschüsse ist in Bezug auf das europäische Recht strukturell ausgeschlossen, denn sie ist gebunden an das „Letztentscheidungsrecht" des Parlaments. Eben dies ist jedoch im Zuge der Europäisierung politischer Entscheidungsstrukturen an die Regierung übergegangen, die zudem das Risiko trägt, im Ministerrat überstimmt zu werden. Ist dies der Fall, kann der Bundestag im Verhältnis zur Regierung gar nichts mehr gewinnen, denn er kann sie politisch nicht verantwortlich machen für eine andere Mehrheit, die in Brüssel zustande gekommen ist. Unterliegt die Bundesregierung bei einer Mehrheitsentscheidung im Rat, wird der Einfluss des Bundestages auf die EU-Rechtsetzung also vollends zur Fiktion (Zeh 1999: 49).

Auch das an Detailliertheit kaum noch zu überbietende nationale Regelwerk (Zeh 1999: 42, 45) zur Mitarbeit des Deutschen Bundestages an europäischen Angelegenheiten kann deshalb nicht verhindern, dass das Parlament dem Brüsseler „Alltagsgeschäft" mehr oder weniger ausgeliefert ist, ihm zumindest weitgehend passiv gegenübersteht. Für den Bundestag gilt wie für die meisten anderen mitgliedstaatlichen Parlamente, dass nicht die Regierung den Empfehlungen des EU-Ausschusses folgt, sondern dass es sich meist umgekehrt verhält (Raunio 1999: 188). Noch heute berät der Deutsche Bundestag EU-Vorlagen, die längst in Kraft getreten sind. Dies ist ein weiterer Grund, weshalb von einer wirkungsvollen Einflussnahme des Deutschen Bundestages auf die Abfassung europäischen Rechts nach wie vor nicht die Rede sein kann, was im Übrigen immer mehr Abgeordnete dazu bewegt, die Einrichtung einer eigenen Vertretung des Bundestags in Brüssel zu fordern (Frankfurter Allgemeine Zeitung, 20.7. 2004: 17).

In den Leitsätzen zu seinem viel zitierten „Maastricht-Urteil" vom 12.10.1993 hat das Bundesverfassungsgericht sinngemäß unter anderem festgehalten, dass das durch Art. 79 Abs. 3 GG für unantastbar erklärte Demokratieprinzip verbiete, die Aufgaben und Befugnisse des Deutschen Bundestages durch eine Verlagerung derselben auf die Ebene der Europäischen Union über Gebühr zu entleeren. Schließlich, so heißt es in dem Urteil weiter, seien es „zuvörderst" die Staatsvölker der Mitgliedstaaten, welche die Ausübung hoheitlicher Befugnisse durch die Europäische Union über die nationalen Parlamente demokratisch zu legitimieren hätten. Die demokratische Legitimation des Handelns europäischer Organe muss den Vorstellungen des Verfassungsgerichts zufolge also durch deren „Rückkopplung an die Parlamente der Mitgliedstaaten" erfolgen (BVerfGE 89: 155). Zu der naheliegenden Frage, wie eine solche „Rückkopplung" konkret aussehen könnte oder sollte, haben sich die Verfassungsrichter allerdings nicht näher geäußert. Vieles spricht dafür, dass das Gericht sein Postulat, dass dem Deutschen Bundestag im europäischen Integrationsprozess Aufgaben und Befugnisse von substanziellem Gewicht verbleiben müssten (BVerfGE 89: 156), durch die Neufassung des Art. 23 GG und die Verabschiedung des EUZBBG bereits eingelöst sah.

Das Bundesverfassungsgericht scheint bei seinen Überlegungen wohl vor allem das europäische Primärrecht, also den EG- und den EU-Vertrag und deren Fortentwicklung, im Blick gehabt zu haben, wenn es am angegebenen Ort davon spricht, dass die Legitimation für die EU vor allem durch die nationalen Parlamente geschaffen werden müsse, zu der diejenige durch das Europäische Parlament lediglich „hinzutrete". In dem Moment, in dem es um die Setzung sekundären Rechts durch die Organe der Europäischen Union geht, wird die Konstruktion einer zusammengesetzten Legitimationskette jedoch problematisch, weil dem Bundestag faktisch nicht mehr viel übrig bleibt, als die Ergebnisse der Brüsseler Entscheidungsprozesse zu notifizieren. Die politische Praxis zeigt denn auch, dass sich die Bundestagsausschüsse üblicherweise auf die Kenntnisnahme der ihnen zugeleiteten EU-Vorlagen beschränken; Änderungsanträge sind außerordentlich selten (Ismayr 2000: 297). Deshalb gilt, dass „eine Verlängerung der Legitimationskette in dem Sinne, dass zwei Teilstücke aneinander ankoppeln und gleichsam eine kooperative Beschaffung von Legitimation durch die Parlamente der Mitgliedstaaten gemeinsam mit dem EU-Parlament stattfinden würde, [...] weder institutionell fundiert noch politisch möglich [ist]" (Zeh 1999: 47).

Aufgrund der formal getrennten Zuständigkeitsbereiche von EU-Parlament und Bundestag besteht stattdessen ein gleichsam „natürliches" Konkurrenzverhältnis, das nur verschärft wird, wenn man den nationalen Parlamenten eine legitimierende Aufgabe für die Organe der EU institutionell zuschreibt. Anders als die Richter am Bundesverfassungsgericht hat die Mehrheit der Abgeordneten des Bundestages dies mittlerweile erkannt und benennt deswegen das Europäische Parlament als primäre Legitimationsquelle der EU. Bei den deutschen Mitgliedern des Europäischen Parlaments ist diese, auf eine „legitimatorische Arbeitsteilung" gerichtete Sichtweise verständlicherweise noch wesentlich ausgeprägter. Keiner der deutschen Mandatsträger im Europäischen Parlament schrieb bei einer entsprechenden Befragung dem Deutschen Bundestag die Funktion einer Legitimationsinstanz für die EU zu (Katz 1999: 28f.).

Eine realistische Erwartungshaltung an einen „europäisierten Bundestag" wird diesen also nicht in seiner Funktion als Arbeitsparlament, das die Inhalte von Politik (mit-)gestaltet, einordnen können, weil die europäische Rechtsetzung seinem Einfluss weitestgehend entzogen ist. Das zeigt sich auch daran, dass die – wenigen – Abgeordneten, die ernsthaft auf eine Beeinflussung des gemeinschaftlichen Sekundärrechts aus sind, „Umgehungsstrategien" in Form der direkten Kontaktaufnahme zur Europäischen Kommission und/oder zu Europaabgeordneten wählen (Aurel/Benz 2003: 17f., Töller 2004: 43). Gleich, mit welchem Erfolg sie das tun: Der Deutsche Bundestag als Institution erfährt dadurch keine Stärkung.

Eine nennenswerte Aufwertung des Parlaments steht auch nicht zu erwarten, wenn eine neue Funktion Wirklichkeit werden sollte, die den mitgliedstaatlichen Parlamenten der EU zukommen wird, falls der vom Europäischen Konvent ausgearbeitete Vertrag über eine Verfassung für Europa das Ratifikationsverfahren in den Mitgliedstaaten übersteht. In dem diesem Vertrag(sentwurf) beigefügten „Protokoll über die Anwendung der Grundsätze der Subsidiarität und der Verhältnismäßigkeit" ist festgelegt, dass die Kommission alle ihre Vorschläge für einen Gesetzgebungsakt gleichzeitig den nationalen Parlamenten der Mitgliedstaaten und dem Unionsgesetzgeber übermittelt. Jedes nationale Parlament oder jede Kammer eines nationalen Parlaments – in der Diktion des Protokolls ist der Bundesrat eine „zweite Kammer" – soll sodann berechtigt sein, gegenüber den europäischen Institutionen darzulegen, dass und weshalb es bzw. sie einen Gesetzgebungsvorschlag der Kommission für mit dem vertraglich fixierten Subsidiaritätsprinzip unvereinbar hält. Jedem nationalen Parlament kommen bei diesem Verfahren zwei Stimmen zu, die im Fall von Zwei-Kammer-Systemen auf beide Kammern verteilt werden. Lässt sich ein Drittel aller Parlamentsstimmen für eine negative Stellungnahme mobilisieren, muss die Kommission ihren Vorschlag überprüfen. Zieht sie ihn nicht zurück oder ändert sie ihn nicht, so kann von jeder mitgliedstaatlichen Regierung im Namen und auf Initiative des nationalen Parlaments oder einer seiner Kammern Klage vor dem Europäischen Gerichtshof erhoben werden.

Dieses Verfahren erscheint zu kompliziert und zu schwerfällig, um wirklich greifen zu können. Deshalb ist an dem Befund festzuhalten, dass der Deutscher Bundestag zu einem wirklich relevanten Akteur in der europäischen Mehrebenenpolitik trotz politischer Lernprozesse und der Anpassung seines institutionellen Designs und auch im Falle des Inkrafttretens der europäischen „Verfassung" nicht werden kann. In Bezug auf das Thema „europäische Integration" sollte er sich deshalb als Redeparlament verstehen – und verstanden werden – dessen Adressat die deutsche Öffentlichkeit und dessen primäre Funktion die der Regierungskontrolle ist, auch wenn damit der Funktionsverlust, den der Bundestag als Arbeitsparlament erlitten hat, nicht völlig kompensiert werden kann (Zier 2005: 339).

Der EU-Ausschuss erscheint in dieser Sichtweise konsequenterweise nicht als Fach- oder Gesetzgebungsausschuss, sondern primär eben als Kontrollausschuss (Hölscheidt 2000: 35). Dem entspricht auch die bislang geübte Praxis, den Ausschussvorsitz der größten Oppositionsfraktion zuzusprechen. Die Tätigkeit des EU-Ausschusses ist dementsprechend nicht an der Frage zu messen, ob es ihm gelingt, die Mitglieder der Bundesregierung einem imperativen Integrationsmandat zu unterwerfen, sondern daran, ob das Plenum durch seine Vorarbeiten in die Lage versetzt wird, die Aktivitäten der Bundesregierung in den Institutionen der Europäischen Kommission – also dem Europäischen Rat, dem Ministerrat, dem Ausschuss der Ständigen Vertreter und den Komitologieausschüssen – öffentlichkeitswirksam kritisch zu begleiten. Die verbesserten Informationsrechte des Parlaments gegenüber der Regierung sind hierzu gewiss ebenso hilfreich wie die eventuell anstehende zusätzliche Informationspflicht der Kommission nach dem Subsidiaritätsprotokoll einer intensivierten Kontrolle dienlich sein könnte. Die Diskussion der Frage, ob der Bundestag gegenüber dem Bundesrat hinsichtlich seiner Mitgestaltungsmöglichkeiten an der europäischen Rechtsetzung benachteiligt wurde (Börzel 2000: 248) und insofern vielleicht mit Art. 23 (neu) GG sogar verfassungswidriges Verfassungsrecht verabschiedet worden ist (Di Fabio 1993: 210), erscheint angesichts dieser Funktionszuweisung für die nationale Volksvertretung nachrangig.

Literatur

Aurel, Katrin/Benz, Arthur (2003): National Parliaments in EU Multilevel Governance – Dilemmas and Strategies of Adaption (http://www.fernuni-hagen.de/POLALLG/National % 20 Parliaments in % 20 EU % 20 Multilevel % 20 Governance.pdf – Stand: 16.3.2004).

Bergmann, Torbjörn (1997): National Parliaments and EU Affairs Committees: Notes on Empirical Variation and Competing Explanations, in: Journal of European Public Policy 4(3), S. 373–387.

Beschlussempfehlung und Bericht (2001) des Ausschusses für die Angelegenheiten der Europäischen Union, Bundestagsdrucksache 14/7172 vom 17.10.2001.

Bleckmann, Albert (1991): Die Umsetzung von Gemeinschaftsbeschlüssen in nationales Recht im Licht der Beziehungen zwischen den nationalen Parlamenten und dem Europäischen Parlament, in: Zeitschrift für Parlamentsfragen 22(4), S. 572–584.

Börzel, Tanja (2000): Europäisierung und innerstaatlicher Wandel. Zentralisierung und Entparlamentarisierung, in: Politische Vierteljahreschrift 41(2), S. 225–250.

Derlien, Hans-Ulrich (2000): Germany – Failing Successfully?, in: Kassim, Hussein/Peters, B. Guy/Wright, Vincent (Hrsg.): The National Co-ordination of EU Policy. The Domestic Level, Oxford, S. 54–78.

Di Fabio, Udo (1993): Der neue Art. 23 des Grundgesetzes. Positivierung vollzogenen Verfassungswandels oder Verfassungsneuschöpfung?, in: Der Staat 32(2), S. 191–217.

EU-Ausschuss (1998): Der Ausschuss für die Angelegenheiten der Europäischen Union des Deutschen Bundestages, 2. Auflage, Bonn.

EU-Ausschuss (2002): Bilanz 2002 – Statistik des Europaausschusses (14. Wahlperiode) (http://www.bundestag.de/parlament/gremien15/a20/Bilanzen/Bilanz_2002.pdf – Stand 7.9.2004).

Fuchs, Michael (2004): Der Ausschuss für die Angelegenheiten der Europäischen Union, in: Zeitschrift für Parlamentsfragen 35(1), S. 3–24.

Gemeinsame Verfassungskommission (1993): Bericht der Gemeinsamen Verfassungskommission (Zur Sache. Themen parlamentarischer Beratung 5/93), Bonn.

Hauck, Felix (1999): Mitwirkungsrechte des Bundestages in Angelegenheiten der Europäischen Union, Berlin.

Hellwig, Renate (1993): Die Europa-Institutionen des Bundestages und seine großen Europa-Initiativen, in: Hellwig, Renate (Hrsg.): Der Deutsche Bundestag und Europa, Bonn, S. 21–48.

Hölscheidt, Sven (2000): Mitwirkungsrechte des Deutschen Bundestages in Angelegenheiten der EU, in: Aus Politik und Zeitgeschichte B 28, S. 31–38.

Ismayr, Wolfgang (2000): Der Deutsche Bundestag im politischen System der Bundesrepublik Deutschland, Opladen.

Kabel, Rudolf (1995): Die Mitwirkung des Deutschen Bundestages in Angelegenheiten der Europäischen Union. Gedanken zur Umsetzung der Art. 23 und 45 GG in die Geschäftsordnung des Deutschen Bundestages, in: Randelzhofer, Albrecht/Scholz, Rupert/Wilke, Dieter (Hrsg.): Gedächtnisschrift für Eberhard Grabitz, München, S. 241–270.

Katz, Richard S. (1999): Representation, the Locus of Democratic Legitimation and the Role of the National Parliaments in the European Union, in: Katz, Richard S./Wessels, Bernhard (Hrsg.): The European Parliament, the National Parliaments, and European Integration, Oxford, S. 21–44.

Leonardy, Uwe (1989): Bundestag und Europäische Gemeinschaft. Notwendigkeit und Umfeld eines Europa-Ausschusses, in: Zeitschrift für Parlamentsfragen 20(4), S. 527–544.

Maurer, Andres (2002): Parlamentarische Demokratie in der Europäischen Union. Der Beitrag des Europäischen Parlaments und der nationalen Parlamente, Baden-Baden.

Pöhle, Klaus (1988): Europakommission des Deutschen Bundestages – ein ungewollter Abgang, in: Zeitschrift für Parlamentsfragen 19(2), S. 293–294.

Rath, Christian (1995): Die „unionswärtige Gewalt" des Deutschen Bundestages. Zur verfassungsrechtlichen Legitimation des gemeinschaftlichen Rechtsetzungsprozesses, in: Steffani, Winfried/Thaysen, Uwe (Hrsg.): Demokratie in Europa: Zur Rolle der Parlamente (Sonderband der Zeitschrift für Parlamentsfragen), Opladen, S. 114–145.

Raunio, Tapio (1999): Always One Step Behind? National Legislatures and the European Union, in: Government and Opposition 34(2), S. 180–202.

Rometsch, Dietrich (1996): The Federal Republic of Germany, in: Rometsch, Dietrich/Wessels, Wolfgang (Hrsg.): The European Union and Member States. Towards Institutional Fusion?, Manchester/New York 1996, S. 61–104.

Saalfeld, Thomas (2003): The Bundestag: Institutional Incrementalism and Behavioural Reticence, in: Dyson, Kenneth/Goetz, Klaus H. (Hrsg.): Germany, Europe and the Politics of Constraint, Oxford, S. 73–96.

Scheuing, Dieter H. (1997): Zur Europäisierung des deutschen Verfassungsrechts, in: Kreuzer, Karl F./Scheuing, Dieter H./Sieber, Ulrich (Hrsg.): Die Europäisierung der mitgliedstaatlichen Rechtsordnungen in der Europäischen Union, Baden-Baden, S. 87–106.

Scholz, Rupert (1996): Artikel 23, in: Maunz-Dürig: Kommentar zum Grundgesetz (Loseblattsammlung).

Töller, Annette Elisabeth (2004): Dimensionen der Europäisierung – Das Beispiel des Deutschen Bundestages, in: Zeitschrift für Parlamentsfragen 35(1), S. 25 – 50.

Verheugen, Günter (1993): Die Arbeit des Sonderausschusses „Europäische Union (Vertrag von Maastricht)" des Deutschen Bundestages, in: Zeitschrift für Gesetzgebung 8(2), S. 163–167.

Weber-Panariello, Philippe A. (1995): Nationale Parlamente in der Europäischen Union. Eine rechtsvergleichende Studie zur Beteiligung nationaler Parlamente an der innerstaatlichen Willensbildung in Angelegenheiten der Europäischen Union im Vereinigten Königreich, Frankreich und der Bundesrepublik Deutschland, Baden-Baden.

Zeh, Wolfgang (1999): Bundestag und Bundesrat bei der Umsetzung von EU-Recht, in: Derlien, Hans-Ulrich/Murswieck, Axel (Hrsg.): Der Politikzyklus zwischen Bonn und Brüssel, Opladen, S. 39–51.

Zier, Matthias (2005): Nationale Parlamente in der EU, Göttingen.

3.3 Der Bundesrat als „Europakammer"

Schon früh in der Geschichte der Bundesrepublik Deutschland, im Lindauer Abkommen zwischen dem Bund und den Ländern vom 14.11.1957, wurde den Ländern bei Abschluss von Staatsverträgen mit anderen Staaten eine Beteiligung am Entscheidungsprozess über solche Abkommen garantiert. „Soweit völkerrechtliche Verträge auf Gebieten der ausschließlichen Zuständigkeit eine Verpflichtung des Bundes oder der Länder begründen sollen, soll", so hieß es in diesem Abkommen, „das Einverständnis der Länder herbeigeführt werden." Und weiter wurde bestimmt, „dass bei Verträgen, welche wesentliche Interessen der Länder berühren, gleichgültig ob sie die ausschließliche Kompetenz der Länder betreffen oder nicht, die Länder möglichst frühzeitig über den beabsichtigten Abschluss derartiger Verträge unterrichtet werden, damit sie rechtzeitig ihre Wünsche geltend machen können." Trotz dieser Ausgangslage lag vor den Ländern ein langwieriger und mühsamer Weg bis zur Beteiligung und schließlich der begrenzten Mitwirkung des Bundesrates am Willensbildungsprozess des Bundes in europäischen Angelegenheiten.

Jede denkbare Form der Beteiligung des Bundesrates am innerstaatlichen Willensbildungsprozess schien schon aus strukturellen Gründen seinen relativen Machtverlust bei Entscheidungen auf der europäischen Ebene nicht kompensieren zu können. Bei der Bundesgesetzgebung hat der Bundesrat im Rahmen der Gesetzgebung, die Angelegenheiten der Länder betrifft („zustimmungspflichtige Gesetze"), ein Vetorecht. Anders war dies in Bezug auf die europäische Ebene. Bis zum Vertrag von Maastricht (in Kraft getreten am 1.11.1993) konnte der Bund argumentieren, dass er allein die Bundesrepublik Deutschland in der Europäischen Union vertritt und dass er deshalb in jedem Falle aus unabweisbaren außen- und integrationspolitischen Gesichtspunkten von Beschlüssen des Bundesrates abweichen könne, selbst wenn diese Länderangelegenheiten betreffen. Hatte der Bund einmal akzeptiert, dass über bestimmte Politikfelder „europäisch" entschieden werden sollte, blieb der Bundesrat auf diesen Politikfeldern von Grundsatzentscheidungen ausgeschlossen, selbst wenn die Länder die aus diesen folgenden Richtlinien und Verordnungen ausführen mussten. Weil eine klare Kompetenzabgrenzung der Aufgaben substaatlicher Regierungen in der EU, die quasi eine Bestandsgarantie für die Aufgaben der Länder bedeuten würde, fehlte (und fehlt), wurden die Bundesratsentscheidungen immer weniger richtungsweisend. Die Substanz der im Bundesrat verhandelten Gesetzgebung durch den Prozess der Abwanderung von Entscheidungen auf die europäische Ebene wurde immer weiter ausgehöhlt.

Den Ländern gelang es nicht, ihre ausschließliche Gesetzgebungskompetenz auf Dauer wirkungsvoll vor dem Sog der Europäisierung zu schützen. Es musste deshalb ihr Bestreben sein, wenigstens die nach einer verbindlichen Kompetenzabgrenzung zweitbeste Lösung zu erreichen, nämlich ihre mögliche Mitsprache durch den Bundesrat beim europäisierten Entscheiden in der Bundesrepublik zu optimieren. Oder anders ausgedrückt: „die verlorenen Kompetenzen durch eine Prozedualisierung der Kompetenzübertragung (im Detail, d.V.) an die Länder zurückzubinden“ (Calliess 2000: 26). Dies gelang begrenzt durch die rechtliche Verankerung unterschiedlich ausgeprägter

Tabelle 7: Entwicklung der Mitwirkungsmöglichkeiten der Länder in der Europapolitik

1956	Länderbeobachter
1957	Sonderausschuss Gemeinsamer Markt und Freihandelszone des Bundesrates, umbenannt 1965 in Ausschuss für Fragen der Europäischen Gemeinschaft (EG-Ausschuss) und 1992 in Ausschuss für Fragen der Europäischen Union (EU-Ausschuss)
1979	Neues Länderbeteiligungsverfahren
1986	Bundesratsverfahren im Zusammenhang mit der Verabschiedung der Einheitlichen Europäischen Akte
1992	Neufassung Art. 23 GG
Nach Inkrafttreten des Verfassungsvertrages	„Frühwarnsystem“ und Klagerecht vor dem EuGH, vgl. dazu Kapitel 3.4

Vetopositionen des Bundesrates in der europäischen Politik im Zusammenhang mit der Ratifizierung des Maastrichter Vertrages.

Im Jahr 1956 hat der Bund den Ländern einen Beobachter bei den Verhandlungen über den Abschluss der die Europäische Wirtschaftsgemeinschaft (EWG) und die Europäische Gemeinschaft für Atomenergie (EAG) begründenden Römischen Verträge zugestanden. Damit wurde die Tradition eines alle Länder gemeinsam vertretenden Länderbeobachters begründet, der als Mitglied der deutschen Delegation z.B. an Tagungen des Europäischen Rates teilnimmt und die Länder informiert. Mit Art. 2 des Zustimmungsgesetzes zu den Römischen Verträgen wurde dieses Informationsrecht bestätigt und der Bundesrat als Ort der entsprechenden Information genannt. Im sog. Zuleitungsverfahren werden bis heute Bundestag und Bundesrat laufend über Entwicklungen im Rat der EU informiert. Soweit diese Konsequenzen für die innerdeutsche Gesetzgebung haben können (meist im Falle von Richtlinien) bzw. wenn die EU-Beschlüsse in Deutschland als unmittelbares Recht gelten werden (im Falle von Verordnungen), hat diese Unterrichtung vor der Entscheidung des Rates zu erfolgen, um dem Bundesrat, in der Praxis also vor allem seinem EU-Ausschuss, die Möglichkeit zur Stellungnahme zu geben. Die Stellungnahmen des Bundesrates bzw. des EU-Ausschusses im Rahmen von jährlich mehreren hundert Zuleitungsverfahren sind für die Bundesregierung nicht automatisch verbindlich, auch wenn sie in der Regel zur Kenntnis genommen werden und die Bundesregierung von den Stellungnahmen des Bundesrates nicht leichtfertig abweichen wird (Dewitz 1998: 74). Das Urteil von Insidern über das Gewicht des EU-Ausschusses im Zuleitungsverfahren fällt ernüchternd aus: „Eine partnerschaftliche Bund-Länder Konzertierung konnte durch diesen Ausschuss aber nicht erreicht werden" (Blume/Rex 1998: 32).

Den ständigen Klagen der Länder über die mangelnde Berücksichtigung ihrer Interessen in der Europapolitik trug der Bund 1979 mit dem Zugeständnis eines vor allem auf der Ebene der Länderfachminister verankerten „Neuen Länderbeteiligungsverfahrens" in ersten Ansätzen Rechnung. Er versprach den Ländern in Fällen, in denen ihre Kompetenzen betroffen sind, sich mit ihnen abzustimmen und den gemeinsamen Standpunkt auf europäischer Ebene dann auch so weit wie möglich durchzusetzen. Zu den Beratungsgremien der Kommission und des Rates sollten möglichst immer zwei Vertreter der Länder hinzugezogen werden. Auch dieses Verfahren erwies sich aus der Sicht der Länder, schon allein wegen des hohen Koordinierungsbedarfs zwischen den Ländern, als wenig schlagkräftig.

Die fachliche Notwendigkeit der Zustimmung der Länder zum Ratifizierungsgesetz zur Einheitlichen Europäischen Akte (EEA) von 1986 gab diesen die Chance, den Bund zu einem weiteren Entgegenkommen hinsichtlich ihrer Mitwirkungsrechte an der Europapolitik zu veranlassen. Dies schien umso dringender, als der Europäischen Gemeinschaft neue Zuständigkeiten unter anderem im Umweltschutz, der Sozial- und der Forschungspolitik übertragen wurden. Die Beteiligungsrechte der Länder wurden in ein Bundesratsverfahren überführt und gesetzlich, allerdings nicht, wie dies die Länder gefordert hatten, im Grundgesetz verankert. In Art. 2 des Ratifikationsgesetzes zur Einheitlichen Europäischen Akte wurde die frühestmögliche Information des Bundesrates über Vorhaben der Europäischen Gemeinschaft ebenso vereinbart wie die Konsultation des Bundesrates bei Angelegenheiten, welche die ausschließliche Gesetzgebung der Länder betreffen. Die Bundesregierung wurde verpflichtet, die Stellungnahmen des Bundesrates bei Verhandlungen im Rat der EU zu berücksichtigen.

Das heißt nicht, dass der Bundesregierung damit die Hände gebunden waren. Sie konnte durchaus aus unabweisbaren außen- und integrationspolitischen Gründen von den Positionen des Bundesrates abweichen, musste dies aber rechtfertigen. Das Beispiel des Bund-Länder-Streits um die EG-Fernsehrichtlinie verdeutlicht den Handlungsspielraum des Bundes und seine Argumentation. Für die Bundesregierung erklärte Ministerialrat Heribert Höfling: „der Richtlinienentwurf stelle zwar einen Eingriff in den Kernbereich der Länderzuständigkeit dar [...]. Doch machte Höfling kein Hehl daraus, dass aus pragmatischen Gründen eine reserviert positive Haltung Deutschlands zum Kommissionsvorgehen im Sinne einer konstruktiven Mitarbeit als Mittel zur Verhinderung ungewünschter einzelner Richtlinienartikel vom Bund als sinnvollere Strategie angesehen wurde als die grundsätzliche Ablehnung der Kommissionsvorschläge durch den Bundesrat“ (Wagner 1994: 134f.). Am 3.10.1989 stimmte die Bundesregierung gegen den Willen des Bundesrates der Fernsehrichtlinie zu. Angesichts der Tatsache, dass die Entscheidung über die Fernsehrichtlinie für die Länder eine grundsätzliche Gefährdung des Erhalts ihrer Kompetenzen darstellte, war die Kompromissbereitschaft der Bundesregierung auf der europäischen Ebene alles andere als ausführlich begründet worden.

Im Zusammenhang der Zustimmung der Länder zur Einheitlichen Europäischen Akte wurde auch festgelegt, dass bei EG-Regelungen, welche die ausschließliche Kompetenz der Länder betreffen, auf Verlangen der Länder ihre Vertreter zu den Beratungen der Kommission und des Europäischen Rates herangezogen werden. Faktisch blieb es aber dabei, dass die Länder ihre Interessen innerhalb der deutschen Delegation nur sehr begrenzt vorbringen konnten, und es blieb in der Praxis dem jeweiligen Delegationsleiter überlassen, ob und in welcher Form er die Stellungnahmen der Länder berücksichtigte. Nur in Ausnahmefällen erhielten die Ländervertreter ein Rederecht auf der europäischen Verhandlungsebene.

Der Bundesrat versuchte seinen neuen Aufgaben im Rahmen des Bundesratsverfahrens dadurch gerecht zu werden, dass er eine EG-Kammer einrichtete, in der in einem vereinfachten Verfahren rasch und vertraulich Stellungnahmen zu EG-Vorlagen erarbeitet werden konnten. Durch eine Änderung der Geschäftsordnung des Bundesrates erhielten die Beschlüsse dieser Kammer die Wirkung von Beschlüssen des Bundesrates. Der Bundesrat musste also nicht zur Beschlussfassung über die zahlreichen und oft kurzfristig zu entscheidenden EG-Initiativen ständig zusammengerufen werden. Mit dem Instrument der EG-Kammer erhielt er Entscheidungsflexibilität und konnte rasch auf Initiativen der Kommission reagieren und damit theoretisch sicherstellen, dass er seine Beratungsrechte optimal wahrnehmen konnte. Obwohl jedes Land nur ein Mitglied oder ein stellvertretendes Mitglied in die EG-Kammer entsendet, gibt der jeweilige Ländervertreter, der im Unterschied zur sonstigen Ausschussarbeit des Bundesrates kein Beamter, sondern ein Politiker ist (also Mitglied oder stellvertretendes Mitglied des Bundesrates), bei Abstimmungen in der Kammer jeweils im Paket alle Stimmen ab, die seinem Land im Bundesrat zustehen. Die Europakammer ist beschlussfähig, wenn die Mehrheit ihrer Stimmen vertreten ist.

Mittlerweile hat die EG-Kammer Verfassungsrang. Dies unterstreicht nicht nur die Bedeutung europäisierten Regierens in Deutschland, sondern damit wurde auch der verfassungsrechtlich bedenkliche Zustand beseitigt, dass im Namen Europas ein auf einfachgesetzlicher Basis agierendes Bundesorgan mit Mehrheitsabstimmung über ausschließliche Länderkompetenzen befinden konnte. Der 1992 ins Grundgesetz aufgenommene Art. 52 Abs. 3a lautet: „Für Angelegenheiten der Europäischen Union kann der Bundesrat eine Europakammer bilden, deren Beschlüsse als Beschlüsse des Bundesrates gelten."

Aus Anlass der Ratifizierung des Vertrags von Maastricht 1992 bot sich den Ländern eine weitere Gelegenheit, dem Bund eine deutlichere Berücksichtigung ihrer Interessen in der Europapolitik abzutrotzen. Die Länder machten ihre Zustimmung zu den durch Maastricht notwendig werdenden Grundgesetzänderungen (Einführung der Unionsbürgerschaft und der Europäischen Zentralbank) von einer stärkeren Verbindlichkeit des Bundesratsverfahrens abhängig. Als Ergebnis der Verhandlungen der Länder mit dem Bund wurde 1992 ein neuer Art. 23 (Europäische Union) in das Grundgesetz aufgenommen, dessen Bestimmungen durch das „Gesetz über die Zusammenarbeit von Bund und Ländern in Angelegenheiten der Europäischen Union" (EUZBLG) vom 12.3.1993 konkretisiert wurden. Der Art. 23 nennt alle Rechte der Länder in der Europapolitik:

- das Informationsrecht (23 Abs. 2)
- das Recht zur Stellungnahme (23 Abs. 3)
- das Recht zur Beteiligung an der Willensbildung des Bundes analog innerstaatlicher Regelungen (23 Abs. 4)
- die Berücksichtigung der Stellungnahme des Bundesrates, wenn ausschließliche Kompetenzen der Länder berührt sind (23 Abs. 5) sowie
- die Möglichkeit, dass die Länder in die Rolle der Vertretung Deutschlands in der EU schlüpfen: „Wenn im Schwerpunkt ausschließliche Gesetzgebungsbefugnisse der Länder betroffen sind, soll die Wahrnehmung der Rechte, die der Bundesrepublik Deutschland als Mitgliedstaat der Europäischen Union zustehen, vom Bund auf einen vom Bundesrat benannten Vertreter der Länder übertragen werden. Die Wahrnehmung der Rechte erfolgt unter Beteiligung und in Abstimmung mit der Bundesregierung;

dabei ist die gesamtstaatliche Verantwortung des Bundes zu wahren" (23 Abs. 6).

Damit schienen die Karten neu gemischt. Die Grundidee der Neuregelung der Kompetenzen des Bundesrates war es, diesem quasi eine neue „europäisierte" Identität zu geben. Die Länder sollten an der europapolitischen Willensbildung des Bundes beteiligt werden, wenn und insoweit der Bundesrat an entsprechenden innerstaatlichen Vorhaben hätte mitwirken müssen bzw. wenn eine entsprechende Länderkompetenz gegeben ist. Zur Vetomacht wird diese Festlegung bei Vertragsänderungen. Hier bedarf es, wenn diese Änderungen des Grundgesetzes implizieren, einer Zweidrittelmehrheit im Bundesrat. Die Zustimmung des Bundesrates ist auch bei der Übertragung von Hoheitsrechten auf die europäische Ebene erforderlich. Dass für diesen Fall im Art. 23 nicht explizit auch auf das Erfordernis der Zwei-Drittel-Mehrheit verwiesen wird, halten einige Kommentatoren für inkonsequent, da auch bei der Übertragung von Hoheitsrechten das Grundgesetz in der Regel betroffen ist. Ansonsten verbleibt aber, nicht zuletzt angesichts des Umfangs der inzwischen schon erfolgten Übertragung von Hoheitsrechten an die EU, der Bundesregierung ein relativ ausgeprägter europapolitischer Handlungsspielraum.

Die Länder sehen die Verpflichtungen, die aus dem Art. 23 erwachsen, häufig enger als die Bundesregierung. So bleibt umstritten, ob sich die Bundesregierung bei Nichteinigung mit den Ländern auf europäischer Ebene der Stimme enthalten darf, um so indirekt Europäisierungsschritte auch gegen den Willen des Bundesrates zu ermöglichen.

Aber auch schon die einfache Anwendung von Art. 23 Abs. 1 bereitete mehr Probleme als erwartet, wie unter anderem das Beispiel der Ratifizierung der EU-Beitrittsverträge mit Finnland, Norwegen, Österreich und Schweden zeigte: „Diese beinhalteten unstreitig keine Übertragung von Hoheitsrechten, jedoch einige förmliche Vertragsänderungen, wie z.B. die Festlegung der Zahl der Ratsstimmen der Beitrittskandidaten. Der Bundesrat forderte für die Ratifizierung deshalb eine Zweidrittelmehrheit in beiden Häusern. Die Bundesregierung widersprach, es fehlte an der Hoheitsrechtsübertragung und an einer materiellen Änderung des GG. Der Streit ist dadurch entschärft worden, dass im Bundestag, der eigentlich der Auffassung der Bundesregierung war, ‚sicherheitshalber' namentlich abgestimmt wurde (wobei die Zwei-Drittel-Quote weit überschritten wurde) und im Bundesrat Einstimmigkeit festgestellt wurde" (Oschatz/Risse 1995: 440).

Eine eindeutig scheinende Interpretation von Art. 23 Abs. 5 GG liefert das Gesetz über die Zusammenarbeit von Bund und Ländern in Angelegenheiten der Europäischen Union von 1993. Hier heißt es in § 5 Abs. 2, dass der Bund bei europapolitischen Angelegenheiten, die im Schwerpunkt Länderkompetenzen betreffen, für die Festlegung seiner Verhandlungsposition die Stellungnahme des Bundesrates maßgeblich zu berücksichtigen habe. Dies bedeutet, so der weitere Text, dass bei einem Dissens von Bundesregierung und Bundesrat, der durch eine Zwei-Drittel-Mehrheit im Bundesrat bekräftigt wird, die Auffassung des Bundesrates den Ausschlag gibt. Allerdings vermerkt das Gesetz einschränkend, dass die Zustimmung der Bundesregierung erforderlich ist, wenn Entscheidungen zu Ausgabenerhöhungen oder Einnahmenminderungen für den Bund führen können. Oschatz und Risse (1995: 444) schließen daraus, „daß in der Praxis allenfalls die Landesgesetzgebungsrechte die Maßgeblichkeit von Stellungnahmen des Bundesrates auslösen dürften. Dies wird z.B. bei EU-Vorhaben zur allgemeinen Bildung oder zu über die Rahmengesetzgebung hinausgehenden hochschulrechtlichen Vorhaben der Fall sein."

Der Bundesrat gab im Zeitraum von 1993 bis 2003 1500 Stellungnahmen zu Angelegenheiten der Europäischen Union ab. Von 1998 bis 2003 forderte er in 37 von 900 Fällen die maßgebliche Berücksichtigung seiner Stellungnahme. Die Bundesregierung hat dieser Forderung in 20 Fällen widersprochen, weil sie der Auffassung war, dass die Voraussetzungen einer maßgeblichen Berücksichtigung im Sinne des Art. 23 nicht vorlagen. Dies blieb folgenlos. Der Bundesrat nahm diese Widersprüche hin, beharrte aber auf seinem Rechtsstandpunkt. Im einzigen Streitfall, dem Richtlinienvorschlag zum Plan der Umweltverträglichkeitsprüfung, setzte sich die Bundesregierung durch (vgl. Bundestagsdrucksache 15/1961: 3 und Kommissionsdrucksache 0034: 3). Bemerkenswert ist die Binnensicht der Länderbürokratien in diesem Zusammenhang. Nach einer empirischen Erhebung hielten „71 Prozent der Ländervertreter die offiziellen Stellungnahmen des

Bundesrates für sehr hilfreich, wenn es darum geht, den Länderforderungen Nachdruck zu verleihen" (Große Hüttmann/Knodt 2003: 288).

Eine Zustimmung der Bundesregierung zur Europäisierung von Politikfeldern gegen ein einfaches Mehrheitsvotum der Länder ist immer möglich. Ein Beispiel dafür ist der Beschluss des Rates der Umweltminister im Jahre 2000 über die EU-Richtlinie über die Umweltauswirkungen bei Plänen und Programmen. Die Möglichkeit der Vertretung der Bundesrepublik Deutschland im EU-Ministerrat durch einen Vertreter der Länder nach Art. 23 Abs. 6 GG hat bisher noch keine bedeutende Rolle gespielt. Auch wenn die Delegationsleitung immer bei der Bundesregierung lag, gab es wiederholt Forderungen der Länder, ihnen in Abstimmung mit der Bundesregierung die Verhandlungsführung zu übertragen. Von 1998 bis Anfang 2004 war dies achtmal der Fall. In drei Fällen stimmte die Bundesregierung nicht zu, sorgte aber dafür, dass die Ländervertreter in den Verhandlungen zu Wort kamen (Kommissionsdrucksache 0034: 4).

Ort der europapolitischen Willensbildung im Bundesrat ist heute eher der EU-Ausschuss als die mit vielen Erwartungen versehene Europakammer. Letztere hat seit Maastricht nur dreimal getagt. Von diesen Treffen waren zwei (1993 und 1994) eher technischer Natur. Der dreiwöchige Sitzungsrhythmus des Bundesrates hat sich auch nach Meinung des EU-Ausschusses (Dewitz 1998: 73) als ausreichend für die Abstimmung der Landespolitiker in Europafragen erwiesen. Nur einmal, im November 1999, ergab sich wegen Kommunikationsproblemen mit einem Brüsseler Ländervertreter die Notwendigkeit, sich des flexiblen Entscheidungsweges „Europakammer" zu bedienen (Beratung im Zusammenhang mit der Umsetzung der Änderungsrichtlinie zur Umweltverträglichkeitsprüfung).

Der Ausschuss für Fragen der Europäischen Union ist der eigentliche Ort der Vorbereitung des Bundesrates für die Kooperation mit dem Bund in Europaangelegenheiten. Von besonderem Interesse für den Bundesrat sind seit dem Maastrichter Vertrag vor allem diejenigen Angelegenheiten der Europäischen Union, bei denen die Mitwirkung des Bundesrates aufgrund gesetzlicher Regelungen ausdrücklich erforderlich ist (qualifizierte Mitwirkung).

Tabelle 8: Qualifizierte Mitwirkung des Bundesrates in Angelegenheiten der Europäischen Union (Beschlussdrucksachen)

Jahr	*Insgesamt davon:*	*Wegen GG*[1]	*Wegen EUZBLG*[2]	*Wegen Gemeinschaftsaufgaben*[3]	*Wegen Lindauer Abkommen*
1993	22	1	15	2	4
1994	36	3	22	1	10
1995	19	1	14	0	4
1996	16	0	13	0	3
1997	21	0	19	0	2
1998	13	1	10	1	1
1999	6	0	5	0	1
2000	8	0	8	0	0
2001	7	1	6	0	0
2002	12	0	12	0	0
2003	8	0	8	0	0
Insgesamt:	168	7	132	4	25

1 Art. 23 Abs. 1 in Verbindung mit Art. 79 Abs. 2.

2 „Gesetz über die Zusammenarbeit von Bund und Ländern in Angelegenheiten der Europäischen Union“ vom 12.3.1993.

3 Art. 91a/b GG.

Quelle: Mitteilung des Ausschusses für Fragen der Europäischen Union des Bundesrates vom 22.9.2004.

Eine quantitative Analyse der Arbeit des EU-Ausschusses zeigt, dass weniger Grundsatzfragen als die Probleme der „schleichenden“ Europäisierung auf einzelnen Politikfeldern seine Arbeit prägen. Die Mitwirkung des Bundesrates gründet sich heute in erster Linie auf das Gesetz über die Zusammenarbeit von Bund und Ländern in Angelegenheiten der Europäischen Union. Gegenstände der entsprechenden Beschlussvorlagen sind Regelungen, die die Gesetzgebungsbefugnisse der Länder betreffen. Der Ausschuss selbst versteht sich eher als Vorreiter der Europäisierung, denn als Gatekeeper der Länderkompetenzen. Der langjährige Ausschuss-Sekretär Lars von Dewitz führte dazu aus (1998: 73): „Bei den Beratungen im Bundesrat verschafft der

EU-Ausschuss den integrationspolitischen Gesichtspunkten Geltung, indem er sich mit den Empfehlungen der beteiligten Ausschüsse unter diesem Gesichtspunkt befasst, sie ganz oder zum Teil übernimmt, sie ergänzt oder ihnen widerspricht. Ganz überwiegend unterstützt der EU-Ausschuss die sachlichen Anliegen der beteiligten Ausschüsse; gelegentlich mildert er Formulierungen ab, die als europafeindliche Einstellungen missverstanden werden könnten; in seltenen Ausnahmefällen, vor allem dann, wenn durch den EG-Vertrag ausdrücklich der Europäischen Union zugewiesene Kompetenzen bestritten werden, widerspricht er unter Hinweis auf die geltende Rechtsordnung diesen Forderungen."

Die Intensität der Befassung mit Fragen der Bund-Länder Zusammenarbeit im Bundesrat wurde durch den Einfluss der europäischen Politik zweifellos erhöht. Es ist zu beobachten, dass die Europäisierung des politischen Raumes den Bundesrat institutionell in seiner Rolle als Ländervertretung in ein permanentes „Abwehrgefecht" zwingt, in dem er versucht, den Bund auf einen häufig nur mühsam erzielbaren und oft vagen Konsens zu verpflichten. Die im politischen Tagesgeschäft randständigen Vetopositionen, die für den Bundesrat u.a. mit dem Art. 23 erkämpft wurden, können nicht darüber hinwegtäuschen, dass der Bundesrat zu einem der Verlierer der Europäisierung des deutschen Regierungssystems zählt. Die Beschäftigung mit europäischen Angelegenheiten im Bundesrat ist reaktiv angelegt. Vom Bundesrat gehen trotz institutioneller Lernprozesse kaum gestaltende Initiativen für die europäische Integration aus. Er bemüht sich vor allem darum, die traditionelle innerstaatliche Machtverteilung der Institutionen der deutschen Politik zu bewahren, allerdings bei zunehmender Europäisierung mit immer geringeren Erfolgsaussichten. Die „Kompensation durch Partizipation" bleibt „grundsätzlich hinter dem Wert der ursprünglichen Eigenentscheidungsrechte der Länder zurück" (Oberländer 2000: 205).

Literatur

Antwort der Bundesregierung (2003): Beteiligung des Deutschen Bundestages und des Bundesrates in Angelegenheiten der Europäischen Union, Bundestagsdrucksache 15/1961 vom 10.11.2003.

Blume, Gerd/Rex, Alexander Graf von (1998): Weiterentwicklung der inhaltlichen und personellen Mitwirkung der Länder in Angelegenheiten der EU nach Maastricht, in: Borkenhagen, Franz H.U. (Hrsg.): Europapolitik der deutschen Länder, Opladen, S. 29–49.

Calliess, Christian (2000): Innerstaatliche Mitwirkungsrechte der deutschen Bundesländer nach Art. 23GG und ihre Sicherung auf europäischer Ebene, in: Hrbek, Rudolf (Hrsg.): Europapolitik und Bundesstaatsprinzip, Baden-Baden, S. 13–26.

Dewitz, Lars von (1998): Der Bundesrat – Bilanz der Arbeit im EU-Ausschuss seit 1992, in: Borkenhagen, Franz H.U. (Hrsg.): Europapolitik der deutschen Länder, Opladen, S. 69–83.

Große Hüttmann, Martin/Knodt, Michèle (2003): „Gelegentlich die Notbremse ziehen...": Die deutschen Länder als politische Teilhaber und Ideengeber im europäischen Mehrebenensystem, in: Österreichische Zeitschrift für Politikwissenschaft 32(3), S. 285–302.

Oberländer, Stefanie (2000): Aufgabenwahrnehmung im Rahmen der EU durch Vertreter der Länder. Theorie und Praxis im Vergleich, Baden-Baden.

Oschatz, Georg-Berndt/Risse, Horst (1995): Die Bundesregierung an der Kette der Länder? Zur europapolitischen Mitwirkung des Bundesrates, in: Die Öffentliche Verwaltung 48(11), S. 437–452.

Wagner, Jürgen (1994): Policy-Analyse: Grenzenlos Fernsehen in der EG, Frankfurt a.M. u.a.

3.4 Die Landesregierungen und die Landtage als europapolitische Mitregenten?

Mit der europäischen Integration droht der deutsche Föderalismus zur folkloristischen Restgröße herabzusinken. Die Länder müssen eine zunehmende Begrenzung ihres eigenständigen Handlungs- und Gestaltungsspielraums hinnehmen, wobei die Landesparlamente in besonderer Weise betroffen sind. Während die Landesregierungen nicht zuletzt durch ihre Mitwirkung im Bundesrat auch beim Abwandern von Entscheidungskompetenzen auf die europäische Ebene wenigstens indirekt auf dem Wege der Mitwirkung an der Bundespolitik Kompetenzen wahren können, trifft dies für die Landtage nicht zu.

Ihre Möglichkeiten politischer Gestaltung liegen allein in den Bereichen autonomer Landeskompetenzen, deren spärliche Restbestände durch den Europäisierungsprozess weiter schwinden (Johne 2000: 25). Es genügt nicht, auf die durch den Europäisierungsprozess noch eher wachsenden Verwaltungsaufgaben der Länder zu verweisen, um ihre weiterhin unabdingbare Rolle in der EU zu betonen. Verwaltungsaufgaben können und müssen auch in Staaten wahrgenommen werden, die nicht föderal organisiert sind.

Mitglied der Europäischen Union ist nicht das einzelne Bundesland, sondern die Bundesrepublik Deutschland. Der Bund macht hierbei von seinem durch das Grundgesetz (Art. 24) garantierten Recht Gebrauch, durch Gesetz Hoheitsrechte auf zwischenstaatliche Einrichtungen zu übertragen. Dies ist aus völkerrechtlicher Sicht eine sehr weitreichende Befugnis, wie Hackel (2000: 59) ausführt: „Selbst wenn der Gesamtstaat nicht oder nicht in einem so weitgehenden Umfang, wie ihn das Grundgesetz zulässt, zur Übertragung von Kompetenzen, die nach nationalem Verfassungsrecht den Gliedstaaten zugeordnet sind, befugt ist, können ihn die Gliedstaaten daran nicht hindern. Grundsätzlich sind die geschlossenen Verträge gegenüber anderen Vertragsstaaten auch dann völkerrechtlich verbindlich, wenn sie unter Verletzung der innerstaatlichen Kompetenzverteilung zwischen Gliedstaaten und Gesamtstaat zustande gekommen sind."

An der Nachordnung der Länder in Europa wird auch der geplante Europäische Verfassungsvertrag nichts ändern. Zwar wird in dessen Art. I-5 festgehalten: „Die Union achtet die nationale Identität der Mitgliedstaaten, die in deren grundlegender politischer und verfassungsrechtlicher Struktur einschließlich der regionalen und kommunalen Selbstverwaltung zum Ausdruck kommt." Und die Kommission soll künftig im Rahmen ihrer Anhörungen zu Gesetzgebungsakten der regionalen und lokalen Dimension Rechnung tragen. Aber einen Einstieg zur Mitentscheidung für die Länder bedeutet dies nicht. Zwar wächst für die EU-Entscheidungen der Zwang, sie auch im Hinblick auf regionale und lokale Auswirkungen zu rechtfertigen, ob dadurch die Europäisierung politischen Entscheidens zugunsten des Erhalts von Länderautonomie tatsächlich im konkreten Einzelfall gebremst werden kann, muss die Praxis erweisen.

Innerstaatlich sind die Länder in einer ähnlich schwierigen Lage. Auch wenn der Art. 23 eine gewisse Schutzfunktion für die Länder im Europäisierungsprozess entwickelt bzw. den Art. 24 als „Integrationshebel" abgelöst hat (Oschatz/Risse 1995: 437), bleibt festzuhalten, dass diese Schutzfunktion sich aus der Sicht eines einzelnen Landes nur indirekt auswirkt – nämlich vermittelt durch den Bundesrat – und dass Eingriffe der EU, die unmittelbare Folgen für einzelne oder alle Länder haben, ohne Mitwirkung der Länder zustande kommen.

Die auf Bundesebene garantierte Beteiligung der Länder bei der Gesetzgebung findet bisher auf europäischer Ebene keine Entsprechung. In Fortentwicklung der europäischen Verträge schufen die europäischen Institutionen überdies in relativer Autonomie sog. „sekundäres" Gemeinschaftsrecht, das für die Länder bindend ist und ihren Handlungsspielraum begrenzt. Vor allem Begründungen, die sich auf den Schutz der wirtschaftlichen Freiheit auf dem Binnenmarkt beziehen, dienten und dienen den europäischen Organen häufig auch als Rechtfertigung für Eingriffe in originäre Länderkompetenzen, wie das Bildungswesen, die Medienpolitik oder die Kulturförderung. Den Ländern war nicht nur diese Art der Begründung politischer Eingriffe in ihren Kompetenzbereich suspekt, sie richteten ihre Kritik auch häufig gegen den Art. 235 des EG-Vertrages (heute Art. 308), der der Kommission ein weitgehendes Initiativrecht zur Ausweitung ihres Tätigkeitsbereiches zubilligt, sofern diese den Zweck verfolgt, „im Rahmen des Gemeinsamen Marktes eines ihrer Ziele (der Ziele der Europäischen Gemeinschaft, d.V.) zu verwirklichen". Das EUZBLG schafft mit seinem § 5 Abs. 3 hier nur begrenzt Abhilfe. Diese Bestimmung fordert, dass die Bundesregierung bei Länderangelegenheiten das Einvernehmen mit dem Bundesrat herstellen muss, bevor sie Vorhaben zustimmt, die sich auf Art. 308 stützen. Aus der Sicht des Bundesrates, die im Wesentlichen von der Bundesregierung geteilt wird, bedeutet „Einvernehmen", dass solche Entscheidungen zustimmungspflichtig sind. Uneinigkeit besteht allerdings über das Verfahren der Umsetzung dieser Bestimmung in der Praxis (Oschatz/Risse 1995: 445).

Der geplante Verfassungsvertrag hat die Bestimmungen des Art. 308 nicht entschärft. Nach der Flexibilitätsklausel gemäß Art. I-17 kann die EU nicht wie bisher nur im Rahmen des Gemeinsamen

Marktes tätig werden, sondern in den gesamten in Teil III der Verfassung festgelegten Politikbereichen (einschließlich also beispielsweise der Justiziellen Zusammenarbeit und der Sicherheits- und Verteidigungspolitik), wenn dies notwendig erscheint, um eines der Ziele der Verfassung zu verwirklichen. Als Gegengewicht bietet der Verfassungsvertrag das bereits erwähnte Frühwarnsystem an (vgl. dazu Kapitel 3.2), das jedem nationalen Parlament, in Deutschland auch dem Bundesrat, erlaubt, binnen sechs Wochen nach Übermittlung eines Gesetzgebungsentwurfs eine begründete Stellungnahme an die Präsidenten des Europäischen Parlaments, des Rates und der Kommission zu übermitteln, in der dessen Unvereinbarkeit mit dem Subsidiaritätsprinzip dargelegt werden kann. Diese neue Möglichkeit, europäisch Einfluss zu nehmen, hat in Verbindung mit der knappen Fristsetzung auch zu Überlegungen geführt, ob der Bundesrat eventuell ein eigenes Büro in Brüssel eröffnen sollte. Bedenken von einem Drittel aller nationalen Parlamente führen zur Überprüfung des Gesetzentwurfs, aber verhindern kann ein solcher Widerstand die europäische Gesetzgebung nicht. Was bleibt, ist die Klage vor dem Europäischen Gerichtshof, zu welcher der Bundesrat (falls sich hier eine absolute Mehrheit findet), die Bundesregierung auffordern müsste.

Sorgen bereitet den Ländern auch die EU-Entscheidungsmethode der „Offenen Koordinierung“, die stetig an Bedeutung gewonnen hat und entsprechend prominent auch im Verfassungsvertrag berücksichtigt wird. Im Rahmen der „Offenen Methode der Koordinierung“ entwickelt die EU Leitlinien und Zielvorstellungen, die im nationalen Rahmen und in mitgliedstaatlicher Abstimmung auf freiwilliger Basis und außerhalb des Institutionengefüges der EU umgesetzt werden. Eingriffe in Länderkompetenzen, die sich so ergeben, entziehen den Ländern verfahrensmäßige Instrumente zur Abwehr von Kompetenzverlusten sowohl im Hinblick auf die nationale als auch im Hinblick auf die europäische Ebene. Der Verfassungsvertrag benennt in diesem Zusammenhang Forschungspolitik und Industriepolitik, die nach dem Grundgesetz weitgehend Aufgaben der Länder sind, sowie Sozial- und Gesundheitspolitik. Der Reform- und Innovationsdruck, den die „Offene Koordinierung“ auf einzelnen Politikfeldern erzeugt, mag zwar auch Fachpolitiker in den Ländern überzeugen. Solche positiven Effekte können aber gegen die ganz anders gelagerte Problemstellung des Erhalts der Entscheidungsfähigkeit der Länder und der Funktionsfähigkeit des deutschen Föderalismus nicht „aufgerechnet" werden (Große Hüttmann 2004).

Problematisch ist aus Ländersicht auch die Zunahme von Mehrheitsentscheidungen auf europäischer Ebene, die im Verfassungsvertrag durch die sog. Passerelle-Klausel noch erleichtert wird. Künftig soll der Europäische Rat die Möglichkeit haben, für Politikfelder, wie die Länderangelegenheiten Justiz und Inneres, einstimmig zu beschließen, von der Einstimmigkeit zur Mehrheitsentscheidung überzugehen. So gefundene Mehrheiten können unempfindlich selbst gegenüber erfolgreicher Einflussnahme der Länder auf die nationale Verhandlungsposition sein.

Die deutschen Länder wollen und können sich nach ihrem Verfassungsverständnis nicht mit der Rolle des Objektes von Politikentscheidungen auf internationaler Ebene zufrieden geben. Sie haben deshalb unterschiedliche Strategien zur Wahrung ihrer Interessen in einem vereinten Europa entwickelt. Allerdings bleibt deren Effizienz durch die grundsätzliche Festlegung begrenzt, dass für subnationale Untergliederungen der EU-Mitgliedstaaten (und damit auch für die Länder), die weder von den geltenden europäischen Verträgen als Regelfall anerkannt werden noch gar Mitglieder der EU sind, eine umfassende Kompensation der Kompetenzverluste, die der Prozess der Europäisierung der nationalen Politik mit sich bringt, heute (noch) nicht erreichbar ist (Hackel 2000: 80).

Die europapolitischen Strategien der Länder sind:

- der Ausbau von Beteiligungsrechten vermittelt durch den Bundesrat
- die Verteidigung der Ländereigenständigkeit unter Verweis auf das Subsidiaritätsprinzip
- die Mitarbeit im Ausschuss der Regionen
- eine eigenständige Länderaußenpolitik (vom EU-Lobbyismus bis hin zur interregionalen und grenzüberschreitenden Zusammenarbeit).

Analog des innerstaatlichen Beteiligungsföderalismus, also der Mitwirkung der Landesregierungen an der Gesetzgebung des Bundes durch den Bundesrat, fordern die Länder eine Ausweitung des Beteiligungsföderalismus auf die europäische Ebene. Die Durchsetzung des Verfahrens nach Art. 23 GG hat allerdings bei einer Vielzahl von Ländern zu der Haltung geführt, dass mehr wohl nicht zu erreichen sei. Aus der Sicht des Bundes ist die Beteiligung der Länder in der Europapolitik und der damit verbundene komplexe Abstimmungsprozess ohnehin eher effizienzmindernd. Sie erwecke die Gefahr einer uneinheitlich wahrgenommenen Haltung der Bundesrepublik in der Außenpolitik und behindere im Extremfall Deutschlands Handlungsfähigkeit in der Europapolitik (Schönfelder 2000). In den ostdeutschen Ländern tritt der Wunsch nach Mobilisierung finanzieller und anderer Ressourcen noch leichter als in den meisten westdeutschen hinter das prinzipielle Bemühen um die Verteidigung der Strukturen föderaler Machtteilung auch im Prozess der Europäisierung zurück. Für alle Länder gilt seit Ende der achtziger Jahre, dass es in ihrer Europapolitik immer mehr um die Optimierung länderegoistischer Interessen und weniger um die Durchsetzung der Anerkennung föderaler Strukturen durch europäische Organe geht (Engel 2000; Knodt 2000; Mentler 2000; Memminger 2000: 103).

Die Länder scheiterten mit ihrem Wunsch, auch auf der Ebene des Ausschusses der Ständigen Vertreter (AStV) der nationalen Regierungen in Brüssel vertreten zu sein. Der AStV spielt, wie erwähnt (vgl. dazu Kapitel 3.1), eine zunehmend wichtigere Rolle im Beschlussfassungsverfahren des Ministerrates. Er bereitet die Routineentscheidungen bzw. die politisch ohne Gipfeltreffen möglichen Übereinkünfte des Rates vor. De facto entscheidet er damit auch über einen Großteil der Politik der EU. Die Länder erfahren von diesen Beschlüssen nur indirekt durch die Bundesregierung und nach deren Ermessen. „Nicht einmal die räumliche und technische Integration des Länderbeobachters in die Ständige Vertretung konnte durchgesetzt werden. Insofern bleibt es bei dem – angesichts der im Übrigen vorbildlich guten Bund-Länder-Zusammenarbeit – grotesken Symbol, dass das Länderbeobachterbüro zwar im Gebäude der Ständigen Vertretung untergebracht ist, aber nur durch einen gesonderten Eingang erreicht werden kann und die hausinternen Zugänge zugemauert worden sind" (Blume/Rex 1998: 43).

Der Wunsch der Länder, ein allgemeines Klagerecht beim Europäischen Gerichtshof (EuGH) zu erhalten, mit dem sie ihre Rechte verteidigen können, wird von der Bundesregierung blockiert. Sie behält sich die Vertretung der Bundesrepublik Deutschland beim EuGH vor. Nach § 7 EUBLZG soll sie allerdings von ihren Klagemöglichkeiten Gebrauch machen, „soweit die Länder durch ein Handeln oder Unterlassen von Organen der Union in Bereichen ihrer Gesetzgebungsbefugnisse betroffen sind". Die erwähnte Klagemöglichkeit bei Subsidiaritätsfragen nach dem Verfassungsvertrag könnte in diesem Punkt die Länderposition stärken.

Die Länder selbst sind inzwischen organisatorisch zur Wahrung ihrer Interessen in Europa bestens gerüstet. In den achtziger Jahren erhielten die einzelnen Länderministerien Europareferenten. Dies spiegelte die Tatsache der zunehmenden „Europäisierung" aller Politikfelder wider, die es nicht mehr erlaubte, die europapolitische Bündelungsfunktion, wie dies zunächst üblich war, einem Europabeauftragten des Landes alleine zu überlassen. Die Abstimmung der Europareferenten der Fachressorts erfolgt auf gemeinsamen Sitzungen mit dem Europabeauftragten des jeweiligen Landes.

Die Europabeauftragten koordinieren die Europapolitik ihrer Länder nach innen und nach außen, zum Beispiel als Interessenvertreter ihrer Länder in der Europakammer des Bundesrates, gegenüber der Bundesregierung oder gegenüber den Institutionen der EU. Im Oktober 1992 haben sich die Europabeauftragten der Länder auf der „dritten Ebene" des Föderalismus als Ständige Konferenz der Europaminister der Bundesrepublik Deutschland (EMK) konstituiert. Der Vorsitz in der EMK wechselt unter den Ländern jährlich in alphabetischer Reihenfolge. In der EMK hat sich eine gewisse Form der Arbeitsteilung herausgebildet. Sie berücksichtigt zum einen, dass die EMK nach außen immer durch zwei Länder aus den unterschiedlichen politischen Lagern, aus den „A-Ländern", also den SPD-geführten Ländern, und den „B-Ländern", also den CDU/CSU-geführten Ländern, repräsentiert werden soll. Zum anderen obliegt die Ausarbeitung der gemeinsamen Grundsatzpositionen der Länder in der Europapolitik und in der Regel auch deren Außenvertretung in erster Linie den größeren Ländern, wie etwa Bayern und Nordrhein-Westfalen, weil nur diese über die erforderlichen personellen Kapazitäten verfügen und genügend Beamte mit der Wahrnehmung dieser Aufgaben betrauen können.

Auch die Landtage haben auf die europapolitische Herausforderung reagiert. Sie können aufgrund der Entscheidungsabläufe, vor allem wegen des Übergewichts der Länderregierungen in der Europapolitik, oft nur am Rande aktuelle europapolitische Entscheidungen beeinflussen. Zentrales Instrument zur Verbesserung der europapolitischen Mitwirkung der Landtage ist die Einrichtung von Europaausschüssen in den Landtagen. Um diese schlagkräftig zu machen, ist eine möglichst frühzeitige Information der Ausschussmitglieder zu den Themen der Europapolitik ebenso nötig, wie – analog zur Europakammer des Bundesrates – zumindest in Eilfällen ein Recht zur Entscheidung der Ausschüsse an Stelle der Landtage in ihrer Gesamtheit, sowie ein Selbstbefassungsrecht der Ausschüsse im Rahmen ihres Tätigkeitsbereiches. Neben den üblichen Aufgaben eines Parlamentsausschusses, wie der Bündelung des parlamentarischen Sachverstandes und der Kontrolle der Regierung, entwickeln diese Ausschüsse auch Kontakte zu europäischen Institutionen, Europaabgeordneten, dem Ausschuss der Regionen oder den europäischen Partnerregionen ihrer Länder (Johne 2000).

Es wurde bezweifelt, ob Landtage überhaupt in der Lage sein können, die Informationsflut aus Brüssel zeitnah und adäquat zu bearbeiten. Als Ausweg aus der Falle fehlender Mitentscheidungsmöglichkeiten der Landtage wurde diesen empfohlen, künftig im Hinblick auf Europa anstelle ihrer Gesetzgebungsfunktion ihre Kommunikationsfunktion in den Vordergrund zu stellen. Maurer (2004: 141) argumentiert: „Die Orientierung der Parlamente in ihrer Arbeit darf nicht so sehr darauf ausgerichtet werden, gesetzgebend tätig sein zu wollen, sondern muss darauf ausgerichtet sein, dass sich im Prozess der europäischen Integration ein Funktionswandel auch im Bundesrat und in den Landesparlamenten einstellt, der von der Gesetzgebungstätigkeit weg und hin zu einer Funktion führt, die Landesparlamente und auch Bundesrat und Bundestag bisher nicht wahrgenommen haben und auch nicht wahrnehmen mussten: nämlich Europa zu kommunizieren. Das führt weg vom Arbeitsparlament und arbeitsparlamentarischen Strukturen und hin zu eher redeparlamentarischen Strukturen, vergleichbar dem britischen Parlament."

Die Ausweitung des Beteiligungsföderalismus auf die europäische Ebene (gar noch unter indirekter Beteiligung der Landtage) ist aus zwei Gründen in der gegenwärtig verwirklichten Form nicht unproblematisch: Zum einen ging die Ausdehnung der Mitwirkungsrechte der Länder nicht systematisch vonstatten, sondern schrittweise in voneinander getrennten Verhandlungsprozessen. Einmal erreichte Beteiligungsformen wurden beibehalten, auch wenn dies Doppelarbeit und Mehrfachinformationen bedeutete. Zeitweise arbeiteten über 400 vom Bundesrat beauftragte Ländervertreter auf unterschiedlicher Rechtsgrundlage gleichzeitig in Brüssel. Grundlage der Länderrepräsentation ist meist eine zwischen den Ländern und dem Bund ausgehandelte „Gremienliste", die diejenigen europäischen Gremien enthält, bei denen der Bund die Anwesenheit von Ländervertretern durchsetzen konnte. Die Länder haben erkannt, dass diese Situation nicht nur ineffizient und unüberschaubar, sondern auch finanziell nicht mehr zu verantworten ist. Der Bundesrat ist deshalb bestrebt, die Zahl der Ländervertreter durch Mehrfacheinsatz derselben Personen zu reduzieren. Anfang 1999 wirkten die Länder in 110 europäischen Gremien mit (Kalbfleisch-Kottsieper 2000: 123, Anm. 16). Die Bereinigung organisatorischer Auswüchse des Beteiligungsföderalismus steht auf Dauer auf der Tagesordnung.

Zum anderen können gegen den Beteiligungsföderalismus auf europäischer Ebene die gleichen Argumente vorgebracht werden wie gegen den Beteiligungsföderalismus auf nationaler Ebene. In der wissenschaftlichen Diskussion wurde deshalb auch argumentiert, der deutsche Föderalismus leide nicht nur an der Politikverflechtung zwischen Bund und Ländern, sondern an einer doppelten Politikverflechtung, denn auch der Bund sei, ähnlich wie auf der nationalen Ebene die Länder mit dem Bund, mit der europäischen Ebene verflochten (Hrbek 1986). Die Länderregierungen versuchen, auf nationaler und europäischer Ebene Beteiligungsrechte durchzusetzen, und verstärken damit die der Politikverflechtung innewohnenden Tendenzen der Intransparenz, der „konservativen" Politik des kleinsten gemeinsamen Nenners und der Entmachtung der Landtage. Mit anderen Worten, der doppelten Politikverflechtung wird vorgeworfen, dass sie Europäisierungsprozesse nicht effektiv kontrolliere und die Demokratiedefizite des Föderalismus potenziere.

Aus der Sicht der Länder genügt der Beteiligungsföderalismus nicht zur Verteidigung ihrer Kompetenzen. Sie fordern, dass die EU die subnationale Ebene als eigenständige Ebene ernster nimmt als bisher. Insofern war die Anerkennung der regionalen und kommunalen Selbstverwaltung als Teil der verfassungsrechtlichen Struktur der Mitgliedstaaten im Verfassungsvertrag ein Erfolg der Länderarbeit im Verfassungskonvent. Bereits für die Verhandlungen zum Amsterdamer Vertrag von 1997 hatten die Länder ein Subsidiaritätsprotokoll gefordert, das klarstellen sollte, dass die Europäische Union von einer Kompetenz nur dann Gebrauch machen darf, wenn ein Gemeinschaftsziel auf der Ebene der Mitgliedstaaten oder ihrer Untergliederungen, in Deutschland also der Länder und Kommunen, nicht ausreichend erreicht werden kann. Das von der Regierungskonferenz schließlich verabschiedete Subsidiaritätsprotokoll machte sich den Tenor dieser Forderung zu eigen, nennt allerdings die Länder als politische Ebene nicht. Als Minimallösung ohne Konsequenzen für den Status quo wurde von der Regierungskonferenz lediglich eine Erklärung der Regierungen Deutschlands, Österreichs und Belgiens zur Kenntnis genommen, derzufolge diese Staaten davon ausgehen, „dass die Maßnahmen der Europäischen Gemeinschaft gemäß dem Subsidiariätsprinzip nicht nur die Mitgliedstaaten betreffen, sondern auch deren Gebietskörperschaften, soweit diese nach nationalem Verfassungsrecht eigene gesetzgeberische Befugnisse besitzen."

Die frühere Forderung einiger Länder nach einer Auflistung der Kompetenzen der unterschiedlichen politischen Ebenen der EU (Subsidiaritätslisten) scheiterte zum einen an den unterschiedlichen nationalen Vorstellungen hinsichtlich des Inhalts und der Tauglichkeit solcher Listen, zum anderen auch deshalb, weil andere europäische Staaten sich nicht verpflichten möchten, an einem Europa mitzuarbeiten, das sie selbst innerstaatlich zur Beachtung föderaler Grundsätze verpflichtet. Der Bundesrat ist seit 1995 in das deutsche Verfahren zur Prüfung der Anwendung des Subsidiaritätsprinzips innerhalb der EU involviert und kann nach § 5 Abs. 2 EUZBLG in Länderangelegenheiten die Bundesregierung zu einer bestimmten Stellungnahme verpflichten. Aus Sicht der Bundesregierung gab es hinsichtlich der Berücksichtigung des Subsidiaritätsprinzips über die Jahre hinweg immer weniger Grund zur Beanstandung der Tätigkeit der EU, auch unter Berücksichtigung der Einwände des Bundesrates. Die Sichtweisen von Bund und Ländern unterschieden sich bei diesem Thema nur unerheblich (Bundestagsdrucksache 14/4017; Rompe 2000).

In der Europapolitik haben die Länder, zum Teil argwöhnisch beobachtet vom Bund, der eine „Nebenaußenpolitik“ der Länder für unzulässig hält, eine Reihe von Initiativen ergriffen, damit sie ihre Interessen auch ohne Rückbindung an den Bund vertreten können. Aus der Sicht der Länder besteht in der Sache kein Konflikt mit dem Bund, da sie ihr Engagement in Brüssel als Beteiligung „bei der Verwirklichung einer immer engeren Union der Völker Europas“ (Maastrichter Vertrag, Art. A) und damit als Beitrag zur europäischen Innenpolitik sehen. Die neue Länderaußenpolitik betrifft in erster Linie die Mitwirkung der Länder im Ausschuss der Regionen, die Einrichtung von Länderinformationsbüros/Landesvertretungen in Brüssel und die grenzüberschreitende und interregionale Zusammenarbeit mit anderen europäischen Regionen.

Mit dem Ausschuss der Regionen (AdR) besteht seit 1994 auf europäischer Ebene eine institutionalisierte Interessenvertretung der Gemeinden und Regionen Europas. Art. 198a des Maastrichter Vertrages von 1992 sah die Einrichtung eines beratenden Ausschusses aus Vertretern der regionalen und lokalen Gebietskörperschaften vor. Der Ausschuss der Regionen wurde verpflichtet, zur Tätigkeit des Rates und der Kommission in bestimmten Themenbereichen Stellung zu nehmen und konnte von diesen EU-Organen auch zu anderen Themen gehört werden. Zudem erhielt der AdR das Recht zur Stellungnahme aus eigener Initiative.

Als Bereiche obligatorischer Stellungnahme nannte der Maastrichter Vertrag: „Allgemeine Bildung und Jugend“, „Kultur“, „Gesundheitswesen“, „Transeuropäische Netze“, „wirtschaftlicher und sozialer Zusammenhalt“, „Struktur- und Kohäsionsfonds“. Im Amsterdamer Vertrag von 1997 kamen die Bereiche „Umwelt“, „berufliche Bildung“, „Soziales“, „Beschäftigung“ und „Verkehr“ hinzu. Hinsichtlich der fakultativen Anhörung des AdR wurde von der Kommission als besonders hilfreich die Mitarbeit des AdR beim Thema „grenzüberschreitende Zusammenarbeit“ hervorgehoben. Einen institutionellen „Verbündeten“ erhielt der AdR im Amsterdamer Vertrag dadurch, dass das Europäische Parlament die Möglichkeit erhielt, den AdR zu konsultieren. Damit konnte auch das Misstrauen des Europäischen Parlaments gegenüber dem AdR als einer weiteren – mit dem Parlament potenziell in Konkurrenz stehenden – Vertretungsinstanz der europäischen Bevölkerung „produktiv" überwunden werden. Beide Institutionen sehen sich heute als Kontrollinstanzen gegenüber Rat und Kommission. Erneute Spannungen zwischen AdR und Europäischem Parlament verursachten Unregelmäßigkeiten bei der Ausschussarbeit, die das Europäische Parlament zögern ließ, im Jahr 2003 dem AdR-Haushalt von 2001 Entlastung zu erteilen. Eine institutionelle Vereinbarung zwischen AdR und Europaparlament soll die zukünftige Zusammenarbeit beider Organe der EU in Zukunft regeln und damit auch verbessern.

Die deutschen Länder benennen 21 Vertreter für den Ausschuss der Regionen. Jedes Land nominiert einen Vertreter und einen Stellvertreter im Ausschuss. Fünf weitere Ländervertreter und ihre Stellvertreter werden nach einem Verfahren gewählt, das das Vorschlagsrecht bei jeder Wahlperiode an eine neue Ländergruppe weiterreicht, beginnend mit den fünf einwohnerstärksten Ländern, gefolgt von den fünf nächstgrößten nach der Einwohnerzahl usw. (rollierendes Verfahren). Dazu kommen als weitere deutsche AdR-Mitglieder je ein Vertreter der kommunalen Spitzenverbände „Deutscher Städtetag", „Deutscher Landkreistag" und „Deutscher Städte- und Gemeindebund". Alle deutschen Vertreter werden formal von der Bundesregierung, die innerstaatlich das Vorschlagsrecht der Länder und der kommunalen Spitzenverbände anerkannt hat (§ 14 EUZBLG), dem Rat zur Ernennung vorgeschlagen.

Die deutschen Länder hatten einige Mühe, sich an die Konstruktion und Arbeitsweise des AdR zu gewöhnen. Sie hatten ein Regionalorgan (ohne Beteiligung der Gemeinden) gefordert, das wie der Bundesrat arbeiten sollte (Degen 1998: 103f.). Im Idealfalle hätte das bedeutet, dass die Mitwirkung im Plenum des Ausschusses zwar den politischen Vertretern der Regionen vorbehalten gewesen wäre, aber in den Ausschüssen des AdR Vertreter der Ministerialbürokratie verhandelt hätten. Desweiteren wünschten die Länder ein uneingeschränktes Anhörungsrecht des AdR bei allen EG-Vorhaben und eine Verpflichtung von Rat und Kommission, dem AdR die Gründe für von seinen Stellungnahmen abweichende Entscheidungen mitzuteilen. Der AdR sollte auch ein Klagerecht erhalten, um den EuGH bei aus seiner Sicht erkennbaren Verletzungen des Subsidiaritätsprinzips durch den Rat oder die Kommission anzurufen.

Sowohl die Notwendigkeit der dauernden Anwesenheit bei Sitzungen, auch zu den Terminen der sieben politikfeldbezogenen Fachkommissionen des AdR, als auch die zunächst vorherrschende Entscheidungspraxis im AdR, ausgerichtet am nationalen Interesse anstatt primär an Sachfragen, erschwerte den deutschen Ländern den Start in dieser neuen Institution. Die deutschen Mitglieder nahmen an weniger als 50 % der Sitzungen der Fachkommisionen teil. Es gelang den deutschen Ländern zunächst auch nicht, wie sie gehofft hatten, den Präsidenten oder Vizepräsidenten des AdR zu stellen. Erst für die erste Hälfte der zweiten Amtsperiode des AdR von 1998 bis 2000 wurde Manfred Dammeyer (Nordrhein-Westfalen) zum AdR-Präsidenten gewählt. AdR-Präsident in der zweiten Hälfte der dritten Amtszeit des AdR von 2004 bis 2006 wurde der baden-württembergische Landtagspräsident Peter Straub.

Daraus sollte nicht geschlossen werden, dass der AdR als Ländervertretung an Bedeutung gewann. Eher scheint das Gegenteil der Fall zu sein. Die deutschen Länder – wie auch andere europäische Regionen – sahen mit wachsendem Unbehagen, dass der AdR aus ihrer Sicht zu stark auf kommunale Interessenvertreter Rücksicht nimmt und zu wenig deutlich regionale Interessen in den Entscheidungsprozess der EU einzuspeisen versteht.

Im Vorfeld des Europäischen Rates von Nizza (2000) initiierte die belgische Region Flandern eine neue Ebene regionaler Zusammenarbeit, um der Kompetenzausweitung der EU auf Kosten der Regionen entgegenzutreten. Diese Flandern-Initiative war der Beginn einer auf Dauer angelegten Kooperation der „konstitutionellen Regionen“ (also der Regionen, die im nationalen Kontext Verfassungsrang haben und Legislativaufgaben wahrnehmen, abgekürzt: RegLeg), an der sich zunächst neben Flandern, das belgische Wallonien, Nordrhein-Westfalen, Bayern, Katalonien, Schottland und Salzburg beteiligten (Gamper 2004). In einer „Politischen Erklärung“ vom 28.5.2001 stellten diese Regionen im Bezug auf den AdR fest: „Die konstitutionellen Regionen sind mit dem gegenwärtigen institutionellen Rahmen, in dem der Ausschuss der Regionen die Interessen der lokalen und regionalen Gebietskörperschaften wahrnimmt, nicht zufrieden. Die konstitutionellen Regionen haben Bedenken, ob der Ausschuss der Regionen in seiner derzeitigen Gestalt und mit seinem gegenwärtigen institutionellen Status den Bedürfnissen und Anliegen der Regionen gerecht werden kann" (Zitiert nach Wiedmann 2002: 545f.).

Bisher haben die „konstitutionellen Regionen" ihre Mitarbeit im AdR noch nicht aufgekündigt, und der AdR tut schon aus Eigeninteresse sein Möglichstes, um seine einflussreichsten Mitglieder einzubinden. Immerhin gibt es in acht Mitgliedstaaten der EU 73 Regionen mit Gesetzgebungsbefugnissen. Die Hoffnung darauf, dass der noch zu verabschiedende Europäische Verfassungsvertrag den legislativen Regionen einen Sonderstatus gewähren könnte, hat sich zerschlagen. Allerdings würde das Gewicht des AdR durch diesen Vertrag gestärkt. Der AdR soll ein Klagerecht vor dem Europäischen Gerichtshof erhalten, wenn aus seiner Sicht ein Verstoß gegen das Subsidiaritätsprinzip vorliegt bezogen auf die Materien, zu denen er obligatorisch gehört werden muss. Der AdR kann auch klagen, wenn er meint, von der Kommission, dem Rat oder dem Europäischen Parlament nicht ordnungsgemäß konsultiert worden zu sein. Die Stärkung des AdR hat die RegLeg-Gruppe dazu bewogen, dem AdR Unterstützung für seine neue Rolle anzubieten, ohne allerdings ihre eigenständigen Initiativen einzuschränken (Kiefer 2004: 411f.). Es muss dahin gestellt bleiben, ob angesichts der Quoren, die im AdR für eine Klage vor dem EuGH voraussichtlich nötig sein werden, die deutschen Länder jemals – legt man die heterogene Interessenlage im AdR zugrunde – für eines ihrer Anliegen Unterstützung finden können.

Seit 1989 (die ostdeutschen Länder folgten bis 1992 diesem Beispiel) hat jedes deutsche Land ein eigenes Informationsbüro in Brüssel. Nur Schleswig-Holstein und Hamburg arbeiten im „Hanse-Office" zusammen, das 1985, damals noch mit Beteiligung Niedersachsens, das erste Informationsbüro war, das die Länder in Brüssel eröffneten. Informationsbüros haben die Aufgabe, die Landesregierungen bei der Herstellung von Kontakten mit den europäischen Institutionen zu beraten und zu unterstützen, für das Land wichtige Informationen (sei es für die heimische Wirtschaft, sei es für Anliegen der Landespolitik) frühzeitig zu beschaffen und – wo möglich – als Lobbyisten ihres Landes tätig zu sein. Vor Ort zu arbeiten, bedeutet für die Länderbüros, an einem Netzwerk von Kontakten zu arbeiten, die zum einen in die Brüsseler Bürokratie hineinreichen und zum anderen aber auch dazu dienen, die Solidarität und den Austausch mit anderen europäischen Regionen zu fördern. Der wachsende Personalbestand der Landesvertretungen und ihre Unterbringung in repräsentativen Gebäuden (z.B. Bayern im Institut Pasteur im Herzen des Europaviertels) spiegelt die weiter wachsende Bedeutung der Länderbüros wider. 2004 beschäftigten sie in Brüssel über 250 Mitarbeiter, doppelt so viele wie noch 1998 (nach: Die Zeit, 23.9.2004: 23).

Nach der Verabschiedung des Maastrichter Vertrages veränderte sich auch der Status der Länderbüros. Sie werden von der Region Brüssel nicht mehr als privatrechtliche Lobbyorganisationen behandelt, sondern sind heute Körperschaften des öffentlichen Rechts. Damit erhalten sie gewisse Privilegien wie Steuerfreiheit. Eine Reihe von Ländern bezeichnet ihre Brüsseler Dependancen inzwischen nicht mehr als Informationsbüros, sondern in Anlehnung an die Bezeichnung für ihre Vertretungen beim Bund als „Landesvertretungen“. Im § 8 EUZBLG ist festgehalten, dass die Länderbüros keinen diplomatischen Status haben. Die Bundesregierung hält die Umbenennung der Länderbüros in „Vertretungen“ für verfassungsrechtlich und gesandtschaftsrechtlich bedenklich und billigt diese Bezeichnungen nicht (Schönfelder 2000: 77; Burgsmüller 2003).

Außerhalb des EU-Institutionengefüges, aber häufig gefördert durch die EU, vor allem durch INTERREG-Mittel, haben sich zahlreiche Formen der Zusammenarbeit von europäischen Regionen herausgebildet, an denen sich auch die Länder im Rahmen ihrer Politik in Europa beteiligen. Zu unterscheiden sind hier einerseits die interregionale Zusammenarbeit, also entsprechend der internationalen Zusammenarbeit von Staaten die internationale Zusammenarbeit von Regionen in der EU, nicht selten aber auch von EU-Regionen und von Regionen außerhalb der EU. Und andererseits die grenzüberschreitende Zusammenarbeit, welche Grenzregionen zusammenbringt, die sich darum bemühen, die negativen Folgen von Grenzziehungen zu überwinden, denn Grenzen können gemeinsame Wirtschaftsräume ebenso behindern wie gemeinsame Problemlösungen für die Optimierung der Lebensbedingungen der Bevölkerung diesseits und jenseits von Grenzen. Besonders dysfunktional sind Grenzziehungen, die Hürden für die regionale Wirtschaftsentwicklung im Europäischen Binnenmarkt errichten.

In dem Versuch der Lösung gemeinsamer Probleme liegt das Erfolgsgeheimnis grenzüberschreitender Zusammenarbeit (Raich 1995). Wie auch bei der interregionalen Zusammenarbeit traf diese zunächst auf Vorbehalte bei nationalen Regierungen, die ihr Monopol in der Außenpolitik bedroht sahen. Die deutschen Länder haben sich mit großem Erfolg Spielräume in der grenzüberschreitenden Zusammenarbeit gesichert. 1992 wurde in Art. 24 GG ein Abs. 1 a eingeführt. Er bestimmt: „Soweit die Länder für die Ausübung der staatlichen Befugnisse und die Erfüllung der staatlichen Aufgaben zuständig sind, können sie mit Zustimmung der Bundesregierung Hoheitsrechte auf grenznachbarschaftliche Einrichtungen übertragen."

Damit kann – zumindest was die deutschen Partner angeht – über grenzüberschreitende Tourismusförderung ebenso problemlos entschieden werden, wie über grenzüberschreitende Umweltprogramme oder Wirtschaftshilfen. Der Karlsruher Vertrag von 1996 hat Deutschland, Frankreich, die Schweiz und Luxemburg als Vertragspartner eines internationalen Vertrages zusammengebracht, der mit Zustimmung der betroffenen Nationalstaaten einen Rahmen absteckt, innerhalb dessen deren Grenzregionen ohne die Notwendigkeit, sich permanent der Zustimmung der nationalen Regierungen zu versichern, ihre interregionale grenzüberschreitende Zusammenarbeit frei gestalten können. Als Rechtsgrundlage hierfür wurden erstmals die Möglichkeiten des Art. 24 Abs. 1 a GG genutzt. Binationale Einrichtungen können zu ihrer Eigenfinanzierung diesseits und jenseits der Grenze auch Gebühren erheben. Kooperationsfelder für die Grenzregionen, zum Beispiel im Oberrheingebiet, sind unter anderem Industrieansiedelungsprojekte, Verkehrsverbünde, Müll- und Abwasserentsorgung, Straßenbau, Gewässerschutz oder Flächennutzungspläne.

Vor allem in den Bereichen, in denen die Länder autonom entscheiden können, also bei ihren eigenen außenpolitischen Initiativen und im AdR, „regieren" die Länder in Europa mit und haben sich entsprechende Institutionen geschaffen. Die Europäisierung des deutschen Beteiligungsföderalismus ist selbst für die Länderexekutiven, die traditionell vom Beteiligungsföderalismus im nationalen Rahmen profitierten, eine politische „Sackgasse". Ein Grund hierfür sind die mühseligen Verfahrenswege des Art. 23 und die Notwendigkeit der permanenten Abstimmung der Länder untereinander. Es kann wenig verwundern, dass die wohlhabenderen und größeren Länder für sich die Konsequenz gezogen haben, gegenüber der EU auf Alleingänge zu setzen. Vieles spricht dafür, dass der Einfluss der Länder auf die Fortentwicklung der EU seinen Zenit überschritten hat. Bei den Verfassungsberatungen, wo ihre Stimme im Konvent gehört werden musste, waren sie wenig erfolgreich. Ein Beobachter kommt aus Ländersicht zu dem Urteil: „Salopp formuliert haben die Länder dort, wo es um Verfassungslyrik ging [...], große Zugeständnisse erreicht. Dort aber, wo materielle Kompetenzen und Einspruchmöglichkeiten gefordert waren [...], sind die Länder letztlich an der Ablehnung der europäischen Partner, ihre regionalen Ebenen substanziell aufzuwerten, gescheitert. Vielmehr haben die Diskussionen im Konvent einmal mehr verdeutlicht, dass die Länder mit ihren Positionen zur regionalen Mitwirkung in EU-Angelegenheiten im Grunde völlig isoliert stehen" (Bauer 2004: 463). Und nach der EU-Osterweiterung verstärkte sich diese Marginalisierung, denn es sind Staaten ohne starke subnationale Regionen beigetreten, die innerstaatlich eher auf Dezentralisierung als auf Föderalismus setzen (Sturm/Zimmermann-Steinhart 2005, Kapitel 6).

Literatur

Bauer, Michael W. (2004): Der europäische Verfassungsprozess und der Konventsentwurf aus Sicht der deutschen Länder, in: Europäisches Zentrum für Föderalismus-Forschung Tübingen (Hrsg.): Jahrbuch des Föderalismus, Baden-Baden 2004, S. 453–475.

Bericht (2000) über die Anwendung des Subsidiaritätprinzips im Jahr 1999 (Subsidiaritätsbericht 1999), Bundestagsdrucksache 14/4017 vom 18.8.2000.

Blume, Gerd/Rex, Alexander Graf von (1998): Weiterentwicklung der inhaltlichen und personellen Mitwirkung der Länder in Angelegenheiten der EU nach Maastricht, in: Borkenhagen, Franz H.U. (Hrsg.): Europapolitik der deutschen Länder, Opladen, S. 29–49.

Borkenhagen, Franz H.U./Bruns-Klöss, Christian/Memminger, Gerhard/Stein, Otti (Hrsg.) (1992): Die deutschen Länder in Europa. Politische Union und Wirtschafts- und Währungsunion, Baden-Baden.

Burgsmüller, Christian (2003): Die deutschen Länderbüros in Brüssel – verfassungswidrige Nebenaußenpolitik oder zeitgemäße Ausprägung des Föderalismus, Aachen.
Degen, Manfred (1998): Der Ausschuss der Regionen – Bilanz und Perspektiven, in: Borkenhagen, Franz H.U. (Hrsg.): Europapolitik der deutschen Länder, Opladen, S. 103–125.
Engel, Christian (2000): Kooperation und Konflikt zwischen den Ländern: Zur Praxis innerstaatlicher Mitwirkung an der Europapolitik aus der Sicht Nordrhein-Westfalens, in: Hrbek, Rudolf (Hrsg.): Europapolitik und Bundesstaatsprinzip, Baden-Baden, S. 49–60.
Fischer, Thomas (2001): Die Europapolitik der deutschen Länder, in: Fischer, Thomas/Frech, Siegfried (Hrsg.): Baden-Württemberg und seine Partnerregionen, Stuttgart u.a., S. 16–34.
Gamper, Anna (2004): Die Regionen mit Gesetzgebungshoheit. Eine rechtsvergleichende Untersuchung zu Föderalismus und Regionalismus in Europa, Frankfurt a.M. u.a.
Große Hüttmann, Martin/Knodt, Michèle (2000): Die Europäisierung des deutschen Föderalismus, in: Aus Politik und Zeitgeschichte B 52–53, S. 31–38.
Große Hüttmann, Martin (2004): Die Offene Methode der Koordinierung in der Europäischen Union: Chancen und Risiken eines neuen Steuerungsinstruments aus Sicht der deutschen Länder, in: Europäisches Zentrum für Föderalismus-Forschung Tübingen (Hrsg.): Jahrbuch des Föderalismus 2004, Baden-Baden, S. 476–488.
Hackel, Volker Marcus (2000): Subnationale Strukturen im supranationalen Europa, in: Vitzthum, Wolfgang Graf (Hrsg.): Europäischer Föderalismus, Berlin, S. 57–80.
Hrbek, Rudolf (1986): Doppelte Politikverflechtung: Deutscher Föderalismus und Europäische Integration, in: Hrbek, Rudolf/Thaysen, Uwe (Hrsg.): Die deutschen Länder und die Europäischen Gemeinschaften, Baden-Baden, S. 17–36.
Johne, Roland (2000): Die deutschen Landtage im Entscheidungsprozess der Europäischen Union. Parlamentarische Mitwirkung im europäischen Mehrebenensystem, Baden-Baden.
Kalbfleisch-Kottsieper, Ulla (2000): „Leistungsgrenzen" der deutschen Länder in europäischen Angelegenheiten, in: König, Klaus/Schnapauff, Klaus-Dieter (Hrsg.): Die deutsche Verwaltung unter 50 Jahren Grundgesetz, Baden-Baden, S. 110–130.
Kiefer, Andreas (2004): Informelle effektive interregionale Regierungszusammenarbeit: REG LEG – die Konferenz der Präsidenten von Regionen mit Gesetzgebungsbefugnissen und ihre Beiträge zur europäischen Verfassungsdiskussion 2000 bis 2003, in: Europäisches Zentrum für Föderalismus-Forschung Tübingen (Hrsg.): Jahrbuch des Föderalismus 2004, Baden-Baden, S. 398–412.

Knodt, Michèle (2000): Europäisierung à la Sinatra: Deutsche Länder im europäischen Mehrebenensystem, in: Knodt, Michèle/Kohler-Koch, Beate (Hrsg.): Deutschland zwischen Europäisierung und Selbstbehauptung, Frankfurt a.M./ New York, S. 237–264.
Maurer, Andreas (2004): Statement: Die Rolle der Bundesländer und der Landesparlamente in der Europäischen Union, in: Schleswig-Holsteinischer Landtag (Hrsg.): Föderalismusreform – Ziele und Wege, Kiel, S. 135–147.
Memminger, Gerhard (2000): Die Rolle der Länder in Europa, in: König, Klaus/ Schnapauff, Klaus-Dieter (Hrsg.): Die deutsche Verwaltung unter 50 Jahren Grundgesetz, Baden-Baden, S. 101–109.
Mentler, Michael (2000): Kooperation und Konflikt zwischen den Ländern: Zur Praxis innerstaatlicher Mitwirkung an der Europapolitik aus der Sicht Bayerns, in: Hrbek, Rudolf (Hrsg.): Europapolitik und Bundesstaatsprinzip, Baden-Baden, S. 61–66.
Oschatz, Georg-Berndt/Risse, Horst (1995): Die Bundesregierung an der Kette der Länder? Zur europapolitischen Mitwirkung des Bundesrates, in: Die Öffentliche Verwaltung 48(11), S. 437–452.
Raich, Silvia (1995): Grenzüberschreitende und interregionale Zusammenarbeit in einem „Europa der Regionen", Baden-Baden.
Rompe, Sybille (2000): Der Subsidiaritätsbericht der Bundesregierung für 1999, in: Zeitschrift für Gesetzgebung 15(3), S. 275–278.
Schönfelder, Wilhelm (2000): Föderalismus: Stärke oder Handicap deutscher Interessenvertretung in der EU(II), in: Hrbek, Rudolf (Hrsg.): Europapolitik und Bundesstaatsprinzip, Baden-Baden, S. 75–79.
Sturm, Roland/Zimmermann-Steinhart, Petra (2005): Föderalismus. Eine Einführung, Baden-Baden.
Wiedmann, Thomas (2002): Abschied der Regionen vom AdR – Der Ausschuss der Regionen vor der Zerreissprobe, in: Europäisches Zentrum für Föderalismus-Forschung Tübingen (Hrsg.): Jahrbuch des Föderalismus 2002, Baden-Baden, S. 541–551.

3.5 Die kommunale Selbstverwaltung als Opfer des Binnenmarktes?

Art. 28 Abs. 2 GG enthält eine institutionelle Garantie für die kommunale Selbstverwaltung. Dort wird bestimmt: „Den Gemeinden muss das Recht gewährleistet sein, alle Angelegenheiten der örtlichen Gemeinschaft im Rahmen der Gesetze in eigener Verantwortung zu regeln." Laut Art. 6 Abs. 3 des EU-Vertrages achtet die Europäische Union die „nationale Identität" ihrer Mitgliedstaaten. Diese Verpflichtung wird in der Präambel der in Nizza proklamierten Charta der Grundrechte, die als Teil II auch Eingang in den Vertragsentwurf für eine Verfassung für Europa gefunden hat, dahingehend konkretisiert, dass die EU die Organisation der mitgliedstaatlichen Gewalt auf nationaler, regionaler und – darauf kommt es hier an – auch auf lokaler Ebene zu achten hat.

Dass die Organe der EU die kommunale Selbstverwaltung der Bundesrepublik „achten" müssen, bedeutet jedoch nicht, dass die Selbstverwaltungsgarantie des Grundgesetzes damit schon „europafest" wäre. Auch die Grundrechtscharta errichtet keinen virtuellen Schutzzaun um die deutschen Städte, Gemeinden und Landkreise, der dieselben vor europapolitischen Einflüssen bewahren würde. Im Gegenteil: Spätestens seit dem Binnenmarktprogramm der Einheitlichen Europäischen Akte ist nicht mehr zu leugnen, „[...] dass sich europäische Politikziele nur unter Einbeziehung der untersten, kommunalen Ebene verwirklichen lassen", womit Politik und Verwaltung auch „vor Ort" mittelbar oder unmittelbar durch europäische Regelungen betroffen sind (Ameln 2001: 23). Aber nicht nur das Binnenmarktprogramm, sondern auch die im Vertrag von Maastricht kodifizierte Unionsbürgerschaft hatte und hat direkte Auswirkungen auf die Kommunalpolitik, und zwar in Form der Einführung des kommunalen Wahlrechts für in Deutschland ansässige Unionsbürger aus den anderen EU-Mitgliedstaaten.

Art. 19 des EG-Vertrages (der ex-Art. 8 b der Vertragsfassung von Maastricht) bestimmt in Abs. 1: „Jeder Unionsbürger mit Sitz in einem Mitgliedstaat, dessen Staatsangehörigkeit er nicht besitzt, hat in dem Mitgliedstaat, in dem er seinen Wohnsitz hat, das aktive und passive Wahlrecht bei Kommunalwahlen, wobei für ihn dieselben Bedingungen gelten wie für die Angehörigen des betreffenden Mitgliedstaats." Noch im Jahr 1990 hatte das Bundesverfassungsgericht die Gewährung des kommunalen Wahlrechts an Ausländer unter Hinweis auf den nur deutsche Staatsangehörige umfassenden Bedeutungsgehalt der Verfassungsbegriffe „Volk" und „Volksvertretung" für verfassungswidrig erklärt. Die Richter hatten dabei jedoch ausdrücklich darauf verwiesen, dass daraus nicht folge, „[...] dass die derzeit im Bereich der Europäischen Gemeinschaften erörterte Einführung eines Kommunalwahlrechts für Ausländer nicht Gegenstand einer nach

Art. 79 Abs. 3 GG zulässigen Verfassungsänderung sein kann" (BVerfGE 83: 37 (59)).

Dieser Hinweis ermöglichte der Bundesregierung die Zustimmung zu der oben zitierten Vorschrift über die Unionsbürgerschaft; die entsprechende Änderung des Art. 28 Abs. 1 GG trat im Dezember 1992 in Kraft. Die konkrete Ausgestaltung des Kommunalwahlrechts ist indes Ländersache, weshalb die Anpassung der Kommunalwahlgesetze an den Maastrichter Vertrag in unterschiedlicher Reichweite erfolgte. Thränhardt (1999: 363) vergleicht beispielhaft die Regelungen zweier alter Bundesländer: „Während [...] Baden-Württemberg EU-Bürgern alle Rechte einräumt, einschließlich der Wahl zum Bürgermeister, schließt Bayern (ebenso wie Frankreich) dies aus." Auch die Wahlbeteiligung der nichtdeutschen EU-Bürger, die sich aus Gründen der Bewahrung des Wahlgeheimnisses statistisch nicht genau ermitteln lässt, sondern nur geschätzt werden kann, variiert beträchtlich. Während in Berlin und Hessen zwischen 20 und 25 % der wahlberechtigten EU-Ausländer zur Urne gingen, als ihnen dies erstmals möglich war, waren es in Bayern nur etwa drei Prozent.

Thränhardt (1999: 363) führt diese Diskrepanz darauf zurück, dass es in Bayern – wie im Übrigen auch in Sachsen – eines speziellen, individuellen Antrags bei der jeweiligen Kommunalverwaltung auf Erteilung einer Wahlberechtigung bedurfte. Diese Regelung scheint dem Art. 19 des EG-Vertrages, dem zu Folge für alle wahlberechtigten EU-Bürger dieselben Bedingungen gelten müssen, zu widersprechen, denn deutschen Staatsangehörigen werden ihre Wahlkarten automatisch zugesandt. Der Bayerische Verfassungsgerichtshof sah dies allerdings anders: In einem Urteil vom 15.5.1997 bestätigte er die Rechtmäßigkeit der bayerischen Regelung. Dieses Urteil erging zum Missfallen des Bayerischen Städtetages, der die der angesprochenen Regelung innewohnende, „unnötige Ungleichbehandlung" und den daraus resultierenden, „nicht unerheblichen Verwaltungsaufwand" beklagte (Bayerischer Städtetag 1998). Damit fand er Gehör: Das Kommunalwahlgesetz wurde im Dezember 1999 geändert, sodass erstmals bei der Kommunalwahl vom März 2002 auch die wahlberechtigten EU-Bürger ihre Wahlbenachrichtigung automatisch von der Gemeindeverwaltung erhielten. In Sachsen indes hält man bis heute an der umstrittenen alten Regelung fest, d.h. dass EU-Ausländer auch bei den dortigen Kommunalwahlen von 2004 noch gezwungen waren, einen Antrag auf Erfassung im Wählerverzeichnis zu stellen, wenn sie ihre Stimme abgeben wollten.

Der Adressat, der von den bayerischen Gemeinden zur Revision der von ihnen als missliebig empfundenen Ausführungsbestimmungen zur Kommunalwahl angerufen wurde, war der Landesgesetzgeber. In den meisten Fällen kann die „Europabetroffenheit" der kommunalen Ebene jedoch nicht innerstaatlich korrigiert werden, weil sie sich – teils mittelbar, teils unmittelbar – durch Rechtssetzungsaktivitäten der Europäischen Union ergibt. So ging man bereits Anfang der neunziger Jahre davon aus, dass 120 von damals 280 europäischen Richtlinien zum gemeinsamen Binnenmarkt letztlich von den Kommunen umzusetzen waren (Thränhardt 1999: 365). Nachdem insgesamt etwa 80 % aller ausführungsbedürftigen nationalen Regelungen, gleich ob europainduziert oder nicht, den Kommunen obliegen, dürfte sich die Zahl europäischer Richtlinien und Verordnungen, die von den Kommunen ausgeführt werden müssen, mittlerweile noch erhöht haben. Da dies aber auf dem Umweg über Bundes- und Landesgesetze veranlasst wird, wurde und wird die daraus resultierende Belastung der Selbstverwaltung durch die EU von vielen kommunalen Praktikern kaum wahrgenommen und entsprechend selten thematisiert (Thränhardt 1999: 365). Der Deutsche Städte- und Gemeindebund (2004) weist diesbezüglich denn auch nur pauschal darauf hin, dass nach seiner Schätzung über 60 % aller „kommunalrelevanten" Gesetze und Verordnungen von der EU verursacht würden.

In vielen und gerade in den für die kommunale Praxis zentralen Bereichen sind die Gemeinden sogar unmittelbare Adressaten europäischer Regelungen. Als besonders problematisch erweist sich dieser Umstand für die Maßnahmen der kommunalen Wirtschaftsförderung, die nach den Art. 87 – 89 des EG-Vertrages der europäischen Wettbewerbskontrolle unterliegen. Art. 87 legt fest, dass „[...] staatliche oder aus staatlichen Mitteln gewährte Beihilfen gleich welcher Art, die durch die Begünstigung bestimmter Unternehmen oder Produktionszweige den Wettbewerb verfälschen oder zu verfälschen drohen, mit dem Gemeinsamen Markt unvereinbar" sind (vgl. dazu Kapitel 4.2). Aus dieser Bestimmung folgt, dass – auch wenn der EG-Vertrag Ausnahmen zulässt – nahezu alle im Rahmen der kommunalen Wirtschaftsförderung ergriffenen Aktivitäten dem Melde- und Genehmigungssystem der Europäischen Kommission unterliegen (Rechlin 2003: 21).

Zwar gilt für die direkte Förderung von Unternehmen durch Beihilfen die sog. *de-minimis*-Regel, wodurch Beihilfen für kleine und mittlere Unternehmen mit maximal 50 (bzw. 250) Beschäftigten und einem Jahresumsatz von weniger als 7 (bzw. 27) Mio. Euro von der unmittelbaren Genehmigungspflicht befreit werden, doch sind es natürlich gerade Krisen großer Unternehmen, welche die Handlungsfähigkeit der Kommunalpolitik in den (Groß-)Städten auf die Probe stellen. Rechtlich gesehen ist hier autonomes Handeln nicht mehr möglich, und der bürokratische Aufwand, der zur Beihilfenotifikation betrieben werden muss, ist beträchtlich. Die entsprechenden Maßnahmen der kommunalen Wirtschaftsförderung müssen zunächst dem Wirtschaftsministerium des jeweiligen Landes mitgeteilt werden. Von dort übermittelt man sie an das Bundeswirtschaftsministerium, dem die Unterrichtung der Europäischen Kommission obliegt. Die Kommission führt dann ein Vorprüfverfahren durch, das auf eine Dauer von maximal zwei Monaten begrenzt ist. Wenn dieses die Vermutung einer wettbewerbsverzerrenden Subvention begründet, schließt sich ein Hauptprüfverfahren an, welches erfahrungsgemäß mindestens sechs Monate in Anspruch nimmt (Stöß 2000: 105; Rechlin 2003: 24).

Für die kommunale Wirtschaftsförderung, die sich etwa im Falle einer akuten Gefährdung von Arbeitsplätzen regelmäßig zu schnellen Reaktionen genötigt sieht, ergibt sich aus diesem Prozedere ein ernsthaftes Handlungshindernis. Der zusätzliche Personalaufwand, der für die Meldepflicht der Kommunalbeihilfen betrieben werden muss, liefert in Verbindung mit dem schwerfälligen und zeitaufwendigen Verfahren, welches notwendigerweise mit Unsicherheit über seinen jeweiligen Ausgang verbunden ist, andererseits aber denkbar wenig Motivation für die kommunalpolitischen Akteure, eine ordnungsgemäße Beihilfenkontrolle durch die Europäische Kommission zu ermöglichen. Aktuelle Befragungen von Vertretern der kommunalen Spitzenverbände (Rechlin 2003: 24) zeigen deshalb, dass die eigentlich erforderlichen Beihilfenotifikationen – sei es bewusst oder aufgrund der Unwissenheit der zuständigen Verwaltungsstellen – nach wie vor nicht selten unterbleiben (so auch schon Schultze 1997: 65). Mangels entsprechenden Kontrollpotenzials wird dies offenbar nur in Ausnahmefällen sanktioniert.

Ganz ähnliche Probleme ergeben sich auch in den anderen Feldern kommunaler Wirtschaftstätigkeit, die im Grundsatz unter der Beobachtung der Europäischen Kommission stehen (sollen). Betroffen sind unter anderem Grundstücksverkäufe durch die Kommunen, weil ein Verkauf gewerblich nutzbarer Grundstücke unter Marktwert an ansiedlungswillige Unternehmen einer indirekten Subventionierung gleichkommt. Es gilt deshalb eine Grenze von 100.000 Euro, jenseits derer ein Verkauf prinzipiell genehmigungspflichtig ist, wobei eine Unterschreitung des Marktwertes von bis zu 5 % in der Regel geduldet wird (Rechlin 2003: 24). Angesichts der Fülle entsprechender Immobiliengeschäfte ist eine europaweite und vollständige Kontrolle durch die Kommission allerdings von vornherein unrealistisch. Sie wird sich deshalb wohl auch weiterhin auf „große und prominente Fälle", wie die Grundstücksverkäufe an Daimler-Benz zu Anfang der neunziger Jahre am Potsdamer Platz in Berlin, beschränken (Thränhardt 1999: 365).

Auch die Pflicht zur europaweiten Ausschreibung öffentlicher Aufträge durch die Kommunen, die ab einem bestimmten Schwellenwert, der nach je Regelungsinhalt variiert, eintritt, lässt sich relativ leicht – zum Beispiel durch die Stückelung von Aufträgen – unterlaufen. Oft unterbleibt sie aber auch wegen des schlichten Mangels an Information der kommunalen Verwaltungen über ihre entsprechenden europarechtlichen Verpflichtungen (Rechlin 2003: 25).

Auch wenn sich die Kommunen dem europäischen Regelwerk also mitunter entziehen können, sind dessen Bestimmungen für sie jedoch schon deshalb hoch problematisch, weil sie bezüglich der traditionellen Wirtschaftsförderungspolitik zumindest Handlungsunsicherheit produzieren. Das europäische Wettbewerbsrecht wird von den Kommunen aber noch aus einem anderen Grund besonders kritisch betrachtet. Grundsätzlich ist es nämlich auch auf den Bereich der Daseinsvorsorge anzuwenden, in welchem aus sozialen Gründen keine Gewinne erzielt werden können oder sollen. Mit der Verwirklichung des Binnenmarktprogramms, dessen „vier Freiheiten" auch den Verkehr von Dienstleistungen umfassen, und in dem sich die Mitgliedstaaten zur offenen, wettbewerbsorientierten Marktwirtschaft verpflichtet haben, stellt sich zwangsläufig die Frage, wo, inwieweit und unter welchen Voraussetzungen der Staat – in der europäischen Vertragssprache, die nicht nur länder-, sondern auch „kommunalblind" ist, schließt der Begriff die Gemeinden ein – mit öffentlichen Dienstleistungen oder staatlicher Förderung in den freien Wettbewerb eingreifen darf (vgl. hierzu und zum Folgenden auch Europa-Fokus Niedersachsen 2001).

Das diesbezügliche Credo der Europäischen Kommission ist niedergelegt in einer „Mitteilung über Leistungen der Daseinsvorsorge in Europa" (Europäische Kommission 2000). Es läuft darauf hinaus, dass wirtschaftliche Tätigkeiten dem Markt nur dann entzogen werden dürfen, wenn Wettbewerbs- und Beihilferegeln die Ziele der Daseinsvorsorge gefährden. Die Kommission versuchte damit, Art. 16 des EG-Vertrages zu konkretisieren, in welchem der Stellenwert der „Dienste von allgemeinem wirtschaftlichen Interesse" hervorgehoben und ihre Bedeutung für den „sozialen und territorialen Zusammenhalt" betont wird.

Endgültige Rechtssicherheit konnte auch mit dieser aktualisierten Mitteilung über die Daseinsvorsorge – eine erste Fassung, die auf Betreiben der deutschen Bundesregierung überarbeitet wurde, datierte aus dem Jahr 1996 – allerdings nicht geschaffen werden. Dies zeigte sich exemplarisch an einem gleichsam schon klassischen Beispiel der kommunalen Bezuschussung der Erfüllung öffentlicher Aufgaben durch private Unternehmen – dem öffentliche Personennahverkehr (ÖPNV). Zu dieser Materie führte der Europäische Gerichtshof im Jahr 2003 ein Vorabentscheidungsverfahren durch (vgl. dazu Kapitel 3.5). Vom deutschen Bundesverwaltungsgericht initiiert, wurde es von deutschen Kommunalpolitikern mit ängstlicher Erwartung begleitet. Zu ihrer Erleichterung entschied der Gerichtshof im Juli 2003 allerdings, „[...] dass ein finanzieller Ausgleich, der nur die Gegenleistung für von den Mitgliedstaaten auferlegte gemeinwirtschaftliche Pflichten bildet, nicht die Merkmale einer staatlichen Beihilfe aufweist" (EuGH Pressemitteilung N. 64/03).

Dieses Urteil (Az.: C-280/00) ist dahingehend zu interpretieren, dass die Kommunen – wie natürlich gegebenenfalls auch andere Gebietskörperschaften – selbst über Finanzhilfen für öffentliche Dienstleistungen nicht nur für den ÖPNV, sondern etwa auch für die Bereiche Abfallbeseitigung, Kanalisation oder Wasserversorgung, entscheiden dürfen. Entsprechende Zuschüsse dürfen allerdings nur einen kostendeckenden Ausgleich für die Erfüllung klar definierter gemeinwirtschaftlicher Verpflichtungen beinhalten. Mit anderen Worten: Es muss sichergestellt sein, dass ein Unternehmen durch staatliche Finanzhilfen für die Erbringung öffentlicher Leistungen keine Wettbewerbsvorteile erlangt, sondern dass es, wie im vorliegenden Fall ein Busunternehmen, lediglich für Sonderlasten entschädigt wird, die hier durch die dem Unternehmen auferlegte Bedienung fahrgastarmer Strecken entstehen.

Das Urteil hat die grundsätzliche Kontrollkompetenz der Europäischen Kommission über derartige Subventionen nicht abgeschafft. Der „Wettbewerbskommissar" ist also nach wie vor befugt, etwaigen Beschwerden potenzieller Wettbewerber über entsprechende Zuschüsse nachzugehen und gegebenenfalls deren Reduzierung oder Einstellung zu dekretieren. Damit liegt der Ball im Zweifelsfall also wieder bei der Kommission. Sie kann im Sinne ihrer oben zitierten „Mitteilung über die Daseinsvorsorge" Ermessensentscheidungen darüber treffen, ob der Wettbewerb im jeweils streitigen Fall tatsächlich möglichst wenig behindert wird. Der Deutsche Städtetag, welcher der Kommission seit langem vorwirft, die kommunalen Entscheidungsspielräume ohne Not einschränken zu wollen, drängt deshalb darauf, dass die Europäische Union durch geeignete Ergänzungen des EG-Vertrages Rechtssicherheit schafft. Die entsprechenden Initiativen des kommunalen Spitzenverbandes waren – auch vermittelt über die Landesregierungen – letztlich auf die Bundesregierung und deren Verhandlungsführung in Nizza gerichtet. Sie fanden dort positive Aufnahme. In Nizza beauftragten die Staats- und Regierungschefs auf deutsche Initiative hin die Kommission damit, ihre konzeptionellen Arbeiten zum Problembereich öffentliche Daseinsvorsorge fortzuführen. Deren vorläufiges Resultat besteht in einem „Grünbuch zu Dienstleistungen von allgemeinem Interesse", das die Kommission am 21.5.2003 vorgelegt hat (KOM (2003) 270 endgültig).

Das kommunale Lobbying im europäischen Mehrebenensystem gilt seitdem der Weiterentwicklung der im Grünbuch niedergelegten Positionen im Sinne der deutschen Städte, Kreise und Gemeinden. Diese kritisieren dabei vor allem die Pläne der Kommission zu einer möglichst weitgehenden Ausschreibungspflicht für öffentliche Dienstleistungen, die sich auch auf die kommunalen Eigenunternehmen erstrecken soll. Befürchtet wird ein „Aussterben“ der Stadtwerke, die etwa mit ÖPNV-Leistungen nur noch dann beauftragt werden dürften, wenn sie zuvor eine entsprechende Ausschreibung im Wettbewerb mit privaten Unternehmen gewonnen hätten. Aber nicht nur der ÖPNV steht auf dem Prüfstand. In der Diskussion ist seit mehr als 10 Jahren beispielsweise auch der Bereich der Wasserversorgung. Auch hier will die Europäische Kommission den Wettbewerb gestärkt sehen. Eine „Marktöffnung“ der Versorgung der Bevölkerung mit Trinkwasser und der Abwasserentsorgung möchte sie durch eine Ausschreibungspflicht für die entsprechenden Konzessionsverträge durch die Kommunen realisieren (Frankfurter Allgemeine Zeitung, 19.10. 2004: 13). Derartige Vorschriften – so die kommunalen Spitzenverbände in einer gemeinsamen Erklärung – würden jedoch das im Grundgesetz garantierte Recht auf kommunale Selbstverwaltung und damit auch die entsprechende Bestimmung in der Präambel der europäischen Grundrechtecharta eklatant verletzen (Deutscher Städtetag 2003).

Welche Möglichkeiten stehen den Kommunen nun zu Gebote, um ihren soeben dargestellten Positionen in Europa Gehör zu verschaffen? Thränhardt (1999: 367) beurteilt schon ihre Ausgangsposition skeptisch: „Ihrer Natur nach und wegen ihrer großen Zahl sind Kommunen als solche nicht geeignet, an einer Willensbildung von unten nach oben teilzunehmen, wie sie den Ländern im Bundesrat möglich ist. Alle derartigen Illusionen, wie sie gelegentlich auf nationaler und europäischer Ebene kultiviert werden, wären ein Irrweg.“ Kommunale Selbstverwaltung wird in Deutschland von insgesamt 12.629 Gemeinden ausgeübt, darunter 116 kreisfreie Städte und 323 Landkreise (Statistisches Bundesamt 2004: 28). Schon die schieren Zahlen verdeutlichen, dass eine „flächendeckende“ Vertretung kommunaler Interessen auf europäischer Ebene letztlich nur verbandsförmig möglich ist. Erschwert wird diese verbandsförmige Interessenrepräsentation allerdings auch durch die qualitative Heterogenität dessen, was mit dem Begriff „Kommune“ abgedeckt wird. Von der nur wenige Hundert Einwohner umfassenden Kleingemeinde bis zur Millionenstadt erstreckt sich das Spektrum, dem als Gemeinsamkeit allenfalls das abstrakte Interesse am Erhalt der kommunalen Selbstverwaltung als solcher zugeordnet werden kann. Die Uneinheitlichkeit der konkreten Interessen spiegelt sich formal gesehen darin wider, dass in Deutschland drei kommunale Spitzenverbände existieren: Der Deutsche Städtetag, in welchem die kreisfreien Städte zusammengeschlossen sind, der Deutsche Städte- und Gemeindebund als Vertretung der kreisangehörigen Städte und Gemeinden sowie der Deutsche Landkreistag.

Ihren Niederschlag findet diese Verbandsstruktur unter anderem in der Zusammensetzung der deutschen Repräsentanz im Ausschuss der Regionen (AdR), der seit 1994 als institutionalisierte Interessenvertretung der regionalen und lokalen Gebietskörperschaften in der Europäischen Union tätig ist (vgl. dazu auch Kapitel 3.4). Mit Ausnahme Belgiens entsenden die meisten Mitgliedstaaten mangels einer den deutschen Bundesländern vergleichbaren zweiten staatlichen Ebene vor allem Kommunalpolitiker in den AdR. Hierzulande entbrannte zwischen Ländern und Kommunen indes ein heftiger Streit über die Verteilung der insgesamt 24 Sitze, die der Bundesrepublik in diesem Gremium zustehen. Die Länder reklamierten alle Vertreter im AdR für sich, wollten also kommunale Repräsentanten völlig aus dem Gremium fernhalten. Dies entsprach ihrer traditionellen – und weitgehend noch immer gepflegten – Sichtweise von den Kommunen als staatsrechtlicher Bestandteile der Länder, denen eine wie auch immer geartete „Außenrepräsentanz“ genauso wenig zukommen dürfe wie etwa Anhörungsrechte im Bundesrat oder gar eine den Landesregierungen gleichgestellte Mitwirkung dortselbst (Jaedicke/Wollmann 1999: 318). Erst dank einer Intervention des Bundeskanzlers und parlamentarischer Unterstützung aus dem Bundestag (Jaedicke/Wollmann 1999: 320; Thränhardt 1999: 368) haben die drei kommunalen Spitzenverbände schließlich immerhin doch je einen Sitz im Ausschuss der Regionen erhalten.

Vertreter dieser Spitzenverbände bestätigen indes auf Nachfrage, dass sie letztlich wohl nur einen Kampf um Symbole gefochten haben. Schon angesichts der Tatsache, dass dem AdR nur beratende Funktionen zukämen, sei mit der Vertretung in diesem Gremium eine wirksame Möglichkeit, kommunalen Anliegen in den europäischen Willensbildungs- und Entscheidungsprozessen Gehör zu verschaffen, nicht verbunden. Dagegen spreche auch die viel zu geringe Zahl der kommunalen Delegierten aus Deutschland (Rechlin 2003: 43). Die Länder ihrerseits lehnen über die Parteigrenzen hinweg eine effektivere Einbindung der Kommunen in die Arbeit des AdR, den sie grundsätzlich natürlich gestärkt sehen wollen, jedoch ab, weil sie sich selbst als die genuinen Vertreter auch der gemeindlichen Interessen und Belange verstehen.

Aus Sicht der deutschen Städte und Gemeinden ist das europäische Institutionensystem für kommunale Belange formal also völlig unzulänglich geöffnet. Angesichts der Erweiterung auf 25 Mitgliedstaaten kann es wohl auch nicht wesentlich kommunalfreundlicher ausgestaltet werden. Deshalb sehen sich die Kommunalpolitiker auf dieselben Wege verwiesen, die auch von den Vertretern sozio-ökonomischer Interessen begangen werden (vgl. hierzu Kapitel 3.7): In Bezug auf die Europäische Union werden sie – bzw. ihre Interessenvertreter – zu gewöhnlichen Lobbyisten, die in der Regel als Beauftragte von (Dach- oder Spitzen-)Verbänden agieren.

Den kommunalen Spitzenverbänden war die Bedeutung Europas für ihre Mitglieder offenbar schon früh bewusst. Schon im Jahr 1963 richteten sie ein „Kommunales Informationsbüro bei der EWG" ein, dessen Aufgabe darin bestand, einem europapolitischen Informationsdefizit der Kommunalverbände vorzubeugen (Schultze 1997: 103 f.). Seinerzeit beschäftigten die drei Spitzenverbände zusammen lediglich einen gemeinsamen Europareferenten, der das als „Ein-Mann-Betrieb" konzipierte Europabüro nur höchst selten besuchte. Angesichts der auf Informationsgewinnung beschränkten Aufgabenstellung des Büros und der Tatsache, dass die damaligen Rechtsetzungsaktivitäten der EWG, die für die Kommunen von Bedeutung waren, sich in überschaubaren Grenzen hielten, erschien diese bescheidene Konstruktion zunächst aber völlig ausreichend (Schultze 1997: 103).

Spätestens mit dem Binnenmarktprogramm änderte sich dies. Es dauerte allerdings noch bis zum Jahr 1991, bis das Wissen um die zunehmende Kommunalrelevanz der europäischen Politiken seinen organisatorischen Niederschlag in Gestalt der Einrichtung des „Europabüros der deutschen kommunalen Selbstverwaltung" in Brüssel fand. Seinem knapp 30 Jahre vorher etablierten Vorgänger gleich, wurde die abkürzend auch als „Eurocommunalle" bezeichnete Einrichtung von den drei Spitzenverbänden gemeinsam getragen. Seine Aufgabenstellung wurde indes von der puren Informationssammlung und -aufbereitung auf den Bereich der Interessenvertretung erweitert, wobei von vornherein klar war, dass „Eurocommunalle" mangels offiziellen Zugangs zu den offiziellen Entscheidungsorganen auf informelle Lobbyarbeit angewiesen sein würde (Rechlin 2003: 47).

Zehn Jahre nach Gründung des „Europabüros der deutschen kommunalen Selbstverwaltung" zog dessen Leiter noch eine ausgesprochen positive Bilanz seines Brüsseler Wirkens, in welcher er das „gemeinsame Interesse aller deutschen Städte, Gemeinden und Kreise" am „Lobbying vor Ort in Brüssel" hervorhob (Ameln 2001: 25). Aus Sicht der Betroffenen allerdings war es um diese Gemeinsamkeit offenbar nicht mehr sonderlich gut bestellt. Schon ein Jahr später wurde „Eurocommunalle" zu einer Art „virtueller Adresse" degradiert (Rechlin 2003: 47), deren seitherige – kaum mehr nennenswerte – Funktion vom Hauptgeschäftsführer des deutschen Städtetages wie folgt beschrieben wurde: „Wenn eine Gemeinsamkeit in den europapolitischen Anliegen der drei kommunalen Spitzenverbände vorhanden ist, wird diese auch weiterhin unter einem gemeinsamen Briefkopf (Eurocommunalle) zum Ausdruck gebracht werden" (Articus 2002: 1).

Daher kann die Struktur der kommunalen Interessenvertretung in Brüssel seit dem Jahr 2002 durchaus in Analogie zur Repräsentation herkömmlicher sozio-ökonomischer Interessen beschrieben werden: Auch erstere organisiert sich mittlerweile ausgesprochen arbeitsteilig und differenziert sich zunehmend aus. Diese Struktur erscheint funktional, solange es lediglich um die Gewinnung und Aufbereitung spezifischer Informationen geht, weil die verschiedenen kommunalen Gebietskörperschaften zum Beispiel Adressaten unterschiedlicher Förderprogramme der Europäischen Union sein können. Auch mag die geschilderte Strategie der vor allem vom deutschen Städtetag angestrebten Stärkung des eigenen Profils der Städte gegenüber dem ländlicher Gemeinden (Articus 2002: 1) durchaus dienlich sein. Ob damit aber auch eine effektivere Interessendurchsetzung verbunden werden kann, ist angesichts der Gefahr, ein „Überangebot" kommunalen Lobbyings zu etablieren, zumindest fraglich: Zählt man das „Hanse-Office (Hamburg)" als Kommunal- und nicht als Landesvertretung, so finden sich in Brüssel mittlerweile bereits acht deutsche Europabüros, deren Aufgabe in der Vertretung genuin kommunaler Interessen besteht.

Die faktische Schließung von „Eurocommunalle" resultierte in einer Aufspaltung der Repräsentanz der deutschen kommunalen Spitzenverbände. Der Deutsche Städtetag, der Deutsche Städte- und Gemeindebund sowie der Deutsche Landkreistag unterhalten nunmehr je eigene Europabüros. Daneben sind – schließt man das „Hanse-Office" ein – vier Europavertretungen zu finden, die landespezifische Interessen der Kommunen bzw. der dortigen Kommunalverbände vertreten sollen. In Bezug auf die Flächenstaaten machten die bayerischen Kommunalverbände, deren Struktur identisch ist mit der der Bundesverbände, bereits im Jahr 1992 mit der Einrichtung des „Europabüros der Bayerischen Kommunen" den Anfang. Diesem Beispiel folgten 1999 die Kommunen Baden-Württembergs, und nur ein Jahr später verfügten auch die sächsischen Kommunen über eine eigene Europarepräsentanz. Die drei Vertretungen haben dieselbe Adresse, denn sie arbeiten als „Bürogemeinschaft" unter bayerischer Organisationshoheit. Dies soll ausschließlich dem sparsamen Umgang mit den anfallenden Verwaltungskosten dienen; die Aufgabe eines je eigenständigen Landesprofils soll damit nach Auskunft der Akteure jedenfalls nicht verbunden sein (Rechlin 2003: 48f.).

Es bleibt abzuwarten, ob die Gemeinden – bzw. deren Verbände – der anderen Bundesländer den drei „Vorreitern" nacheifern werden. Täten sie es, würde angesichts von dann zwölf weiteren kommunal ausgerichteten Interessenrepräsentanzen deutscher Provenienz die oben beschworene Gefahr eines „Überangebots" an Interessenartikulation sicher endgültig zur Realität werden. In der Eigensicht der vorgestellten deutschen Kommunalvertretungen, die in Brüssel eingerichtet wurden, ist sie bislang aber vor allem deshalb (noch?) nicht gegeben, weil man unterschiedliche Arbeitsschwerpunkte verfolge: „[...] die kommunalen Spitzenverbände in Brüssel [konzentrieren sich] eher auf allgemeine Fragestellungen der Rechtsetzungsaktivitäten der Union und ihre Auswirkungen auf die deutschen kommunalen Gebietskörperschaften. Die Europabüros der Landesverbände legen ihr Augenmerk dagegen eher auf die förderpolitischen Aktivitäten der Europäischen Gemeinschaften und eine entsprechend ausgestaltete Informationspolitik". Deshalb könne man eine Komplementarität der

Aktivitäten konstatieren, die der Arbeitsteilung zwischen den Verbindungsbüros der deutschen Länder und der Ständigen Vertretung der Bundesrepublik Deutschland bei der EU gleichkomme (Rechlin 2003: 49).

Ob für diese Arbeitsteilung auch weiterhin Funktionalität reklamiert werden kann, hängt wesentlich davon ab, ob der Versuch, die „förderpolitischen Aktivitäten" der Europäischen Union zu beeinflussen, sich aus Sicht deutscher Kommunen künftig überhaupt noch lohnt. Deutsche Kommunen haben in der Vergangenheit zum Teil erheblich von den Mitteln der europäischen Regionalfonds profitiert. Zwischen 30 und 40 % der nach Deutschland geflossenen Gelder aus der sog. „Ziel 1-Förderung", von der Regionen mit Entwicklungsrückstand profitieren (vgl. dazu Kapitel 4.7), kamen in unterschiedlichem Ausmaß kommunalen Haushalten zugute (Hoffmann 2000: 25). Die deutschen Städte müssen sich allerdings schon seit einiger Zeit schon darauf einstellen, dass die Mittel aus der Strukturförderung für sie erheblich an Bedeutung verlieren werden. Dies ist eine direkte Folge der EU-Osterweiterung, die zwangsläufig eine Umverteilung der Förderung zugunsten der neuen Mitgliedstaten mit sich bringt.

Inwieweit aus der anstehenden Umgestaltung der europäischen Strukturpolitik Konsequenzen für die Aktivitäten der kommunalen Ebene in Brüssel gezogen werden, steht noch dahin. Gleiches gilt für die Frage, ob es künftig noch Sinn macht, dass das Geflecht kommunaler Interessenvertretungen auch weiterhin noch zusätzlich bereichert wird durch europäische Repräsentanzen einzelner Städte bzw. großstädtisch geprägter Regionen. Beispiele liefern bisher das bereits erwähnte „Hanse-Office-(Hamburg)" und die „European Stuttgart Region".

Die auf Europa gerichtete Interessenpolitik, die von den deutschen Kommunen und ihren Verbänden betrieben wird, zeichnet sich, wie deutlich geworden ist, durch beachtliche Vielfalt aus. Zweifel an der Funktionalität dieses Designs werden indes nicht nur genährt, wenn man die künftige Ausrichtung der europäischen Strukturpolitik in den Blick nimmt, weil diese die Europabüros der Landesverbände um ihre eigentliche Aufgabe zu bringen scheint. Hinzu kommt, dass die deutschen Gemeinden indirekt über ihre Spitzenverbände noch eine weitere kommunalpolitische Präsenz in Brüssel mittragen. Sie tun dies über ihre Mitgliedschaft im „Rat der Gemeinden und Regionen Europas" (RGRE), einer Vereinigung, die im Jahr 1951 in Genf von deutschen und französischen Bürgermeistern gegründet wurde. Zwar hat diese Vereinigung maßgeblich dazu beitragen können, dass das „Europäische Rahmenübereinkommen über die grenzüberschreitende Zusammenarbeit zwischen kommunalen Gebietskörperschaften" Realität wurde (Thränhardt 1999: 369). Eine Vereinigung von heute insgesamt 44 nationalen Verbänden vor allem kommunaler Gebietskörperschaften – Regionen spielen trotz der Benennung des Verbandes so gut wie keine Rolle – aus 31 Ländern (Rechlin 2003: 50) wird jedoch schwerlich zu ernsthafter Interessenpolitik in der Lage sein. Dagegen spricht schon die Unterschiedlichkeit der Organisationen und Interessen, die in ihr versammelt sind (Thränhardt 1999: 369f.).

Das bisher dargestellte, ohnehin schon schwer überschaubare Geflecht kommunaler Interessenpolitik, die sich auf die europäischen Entscheidungsträger richtet, bedurfte aus der Sicht mancher Stadtpolitiker – aus welchen Gründen auch immer – sogar noch einer weiteren Ergänzung. Geschaffen wurde sie im Jahr 1991 mittels der Gründung von „EUROCITIES". Dabei handelt es sich um ein Netzwerk europäischer Großstädte, das faktisch offenbar als Netzwerk der jeweiligen Bürgermeister funktioniert. Als deutsche EUROCITIES-Städte identifiziert Rechlin (2003: 70) Berlin, Bonn, Chemnitz, Düsseldorf, Dortmund, Frankfurt am Main, Köln, München, Münster, Nürnberg und Leipzig. Auch EUROCITIES, das insgesamt 103 Mitglieder hat, unterhält ein Büro in Brüssel, in welchem mittlerweile 25 Mitarbeiter die Interessen ihrer Mitgliedskommunen zu vertreten suchen.

Einer der Tätigkeitsschwerpunkte der Vereinigung in der jüngeren Vergangenheit bestand in dem Versuch, den „Konvent zur Zukunft Europas" – vulgo den Verfassungskonvent – für möglichst kommunalfreundliche Bestimmungen im Entwurf des Verfassungsvertrages zu sensibilisieren (Rechlin 2003: 70f.). Dasselbe versuchte aber auch der RGRE, dessen aus Deutschland stammender Vizepräsident Heinrich Hoffschulte (2004) diesbezüglich ein durchaus positives Fazit zog. Immerhin sei es, wie schon lange gefordert, gelungen, in Art. 5 des ersten Verfassungskapitels zu verankern, dass die Organe der Europäischen Union die kommunale Selbstverwaltung respektieren müssen. Damit würde, die Ratifikation des Verfassungsvertrages vorausgesetzt, das Institut „kommunale Selbstverwaltung" erstmals explizit im europäischen Vertragswerk erwähnt. Verbunden damit ist offenbar die Hoffnung, auf diesem Weg zumindest eine gewisse Absicherung kommunaler Autonomie vor dem Zugriff der EU erreicht zu haben. EUROCITIES hingegen hätte wohl gern mehr gesehen, konnte sich aber mit seiner Forderung nach einer expliziten Verankerung der Selbstverwaltungsgarantie im europäischen Vertragswerk (Rechlin 2003: 71) nicht durchsetzen.

Es kann dahingestellt bleiben, ob es tatsächlich gerechtfertigt ist, die bloße Verankerung eines Programmsatzes über die „Achtung" der Selbstverwaltung im Verfassungsentwurf als Erfolg kommunaler Interessenpolitik zu werten. Im hier diskutierten Zusammenhang genügt der Hinweis, dass der Verfassungskonvent, der sich von vornherein und sehr bewusst offen für möglichst viele gesellschaftliche Interessen zeigte (Zimmermann-Steinhart 2002: 68), aufgrund seines Ausnahmecharakters als Prüfstein für die Erfolgskontrolle des kommunalen Lobbyings in Brüssel nicht taugt. Die Adressaten im Brüsseler Alltagsgeschäft – insbesondere die Europäische Kommission, aber auch Rat und Parlament – können jedenfalls nicht mittels einer Kakophonie kommunaler Interessen und Wünsche dazu bewegt werden, von einer mittelbaren „Aushebelung" der kommunalen Selbstverwaltungsgarantie des Grundgesetzes abzusehen.

„Europa" ist – daran besteht kein Zweifel – auch in der Kommunalpolitik längst angekommen. Die lokalen Politiker sehen sich vielfältigen, EU-induzierten Handlungsrestriktionen gegenüber, durch die sie in vieler Hinsicht zu Anpassungsstrategien genötigt werden. Dies motiviert natürlich dazu, nach Einflussmöglichkeiten auf die europäischen Entscheidungsprozesse zu suchen. Resultat dessen ist ein sich zunehmend ausdifferenzierendes System kommunaler Interessenvertretung in Brüssel, das auf zählbare Erfolge allerdings bis heute nicht verweisen kann. Was für die deutschen Länder gesagt wurde, gilt erst recht für die Gemeinden: Mit ihrem Anspruch auf Mitgestaltung der europäischen Politiken insbesondere im Bereich der Daseinsvorsorge stehen sie letztlich völlig isoliert da. Die Marginalisierung von Institutionen, denen entsprechend der misfit-These die Kompatibilität zu europäischen Strukturen fehlt, sowie entsprechende Gegenstrategien und Gegenreaktionen sind eine direkte Europäisierungsfolge. Im nächsten Kapitel ist zu prüfen, ob das Bundesverfassungsgericht, wie behauptet wurde, in ähnlicher Weise einen Bedeutungsverlust durch Europäisierung erleidet.

Literatur

Ameln, Ralf von (2001): Die Präsenz in Brüssel zahlt sich für Kommunen aus, in: Der Städtetag 54(1), S. 22–25.

Articus, Stephan (2002): Städtetag eröffnet eigenes Büro in Brüssel, in: Der Städtetag 55(6), S. 1.

Bayerischer Städtetag (1998): Kommunalwahlrecht für EU-Bürger verschlanken (http://www.bay-städtetag.de/ib98_5i.htm – Stand: 26.1.2005).

Deutscher Städtetag (2003): Kommunale Spitzenverbände: „Europäische Union muss in der Daseinsvorsorge kommunale Selbstverwaltung respektieren" (http://www.staedtetag.de/10/presseecke/pressedienst/artikel/2003/02/13/00081/ – Stand: 26.1.2005).

Deutscher Städte- und Gemeindebund (2004): Wissenswertes zum Thema Kommunen und Europa (http://www.dstgb.de/index_inhalt/homepage/europa/index.html – Stand: 26.1.2005).

Europa Fokus Niedersachsen (2001): Europäische Entwicklungen des Wettbewerbsrechts: Liberalisierung der Dienstleistungen im öffentlichen Interesse? (http://www.kommunaler-wettbewerb.de/files/327.htm – Stand: 26.1.2005).

Hoffmann, Hajo (2000): Städte beteiligen sich aktiv an Europa, in: Der Städtetag 53(7), S. 25–27.

Hoffschulte, Heinrich (2004): Die kommunale Selbstverwaltung im Verfassungsentwurf der Europäischen Union, in: Siedentopf, Heinrich (Hrsg.): Der Europäische Verwaltungsraum – Beiträge einer Fachtagung, Baden-Baden, S. 233–244.

Jaedicke, Wolfgang/Wollmann, Helmut (1999): Kommunale Spitzenverbände, in: Wollmann, Helmut/Roth, Roland (Hrsg.): Kommunalpolitik. Politisches Handeln in den Gemeinden, 2. Auflage, Opladen, S. 306–322.

Rechlin, Sandra (2003): Die deutschen Kommunen im Mehrebenensystem der Europäischen Union. Betroffene Objekte oder aktive Subjekte? Diplomarbeit Universität Potsdam (auch als Discussion Paper SPS IV 2004–101, Wissenschaftszentrum Berlin für Sozialforschung 2004).

Schultze, Claus J. (1997): Die deutschen Kommunen in der Europäischen Union. Europa-Betroffenheit und Interessenwahrnehmung, Baden-Baden.

Statistisches Bundesamt (2004): Statistisches Jahrbuch 2004, Wiesbaden.

Stöß, Angela (2000): Europäische Union und kommunale Selbstverwaltung. Die Handlungsspielräume deutscher Kommunen unter Einwirkung der Europäischen Union aus ökonomischer Perspektive, Frankfurt a.M. u.a.
Thränhardt, Dietrich (1999): Die Kommunen und die Europäische Union, in: Wollmann, Helmut/Roth, Roland (Hrsg.): Kommunalpolitik. Politisches Handeln in den Gemeinden, 2. Auflage, Opladen, S. 361–377.
Zimmermann-Steinhart, Petra (2002): Der Konvent: Die neue EU-Methode?, in: Gesellschaft, Wirtschaft, Politik 51(1), S. 65–72.

3.6 Das Bundesverfassungsgericht als Kontrolleur supranationaler Politik?

Im Oktober des Jahres 1997 verabschiedete der Rechtsausschuss des Europäischen Parlaments einen Entschließungsantrag, der das Verhältnis des europäischen Gemeinschaftsrechts zum Verfassungsrecht der Mitgliedstaaten zum Gegenstand hatte. In diesem Antrag wurde unter anderem festgestellt, dass gegen die Gültigkeit eines Gemeinschaftsrechtsaktes nicht eingewandt werden könne, dass er gegen Strukturprinzipien des jeweiligen nationalen Verfassungsrechts verstoße. Betont wurde der Vorrang des Gemeinschaftsrechts gegenüber dem nationalen Recht als unabdingbare Grundlage für ein funktionsfähiges Europa. Der „Vorrangthese“ zufolge darf nationales Recht, das mit dem europäischen Recht nicht vereinbar ist, grundsätzlich nicht angewendet werden. Das gilt auch für Verfassungsbestimmungen, sodass europäisches Recht – auch Sekundärrecht – im Zweifelsfall sogar Bestimmungen des Grundgesetzes bricht. Mit der Bekräftigung dieser Sichtweise rekurrierte das Europäische Parlament auf die ständige Rechtsprechung des Europäischen Gerichtshofs. Die Parlamentarier meinten allerdings, dass dessen Jurisdiktion von den nationalen Gerichtsbarkeiten nicht im erforderlichen Maße respektiert werde. Deshalb forderten sie in ihrem Entschließungsantrag Kommission und Rat auf, dafür Sorge zu tragen, dass der Vorrang des Gemeinschaftsrechts künftig im EG-Vertrag selbst explizit normiert werde.

Anlass für die skizzierte Parlamentsinitiative war die – wie es im Begründungsteil des Antrags hieß – „dezidiert nationalstaatlich geprägte und nur zum Teil integrationsfreundliche Rechtsprechung des deutschen Bundesverfassungsgerichts“ (EP-Ausschuss für Recht und Bürgerrechte 1997: 7). Der Vorwurf, der hier dem Bundesverfassungsgericht unter Bezugnahme auf das sog. „Maastricht-Urteil“ gemacht wurde, lief darauf hinaus, dass das Gericht – so wörtlich – „durch seine Rechtsprechung die Wurzeln der Gemeinschaft in Gefahr“ gebracht habe (ebenda). Diese durchaus dramatische Wortwahl mag überraschen, denn bekanntlich hat das Bundesverfassungsgericht in seinem Urteil vom 12.10.1993 den Vertrag von Maastricht für verfassungskonform erklärt (BVerfGE 89: 155ff.). Gleichwohl trifft es zu, dass die Rechtsprechung des Bundesverfassungsgerichts den Prozess der europäischen Integration durchaus kritisch begleitet hat und ihn – zumindest zeitweise – ernsthaft zu gefährden schien. Haben, so lässt sich angesichts dieses vorläufigen Befundes fragen, die fortschreitenden Europäisierungsprozesse dem deutschen Verfassungsgericht also ein neues Betätigungsfeld eröffnet, oder verhält es sich nicht umgekehrt doch eher so, dass das europäische Recht und seine Auslegung durch den Europäischen Gerichtshof (EuGH) die Kompetenzen der deutschen Verfassungsrichter aushöhlen?

Bezogen auf den Handlungsrahmen nationalstaatlicher Politik sind diese Kompetenzen so weitreichend, dass das Bundesverfassungsgericht schon wenige Jahre, nachdem es seine Tätigkeit aufgenommen hatte, als die im politischen System der Bundesrepublik „ohne Zweifel originellste und interessanteste Instanz“ bezeichnet wurde (Grosser 1960: 115). Das Bundesverfassungsgericht kann Entscheidungen des Parlaments, also des zentralen demokratischen Vertretungsorgans, bei einem Verstoß gegen das Grundgesetz für nichtig erklären. Auch die Außenpolitik kann seiner Kontrolle in Form der Prüfung der nach Art. 59 GG erforderlichen Zustimmungsgesetze zu völkerrechtlichen Verträgen unterworfen werden. Weil Änderungen des Grundgesetzes, welche die in den Art. 1 und 20 niedergelegten Grundsätze berühren, nach Art. 79 Abs. 3 GG unzulässig sind, ist selbst der verfassungsändernde Gesetzgeber der Kontrolle durch die Karlsruher „Hüter der Verfassung“ unterworfen. Diese haben also grundsätzlich auch die Möglichkeit, Änderungen des Grundgesetzes als *verfassungswidriges Verfassungsrecht* zu qualifizieren und damit für ungültig zu erklären. Schließlich ist darauf hinzuweisen, dass die Entscheidungen des Bundesverfassungsgerichts die Verfassungsorgane des Bundes und der Länder sowie alle Gerichte und Behörden binden. Wenn das Bundesverfassungsgericht die Verfassungswidrigkeit von Gesetzen feststellt, haben seine Entscheidungen Gesetzeskraft.

Das Gericht wird tätig auf Antrag mindestens eines Drittels der Mitglieder des Deutschen Bundestages oder einer Landesregierung auf Durchführung einer *abstrakten Normenkontrolle*. Damit kann jedes Bundes- oder Landesgesetz einer Prüfung hinsichtlich seiner Verfassungskonformität unterzogen werden. Zu einer *konkreten Normenkontrolle* kommt es, wenn ein Gericht Zweifel an der Verfassungskonformität eines Gesetzes hegt, welches bei seiner Urteilsfindung anzuwenden ist. Das Gericht ist in einem solchen Fall verpflichtet, das Verfahren auszusetzen und das Bundesverfassungsgericht um eine Entscheidung zu bitten. Daher spricht man auch von *Richtervorlagen*. Auch die sog. *Verfassungsbeschwerde*, die von jedermann mit der Behauptung eingelegt werden kann, er sei von der öffentlichen Gewalt in einem seiner Grundrechte oder einem grundrechtsgleichen Recht verletzt worden, führt in der Sache häufig zu Normenkontrollen. Voraussetzung für die Einlegung einer Verfassungsbeschwerde ist allerdings, dass der Beschwerdeführer glaubhaft machen kann, dass er selbst, individuell und unmittelbar, von einer Grundrechtsverletzung betroffen ist.

Wie das Verfassungsgericht in einem seiner ersten Urteile selbst festgestellt hat, bedeutet jedwede Normenkontrolle, gleich welcher Verfahrensart sie entspringt, ein „Hinübergreifen der richterlichen Gewalt in die gesetzgeberische Sphäre“ (BVerfGE 1: 396 (409)). Die Ermöglichung solcher Eingriffe in die Zuständigkeiten des Gesetzgebers machen die Verfassungsgerichtsbarkeit grundsätzlich zu einem wichtigen Thema der Politischen Wissenschaft. Doch wurde und wird die Thematik von der deutschen Politikwissenschaft allenfalls am Rande behandelt. Die politikwissenschaftliche Auseinandersetzung mit der Verfassungsgerichtsbarkeit beschränkt sich bis heute im Wesentlichen auf eine Diskussion, die bereits in den siebziger Jahren aufgenommen wurde. Thematisiert wurden dabei vermutete Kompetenzüberschreitungen des Verfassungsgerichts, die man mit dem Schlagwort vom „Karlsruher Übergesetzgeber“ auf den Begriff zu bringen suchte. Die darin zum Ausdruck kommende Kritik bezog sich vor allem darauf, dass die Verfassungsrichter dazu neigten, sich nicht nur zur Frage der Verfassungskonformität der ihnen zur Prüfung vorgelegten Normen zu äußern, sondern dem Gesetzgeber gleichzeitig mehr oder weniger detailliert vorzuschreiben, wie ein korrektes Gesetz inhaltlich ausgestaltet sein müsse. Statt der Maxime des „judicial self-restraint", der richterlichen Selbstbeschränkung, zu folgen – so der Vorwurf – übten sich die Richter in „judicial activism". In den Blick gerieten dabei fast ausschließlich Urteile, in denen die Verfassungswidrigkeit von Gesetzen oder Teilen derselben festgestellt worden war. Dies gilt auch für Autoren, die sich darum bemühten, das Bundesverfassungsgericht von den skizzierten Vorwürfen zu entlasten. So wies etwa Wewer (1991: 314) darauf hin, dass beinahe ebensoviele Normen, die das Gericht wegen Verfassungswidrigkeit für nichtig erklärt habe, von ihm im Wege der „verfassungskonformen Interpretation" gerettet worden seien.

Derartige Versuche, das Verfassungsgericht vom Vorwurf unzulässiger „Einmischung" in den Verantwortungsbereich des Gesetzgebers freizusprechen, erweisen sich bei näherer Betrachtung indes als problematisch. Bei der verfassungskonformen Auslegung handelt es sich um eine vom Bundesverfassungsgericht selbst entwickelte Argumentationsfigur: Ist ein Gesetz verschiedenen Interpretationsmöglichkeiten zugänglich und befindet sich darunter eine grundgesetzkonforme Auslegung, entscheidet sich das Gericht für letztere. Dies – so das Gericht – diene der Wahrung der legislativen Entscheidungsspielräume. Die verfassungskonforme Auslegung ist allerdings sehr wohl geeignet, exakt das Gegenteil zu bewirken. Indem das Gericht nämlich eine einzige aus einer Mehrzahl möglicher Interpretationen mit der Weihe der Verfassungskonformität versieht, verbietet es den Rückgriff auf alternative Interpretationen. Auf die damit verbundene Gefahr, dass das Verfassungsgericht bei der verfassungskonformen Auslegung die fragliche Norm in einer Weise interpretiert, die dem Willen des Gesetzgebers fernliegt oder gar widerspricht, haben auch ehemalige Verfassungsrichter mehrfach hingewiesen. Die Politikwissenschaft neigt offenbar also dazu, den innerhalb der Rechtswissenschaft durchaus geläufigen Befund zu ignorieren, dass der Wille des Gesetzgebers häufig durch den des Verfassungsgerichts ersetzt wird, obwohl es aufgrund der formalen Bestätigung der fraglichen Norm auf den ersten Blick scheint, als sei das Gegenteil der Fall (Schlaich/Korioth 2004: 314f.). Diese Problematik gilt es deswegen im Blick zu behalten, weil das im Mittelpunkt der bisherigen europabezogenen Jurisdiktion des Bundesverfassungsgerichts stehende Urteil über den Vertrag von Maastricht eben nichts anderes war als die verfassungskonforme Auslegung eines völkerrechtlichen Vertrages.

Eine auf Europa bezogene Rechtsprechung des Bundesverfassungsgerichts ist in verschiedenen Varianten möglich. Deren erste wurde bislang noch nicht praktiziert. Käme es dazu, würde sie sich weitgehend unproblematisch gestalten. Es geht darum, dass das Bundesverfassungsgericht auf Antrag das Handeln deutscher Verfassungsorgane in den europäischen Institutionen – also etwa dasjenige der Regierungsmitglieder im Rat – auf seine Grundgesetzkonformität prüfen könnte. Zu denken wäre hier in erster Linie an eine Organklage, mithilfe derer zum Beispiel Abgeordnete des Bundstages gegebenenfalls die Verletzung eines vom Bundestag eingelegten Parlamentsvorbehalts (vgl. dazu Kapitel 3.2) „einklagen" könnten. Eine ex post-Korrektur von Ratsentscheidungen, die aus der Perspektive des nationalen Verfassungsgerichts „rechtswidrig" zustande gekommen sind, wäre zwar nicht möglich (Scholz: 1990: 946); immerhin aber könnte auf diesem Wege durchaus versucht werden, Barrieren gegen ähnliche Verfassungsverstöße in der Zukunft zu errichten. Das Verhältnis von nationalstaatlicher und europäischer Gerichtsbarkeit wäre von einem solchen Vorgehen im Prinzip jedenfalls nicht berührt.

Anders verhält es sich jedoch, wenn versucht wird, „Karlsruhe" unmittelbar mit dem europäischen Recht zu befassen. Grundsätzlich ist dies auf zweierlei Weise möglich: Entweder auf dem Wege einer Verfassungsbeschwerde, mit welcher die Verletzung eines Grundrechts durch europäisches Recht bzw. dessen Umsetzung oder Anwendung moniert wird, oder auf dem Wege einer konkreten Normenkontrolle, einer Richtervorlage also, welche die Prüfung der Verfassungsmäßigkeit europäischen Rechts erbittet. Zwar ist innerhalb der Rechtswissenschaft unstreitig, dass Zustimmungsgesetze zu völkerrechtlichen Verträgen im Wege der genannten Verfahrensarten vor das Verfassungsgericht gebracht werden können und dass auf diesem Umweg grundsätzlich auch die Inhalte der jeweiligen Verträge der gerichtlichen Überprüfung zugänglich werden. In Bezug auf das sog. *primäre Gemeinschaftsrecht*, also die Gründungsverträge und deren Ergänzung oder Novellierung, die ja ebenfalls völkerrechtlichen Charakter haben, ergibt sich allerdings ein gravierendes Problem. Über die Auslegung des EG-Vertrages entscheidet nämlich nach Art. 234 eben dieses Vertrages der Europäische Gerichtshof.

Der genannte Art. erlaubt den nationalen Gerichten, diesbezügliche Fragen dem EuGH zur sog. „Vorabentscheidung“ vorzulegen. Wenn die Entscheidung eines nationalen Gerichts mit Mitteln des nationalen Rechts nicht mehr angefochten werden kann, wandelt sich diese Kann- zu einer Muss-Bestimmung. Mit anderen Worten: Auch das Bundesverfassungsgericht ist dieser Vorlagepflicht, mit der eine Bindung an die Entscheidungen des EuGH einhergeht, explizit unterworfen; eine eigenständige Verwerfungskompetenz gegenüber Rechtsakten von EG-Organen kommt ihm also nicht zu (Müller-Graff 1998: 94). Es ist der EuGH, dem durch den EG-Vertrag die Kompetenz zugewiesen wird, über die Vereinbarkeit einer nationalen Regelung mit einer gemeinschaftlichen zu entscheiden. Dies bedeutet nichts anderes, als dass die Zuständigkeit für nationale Normenkontrollen in diesen Fällen auf das supranationale Gericht überführt worden ist. Diese Kollision von Zuständigkeiten ist rechtsdogmatisch bislang noch nicht vollständig bewältigt worden. Sie bezieht sich auch auf das *sekundäre Gemeinschaftsrecht*, also die vom Rat auf Vorschlag der Kommission mit unterschiedlicher Beteiligung des Europäischen Parlaments erlassenen Verordnungen und Richtlinien, denn deutsche Gerichte können zwar nationale Normen wegen „Gemeinschaftsrechtswidrigkeit“ verwerfen, nicht aber supranationale Normen unter Berufung auf ihre Unvereinbarkeit mit deutschem Recht außer Kraft setzen (Pernice 1995: 532f.).

Den im Vertragswerk angelegten Vorrang europäischen Rechts und europäischer Rechtsprechung hat das Bundesverfassungsgericht lange nicht erkannt. Noch bis in die siebziger Jahre hinein sprach es von einer „Eigenständigkeit der Rechtsordnung der EWG“, die in die innerstaatliche Rechtsordnung lediglich „hineinwirke“ (Pernice 1995: 526). Diese Konstruktion, die darauf hinauslief, dass beide Rechtskreise „unabhängig voneinander und nebeneinander in Geltung stehen“ (BVerfGE 37: 271 (278)), bildete die Grundlage des sog. „Solange I-Beschlusses“ vom 29.5.1974. Das Bundesverfassungsgericht ließ damals eine Richtervorlage zu einer EWG-Verordnung zu. Zwar hieß es in dem Beschluss, dass der Anwendung der fraglichen Verordnung durch die deutschen Behörden und Gerichte kein Grundrecht des Grundgesetzes im Wege stehe. Die eigentliche Bedeutung des Beschlusses lag aber eben nicht in der Bestätigung der Norm, sondern in dem Umstand, dass die konkrete Normenkontrolle überhaupt verhandelt wurde.

Das sekundäre Gemeinschaftsrecht, so führte das Gericht nämlich in seinem Beschluss aus, sei seiner Kontrolle im Wege der Richtervorlage unterworfen, „solange der Integrationsprozess der Gemeinschaft nicht so weit fortgeschritten ist, dass das Gemeinschaftsrecht auch einen vom Parlament beschlossenen und in Geltung stehenden formulierten Katalog von Grundrechten enthält, der dem Grundrechtskatalog des Grundgesetzes adäquat ist" (BVerfGE 37: 271 (285)). Der Solange I-Beschluss erging mit einer Mehrheit von 5:3 Richterstimmen. Die unterlegenen Richter vertraten die Ansicht, dass die Richtervorlage nicht hätte verhandelt werden dürfen. Sie wiesen in einem Sondervotum darauf hin, dass die Senatsmehrheit mit der Ignorierung des Vorabentscheidungsverfahrens für die Bundesrepublik Deutschland einen Sonderstatus innerhalb der EWG kreiert habe, der auf eine Gefährdung der Gemeinschaftsrechtsordnung hinauslaufe. Diese Sichtweise entsprach (und entspricht) der des EuGH, für den die Mehrheitsentscheidung der deutschen Verfassungsrichter ebenfalls völlig inakzeptabel war, denn diese stellte, wie es in einem Urteil aus dem Jahr 1978 hieß, „die Grundlagen der Gemeinschaft selbst" in Frage (Pernice 1995: 526).

Verschiedentlich ist behauptet worden, dass der Europäische Gerichtshof erst unter dem Druck von „Solange I" begonnen habe, eine eigene Grundrechtsprechung zu entwickeln. Diese Überlegung verbannt Everling (1995: 74) unter Hinweis auf eine Reihe vorher ergangener Urteile des EuGH, deren erstes aus dem Jahr 1969 datiert, wohl mit Recht in den Bereich historischer Legendenbildung. Fest steht jedenfalls, dass der EuGH seine Grundrechtsjudikatur in den siebziger und achtziger Jahren in einem Maße ausbaute und verfestigte, das es dem Bundesverfassungsgericht erlaubte, seinen im Solange I-Beschluss formulierten Anspruch auf eine regelmäßige Kontrolle des Gemeinschaftsrechts auf seine Vereinbarkeit mit den deutschen Grundrechten aufzugeben (Pernice 1995: 526). Es tat dies nota bene, obwohl das europäische Vertragswerk noch immer keinen dem Grundgesetz vergleichbaren Grundrechtskatalog enthielt.

Zwölf Jahre nach „Solange I“, am 26.10.1986, kam es zum „Solange II-Beschluss“, in dem das Bundesverfassungsgericht die angedeutete Wende vollzog. Das Gericht werde – so hieß es in dem einstimmig gefassten Beschluss – „solange die EG, insbesondere die Rechtsprechung des EuGH, einen wirksamen Schutz der Grundrechte generell gewährleisten [...], seine Gerichtsbarkeit im Bereich des abgeleiteten Gemeinschaftsrechts [...] nicht mehr ausüben und dieses Recht mithin nicht mehr am Maßstab des Grundgesetzes überprüfen“ (BVerfGE 73: 339 (340)). Die Einleitung entsprechender Normenkontrollverfahren durch die Gerichte sei nicht mehr zulässig, denn der Europäische Gerichtshof sei gesetzlicher Richter im Sinne des Art. 101 GG.

Dass allerdings auch mit der grundsätzlichen Anerkennung des EuGH als „gesetzlicher Richter“ im Sinne des Grundgesetzes kein völliger Rückzug des Bundesverfassungsgerichts aus der Prüfung europäischen Rechts gemeint war, machte Paul Kirchhof, seit 1987 als Richter am Bundesverfassungsgericht regelmäßig als Berichterstatter in europarechtlichen Fragen tätig, alsbald deutlich. Das Bundesverfassungsgericht habe sich, so schrieb er, lediglich unter „prozessualer Zuweisung von Verantwortlichkeit“ an den Europäischen Gerichtshof „von der Ausübung des Richteramtes zur Zeit“ zurückgezogen (Kirchhof 1989: 454). Der Anspruch, Handlungen der EU-Organe direkt überprüfen zu können, wurde nach „Solange II“ also zwar nicht mehr in die Praxis umgesetzt, im Prinzip aber aufrecht erhalten (Kämmerer 2000: 45).

„Wie lange noch bis Solange III?“ Diese Frage stellte Rupert Scholz im Jahr 1990 in der Neuen Juristischen Wochenschrift. Sein kritischer Einwand gegen „Solange II“ bestand darin, dass das Bundesverfassungsgericht versucht habe, ein materiell-rechtliches Problem – die Gewährleistung des Grundrechtsschutzes in einem konkreten Fall – mit einem rein verfahrensrechtlichen Ansatz – der Kompetenzzuweisung an den EuGH – zu lösen. Tragfähig sei eine derartige Lösung nur so lange, wie sich im materiellen Recht der EG keine „substanziellen Defizite“ in Form von Einschränkungen grundgesetzlich garantierter Grundrechte auftäten (Scholz 1990: 944). Dieser Fall drohe bei zwei seinerzeit diskutierten Richtlinienentwürfen der Europäischen Kommission, mit denen aus gesundheitspolitischen Gründen die Werbung für Tabakerzeugnisse beschränkt werden sollte. Dies, so Scholz damals, gebe Anlass, einen „Solange III-Beschluss" ins Auge zu fassen.

„Solange III" erfolgte tatsächlich drei Jahre später, allerdings aus anderem Anlass. Es handelte sich um das Urteil vom 12.10.1993, in welchem das Bundesverfassungsgericht den Vertrag von Maastricht über die Europäische Union für vereinbar mit dem Grundgesetz erklärte. Auch hier trifft man – ebenso wie bei „Solange I und II" – also auf einen normbestätigenden Urteilsspruch, denn das Gericht sprach den Vertrag über die Europäische Union im Wege einer verfassungskonformen Interpretation vom Verdacht der Grundgesetzwidrigkeit frei. Gleichwohl hat das Maastricht-Urteil wie kaum eine andere der Karlsruher Entscheidungen massive Kritik erfahren und das Entstehen einer eigenen und höchst umfänglichen Spezialliteratur provoziert, in welcher der Vorwurf, die Karlsruher Richter hätten ein „peinliches und beklagenswertes" Urteil gefällt (Scheuing 1997: 96) noch eine der vergleichsweise moderaten Stellungnahmen war.

Die Kritik bezog sich auf drei unterschiedliche Aspekte der verfassungsrichterlichen Entscheidung. Moniert wurde, dass das Gericht nicht nur stillschweigend das Institut der Verfassungsbeschwerde modifiziert habe, sondern gleichzeitig auch seinen in „Solange II" fixierten, temporären Rückzug von der Ausübung des Richteramtes bei etwaigen Kollisionen europäischen Rechts mit dem Grundgesetz beendet und dabei eine massive Inpflichtnahme von Bundestag und Bundesregierung hinsichtlich ihrer künftigen Integrationspolitiken vorgenommen habe.

Verhandelt wurde eine Verfassungsbeschwerde gegen das Zustimmungsgesetz zum Maastricht-Vertrag. Die Beschwerde stützte sich im Wesentlichen auf das Argument, dass die aus Art. 38 GG resultierenden Rechte des Beschwerdeführers auf demokratisch legitimierte Vertretung im Deutschen Bundestag sowie sein Recht auf Teilhabe an der Ausübung der Staatsgewalt nach Art. 20 GG verletzt worden seien. Dies sei dadurch geschehen, dass man der EU neue, wesentliche Aufgaben übertragen habe. Insbesondere gelte dies für die Einführung der einheitlichen europäischen Währung, weil sich Deutschland mit dem Vertrag über die Europäische Union diesbezüglich einem nicht mehr korrigierbaren Automatismus unterworfen habe. Mit anderen Worten: Der Bundestag sei durch den Vertrag von Maastricht in einem Umfang „entmachtet“ worden, welcher vom Grundgesetz nicht mehr gedeckt sei. Das Zustimmungsgesetz zum EU-Vertrag und damit Teile des Vertrages selbst seien also verfassungswidrig.

Das Bundesverfassungsgericht ging in seinem Urteil davon aus, dass Art. 38 GG, der nichts anderes als die Grundsätze des demokratischen Wahlrechts und die Weisungsfreiheit der Abgeordneten regelt, garantiere, dass der Bundestag auch im europäischen Integrationsprozess „Aufgaben und Befugnisse von substanziellem Gewicht“ behalten müsse (BVerfGE 89: 155 (156)). Das Grundgesetz werde deshalb verletzt, wenn ein Gesetz, mit dem die deutsche Rechtsordnung für die unmittelbare Geltung und Anwendung von europäischem Recht geöffnet werde, nicht auf ein hinreichend bestimmbares Integrationsprogramm rückführbar sei. Weiter wurde ausgeführt, dass das europäische Integrationsprogramm einzig im primären Gemeinschaftsrecht festgeschrieben sei. Deshalb dürfe der Unionsvertrag auf keinen Fall im Sinne einer Erweiterung der Handlungsermächtigungen für die Union interpretiert werden. Eine solche Auslegung von Befugnisnormen würde für Deutschland keine Bindungswirkung entfalten.

Art. 38 des GG wurde damit so interpretiert, dass er dem wahlberechtigten deutschen Staatsangehörigen nicht nur das formelle Recht zur Teilnahme an der Bundestagswahl garantiere. Er verbürge vielmehr auch den grundlegenden demokratischen Gehalt des Rechtes, an der Legitimation der Staatsorgane teilzuhaben und auf die Ausübung der Staatsgewalt Einfluss zu nehmen. Faktisch stand mit dieser Konstruktion nicht mehr das durch das Grundgesetz garantierte Wahlrecht zur Debatte, „sondern die von Art. 23 Abs. 1 und Art. 79 Abs. 3 GG vorgeschriebene Kongruenz der Verfassungsprinzipien von Europäischer Union und Bundesrepublik“ (Ehmke 1998: 168). Diese Problematik zu prüfen, kann durchaus Aufgabe des Bundesverfassungsgerichts sein. Erstaunlich ist jedoch, dass diese Prüfung aufgrund einer Verfassungsbeschwerde vorgenommen wurde. Die Konsequenz dieses Vorgehens bestand darin, dass nunmehr jedwede Umschichtung von Kompetenzen zu Lasten des Bundestages grundsätzlich von jedem Bürger angreifbar wurde. Der Einzelne wurde damit zum „Hüter des demokratischen Prinzips im Grundgesetz“ berufen; das Recht zur Verfassungsbeschwerde mutierte damit faktisch zu einer Popularklage, die des Nachweises der unmittelbaren persönlichen Betroffenheit von einem Akt der öffentlichen Gewalt nicht mehr bedurfte und deshalb darauf hinauslief, dass offenbar jedermann die Befugnis haben sollte, ein Verfahren der abstrakten Normenkontrolle einzuleiten (Tomuschat 1993: 489).

Die Kritik am Maastricht-Urteil erschöpft sich nicht im Zweifel an der Zulassungsbegründung des Gerichts, sondern bezieht sich auch auf seine Auslegung der Verträge über die Europäische Union und die Europäische Gemeinschaft als inhaltlich abschließend bestimmte Integrationsprogramme. Diese Auslegung ist schon deshalb angreifbar, weil sie eine wichtige Norm des primären Gemeinschaftsrechts, Art. 235 des früheren EWG-Vertrages, der sich im heutigen EG-Vertrag als Art. 308 wiederfindet, außer Acht lässt (Koch 1996: 400). Diese Bestimmung lautet wie folgt: „Erscheint ein Tätigwerden der Gemeinschaft erforderlich, um im Rahmen des Gemeinsamen Marktes eines ihrer Ziele zu verwirklichen und sind in diesem Vertrag die hierfür erforderlichen Befugnisse nicht vorgesehen, so erlässt der Rat einstimmig auf Vorschlag der Kommission und nach Anhörung des Europäischen Parlaments die geeigneten Vorschriften.“

Ein etwaiger Rückgriff auf den zitierten Artikel – so muss aus dem Urteilstext zwingend geschlossen werden – sollte für Deutschland also keine Bindungswirkung entfalten. Dasselbe sollte gelten, wenn europäische Organe den Vertrag in einer Weise handhabten oder ausbildeten, die von dem Vertrag, so wie er dem deutschen Zustimmungsgesetz zugrunde lag, nicht mehr gedeckt wäre. Für sich selbst zog das Gericht daraus folgende Konsequenz: „Das Bundesverfassungsgericht prüft, ob Rechtsakte der europäischen Einrichtungen und Organe sich in den Grenzen der ihnen eingeräumten Hoheitsrechte halten oder aus ihnen ausbrechen“ (BVerfGE 89: 155 (156)). Dies war eine höchst bemerkenswerte Aussage, weil das Gericht bekanntlich nur auf Antrag tätig werden kann. Wenn es also davon sprach, dass es die europäischen Rechtsakte prüfe, konnte dies nur als eine Einladung zu weiteren Verfassungsbeschwerden und Richtervorlagen verstanden werden.

Obwohl das Gericht ausführte, dass es seine europabezogene Jurisdiktion in einem „Kooperationsverhältnis“ mit dem Europäischen Gerichtshof auszuüben gedenke, versuchte es sich unter Rückgriff auf Art. 38 GG also letztlich als „Europäischer Gerichtshof höchster Instanz“ zu etablieren (Koch 1996). Dieser Vorwurf ließ sich nicht nur damit begründen, dass das Bundesverfassungsgericht die originären Kompetenzen des EuGH usurpierte, sondern auch damit, dass die deutschen Gerichte und Behörden im Urteil dazu aufgefordert wurden, europäisches Recht nicht anzuwenden, wenn dieses nach eigener Einschätzung die nationale Delegationsermächtigung überschreite (BVerfGE 89: 155 (188)). Auch hier war von der Einholung einer Vorabentscheidung beim Europäischen Gerichtshof mit keinem Wort die Rede, und selbst wenn eine solche eingeholt worden wäre, hätte ihr der Urteilslogik zufolge jederzeit ein Verfahren vor dem Bundesverfassungsgericht nachgeschaltet werden können (Koch 1996: 403).

Nun erstreckte sich das Wächteramt über die Organe der EU, welches das Bundesverfassungsgericht beanspruchte, automatisch auch auf die Bundesregierung. Als Mitglieder des Rates würden Bundeskanzler und Bundesminister der Logik des Maastricht-Urteils zufolge verfassungswidrig handeln, wenn sie beispielsweise einem Rückgriff auf Art. 308 EG-Vertrag zustimmen würden. Auch Bundestag und Bundesrat gerieten durch die verfassungskonforme Interpretation des Maastricht-Vertrages in die Bredouille. Die meisten Rechtsetzungsakte, die der Rat erlässt, sind Richtlinien. Sie bedürfen der Umsetzung in nationales Recht. Dies geschieht überwiegend durch formelle Gesetze, seltener durch den Erlass von Verordnungen oder Verwaltungsvorschriften. Werden europäische Richtlinien nicht bzw. nicht fristgemäß umgesetzt, kann dies zu Vertragsverletzungsverfahren führen, die von der Europäischen Kommission vor dem Europäischen Gerichtshof angestrengt werden können.

Das Karlsruher Urteil öffnete nun das Tor zu der nicht mehr auflösbaren Konfliktkonstellation, dass der Europäische Gerichtshof den deutschen Gesetzgeber zum Erlass von Umsetzungsgesetzen verpflichtet, welcher vom Bundesverfassungsgericht wegen Überschreitens der Delegationsermächtigung als verfassungswidrig untersagt wird. Das vom Bundesverfassungsgericht angekündigte „Kooperationsverhältnis“ mit dem Europäischen Gerichtshof erwies sich angesichts dieses

Szenarios als unverständliche Worthülse. Wenn ein Gericht in einem konkreten Fall tatsächlich zuständig ist, kann es sich nicht mit einem „Kooperationsangebot" aus der Verantwortung befreien. Deshalb blieb völlig unklar, wie ein Kooperationsverhältnis konkret ausgestaltet werden könnte, in welchem der Europäische Gerichtshof den Grundrechtsschutz in jedem Einzelfall für das gesamte Gebiet der Europäischen Union garantiert, während das Bundesverfassungsgericht eine generelle Gewährleistung der unabdingbaren Grundrechtsstandards sicherstellt (BVerfGE 89:155 (175); Everling 1995: 61ff.).

Vier Jahre nach dem Maastricht-Urteil wurden von verschiedenen Hochschullehrern unabhängig voneinander zwei Verfassungsbeschwerden gegen die Teilnahme Deutschlands an der Europäischen Währungsunion, vulgo die Einführung des Euro, eingelegt. Beide wurden vom Verfassungsgericht mit dem Argument abgewiesen, dass die Entscheidung über den Beitritt zur Währungsunion für Bundestag und Bundesregierung „Einschätzungs- und Prognoseräume" eröffne, die inhaltlich nicht im Wege einer Verfassungsbeschwerde überprüft werden dürften (BVerfGE 97: 350). Eine Aussage darüber, ob der Zweite Senat des Gerichts seinen Anspruch, in Rechtskonflikten mit der Europäischen Gemeinschaft das letzte Wort zu haben, weiterhin aufrecht erhalten wollte, war damit nicht verbunden.

Der Umgang des Bundesverfassungsgerichts mit einem auf den ersten Blick trivial anmutenden Problem zeigte jedoch, dass die Karlsruher Richter zunächst einmal nicht geneigt waren, den Primat des EuGH in europarechtlichen Fragen anzuerkennen. Es handelte sich um die Bananenmarktordnung der EG. Diese regelt die Kontingentierung des Imports der sog. Dollar-Bananen aus Lateinamerika, mit deren Hilfe die Bananenproduktion in der EG selbst und in den mit der EG assoziierten Staaten geschützt werden soll. Ein Unternehmer legte gegen die Anwendung der EG-Verordnung in Deutschland Verfassungsbeschwerde ein, weil er sich ohne die Möglichkeit, weiterhin im gewohnten Umfang mit lateinamerikanischen Bananen zu handeln, in seiner wirtschaftlichen Existenz bedroht sah. In „konsequenter Fortführung des Maastricht-Urteils" (Rupp 1995: 352), konstruierte das Bundesverfassungsgericht einen Vorrang der grundgesetzlichen Eigentumsgarantie vor der entsprechenden EG-Verordnung. Es folgerte daraus, dass dem beschwerdeführenden Unternehmer ein einstweiliger Rechtsschutz zu gewähren sei. In Form der Genehmigung höherer Einfuhrlizenzen als sie von der Europäischen Kommission festgelegt worden waren, wurde dieser Rechtsschutz schließlich wirksam. Das Gericht gelangte zu seiner Entscheidung auf dem Wege einer verfassungskonformen Auslegung der EG-Verordnung, in die das Gericht in „gewagter Konstruktion" eine Härteklausel hineinlas (Rupp 1995: 353).

Europäisches Recht „verfassungskonform" auszulegen, stellt die Einheitlichkeit der Rechtsanwendung in der EU grundsätzlich in Frage, da in die jeweils zur Debatte stehende europäische Norm je nach Maßgabe der nationalen Verfassungsbestimmungen unterschiedliche Inhalte „hineininterpretiert" werden können. Die von den Verfassungsrichtern angewandte Methode bedeutete deshalb einen deutlich sichtbaren Bruch der Rechtsprechung des Bundesverfassungsgerichts mit derjenigen des EuGH. Vollzogen wurde dieser Bruch in Form einer sog. „Kammerentscheidung". Die beiden Senate des Gerichts bilden jeweils drei Kammern, die mit jeweils drei Richtern besetzt sind. Die Kammern, die zur Entlastung der beiden Senate eingeführt wurden, sind nicht nur befugt, offensichtlich unbegründete Verfassungsbeschwerden ohne nähere Begründung zurückzuweisen. Sie können einer Verfassungsbeschwerde auch stattgeben, ohne den Senat damit zu befassen, und zwar dann, wenn das Bundesverfassungsgericht nach Auffassung der beteiligten Richter das in Rede stehende Rechtsproblem grundsätzlich bereits entschieden hat (Schlaich/Korioth 2004: 30,183).

Eben dies hat die mit der Bananenmarktordnung befasste Kammer ihrer Entscheidung zugrundegelegt: Das Maastricht-Urteil sei ein Grundsatzurteil über das Verhältnis des europäischen Rechts zu nationalem Recht. Letzteres gehe, zumindest was die Grundrechtsgewährleistung betreffe, im Zweifel vor. Besonders bemerkenswert ist, dass die Kammerentscheidung erging, obwohl der EuGH nur drei Monate vorher eine Klage der Regierung der Bundesrepublik Deutschland gegen die Bananenmarktordnung abgelehnt und die Anwendung derselben in allen Mitgliedstaaten nochmals ausdrücklich dekretiert hatte. Diese Praxis des vom Bundesverfassungsgericht in Aussicht gestellten „Kooperationsverhältnisses" zum Europäischen Gerichtshof ließ für die weitere Zukunft der europäischen Integration eine ernste Krise befürchten. Die Entscheidung zur Bananenmarktordnung gab deshalb den unmittelbaren Anlass für die dieses Kapitel einleitend dargestellte Entschließung des Europäischen Parlaments.

Zwischenzeitlich schien es indes, als hätte das Bundesverfassungsgericht die seiner Rechtsprechung innewohnenden Gefahren erkannt. Anlass zu dieser Einschätzung gab ein Beschluss des Zweiten Senats in einem Verfahren der konkreten Normenkontrolle, die ebenfalls der Bananenmarktordnung galt und die unabhängig von der im Jahr 1995 verhandelten Verfassungsbeschwerde im Oktober 1996 eingeleitet worden war. Die Richtervorlage wurde vier Jahre nachdem sie in Karlsruhe eingegangen war von den beteiligten Richtern einstimmig als unzulässig zurückgewiesen. Die Begründung der Vorlage, so hieß es in dem Beschluss, verfehle die besondere Zulässigkeitsvoraussetzung bereits im Ansatz, weil sie auf einem – so wörtlich – „Missverständnis" des Maastricht-Urteils beruhe (BVerfGE 102: 147 (164)). Dieses Missverständnis bestehe darin, dass das vorlegende Gericht gemeint habe, das Bundesverfassungsgericht übe seine Prüfungsbefugnis über europäisches Recht nach dem Maastricht-Urteil entgegen der Solange II-Entscheidung ausdrücklich wieder aus. Eben dies könne dem Maastricht-Urteil aber nicht entnommen werden; die Annahme eines Widerspruchs zwischen den Entscheidungen „Solange II" und „Maastricht" sei mithin ohne tragfähige Grundlage.

In einem der ersten Kommentare zu dieser Begründung fand sich der Hinweis, das vorlegende Gericht sei in diesen Passagen des Urteils regelrecht „abgekanzelt" worden (Adamski 2000: 479). In der Tat fällt auf, dass sich die Richter nicht bemüßigt sahen, auf die umfängliche wissenschaftliche Literatur zum Maastricht-Urteil, die das angebliche Missverständnis des vorlegenden Gerichts zu einem Gutteil hervorgerufen haben dürfte, auch nur mit einem Wort einzugehen. Angesichts des personellen Wechsels, den der Zweite Senat seinerzeit durchlaufen hat – der als Berichterstatter für Europafragen tätige Richter Kirchhof schied im November des Jahres 1999 aus – spricht vieles dafür, dass das Bundesverfassungsgericht in der Richtervorlage, die ihrer Erledigung wie erwähnt immerhin vier Jahre harrte, schließlich ein willkommenes Mittel zu einem wesentlich grundsätzlicheren Zweck als dem der Klärung etwaiger Grundrechtsverletzungen durch die Bananenmarktordnung erkannte. Der Bananenmarkt-Beschluss

Tabelle 9: Die wichtigsten „Europaurteile" des Bundesverfassungsgerichts im Überblick

Jahr/Quelle	*Beschluss/Urteil*	*Inhalt*
1974/BVerfGE 37: 271ff.	„Solange I"	Kontrolle von Gemeinschaftsrecht auf Grundgesetzkonformität durch BVerfG
1986/BVerfGE 73: 339ff.	„Solange II"	Zeitlich begrenzte Aufgabe des Kontrollanspruchs über Gemeinschaftsrecht
1993/BVerfGE 89: 155ff.	„Vertrag von Maastricht"	Wiederbelebung des Kontrollanspruchs (nicht nur über EU-Recht, sondern auch über etwaige Kompetenzüberschreitungen der EU-Organe)
1998/BVerfGE 97: 350ff.	„Einführung des Euro"	keine Aussage über Kontrollanspruch, da Verfassungsbeschwerde „offensichtlich unbegründet"
2000/BVerfGE 102: 147ff.	„Bananenmarktordnung"	Ableitung umfassender Kontrollansprüche aus dem Maastricht-Urteil beruht auf einem „Missverständnis" desselben

vom 7.6.2000 schien als „Friedensangebot" an den Europäischen Gerichtshof konzipiert. Mit der ausdrücklichen Bestätigung des im Solange II-Beschluss vollzogenen Rückzugs von der Kontrolle über europäisches Recht bemühten sich die Karlsruher Richter offenbar um eine Rückkehr zu einem sachgerechten Kooperationsverhältnis mit dem EuGH. In diesem Zusammenhang verdient der Umstand Beachtung, dass die Rede von der „kooperativen Zusammenarbeit" zwischen EuGH und nationalen (Verfassungs-)Gerichten keine Erfindung des Bundesverfassungsgerichts ist, sondern der ständigen Rechtsprechung des Europäischen Gerichtshofs, die mit guten Gründen ein „System der übergeordneten Kooperation" vorsieht, entlehnt wurde (Pernice 1995: 529f.).

Allerdings vermochte auch die explizite Wiederanerkennung des EuGH als gesetzlicher Richter nichts an dem grundsätzlichen Dilemma zu ändern, dass weder das europäische noch das nationale Verfassungsgericht das Problem der demokratischen Legitimation des europäischen Integrationsprozesses lösen können (Folz 1999: 397). Die Gefahr, dass das Grundgesetz durch das Gemeinschaftsrecht „unterlaufen" wird, besteht nach wie vor. Dies kann sogar gegen den expliziten Willen der deutschen Verfassungsorgane geschehen, wenn nämlich die Bundesregierung bei Abstimmungen mit qualifizierter Mehrheit im Rat überstimmt wird. In diesen Fällen kann es zu der Extremsituation kommen, dass die Regierungen anderer Mitgliedstaaten faktisch an die Stelle des deutschen Verfassungsgesetzgebers treten.

Ähnlich problematisch gestaltet sich die verfassungsrechtliche Lage, wenn „grundgesetzrelevante" Entscheidungen des Rates auf die „Ermächtigungsklausel" des Art. 308 des EG-Vertrags gestützt werden (vor 1999 fand sich die Bestimmung in Art. 235 EGV). Dies war der eigentliche „Sprengstoff" im Urteil des EuGH zur Frage, ob und in welchem Umfang Frauen als Zeitsoldatinnen bei der Bundeswehr beschäftigt werden müssen. Die auf den ex-Art. 235 gestützte Gleichbehandlungsrichtlinie der EG vom 9.2.1976 hatte nach dem Urteil des EuGH vom 11.1.2000 im „Fall Kreil" die Konsequenz, dass Art. 12 a GG, der die allgemeine Wehrpflicht für Männer regelt und festlegte, dass Frauen „auf keinen Fall" Dienst mit der Waffe leisten durften, in Bezug auf die letztgenannte Regelung gegenstandslos wurde. Auch wenn eine Vielzahl von Rechtswissenschaftlern die von der Bundesregierung zunächst vertretene Auffassung unterstützte, dass eine Änderung des Art. 12 a GG nicht notwendig sei, wenn man ihn denn nur „gemeinschaftsrechtskonform" auslege (Blickpunkt Bundestag 2/2000: 48; 3/2000: 22) kam es letztlich doch zu einer Änderung, derzufolge Frauen nunmehr „auf keinen Fall zum Dienst mit der Waffe verpflichtet werden", denselben aber freiwillig verrichten dürfen.

Der EuGH hat mit seiner Entscheidung dem Gemeinschaftsrecht eine Bresche in einen Kernbereich staatlicher Souveränität – der militärischen Landesverteidigung – geschlagen, und dies mit der eher dürftigen Begründung, dass der Gleichbehandlungsgrundsatz als allgemeines Prinzip des Wirtschaftslebens die Streitkräfte nicht ausschließe (Kämmerer 2000: 50). Auch wenn die Entscheidung zu einer

Änderung des Grundgesetzes nicht zwingend erforderlich gewesen sein mag, so war sie doch rational. Sie verhinderte einen erneuten Konflikt zwischen Bundesverfassungsgericht und Europäischer Union, denn im Falle einer Anrufung des Bundesverfassungsgerichts wäre nicht auszuschließen gewesen, dass letzteres sich an der früheren, „offiziellen" Interpretation des im Wortlaut eindeutigen Art. 12 a orientiert und die Berufung des europäischen Gesetzgebers auf den ex-Art. 235 EGV in Frage gestellt hätte (Kämmerer 2000: 53).

Das vorläufige Fazit für die Leitfrage nach den Konturen eines „neuen deutschen Regierungssystems" fällt kurz aus. Der Europäische Gerichtshof ist – daran besteht kein Zweifel – schon zum Bestandteil des politischen Systems der Bundesrepublik Deutschland (und den politischen Systemen der anderen Mitgliedstaaten) geworden. Die Gegenreaktion des Bundesverfassungsgerichts im Maastricht-Urteil, in welchem es die Auslegung des europäischen Rechts in grundrechtsrelevanten Fragen für sich beanspruchte, erwies sich als fruchtlos und wurde im Bananenmarkt-Beschluss revidiert.

Deutsche Verfassungsrichter – insbesondere Paul Kirchhof – gebrauchten in der Vergangenheit oft und gerne das Bild von den Gemeinschaftsverträgen als von Art. 23 GG gestützte Brücke, über die das Gemeinschaftsrecht in die deutsche Rechtsordnung fließe (Bröhmer 1999: 39). Sich selbst bezeichneten sie konsequenterweise als „Brückenwächter". Das, was sie in dieser Funktion wohl gern verhindert hätten, nämlich dass die Richter des EuGH ihrerseits über diese Brücke gehen, ist längst geschehen und lässt sich auch nicht mehr rückgängig machen.

Weil der EuGH vermittels seiner Funktion als „Hüter der Gemeinschaft" (Hitzel-Cassagnes 2000: 25) also mittlerweile in der deutschen Rechtsordnung „zu Hause" ist, sind einer „Europäisierung" des Bundesverfassungsgerichts jedenfalls im Sinne einer einseitig „deutschen" Interpretation europäischen Rechts deutliche Grenzen gezogen. Jeder Versuch, diese Grenzen zu sprengen, müsste zwangsläufig zu Konfliktsituationen führen, für deren Lösung kein Schiedsrichter verfügbar wäre. Angesichts dieser Konstellation bleibt nur die Aufgabe, an einem mit den mitgliedstaatlichen Verfassungen tatsächlich im Einklang stehenden Integrationsprozess zu arbeiten (Bröhmer 1999: 39). In Bezug auf das Bundesverfassungsgericht bedeutet dies, dass es eine neue Aufgabe in Form einer „Mitwirkung an dem weit über den nationalen Staat hinausreichenden Verfassungsraum Europas“ (Wahl 2001: 54) finden kann. „Über den EuGH die Grundrechtsstandards gemeinschaftsweit mitzugestalten“ (ebenda), kann allerdings nur bei gegenseitiger Loyalität gelingen.

Das „Bananenmarktbeschluss“ konnte durchaus als Ausdruck solch „loyaler Kooperation“ interpretiert werden (Schwarze 2001: 238). Die Karlsruher Richter hatten mit der im Jahr 2000 vollzogenen Rückbesinnung auf den „judicial self-restraint“ in Europafragen wieder einen deutlich integrationsfreundlichen Kurs eingeschlagen. Wenn dem ein entsprechendes Verhalten des EuGH korrespondiert, könnten beide Gerichte im Sinne der Fusionsthese agieren. Unter dieser Voraussetzung, um deren Realisierung sich das Bundesverfassungsgericht zumindest zeitweise wieder erkennbar bemühte, könnte der Rechtsfriede innerhalb der Europäischen Union auch bei fortschreitender Integration Bestand haben. Deshalb wäre „klug und vernünftig“ gewesen, die Frage nach dem Verhältnis von nationaler und europäischer Verfassungsgerichtsbarkeit so lange wie möglich „in der Schwebe zu belassen“ (Wahl 2001: 53).

Dieser „Schwebezustand“ ist seit dem 24.11.2004 allerdings wieder gefährdet. An diesem Tag beschloss das Bundesverfassungsgericht, die Auslieferung eines deutschen Staatsangehörigen an Spanien, die aufgrund eines Europäischen Haftbefehls erfolgen sollte, mit einer einstweiligen Anordnung bis zu einer endgültigen Entscheidung über die entsprechende Verfassungsbeschwerde auszusetzen. In dieser Verfassungsbeschwerde müssen die Karlsruher Richter das Gesetz zur Umsetzung des Rahmenbeschlusses der EU über den Europäischen Haftbefehl (siehe dazu Kapitel 4.8) nun auf seine Grundgesetzkonformität prüfen. Dies wird nach bekanntem Muster zwangsläufig darauf hinauslaufen, dass europäisches Recht am Maßstab des Grundgesetzes gemessen wird. Es ist mithin nicht auszuschließen, dass das Bundesverfassungsgericht sich in Überschreitung seiner Kompetenzen erneut als „Europagericht letzter Instanz“ zu etablieren versuchen könnte. Das „Kooperationsverhältnis“ von EuGH und Bundesverfassungsgericht wäre damit wieder ernsthaft gefährdet. Und wenn der Kommentator einer renommierten deutschen Tageszeitung seine Leser positiv darauf einzustimmen versucht, dass die Karlsruher Richter schon bald „den umstrittenen Europäischen Haftbefehl verwerfen" könnten (Richter 2004: 4), zeigt dies, wie gering das Verständnis von europäisierter Verfassungsgerichtsbarkeit in Deutschland noch immer ausgeprägt ist.

Literatur

Adamski, Heiner (2000): Schützen das Bundesverfassungsgericht oder der Europäische Gerichtshof die Grundrechte?, in: Gegenwartskunde 49(2), S. 473–479.

Bröhmer, Jürgen (1999): Das Bundesverfassungsgericht und sein Verhältnis zum Gerichtshof der Europäischen Gemeinschaften, in: Aus Politik und Zeitgeschichte B 16, S. 31–39.

Ehmke, Horst (1998): Das Bundesverfassungsgericht und Europa, in: Integration 21(3), S. 168–172.

EP-Ausschuss für Recht und Bürgerrechte (1997): Bericht über die Beziehungen zwischen dem Völkerrecht, dem Gemeinschaftsrecht und dem Verfassungsrecht der Mitgliedstaaten (www3.europarl.eu.int/omk/omnsapir.so/calendar?APP=PDF&TYPE=PV1&FILE=19971001DE.pdf&LANGUE=DE – Stand: 26.1.2005).

Everling, Ulrich (1995): Bundesverfassungsgericht und Gerichtshof der Europäischen Gemeinschaften nach dem Maastricht-Urteil, in: Randelzhofer, Albrecht/Scholz, Rupert/Wilke, Dieter (Hrsg.): Gedächtnisschrift für Eberhard Grabitz, München, S. 57–75.

Folz, Hans-Peter (1999): Demokratie und Integration: Der Konflikt zwischen Bundesverfassungsgericht und Europäischem Gerichtshof über die Kontrolle der Gemeinschaftskompetenzen. Zum Spannungsverhältnis zwischen demokratischer Legitimation und Autonomie supranationaler Rechtsordnung, Berlin.

Grosser, Alfred (1960): Die Bonner Demokratie. Deutschland von draußen gesehen, Düsseldorf.

Hitzel-Cassagnes, Tanja (2000): Der Europäische Gerichtshof: Ein europäisches „Verfassungsgericht"?, in: Aus Politik und Zeitgeschichte, B 52 – 53, S. 22–30.

Kämmerer, Jörn-Axel (2000): Föderale Kompetenzkonflikte und Grundrechtsjudikatur in Europa, in: Vitzthum, Wolfgang Graf (Hrsg.): Europäischer Föderalismus. Supranationaler, subnationaler und multiethnischer Föderalismus in Europa, Berlin, S. 37–55.

Kirchhof, Paul (1989): Gegenwartsfragen an das Grundgesetz, in: Juristenzeitung 44, S. 453–465.

Koch, Eckard (1996): Das deutsche Bundesverfassungsgericht als Europäischer Gerichtshof höchster Instanz?, in: Immenga, Ulrich/Möschel, Werner/Reuter, Dieter (Hrsg.): Festschrift für Ernst-Joachim Mestmäcker, Baden-Baden, S. 397–409.

Müller-Graff, Peter-Christian (1998): Euro, Bundesverfassungsgericht und Gerichtshof der Europäischen Gemeinschaften – Währungsstabilität und richterliche Kontrolle, in: Integration 21(2), 86–102.

Pernice, Ingolf (1995): Einheit und Kooperation: Das Gemeinschaftsrecht im Lichte der Rechtsprechung von EuGH und nationalen Gerichten. Randbemerkungen zu einem ungeklärten Verhältnis, in: Randelzhofer, Albrecht/Scholz, Rupert/Wilke, Dieter (Hrsg.): Gedächtnisschrift für Eberhard Grabitz, München, S. 523–550.

Richter, Nicolas (2004): Das Recht als Opfer im Anti-Terror-Kampf, in: Süddeutsche Zeitung, 20.12.2004, S. 4.

Rupp, Hans-Heinrich (1995): Anmerkung zu Verfassungsrecht, Europarecht, in: Juristenzeitung 50, S. 352–354.

Scheuing, Dieter H. (1997): Zur Europäisierung des deutschen Verfassungsrechts, in: Kreuzer, Karl F./Scheuing, Dieter H./Sieber, Ulrich (Hrsg.): Die Europäisierung der mitgliedstaatlichen Rechtsordnungen in der Europäischen Union, Baden-Baden, S. 87–106.

Schlaich, Klaus/Korioth, Stefan (2004): Das Bundesverfassungsgericht: Stellung, Verfahren, Entscheidungen. Ein Studienbuch, 6. Auflage, München.

Scholz, Rupert (1990): Wie lange noch bis „Solange III"?, in: Neue Juristische Wochenschrift 43(15), S. 941–946.

Schwarze, Jürgen (2001): Das „Kooperationsverhältnis" des Bundesverfassungsgerichts mit dem Europäischen Gerichtshof, in: Bachura, Peter/Dreier, Horst (Hrsg.): Festschrift 50 Jahre Bundesverfassungsgericht, Band 1, Tübingen, S. 223–243.

Tomuschat, Christian (1993): Die Europäische Union unter Aufsicht des Bundesverfassungsgerichts, in: Europäische Grundrechtezeitschrift 20 (20–21), S. 489–496.

Wahl, Rainer (2001): Das Bundesverfassungsgericht im europäischen und internationalen Umfeld, in: Aus Politik und Zeitgeschichte, B 37–38, S. 45–54.

Wewer, Göttrik (1991): Das Bundesverfassungsgericht – eine Gegenregierung? Argumente zur Revision einer überkommenen Denkfigur, in: Blanke, Bernhard/Wollmann, Hellmut (Hrsg.): Die alte Bundesrepublik. Kontinuität und Wandel (Leviathan Sonderheft 12), Opladen, S. 310–335.

3.7 Die europäische Ausrichtung der Interessenpolitik

Die Architekten des europäischen politischen Systems hatten von Anbeginn an versucht, einen „natürlichen Ort“ zu schaffen, an dem die Interessen der verschiedenen Bevölkerungsgruppen in den europäischen Einigungsprozess eingebracht werden sollten. Durch die Römischen Verträge wurde hierzu als beratendes Gremium der Wirtschafts- und Sozialausschuss (WSA) ins Leben gerufen. Der WSA besteht gemäß Art. 257 EG-Vertrag aus „Vertretern der verschiedenen Gruppen des wirtschaftlichen und sozialen Lebens, insbesondere der Erzeuger, der Landwirte, der Verkehrsunternehmer, der Arbeitnehmer, der Kaufleute und Handwerker, der freien Berufe und der Allgemeinheit.“ Die Mitglieder des WSA werden auf der Grundlage von Vorschlagslisten, die von den mitgliedstaatlichen Regierungen eingereicht werden, vom Rat ernannt. Die Regierungen ihrerseits räumen den entsprechenden Interessenorganisationen in der Regel ein Vorschlagsrecht ein. Auf Deutschland entfallen 24 der insgesamt 344 Sitze im WSA.

Auch wenn die Mitglieder des WSA sich intern in drei Gruppen organisieren – Arbeitgeber, Arbeitnehmer und „sonstige Interessen“ –, ist die Effizienz des Gremiums durch seine interne Interessenheterogenität äußerst begrenzt (Wessels 2003: 799). Die Stellungnahmen, die der WSA an Kommission und Rat und nach den Beschlüssen der Regierungskonferenz von Amsterdam auch an das Europäische Parlament richtet, beeinflussen die Entscheidungsprozesse inhaltlich meist nur marginal. Für das eigentliche Anliegen der im WSA vertretenen Gruppen, spezifische Interessenpolitik auf europäischer Ebene zu betreiben, ist das in Gestalt des WSA formalisierte, institutionelle Mitwirkungsangebot zudem denkbar ungeeignet. Die organisierten Interessen präferieren deshalb eindeutig die direkte Beeinflussung der europäischen Entscheidungsträger.

Die Frage, welchen Stellenwert die Interessenvertretung gegenüber den Institutionen der Europäischen Union für die Arbeit ihrer jeweiligen Organisation hat, wird von der Mehrzahl der deutschen Verbandsfunktionäre mit „sehr wichtig“ bzw. „wichtig“ beantwortet. Die Bedeutung, die dem „EU-lobbying“ zugemessen wird, variiert allerdings politikfeldspezifisch. Am ausgeprägtesten ist sie in der Agrar-, der Wirtschafts- und der Finanzpolitik, in den Politikfeldern also, die von einem vergleichsweise hohen Vergemeinschaftungsgrad gekennzeichnet sind.

Schon seit den frühen fünfziger Jahren gibt es europäische Verbände. Das klassische Muster eines „Euroverbandes“ ist der transnationale Verband nationaler Verbände. Die Frage nach der Relevanz der Mitarbeit in diesen europäischen Verbandszusammenschlüssen für die verschiedenen deutschen Interessengruppen wird von den Verbandsfunktionären ebenfalls der Intensität der europäischen Vergemeinschaftung der jeweiligen Politikfelder entsprechend beantwortet (Sebaldt 1997: 191ff.).

Die Tatsache, dass vor allem Verbandsvertreter, die im Agrar- und im Wirtschaftssektor agieren, der Mitarbeit in den europäischen Verbänden eine überdurchschnittlich große Bedeutung zuschreiben, interpretiert Sebaldt (1997: 194) als Reaktion auf die „Spielregeln“, die seiner Ansicht nach im politischen System der EU gelten: „Da Institutionen der EU in der Regel nur europäische Verbände als Gesprächspartner akzeptieren, muss den deutschen Interessengruppen an einer solchen Kooperation naturgemäß sehr gelegen sein.“ Zwar ließe sich diese Sichtweise durch den Hinweis stützen, dass der europäische Organisationsgrad deutscher Verbände mit über 90 % überdurchschnittlich hoch liegt (Kohler-Koch 1992: 94), doch führt sie gleichwohl in die Irre, weil sie implizit voraussetzt, dass die Mitgliedschaft in einem europäischen Verband die einzige Möglichkeit für nationale Interessenträger zur unmittelbaren Beeinflussung der in der Europäischen Union wirkenden Akteure sei.

Auch wenn das Entscheidungssystem der EG/EU von seiner vertragsmäßigen Konstruktion her durchaus auf eine intensive Zusammenarbeit vor allem der Europäischen Kommission mit den europäischen Verbandsföderationen hin angelegt ist, gehört auch die eigene unmittelbare Repräsentation auf europäischer Ebene von jeher zu den Strategien nationaler Verbände: „Der Zusammenschluss zu europäischen Verbandsföderationen war immer nur eine Ergänzung der eigenen Interessenvertretung in der europäischen Politik und in keinem Fall mit dem Verzicht auf eigenständige transnationale Aktivitäten verbunden“ (Kohler-Koch 1992: 100). Organe der EG suchen von sich aus häufig den Kontakt nicht nur mit den Euroverbänden, sondern auch mit nationalen Organisationen (Schloz 1994: 82). Es ist nicht ungewöhnlich, dass einzelne europäische Verbände von der Kommission bewusst umgangen werden, weil diese entweder strategische Vorteile in einer Koalition mit nationalen Verbänden sieht, die es ihr erleichtern, ihre Politik im Rat durchzusetzen (Kohler-Koch 1992: 102), oder weil sie von den europäischen Dachverbänden nicht mit den Detailinformationen versorgt werden kann, derer sie zur Vorbereitung bestimmter Rechtsetzungsakte bedarf (Eichener 2000: 277).

Beide Seiten – der supranationale Akteur „Kommission" und die nationalen Interessengruppen – fahren also eine Doppelstrategie. Sie gilt es ebenso zu berücksichtigen wie die Tatsache, dass in Brüssel mit zunehmender Tendenz auch einzelne Großunternehmen als „direct lobbyists in their own right" (Coen 1997: 91) agieren. Platzer (2002: 409) spricht von „über 200" multinationalen Konzernen, die eigene Verbindungsbüros in Brüssel unterhalten. Die Analyse der Europäisierungsdimensionen deutscher Interessenpolitik auf die Mitwirkung der nationalen Verbände in den europäischen Verbandszusammenschlüssen zu beschränken, würde also eine in mehrfacher Hinsicht unzulässige Verengung der Untersuchungsperspektive bedeuten. Gleichwohl bietet es sich an, zunächst auf die Entwicklung der europäischen Verbände und die Mitarbeit deutscher Organisationen in ihnen einzugehen, denn die erwähnte Doppelstrategie ist erst als Reaktion auf verschiedene Unzulänglichkeiten transnational organisierter Verbände entstanden.

Die Etablierung der ersten europäischen Verbände erfolgte als Reaktion auf die Gründung der Europäischen Gemeinschaft für Kohle und Stahl (EGKS). Im Jahr 1951 gründeten die nationalen Stahlverbände der sechs EGKS-Staaten den „Club der Stahlhersteller", zwei Jahre später folgten die bergbaulichen Verbände, die sich im „Studienausschuss des westeuropäischen Kohlebergbaus" zusammenschlossen (Platzer 2002: 411). Den entscheidenden Impuls zum Aufbau europäischer Verbandsorganisationen lieferte jedoch erst die Unterzeichnung der Römischen Verträge im Jahr 1957. In diesem Jahr wurden elf, in den beiden Folgejahren zusammen 92 „Euroverbände" geschaffen (Kohler-Koch 1992: 93). In den ersten zehn Jahren des Bestehens der EWG wurden insgesamt bereits 255 derartige Zusammenschlüsse ins Leben gerufen (Platzer 2002: 411). Die Angaben über die Zahl der europäischen Verbände unterscheiden sich zum Teil beträchtlich. Während beispielsweise Platzer (1999: 412) von „über 400" europäischen Verbänden ausgeht, spricht Dieckmann (1998: 212) schon für das Jahr 1994 von exakt 637, während Grande (2003: 50) sich der Schätzung anschließt, es gebe sogar etwa 1400 Interessenvereinigungen auf europäischer Ebene. Einigkeit besteht allerdings darüber, dass die Hochphase der Gründung europäischer Verbandszusammenschlüsse bereits Ende der sechziger Jahre abgeschlossen war. Etwa die Hälfte der gegenwärtig existierenden Euroverbände ist also bereits älter als 30 Jahre.

Erster und wichtigster Adressat für die versuchte Einflussnahme auf die europäische Rechtsetzung ist aufgrund ihres Initiativmonopols und ihrer „Prozessführerschaft" über den gesamten Entscheidungsprozess hinweg die Europäische Kommission (Hull 1993: 83). Auch wenn das in der Öffentlichkeit weit verbreitete Vorurteil von der „Brüsseler Megabürokratie" das Gegenteil nahelegt, ist die Kommission administrativ unterentwickelt und leidet an personeller Unterausstattung. Nur etwa ein Viertel der Kommissionsbeamten ist an den eigentlichen Politikformulierungsprozessen beteiligt. Die starke Stellung der Kommission im legislativen Verfahren einerseits und ihre Ressourcenschwäche andererseits erklären ihre traditionelle Offenheit gegenüber organisierten Interessen. Weil die Kommission auf das Fachwissen der betroffenen Gruppen unverzichtbar angewiesen ist, beginnt sie „legislative Initiativen üblicherweise regelrecht mit der Suche nach organisierten Interessen", wobei sie nicht nur strategische Konzepte, sondern durchaus auch fertig ausgearbeitete Textentwürfe erwartet, die nicht selten unveränderten Eingang in die späteren Richtlinien oder Verordnungen finden (Eichener 2000: 271).

Die Suche der Kommission nach organisierten Interessen beschränkt sich keineswegs auf die Einladung zu informellen Gesprächsrunden zu Beginn von Gesetzgebungsinitiativen, sondern war und ist in vielen Fällen wesentlich grundsätzlicherer Natur. In Bezug auf die Gestalt der nationalen Verbändelandschaft hat Czada (1991) darauf aufmerksam gemacht, dass ein Merkmal, das Historiker für die Formierung der ersten Interessenorganisationen im frühen 19. Jahrhundert herausgearbeitet haben, auch für die Staat-Verbände-Beziehungen der Gegenwart gilt: Regierung und Verwaltung treten nicht selten als „Organisatoren gesellschaftlicher Interessen" auf, das heißt, die Gründungsinitiative kam und kommt mitunter „von oben", also vom Staat, und nicht „von unten" aus der Gesellschaft. Hätte der Staat – so Ullmann (1988: 61) – nicht die Führung übernommen sowie personelle, organisatorische und finanzielle Hilfestellung gegeben, wäre ein Großteil der frühen deutschenVerbände kaum je entstanden. Dieser Befund gilt für die Entstehung verschiedener europäischer Verbände in ganz ähnlicher Weise.

Als einer der einflussreichsten Verbände auf europäischer Ebene gilt das „Comité des Organisations Professionelles Agricoles". Es handelt sich dabei um den Zusammenschluss nationaler Bauernverbände, der unter der Abkürzung COPA bekannt ist. COPA wurde am 6.9.1958 anlässlich einer Konferenz gegründet, auf welcher die Grundlagen für die Einführung der gemeinsamen Agrarpolitik erarbeitet wurden. Die Initiative zur Gründung des damaligen Sechserverbandes ging, wie führende Repräsentanten des Verbandes selbst wiederholt bekundeten, nicht etwa von den nationalen Bauernverbänden, sondern von der Europäischen Kommission aus (Burkhardt/Schumann 1978: 214).

Doch nicht nur in der Frühphase der europäischen Integration leistete die Kommission „Geburtshilfe" für Euroverbände. Sie wurde immer dann aktiv, wenn ihr die in bestimmten Sektoren jeweils bestehende Verbandsstruktur aus aktuellen Anlässen unzureichend erschien. So wurde etwa angesichts der europäischen Stahlkrise während der ersten Hälfte der siebziger Jahre deutlich, dass die seinerzeit vorhandenen Überkapazitäten bei der Stahlproduktion abgebaut werden mussten. Die Kommission wollte hierfür die Vereinbarung von Produktionsquoten und Preisabsprachen ermöglichen, sah sich aber aufgrund der unübersichtlichen Interessenlage nicht imstande, ein entsprechendes Programm zu entwickeln. Deshalb rief der für industrielle Angelegenheiten zuständige Kommissar Davignon die Stahlproduzenten im EG-Raum auf, einen Dachverband zu bilden. Es lässt sich in diesem Fall geradezu von einem „Sponsoring" eines europaweiten Kartells durch die Komission sprechen (Streeck/Schmitter 1994: 187), die im Jahr 1977 zur Gründung der „European Confederation of Iron and Steel Industries" (EUROFER) führte. Prämiert wurde dieser Zusammenschluss von der Kommission mit der korporatistischen Einbindung des neuen Verbandes in die europäische Stahlpolitik (Nollert 1996: 657). Aus demselben Zeitraum datiert der Versuch, die Interessenlandschaft im Bereich der Ökologie, in welchem eine Vielzahl von Umweltschutzgruppen um Einfluss konkurrierte (Hull 1993: 89), neu zu strukturieren. Die Gründung des „European Environmental Bureau" (EEB), dem heute nach eigenen Angaben134 Nicht-Regierungsorganisationen aus 25 Ländern angehören, im Jahr 1976 ging ebenfalls auf die Initiative der Kommission zurück (Dieckmann 1998: 214).

Die Kommission hat aus verschiedenen Gründen ein Interesse daran, gestaltend auf die Brüsseler Verbändelandschaft einzuwirken. Ganz allgemein wertet sie funktionstüchtige Euroverbände als Beitrag zur Verschiebung der Machtbalance von der nationalen zur supranationalen Ebene (Eichener/Voelzkow 1994: 14). Des Weiteren ist sie an einer überschaubaren, klar strukturierten Interessenlandschaft mit möglichst wenigen, dafür aber repräsentativen Verbänden interessiert. Auch ist die Kommission bemüht, die Ungleichgewichtigkeit der in Brüssel vertretenen Interessen zu korrigieren. Weil über 50 % der europaweit organisierten Verbände industrielle Produzenteninteressen repräsentieren (Kohler-Koch 1992: 95; Dieckmann 1998: 214), versucht sie, die traditionell schwachen Interessen etwa im Verbraucher- und Umweltschutz nicht nur durch Unterstützung bei der Gründung transnationaler Verbände zu fördern, sondern gibt auch Zuschüsse zur Finanzierung der laufenden Arbeit (Eising 2001: 469; Grande 2003: 51). So erhielt nach Angaben der zuständigen Generaldirektion der Europäischen Kommission das Europäische Umweltbüro für das Jahr 2003 von der Kommission Zuschüsse in Höhe von knapp 761.000 Euro; gleichzeitig wurden die europäische Vereinigung von Friends of the Earth mit 419.000 Euro und das „European Policy Office" des World Wide Fund for Nature mit knapp 618.000 Euro gefördert. Die Kommission fördert verschiedene Umweltorganisationen, die auf EU-Ebene tätig sind, gleichzeitig. Insgesamt umfasst die Liste der geförderten Umweltorganisationen 28 Vereinigungen (ABL.EU 2003/C 147/05). Dies zeigt, wie schwierig es ist, das von ihr angestrebte Ziel anerkannter „zentraler" Euroverbände zu realisieren, die in der Lage sind, „gefilterte" Stellungnahmen zu liefern, welche von (national) divergierenden Interessenprofilen bereits befreit sind. Die Kommission sieht zwar in Euroverbänden, die national unterschiedliche Interessen harmonisieren und den intern gefundenen gemeinsamen Nenner glaubhaft repräsentieren können, ihre „natürlichen Verbündeten" (Platzer 1997: 69), findet sie allerdings nicht immer.

Obwohl sich die Zahl der europäischen Verbände seit den siebziger Jahren mehr als verdoppelt hat (Dieckmann 1998: 212), bleiben solche „natürlichen Bündnisse" also eher rar, und wo sie zustandekommen, sind sie nicht sonderlich wirkungsmächtig. Der Grund für diese Diskrepanz ist darin zu suchen, dass es den nationalen Interessenträgern zwar relativ leicht fällt, der Gründung europäischer Dachverbände zuzustimmen, weil sie sich von ihnen bestimmte Dienstleistungen vor allem in Form von Informationen versprechen. Über die Handlungsfähigkeit des jeweiligen Euroverbandes ist damit jedoch noch nichts gesagt. Die große Mehrzahl der europäischen Verbandsföderationen leidet unter einer Vielzahl von Problemen, die es nach wie vor gerechtfertigt erscheinen lassen, sie als ineffiziente „Papiertiger" zu qualifizieren (Pijnenburg 1998: 303).

Die angesprochenen Probleme schlagen sich darin nieder, dass den Euroverbänden von ihren nationalen Mitgliedern in aller Regel nur höchst unzureichende Handlungsressourcen zugestanden werden. Sichtbares Resultat dessen ist die dürftige Personalausstattung der Brüsseler Repräsentanzen, die von den europäischen Verbänden unterhalten werden. Im Durchschnitt kommen auf die Vertretung eines Euroverbandes 3,5 hauptamtliche Mitarbeiterstellen, den Regelfall bilden aber noch immer „Ein-Personen-Büros" mit einer halbtags tätigen Sekretärin. Seltene Ausnahmen von dieser Regel sind zum Beispiel der europäische Bauernverband COPA, die Dachorganisation der Industrie- und Arbeitgeberverbände Europas (UNICE) und der Europäische Verband der Chemischen Industrie (CEFIC), die jeweils mehr als 50 Mitarbeiter beschäftigen (Dieckmann 1998: 213).

Der geringe Personalbestand ist indes lediglich der äußerlich sichtbare Ausdruck eines wesentlich grundsätzlicheren Problems im Verhältnis der Euroverbände zu ihren Mitgliedsorganisationen aus den Nationalstaaten. Es nimmt seinen Ausgang darin, dass die unter dem „Dach" eines europäischen Verbandes vereinten Interessenträger – vor allem derjenigen aus dem im weitesten Sinne ökonomischen Bereich – untereinander nach wie vor in einem Konkurrenzverhältnis stehen, denn sie kämpfen um Marktanteile. Die Aussage, europäische Verbände seien lediglich imstande, „Positionen auf dem Niveau des kleinsten gemeinsamen Nenners“ zu vertreten (Eichener 2000: 260), lässt sich also dahingehend präzisieren, dass sie für die Kommission als Verhandlungspartner in aller Regel überhaupt nur dann interessant sind, wenn wettbewerbsneutrale Maßnahmen bzw. Rechtsetzungsakte der Europäischen Gemeinschaft zur Debatte stehen (Platzer 1996: 128), und das ist in den Politikfeldern mit hohem Vergemeinschaftungsgrad in den seltensten Fällen gegeben.

Europäische Verbände taugen deshalb allenfalls als „Defensivmechanismen über die Grenzen hinweg“, wenn auf europäischer Ebene Maßnahmen ins Auge gefasst werden, von denen sich alle Verbandsmitglieder ungeachtet ihrer nationalen Herkunft gleichermaßen Nachteile erwarten (Hartmann 1998: 244). Aber auch in dieser Funktion unterliegen die Euroverbände einer zweifachen Handlungsrestriktion. Erstens ist eine mitgliedstaatlich „neutrale“ Verteilung von ökonomischen Nachteilen wie zum Beispiel von Auflagen zur Arbeitssicherheit nur dann gegeben, wenn vorher bereits ein gleiches Ausgangsniveau in Form europaweit einheitlicher Standards galt. Hinzu kommt, zweitens, dass Defensivtaktiken, die auf die Sicherung des Status quo gerichtet sind, nicht mehr die Kommission zum Adressaten haben, sondern zwangsläufig auf den Rat zielen müssen. Zum Rat aber haben Interessengruppen – auch europäische – schlicht keinen Zugang.

Das europäische Verbandsdilemma besteht zusammengefasst also darin, dass die Euroverbände schon je für sich, wenngleich in unterschiedlicher Intensität, heterogene Interessen vertreten, weshalb sie von ihren Mitgliedern kein Mandat erhalten, Entscheidungen zu treffen bzw. Vereinbarungen einzugehen, die für ihre Mitgliedsverbände verpflichtend wären. Ohne Verpflichtungsfähigkeit gegenüber ihren Mitgliedsorganisationen aber sind die Beiträge, welche die europäischen Verbände für die Politikformulierung leisten können, für die politisch administrativen Akteure der EU weitgehend wertlos (Eichener 2000: 260f.).

Für die Analyse des politischen Systems der Europäischen Union bedeutet dieser Befund, dass sich korporatistische Arrangements, bei denen Euroverbände förmlich in die Entscheidungs- und Implementationsprozesse eingebunden sind, nur in Ausnahmefällen durchgesetzt haben bzw. durchsetzen werden (Grande 2003: 58). Neben dem Bereich industrieller Normung ist vor allem die Gemeinsame Agrarpolitik korporatistisch durchsetzt. Dies zeigt sich daran, dass der europäische Dachverband der Bauernverbände COPA offiziell in den beratenden Ausschüssen der Kommission vertreten ist und dort bis zur Hälfte der Mitglieder stellt (Eichener 2000: 264). Die Homogenität der (Produzenten-)Interessen im Agrarbereich erlaubt den nationalen Bauernverbänden, in einem Ausmaß „Handlungsvollmachten" an ihren europäischen Dachverband zu delegieren, das in anderen Wirtschaftsbereichen völlig unrealistisch erscheint.

Dies ist der Grund, warum etwa der in Art. 139 EG-Vertrag verankerte „Soziale Dialog" zwischen dem Europäischen Industrie- und Arbeitgeberverband UNICE, dem europäischen Zentralverband der öffentlichen Wirtschaft CEEP und dem Europäischen Gewerkschaftsbund EGB bis heute weitgehend folgenlos blieb (Dieckmann 2000: 289; Eising 2001: 464f.). Die gewerkschaftliche Interessenvielfalt, die bedingt ist durch die Konkurrenz der nationalen Gewerkschaften um Arbeitsplätze einerseits, und das fehlende Mandat für UNICE für verbindliche Vereinbarungen andererseits, blockieren die Verhandlungen. Faktisch können sowohl EGB als auch UNICE als europapolitische Akteure vernachlässigt werden (Hartmann 1998: 245; 248). Ohne funktionsfähigen „Tripartismus" gibt es aber keinen Korporatismus. Deshalb lässt sich das europäische System der Interessenvermittlung am treffendsten noch immer als „disjointed pluralism" beschreiben (Streeck/Schmitter 1994: 215). In diesem mittlerweile kaum mehr überschaubaren System nehmen die deutschen Interessenträger – Verbände wie einzelne Unternehmen – jeweils unterschiedliche Strategien gleichzeitig wahr.

„Gegenwärtig ist nahezu das gesamte Spektrum nationaler Interessenorganisationen, von den Fach-, Branchen- und Dachverbänden der Wirtschaft, über die Agrar-, Umweltschutz- und Verbraucherverbände bis hin zu den Wirtschafts- und Wohlfahrtsverbänden in europäischen Verbänden organisiert" (Platzer 2002: 409). Mit ihrem Beitritt zu den jeweiligen europäischen Verbandsföderationen erfüllen die nationalen Interessengruppen die oben skizzierten Erwartungen der Europäischen Kommission, die grundsätzlich auf eine EU-weite Interessenaggregation gerichtet sind. Wegen des Primats, das dem Binnenmarktprojekt sowie der Wirtschafts- und Währungsunion für die europäische Integration zukommt, stellt sich die Frage nach der inhaltlichen Ausrichtung und der Effizienz von Euroverbänden für wirtschaftspolitische Interessenträger in besonderem Maße. Es ist daher nur natürlich, dass die nationalen Wirtschafts- und Industrieverbände ihre Strategien nicht nur auf eine erhöhte Wirksamkeit der multilateralen Verbandsabstimmung in ihrem Bereich abstellen, sondern mindestens in gleichem Maße auch darauf, dieselbe einer größtmöglichen Kontrolle zu unterwerfen (Kohler-Koch 1990: 226).

Wer in einem europäischen Verband „das Sagen hat", entscheiden neben der Bereitschaft und der Initiative zur Mitgestaltung der europäischen Politik primär zwei Kriterien: Die Stellung der durch den jeweiligen Verband repräsentierten Branche auf dem internationalen bzw. europäischen Markt und/oder der finanzielle Beitrag, den die jeweilige nationale Organisation für ihren Euroverband zu leisten fähig und willens ist. So ist beispielsweise die deutsche Lederindustrie ihrer italienischen und spanischen Konkurrenz hoffnungslos unterlegen und hat dementsprechend geringen Einfluss auf die Politik des europäischen Verbandes der Lederindustrie, während sich die Situation für die optische und feinmechanische Industrie genau umgekehrt darstellt. Der Anteil von etwa 50 % der deutschen Produzenten auf dem europäischen Markt beschert dem „Verband der deutschen feinmechanischen und optischen Industrie" eine Führungsrolle in der europäischen Organisation (Schloz 1994: 88). Schon aufgrund seiner bloßen Mitgliedsstärke kommt auch dem Deutschen Bauernverband auf europäischer Ebene innerhalb des COPA eine tragende Rolle zu, die auch dadurch zum Ausdruck kommt, dass der Vorsitzende des DBV auch dem europäischen Dachverband vorsteht. Auch für den Deutschen Gewerkschaftsbund gilt, dass er innerhalb des Europäischen Gewerkschaftsbundes (EGB) einen Führungsanspruch geltend machen kann, weil er die Hauptlast seiner Finanzierung trägt (Hartmann 1998: 247).

Aber auch wenn es einem nationalen Verband gelingt, innerhalb der für ihn „einschlägigen" europäischen Verbandsföderation einen gewissen Führungsanspruch durchzusetzen, ist damit die Effizienz des europäischen „lobbying" allein deshalb noch nicht gesichert, weil die Politik der Euroverbände zwangsläufig auf Kompromissen beruht, denen spezifisch nationale Interessenlagen häufig zum Opfer fallen (Schloz 1994: 190). Deshalb betreiben nationale Interessenorganisationen unabhängig von und parallel zu ihrer Mitgliedschaft in den europäischen „Verbänden der Verbände" ihre eigene Europastrategie (Eising 2001: 462; Lahusen 2003: 308). Vorreiter bei der Einrichtung eigener Vertretungen am Sitz der Gemeinschaftsorgane waren der Bundesverband der Deutschen Industrie (BDI) und der Deutsche Industrie- und Handelskammertag (DIHK), die ihre Brüsseler Büros bereits im Jahre 1958 bezogen. War die unmittelbare Präsenz nationaler Verbände ursprünglich auf derartige Dachverbände beschränkt (Kohler-Koch 1992: 107), so ist sie heute auch für die wichtigen Branchen- und Fachverbände (nicht nur) der deutschen Wirtschaft die Regel. In Brüssel finden sich mittlerweile etwa fünf Mal so viele nationale Interessengruppen wie europäische Verbände (Dieckmann 1998: 211).

Der Selbstdarstellung der BDI-Vertretung bei der Europäischen Union, die im Internet zu finden ist (http://www.bdi-online.de), kann man entnehmen, dass allein in dem Gebäude, in dem der BDI residiert, dreizehn weitere deutsche Verbandsvertretungen untergebracht sind, darunter der Verband der Automobilindustrie (VDA), der Verband der Chemischen Industrie (VCI), der Bundesverband der Deutschen Entsorgungswirtschaft (BDE) und die Bundesvereinigung der Deutschen Arbeitgeberverbände (BDA). Eine Befragung von Repräsentanten deutscher, französischer und britischer Wirtschaftsverbände erbrachte das Ergebnis, dass nur noch 18 % der nationalen Interessenorganisationen eine rein nationale Strategie verfolgen (Quittkat/Kohler-Koch 2000: 44). Auch der Deutsche Gewerkschaftsbund hat sich, wenn auch spät, der Einsicht gebeugt, dass eine ausschließlich über einen europäischen Dachverband organisierte Interessenvertretung wenig Erfolg verspricht. Seit dem Jahr 1997 unterhält auch der DGB eine eigene Vertretung in Brüssel (Platzer 2002: 409).

Die nationalen Verbände haben einen besseren und leichteren Zugang zur Europäischen Kommission als verschiedentlich unterstellt wird. So berichtet etwa Schloz (1994: 153f.), dass deutsche Verbände durch die Aufnahme nicht-deutscher Mitglieder aus anderen Mitgliedstaaten der Europäischen Union versucht hätten, die „strengen Vorgaben für die Einstufung als Euro-Verband“ durch die EG-Lobbyliste zu umgehen. Sollten solche Versuche deutscher Verbände, sich ein „europäisches Mäntelchen“ umzuhängen, tatsächlich durch die vermeintliche Erkenntnis motiviert gewesen sein, anders keinen Zugang zur Europäischen Kommission gewinnen zu können, war die Strategie überflüssig. Denn auch wenn die Kommission in ihrer 1992 veröffentlichten „Mitteilung über einen offenen und strukturierten Dialog zwischen der Kommission und den Interessengruppen“, die auch heute noch Gültigkeit hat, betont, dass sie den Kontakt mit europäischen Verbänden bevorzuge, macht sie dort gleichzeitig auch deutlich, dass sie sich zu einer Gleichbehandlung aller, also auch nationaler, Interessengruppen verpflichtet sieht[2]. Dies liegt durchaus in ihrem Eigeninteresse, weil viele der europäischen Dachverbände, auch wenn sie tatsächlich ein aggregiertes Meinungsbild zu präsentieren in der Lage sind, die „Fachlichkeitserwartungen“ der Kommission nicht erfüllen können (Hartmann 1998: 245). Es sind letztlich nur die nationalen Verbände, die Einblick in die Besonderheiten der einzelnen Mitgliedstaaten bieten können: „Ihre Position ist immer dann von Interesse, wenn die genaue Kenntnis der Sachlage in den jeweiligen Mitgliedstaaten erforderlich ist, um [...] mögliche Widerstände für die Umsetzung der europäischen Gesetzgebung auf nationaler Ebene auszuräumen“ (Quittkat/Kohler-Koch 2000: 45).

Getragen werden die nationalen Wirtschaftsverbände in letzter Instanz von einzelnen Unternehmen. Für Großunternehmen, die auf internationalen Märkten agieren, gilt seit langem, dass sie eine ausschließlich über Branchenverbände vermittelte Repräsentanz im industriellen Dachverband, die, bis es zur Interessenvertretung auf europäischer Ebene kommt, noch eine dritte, die transnationale Verbandsebene durchlaufen muss, als wenig angemessenes Organisationsprin-

2 http://europa.eu.int/comm/secretariat.general/sge/lobbies/communication/groupint_en.htm

zip betrachten (Kohler-Koch 1990: 229). Sie drängten deshalb auf eine ihrer wirtschaftlichen Bedeutung angemessene Reorganisation der Euroverbände, um dort ihre jeweils spezifischen Interessen besser zur Geltung bringen zu können. In Reaktion auf die vielfältigen Fusions- und Transnationalisierungsprozesse hat sich eine Vielzahl europäischer Verbände seit den achtziger Jahren diesen Forderungen gebeugt und lässt neben nationalen Verbänden auch einzelne Konzerne als Mitglieder zu (Pijnenburg 1998: 304).

Ein besonders signifikantes Beispiel liefert der Europäische Verband der Chemischen Industrie CEFIC. Er weist eine duale Führungsstruktur auf (Platzer 1996: 126), die seit dem Jahr 2000 neben nationalen Chemieverbänden aus 16 Staaten 37 transnationale Konzerne umfasst. Zählt man den Aventis-Konzern, der aus einer Fusion der deutschen Hoechst AG mit der französischen Rhône-Poulenc S.A. hervorging, trotz des offiziellen Firmensitzes in Straßburg noch zu den deutschen Konzernen, sind sieben deutsche Chemieunternehmen Vollmitglieder des CEFIC. Die „großen Drei" der deutschen Chemie – BASF, Bayer und Aventis – gehören zu den Direktmitgliedern des CEFIC, denen das größte Gewicht für die Formulierung der Verbandspositionen zugesprochen wird (Hartmann 1998: 126). Auch der europäische Verband der Automobilindustrie (ACEA) lässt einzelne Konzerne als unmittelbare Mitglieder zu. Neben Volkswagen und DaimlerChrysler, denen eine besonders starke Stellung im ACEA attestiert wird, finden sich als deutsche Direktmitglieder auch die Firmen BMW, Porsche und MAN.

Die europäischen Verbände lassen sich für die Sonderinteressen einzelner Großkonzerne allerdings nur begrenzt instrumentalisieren. So ist beispielsweise eine gemeinsame Position der europäischen Automobilhersteller in Bezug auf die Einführung neuer Umweltnormen nur in Ausnahmefällen herstellbar. Von der Heranführung von europäischen Normen an in Deutschland bereits etablierte Standards beispielsweise können sich die deutschen Konzerne Kostenvorteile versprechen. Hier ist, wie beispielhaft an den Kontroversen um die Einführung des Katalysatorautos abgelesen werden kann (Holzinger 1994: 171ff.), ein Arrangement mit den französischen und italienischen Automobilproduzenten so gut wie ausgeschlossen, weshalb die

Politik des „go it alone" einzelner Konzerne seit längerem hoch im Kurs steht (Hartmann 1998: 244).

Die Brüsseler Unternehmensrepräsentanten haben wesentlich mehr persönliche Kontakte mit Mitarbeitern der Europäischen Kommission sowie mit Mitgliedern des Europäischen Parlaments und des Rates als die Vertreter nationaler Verbände, wobei anzunehmen ist, dass ihnen der Zugang zur Kommission leichter fällt als zu Rat und Parlament (Bouwen 2002: 383). Zwei Gründe sprechen für die Offenheit der europäischen Organe gegenüber den Großkonzernen: Ihre unmittelbare Entscheidungsgewalt über Investitionen und den Erhalt von Arbeitsplätzen sowie ihre im Vergleich zu den Dachverbänden ausgeprägte Fähigkeit zur schnellen Reaktion auf neue Entwicklungen (Kohler-Koch/Quittkat 1999: 5). Die Investitionen in eigene Brüsseler Repräsentanzen lohnen sich ganz offenbar, und zwar nicht nur wegen des unmittelbaren Zugangs zu den Gemeinschaftsorganen, sondern auch, weil sie die Bildung von „Ad-hoc-Koalitionen" zwischen verschiedenen Konzernen mit gleichgerichteten Interessen erleichtern (Pijnenburg1998).

Es wäre allerdings verfehlt, das verstärkte Interesse der nationalen Verbände und Konzerne an einer Beeinflussung der europäischen Entscheidungsprozesse gleichzusetzen mit einer ausschließlich auf die Gemeinschaftsorgane bezogenen Strategie. Nach wie vor existiert auch die Option, die europäische Politik mittels „lobbying" der nationalen Regierung zu beeinflussen (Lahusen 2003: 308). Diese Strategie kann sich, weil nationale Regierungsvertreter von der Kommission trotz ihres Initiativmonopols informell häufig schon in der Frühphase der Brüsseler Entscheidungsprozesse konsultiert werden, durchaus auch als mehr oder weniger konstruktive „Mitarbeit" an der europäischen Rechtsetzung darstellen (Hartmann 1998: 240). Typischerweise aber wurde und wird der Weg über die nationale Regierung dann gewählt, wenn sich abzeichnet, dass ein Richtlinien- oder Verordnungsentwurf der Kommission nicht mehr beeinflussbar erscheint und eine „Nicht-Entscheidung" aus der Sicht des jeweiligen Interessenträgers zur günstigeren Alternative wird (Streeck/Schmitter 1994: 194). Solange es wegen des faktischen Einstimmigkeitsprinzips im Rat generell ausreichte, nur die jeweils „eigene" Regierung davon zu überzeugen, ihr Veto einzulegen, beschränkten sich zumindest die am

Status Quo orientierten Wirtschaftsinteressen in Bezug auf die europäischen Politiken weitgehend darauf, ihre erprobten Kontakte zur Regierung zur Durchsetzung von Verhinderungsstrategien zu nutzen (Coen 1997: 93).

Seit der Einführung von Mehrheitsentscheidungen im Rat hat die Bedeutung des „EU-lobbying via Berlin“ zwar abgenommen, wird jedoch im „Notfall“ noch immer praktiziert, und zwar auch dann, wenn im Rat nicht einstimmig entschieden wird (Tenbücken 2002: 163f.). Ein besonders spektakuläres und deshalb mittlerweile viel zitiertes Beispiel hierfür lieferte die Intervention des VW-Chefs Ferdinand Piëch gegen die bereits unterschriftsreife Altauto-Richtlinie der EU bei Bundeskanzler Gerhard Schröder im Frühjahr 1999. Erfolgreich war dieser Vorstoß letztlich deshalb, weil der Kanzler nicht nur bereit war, durch eine entsprechende Weisung an den widerstrebenden Umweltminister den Koalitionsfrieden zu riskieren, sondern auch, die Regierungen Großbritanniens und Spaniens durch entsprechende Zugeständnisse für die erforderliche Sperrminorität im Rat zu gewinnen (Hurrelmann 2001: 153ff.).

Das „mushrooming“ der Verbindungsbüros einzelner Konzerne und nationaler Fachverbände in Brüssel seit Inkrafttreten der Einheitlichen Europäischen Akte (Kohler-Koch/Quittkat 1999: 6) legt allerdings davon Zeugnis ab, dass das Erzwingen europäischer „non-decisions“ auf dem Umweg über die nationale Regierung bei Mehrheitsentscheidungen ein riskantes Unterfangen ist, das heute lediglich noch als ultima ratio gelten kann und das zudem nur den Interessenträgern offensteht, die über bewährte Einflusskanäle zu „ihren“ Ministerien oder gar unmittelbar zum Regierungschef verfügen (Eichener 2000: 266).

Bislang war die Rede lediglich von der Beeinflussung des Brüsseler „Alltagsgeschäfts“, also von Richtlinien, Verordnungen und Entscheidungen. Den Interessengruppen geht es aber nicht nur darum, dass das sekundäre Gemeinschaftsrecht in ihrem Sinne ausgestaltet wird. Selbstverständlich haben sie auch ein Interesse daran, auf dem „super-systemic-level“ der Europäischen Union (Peterson 1995: 72) mitzuspielen, auf dem es vor allem im Rahmen von Regierungskonferenzen um zukunftsträchtige Leitentscheidungen geht. Diesbezüglich bemühen sich zwar auch die nationalen Verbände und ihre europäischen

Föderationen darum, Gehör zu finden. Seitens der Wirtschaft und hier insbesondere der europäischen Großkonzerne aber begnügt man sich nicht mit den traditionellen, verbandsmäßig organisierten Formen der Einflussnahme. Seit Beginn der achtziger Jahre ist an deren Seite mit dem „European Roundtable of Industrialists" (ERT) eine Organisation getreten, die im einschlägigen politikwissenschaftlichen Schrifttum bisher kaum Beachtung fand, obwohl sie die Programmentwicklung und Agenda der Gemeinschaft so „unmittelbar und nachhaltig beeinflusst" (Platzer 2002: 414), dass man ihr zu Recht eine „herausragende Stellung" für die Politikformulierung der Europäischen Union zugeschrieben hat (Nollert 1996: 659; ähnlich auch Green Cowles 1995: 225).

Die Gründung des ERT geht auf die Initiative des Volvo-Vorstandsvorsitzenden Per Gyllenhammar zurück, der sich aus verschiedenen Gründen für eine verstärkte Zusammenarbeit zwischen europäischen Großunternehmen engagierte. Bei der Installierung des ERT wurde er nachdrücklich vom seinerzeitigen Industriekommissar Etienne Davignon unterstützt (Nollert 1996: 659). Bis heute sind personelle Verflechtungen mit (ehemaligen) Mitgliedern der Kommission eines der Strukturmerkmale der Organisation. So wird etwa die Societé Générale de Belgique im ERT durch jenen Etienne Davignon vertreten. Derzeit (Stand: 9/2004) sind der Selbstdarstellung des ERT zufolge (http://www.ert.be) 46 Vorstandsvorsitzende bzw. andere führende Repräsentanten der größten europäischen Konzerne aus 18 Staaten – darunter die Nicht-EU-Mitgliedstaaten Norwegen, Schweiz und Türkei – Mitglieder in der Organisation. Aus Deutschland sind auf diese Weise derzeit folgende Unternehmen im ERT repräsentiert: Bayer, Bertelsmann, E.ON, Lufthansa, SAP, Siemens, Telekom, Thyssen-Krupp und Volkswagen. Seit dem Jahr 2001 hat Gerhard Cromme (Thyssen-Krupp) den Vorsitz des „Roundtable" inne.

Wichtigstes Ziel des ERT ist die Stärkung der Wettbewerbsfähigkeit der europäischen Wirtschaft auf den Weltmärkten. Er nimmt für sich in Anspruch, das Binnenmarktprogramm der im Jahr 1990 ins Amt gekommenen Delors-Kommission entscheidend geprägt und die Politiker aus den Mitgliedstaaten dazu bewegt zu haben, sich auf ein Datum festzulegen, zu dem das Binnenmarktprojekt abgeschlossen sein sollte. Auf halbjährlichen Treffen mit führenden Regierungsvertretern aus allen Mitgliedstaaten gelang es dem ERT-Gremium, auch den Umsetzungsprozess des Binnenmarktprojekts systematisch zu beeinflussen (Platzer 2002: 414). ERT-Initiativen jüngeren Datums beziehen sich auf die Einführung der gemeinsamen europäischen Währung, die Reform der Bildungspolitik, die Zusammenarbeit von Industrie und Politik im Klimaschutz und auf den sog. Lissabon-Prozess, der die EU zum wettbewerbsfähigsten Wirtschaftsraum der Welt machen soll (http://www.ert.be).

Der Einfluss, den der „Roundtable" auf die Politik der Europäischen Union zu nehmen imstande ist, gründet zweifellos auf seinen enormen finanziellen, personellen und informationellen Ressourcen und der geballten Wirtschafts- und Investitionsmacht, die er repräsentiert. Von daher ist er eine Ausnahmeerscheinung, die allerdings in anderer Hinsicht als paradigmatisch für die jüngere Entwicklung der europaorientierten Interessenpolitik gelten kann. Sie vollzieht sich ganz wesentlich an den herkömmlichen nationalen Verbänden und ihren europäischen Zusammenschlüssen vorbei und verlagert sich zunehmend auf einzelne Großunternehmen, die ihre Interessen, je nach Bedarf, entweder im Alleingang oder in konzertierter Aktion zu vertreten suchen. Die Konsequenz besteht in einer ausufernden und sich weiter differenzierenden Brüsseler Interessenlandschaft, einer „Vereinzelung" der Interessenrepräsentation auf europäischer Ebene.

Das seit längerem im Entstehen begriffene Überangebot der Interessenrepräsentation gegenüber den Gemeinschaftsorganen und die daraus resultierende, kontinuierlich wachsende Unübersichtlichkeit derselben (Lahusen/Janta 2001: 208) könnte durchaus dazu führen, dass das „Euro-lobbying" sich zumindest in einigen Sektoren selbst lahmlegt (Dieckmann 1998: 259). Vor allem aber bietet es keine Gewähr für die Beseitigung der Asymmetrie in der Brüsseler Interessenpolitik. Trotz der oben geschilderten Förderung der europäischen Vertretung „allgemeiner" Interessen durch die Kommission ist die Hoffnung der in den nationalen Arenen traditionell unterrepräsentierten und benachteiligten Interessengruppen auf eine Beeinflussung der nationalen Gesetzgebung in ihrem Sinne durch europäische Vorgaben, auf Europa als „zweite Chance" also (Mazey/Richardson 1993: 16), bislang unerfüllt geblieben. Dieser Befund gilt nicht nur für das Verhältnis ökonomischer Interessen gegenüber denen etwa der Umwelt- und Verbraucherschützer, sondern auch für den ökonomischen Bereich selbst, in welchem die Belange kleiner und mittlerer Unternehmen auf europäischer Ebene kaum berücksichtigt werden. Solange die Kommission einen gleichberechtigten Kontakt zu allen Interessengruppen zwar weiter propagiert, sich gleichzeitig in vielen Fällen aber nur für die technische Expertise einzelner Firmen öffnet (Dieckmann 2000: 290), werden diese Ungleichgewichte die Glaubwürdigkeit der EU-Politiken auch weiterhin beschädigen.

Diesen Asymmetrien zum Trotz lässt sich für das gesamte Spektrum der organisierten Interessen in Deutschland generalisierend festhalten, dass seine Europäisierung weit fortgeschritten ist. Die Mitgliedschaft deutscher Verbände und Unternehmen in europäischen Dachverbänden hat in diesem Prozess gegenüber dem unmittelbaren Eurolobbying sichtlich an Bedeutung verloren. Der Begriff Europäisierung ist hinsichtlich der Interessenpolitik wörtlich zu nehmen, denn die nationalen Interessenträger sind auf europäischer Ebene unmittelbar präsent und werden – wie es in der Politiknetzwerkthese thematisiert wird – formal und informal, wenngleich in unterschiedlicher Intensität, in die politisch-administrativen Entscheidungsprozesse eingebunden.

Literatur

Bouwen, Pieter (2002): Corporate lobbying in the EU: the logic of access, in: Journal of European Public Policy 9(3), S. 365–390.

Burckhardt, Barbara/Schumann, Wolfgang (1978): Die transnationalen Verbandszusammenschlüsse der Landwirtschaft und des Handels, in: Zeitschrift für Parlamentsfragen 9(2), S. 200–214.

Coen, David (1997): The Evolution of the Large Firm as a Political Actor in the European Union, in: Journal of European Public Policy 4(1), S. 91–108.

Czada, Roland (1991): Regierung und Verwaltung als Organisatoren gesellschaftlicher Interessen, in: Hartwich, Hans-Hermann/Wewer, Göttrik (Hrsg.): Regieren in der Bundesrepublik III. Systemsteuerung und „Staatskunst“, Opladen, S. 151–173.

Dieckmann, Knut (1998): DieVertretung spezifischer deutscher Interessen in der Europäischen Union – Träger, Strategien, Erfolge, in: Weidenfeld, Werner (Hrsg.): Deutsche Europapolitik. Optionen wirksamer Interessenvertretung, Bonn, S. 209–265.

Dieckmann, Knut (2000): Interessenvertretungen bei der Europäischen Union, in: Weidenfeld, Werner/Wessels, Wolfgang (Hrsg.): Jahrbuch der Europäischen Integration 1999/2000, Bonn, S. 287–294.

Eichener, Volker (2000): Das Entscheidungssystem der Europäischen Union. Institutionelle Analyse und demokratietheoretische Bewertung, Opladen.

Eichener, Volker/Voelzkow, Helmut (1994): Europäische Integration und verbandliche Interessenvermittlung: Ko-Evolution von politisch-administrativem System und Verbändelandschaft, in: Eichener, Volker/Voelzkow, Helmut (Hrsg.): Europäische Integration und verbandliche Interessenvermittlung, Marburg, S. 9–25.

Eising, Rainer (2001): Interessenvermittlung in der Europäischen Union, in: Reutter, Werner/Rütters, Peter (Hrsg.): Verbände und Verbandssysteme in Westeuropa, Opladen, S. 453–476.

Grande, Edgar (2003): How the Architecture of the EU Political System Influences Business Associations, in: Greenwood, Justin (Hrsg.): The Challenge of Change in EU Business Associations, Houndmills, S. 45–59.

Green Cowles, Maria (1995): The European Round Table of Industrialists. The Strategic Player in European Affairs, in: Greenwood, Justin (Hrsg.): European Casebook on Business Alliances, Hemel Hempstead, S. 225–236.

Hartmann, Jürgen (1998): Organisierte Interessen und Außenpolitik, in: Eberwein, Wolf-Dieter/Kaiser, Karl (Hrsg.): Deutschlands neue Außenpolitik, Band 4: Institutionen und Ressourcen, München, S. 239–252.

Holzinger, Katharina (1994): Politik des kleinsten gemeinsamen Nenners? Umweltpolitische Entscheidungsprozesse in der EG am Beispiel der Einführung des Katalysatorautos, Berlin.

Hull, Robert (1993): Lobbying Brussels: A View from Within, in: Mazey, Sonia/Richardson, Jeremy (Hrsg.): Lobbying in the European Community, Oxford, S. 82–92.

Hurrelmann, Achim (2001): Politikfelder und Profilierung, Mitarbeit in: Raschke, Joachim: Die Zukunft der Grünen, Frankfurt a.M./New York, S. 147–265.

Kohler-Koch, Beate (1990): Vertikale Machtverteilung und organisierte Wirtschaftsinteressen in der Europäischen Gemeinschaft, in: Alemann, Ulrich von/Heinze, Rolf G./Hombach, Bodo (Hrsg.): Die Kraft der Region: Nordrhein-Westfalen in Europa, Bonn, S. 221–235.

Kohler-Koch, Beate (1992): Interessen und Integration. Die Rolle organisierter Interessen im westeuropäischen Integrationsprozess, in: Kreile, Michael (Hrsg.): Die Integration Europas (Politische Vierteljahresschrift, Sonderheft 23), Opladen, S. 81–119.

Kohler-Koch, Beate/Quittkat, Christine (1999): Intermediation of Interests in the European Union, Mannheimer Zentrum für Europäische Sozialforschung, Arbeitspapier Nr. 9.
Lahusen, Christian/Jauß, Claudia (2001): Lobbying als Beruf. Interessengruppen in der Europäischen Union, Baden-Baden.
Lahusen, Christian (2003): Interessenvertretungen bei der Europäischen Union, in: Weidenfeld, Werner/Wessels, Wolfgang (Hrsg.): Jahrbuch der Europäischen Union 2002/2003, Bonn, S. 307–312.
Mazey, Sonia/Richardson, Jeremy (1993): Introduction: Transference of Power, Decision Rules, and Rules of the Game, in: Mazey, Sonia/Richardson, Jeremy (Hrsg.): Lobbying in the European Community, Oxford, S. 3–26.
Nollert, Michael (1996): Verbandliche Interessenvertretung in der Europäischen Union: Einflussressourcen und faktische Einflussnahme, in: Zeitschrift für Politikwissenschaft 6(3), S. 647–667.
Peterson, John (1995): Decision-making in the European Union: Towards a Framework of Analysis, in: Journal of European Public Policy 2(1), S. 69–93.
Pijnenburg, Bert (1998): EU Lobbying by Ad Hoc Coalitions: An Explanatory Case Study, in: Journal of European Public Policy 5(2), S. 303–321.
Platzer, Hans-Wolfgang (1996): Die Europäisierung von Unternehmen und Unternehmensverbänden, in: Maurer, Andreas/Thiele, Burkhard (Hrsg.): Legitimationsprobleme und Demokratisierung der Europäischen Union, Marburg, S. 112–128.
Platzer, Hans-Wolfgang (1997): Europäische Verbände und Parteien. Zur Rolle gesellschaftlicher Akteure im Integrationsprozess, in: Politische Bildung 30(4), S. 67–85.
Platzer, Hans-Wolfgang (2002): Interessenverbände und europäischer Lobbyismus, in: Weidenfeld, Werner (Hrsg.): Europa-Handbuch, Bonn, S. 409–422.
Quittkat, Christine/Kohler-Koch, Beate (2000): Wege der Einflussnahme in Europa, in: EU-Magazin 32 (1–2), S. 44–45.
Schloz, Hans-Walter (1994): Auswirkungen der europäischen Integration auf das deutsche Verbändesystem, Stuttgart.
Sebaldt, Martin (1997): Organisierter Pluralismus. Kräftefeld, Selbstverständnis und politische Arbeit deutscher Interessengruppen, Opladen.
Streeck, Wolfgang/Schmitter, Philippe C. (1994): From National Corporatism to Transnational Pluralism: Organized Interests in the Single European Market, in: Eichener, Volker/Voelzkow, Helmut (Hrsg.): Europäische Integration und verbandliche Interessenvermittlung, Marburg, S. 181–215.
Ullmann, Hans-Peter (1988): Interessenverbände in Deutschland, Frankfurt a.M.
Tenbücken, Marc (2002): Corporate Lobbying in the European Union. Strategies of Multinational Companies, Frankfurt a.M. u.a.
Teuber, Jörg (2001): Interessenverbände und Lobbying in der Europäischen Union, Frankfurt a.M.

Wessels, Wolfgang (2003): Das politische System der Europäischen Union, in: Ismayr, Wolfgang (Hrsg.): Die politischen Systeme Westeuropas, 3. Auflage, Opladen, S. 779–817.

3.8 Europa als organisatorischer und politischer Bezugsrahmen des Parteienwettbewerbs

Der fortlaufende Prozess der europäischen Integration hat – vor allem durch die Ausweitung des Geltungsbereichs der Gemeinschafts- bzw. Unionspolitiken, aber auch durch die schrittweise Umgestaltung des institutionellen Gefüges auf europäischer Ebene – den Ausschließlichkeitsanspruch des Nationalstaats als Bezugspunkt parteipolitischen Handelns zunehmend relativiert. Während die Existenz der seinerzeit drei Europäischen Gemeinschaften für die politischen Parteien bis in die siebziger Jahre hinein noch wenig handlungsrelevant war, ist es seit einigen Jahren beinahe schon zur Selbstverständlichkeit geworden, von einer „Europäisierung der Parteienlandschaft“ zu sprechen (Niedermayer 1996: 84).

Die Rede von einer europäisierten Parteienlandschaft legt es nahe, an eine durch den europäischen Integrationsprozess induzierte Veränderung des nationalen Parteiensystems zu denken. Diesbezüglich zeigt sich in den Mitgliedstaaten der Europäischen Union allerdings ein weitgehend identisches Muster, das auf eine fortdauernde Resistenz des Formats der nationalen Parteiensysteme gegenüber der Entwicklung der Europäischen Union verweist. Zwar haben sich in den achtziger und neunziger Jahren in fast allen mitgliedstaatlichen Parteiensystemen bedeutende Veränderungen ergeben, aber es ist nicht das „issue Europa“, welches dieselben verursacht hat. Mair (2000: 30f.) identifiziert insgesamt nur drei im Zeitraum von 1979 bis 1999 neu gegründete Parteien, deren Formierung unmittelbar auf den europäischen Integrationsprozess zurückzuführen ist. Es handelt sich dabei durchgängig um Parteien, die bestrebt waren bzw. sind, die EU-Gegner in den jeweiligen Mitgliedstaaten zu organisieren, ein Versuch, der bislang nirgends von Erfolg gekrönt war. Weder bei nationalen Parlamentswahlen noch bei den Europawahlen kamen diese Parteien über einen Stimmanteil von maximal 1,5 % hinaus.

Eine dieser drei Parteien wurde im Januar 1994 von einem ehemaligen Kabinettschef bei der EG-Kommission, Manfred Brunner, in Deutschland gegründet. Der Bund Freier Bürger (BFB), dessen Programmatik sich weitgehend in einer Kritik des Vertrages von Maastricht und der Einführung der gemeinsamen europäischen Währung erschöpfte, erreichte bei der Europawahl im Jahr 1994 1,1 % der Stimmen. Bei der Bundestagswahl von 1998 betrug sein Anteil an den Zweitstimmen nur noch 0,2 %. Nach dem Parteiaustritt Brunners 1999 glitt der BfB völlig ins rechtsextreme Sektierertum ab und löste sich im Jahre 2000 auf. Der Befund, dass Europa das deutsche Parteiensystem also bislang weitgehend unberührt gelassen hat, ist unstrittig (Niedermayer 2003: 137).

Mit dem Terminus von der Europäisierung der Parteienlandschaft wird deshalb auch eine andere, nämlich die organisatorische Dimension der Parteiendemokratie innerhalb der EU insgesamt angesprochen. In dieser Perspektive geht es um die Entwicklung und die Funktion der Mitte der siebziger Jahre vollzogenen Parteizusammenschlüsse, mithilfe derer sozialdemokratische, liberale und christdemokratische Parteien aus den Mitgliedstaaten der damaligen EG ihre Beziehungen auf eine neue, „spezifisch auf den EG-Systemrahmen bezogene Basis" stellten (Niedermayer 1996: 84). Diese Zusammenschlüsse wurden mittlerweile zu „Europäischen Politischen Parteien" weiterentwickelt, für welche sich bereits die griffige Abkürzung „EPP" einzubürgern beginnt.

Die Wurzeln der transnationalen Zusammenarbeit der Parteien auf europäischer Ebene finden sich schon im ersten Vorläufer des heutigen Europäischen Parlaments, der (parlamentarischen) „Versammlung" der Europäischen Gemeinschaft für Kohle und Stahl (EGKS). Bereits am 16.6.1953 sicherte die Versammlung durch eine Änderung ihrer Geschäftsordnung die Möglichkeit zur Bildung staatenübergreifender Fraktionen organisationsrechtlich ab. Diese Bestimmung blieb auch nach der Fusion mit den neugegründeten Versammlungen der Europäischen Wirtschaftsgemeinschaft (EWG) und der Europäischen Atomgemeinschaft (EAG) erhalten. Heute findet sich eine entsprechende Regelung in Art. 29 der Geschäftsordnung des Europäischen Parlaments (Monath 1998: 4f.). Bis zur Mitte der siebziger Jahre blieb das transnationale Element in der europäischen Parteiendemokratie auf die parlamentsinternen Zusammenschlüsse von Abgeordneten, die ideologisch verwandten mitgliedstaatlichen Parteien entstammten, beschränkt. Ein entsprechender Unterbau in Form von Parteistrukturen auf europäischer Ebene korrespondierte dem nicht.

Erst als sich mit der Schlusserklärung der Gipfelkonferenz von den Haag im Dezember 1969 abzuzeichnen begann, dass die Staats- und Regierungschefs der Forderung nach einer Direktwahl der Versammlung, die sich selbst bereits im Jahr 1962 in Europäisches Parlament umbenannt hatte, ernsthaft nähertreten wollten, gab es erste Initiativen zur Gründung europäischer Parteizusammenschlüsse. Mit der formellen Entscheidung des Europäischen Rats von Paris im Dezember 1974 über die Einführung der Direktwahl wurde dann endgültig die europäische „Arena auf dem ureigensten Handlungsfeld politischer Parteien eröffnet" (Niedermayer 1997: 447; Pridham/Pridham 1979b: 279). Der „Katalysatoreffekt" der ersten Direktwahlen zum Europäischen Parlament führte im Jahr 1974 zur Gründung des „Bundes der Sozialdemokratischen Parteien in der Europäischen Gemeinschaft", zwei Jahre später dann wurden die „Europäische Volkspartei" und die „Föderation der Europäischen Liberalen und Demokraten" gegründet. „Es sind", so Niedermayer (1983: 205) in einer ersten Analyse der neuen Parteibünde der 70er Jahre, „grenzüberschreitende Strukturen geschaffen worden; Strukturen, die die ersten direkten Wahlen zum Europäischen Parlament überdauert haben und zu einem dauerhaft integrierten Bestandteil des rudimentären politischen Systems der Europäischen Gemeinschaft geworden sind."

Folgt man dem Tenor der einschlägigen Literatur, waren für diese Entwicklung zwei Motive handlungsleitend. Zum Streben der transnationalen Fraktionen des Europäischen Parlaments nach einer Verankerung in entsprechenden Parteiorganisationen (Damm 1999: 399) sei die Überlegung getreten, dass ein isoliertes Vorgehen der einzelnen nationalen Parteien die Erfolgschancen bei den Europawahlen mindern würde (Niedermayer 1997: 448). Hinsichtlich der tatsächlichen Triebkraft des letztgenannten Beweggrundes sind indes Zweifel angebracht, denn den seinerzeit handelnden Akteuren scheint von vornherein klar gewesen zu sein, dass die Präsentation sachlicher und personeller Alternativen in den Europawahlkämpfen zwangsläufig zu einer Aufgabe der nationalen Parteien und eben nicht von transnationalen

Parteiinformationen werden würde. Sie – die nationalen Parteien – seien es, so etwa Martin Bangemann (1976: 26), die die mit der Direktwahl verbundenen Chancen nutzen und sich „im Wortsinn ‚zur Wahl stellen'" müssten. Dieser Widerspruch zwischen Funktionszuschreibung und Funktionswahrnehmung besteht, wie später noch zu zeigen sein wird, bis heute. Auch die formale Aufwertung, die den europäischen Parteifamilien durch den Vertrag von Maastricht und das im November 2003 verabschiedete „Parteienstatut" (ABL.EU L 297/1 vom 15.11.2003) zuteil wurde, vermochten daran nichts zu ändern.

Die Aufwertung europäischer Parteiorganisationen im Vertrag von Maastricht geht zurück auf eine gemeinsame Initiative der Vorsitzenden der oben genannten Parteibünde, die auf eine ausdrückliche Anerkennung der Rolle europäischer Parteien im europäischen Integrations- und Demokratisierungsprozess abzielte (Neßler 1998: 192; Tsatsos/Deinzer 1998: 18f.). Ihren Niederschlag fand sie in Art. 138 a EG-Vertrag, der sich in der heute gültigen, konsolidierten Fassung als Art. 191 wiederfindet. Er lautet: „Politische Parteien auf europäischer Ebene sind wichtig als Faktor der Integration in der Union. Sie tragen dazu bei, ein europäisches Bewusstsein herauszubilden und den politischen Willen der Bürger der Union zum Ausdruck zu bringen."

Die Reaktion der Parteizusammenschlüsse auf diese neue Vertragsbestimmung bestand im Wesentlichen darin, dass sie sich mit Ausnahme der Europäischen Volkspartei (EVP), die diesen Schritt von vornherein getan hatte, formal als Parteien neu konstituierten. Neben der EVP, die sich seit 1999 nach ihrer Fusion mit der bis dato parallel existierenden Europäischen Union Christlicher Demokraten „Europäische Volkspartei – Christliche Demokraten" (EVP-CD) nennt, entstanden 1992/93 die „Sozialdemokratische Partei Europas" (SPE) und die „Europäische Liberale und Demokratische Reformpartei" (ELDR). Auch die Grünen reagierten auf den Vertrag von Maastricht und gründeten 1993 die „Europäische Föderation der Grünen Parteien" (EFGP).

Formal verzichteten die europäischen Grünen noch weitere zehn Jahre auf den Parteibegriff. Erst im Vorfeld der Europawahlen des Jahres 2004 gründeten sie im Februar in Rom die „Europäische Grüne Partei" (EGP). Faktisch aber sind sie, wie ein Blick auf ihre damaligen Statuten zeigt (wie die Statuten der anderen Parteien auch dokumentiert bei Tsatsos/Deinzer 1998: 105ff.), von vornherein denselben Weg wie die anderen Parteifamilien gegangen. Der Hinweis, die frühere EFGP habe im Unterschied zu den anderen europäischen Parteien auf eine Organisationsform verzichtet, die sich explizit auf die EU beziehe, denn sie habe auch Parteien aus Nicht-Mitgliedstaaten als Mitglieder aufgenommen (Kiessling 2000: 285), taugte nur sehr bedingt zur Abgrenzung von anderen europäischen Parteien. Auch die SPE weist beispielsweise seit 1993 bzw. 1995 mit der „Norske Arbeiderparti" und der „Socialist Party Cyprus" zwei Mitgliedsparteien aus, die außerhalb der Europäischen Union beheimatet sind bzw. waren. Heute, nach der Erweiterung der Europäischen Union auf nunmehr 25 Mitgliedstaaten, hat die EVP-CD 41 Parteien als Vollmitglieder, die SPE 32, die ELDR 46 und die EGP 32. Den europäischen Parteien ist darüber hinaus das Institut der assoziierten Mitgliedschaft für Parteien zu eigen, manche verleihen darüber hinaus nach unterschiedlichen Kriterien auch noch einen Beobachterstatus an interessierte Parteien.

Für die hier interessierende Frage nach der Europäisierung der deutschen Parteien ist die Mitgliedsstruktur der Europäischen Parteien allerdings weniger in quantitativer, sondern vor allem in qualitativer Hinsicht von Bedeutung. Ihr gemeinsames und zentrales Merkmal ist, dass sie nicht als Personalkörperschaften konzipiert wurden. Weil ihre Mitglieder selbst Parteien sind, ist grundsätzlich eine Mitgliedschaft natürlicher Personen ausgeschlossen. Formal gesehen macht hier zwar die EVP eine Ausnahme, da ihre Statuten auch die Möglichkeit einer individuellen Mitgliedschaft vorsehen. Doch wird diese Bestimmung durch die Geschäftsordnung der Partei konterkariert, derzufolge Einzelmitgliedern bei den Parteikongressen weder Rede- noch Stimmrecht zukommt.

Damm (1999: 410) führt die Besonderheiten in der Mitgliedsstruktur der europäischen Parteien auf den eigentlichen Zweck ihrer Gründung zurück: Sie seien konzipiert worden, um eine „programmatische Bündelung" ihrer Mitgliedsparteien zu ermöglichen und nicht, um auf nationaler Ebene in Konkurrenz zu einzelnen Parteien zu treten. Ihre Funktion könne also gerade nicht darin bestehen, wie die nationalen Parteien direkt zur Willensbildung der Bevölkerung beizutragen. Konkrete Entwicklungen bestätigen diese Auffassung. So stellte

Tabelle 10: Die Mitglieder der europäischen politischen Parteien aus den Mitgliedstaaten

	SPE	**EVP**	**ELDR**	**EFGP**
Belgien	Sociaal Progressief Alternatief/Spirit Parti Socialiste	Centre démocrate humaniste Christen-democratisch & Vlaams	Mouvement Réformateur Vlaamse Liberalen en Democraten	Groen Ecolo
Dänemark	Socialdemokratiet	Det Konservative Folkeparti Kristendemokraterne	Venstre Det Radikale Venstre	De Grønne
Deutschland	Sozialdemokratische Partei Deutschlands	Christlich Demokratische Union Deutschlands Christlich Soziale Union Deutschlands	Freie Demokratische Partei	Bündnis 90/ Die Grünen
Estland	Sotsiaaldemokraatlik Erakond	Isamaaliit/Pro Patria Union Res Publica	Eesti Keskerakond	Eesti Roheliset
Finnland	Suomen Sosialidemokraattinen Poulue	Kansallinen Kokoomus	Suomen Keskusta Svenska Folkpartiet	Vihreä Liitto
Frankreich	Parti Socialiste	Union pour un mouvement populaire		Les Verts

	SPE	**EVP**	**ELDR**	**EFGP**
Griechenland	Panellinio Socialistiko Kinima	Nea dimokratia		Ecologoi-Prasinoi
Groß-britannien	Labour Party		Liberal Democrats Alliance Party of Northern Ireland	The Green Party Scottish Green Party
Irland	Labour Party	Fine Gael	Progressive Democrats	Comhaontas Glas
Italien	Uniti Nell'Ulivo	Forza Italia Alleanza Popolare Unione dei Democratici Cristiani	Partito Repubblicano Italiano Movimento Repubblicani Europei Italia Dei Valori – Lista Di Pietro Partido Repubblicano Italiano Rinnovamento Italiano	Federazione dei Verdi
Lettland	Tautas Saskanas Partija Latvijas Socialdemo-kratiska Stradnieku	Tautas Partija Jaunais Laiks	Latvijas Ce	Latvijas Zala Partija

	SPE	**EVP**	**ELDR**	**EFGP**
Litauen	Lietuvos Socialdemokratu Partija	Lietuvos Krikscionys demokratai Tevynes sajunga	Naujoji sajunga Liberalu ir centro sajunga	
Luxemburg	Lëtzeburger Sozialistesch Aarbechterpartei	Chrëschtlech Sozial Vollekspartei		Déi Gréng
Malta	Partit Laburista	Partit Nazzjonalista		Alternattiva Demokratika
Niederlande	Partij van de Arbeid	Christen Democratisch Appél	Volkspartij for Vrijheid en Democratie Democraten 66	De Groenen GroenLinks
Österreich	Sozialdemokratische Partei Österreichs	Österreichische Volkspartei	Liberales Forum	Die Grünen
Polen	Sojusz Lewicy Demokratycznej/ Unia Pracy Socialdemokracja Polski	Ruch Spolenczny Ruch Nowej Polski Platforma Obywatelska	Unia Wolnosci	
Portugal	Partido Socialista	Partido Social Democrata (PSD)		Os Verdes

	SPE	EVP	ELDR	EFGP
Schweden	Arbetarepartiet- Socialdemokraterna	Kristdemokraterna Moderaterna	Folkpartiet Liberalerna Centerpartiet	Miljöpartiet de Gröna
Slowakei	Smer Strana Demokratickej Lavice Sociáldemokratickà Strana Slovenska Strana Zelenych Na Slovensku	Kreszanskodemokraticke Hnutje Slovenska Strana Madarskej koalície Slovanska demokratická a krestanska únia	Aliancia nového obcana	Strana Zelenych na Slovansku
Slowenien	Zdruzena Lista Sicialnih Demokratov	Nova Slovenia – Krascanska ljudska stranke Slovenska ljudska stranka Slovanska demokratska stranka	Liberalna Demokracija Slovenije	
Spanien	Partido Socialista Obrero Español	Partido Popular Unio Democrática de Catalunya		Los Verdes
Tschechische Republik	Ceska Strana Socialne Demokraticka	Krestanka a demokraticka unie	Cesta Zmeny Obcanska Demokratica Aliance	Strana Zelenych

	SPE	EVP	ELDR	EFGP
Ungarn	Magyar Szocialista Part	Fidesz Magyar Polgári Párt Magyar Demokrata Fórum	Alliance of Free Democrats (SZDSZ)	Zöld Demokraták Szövetsége
Zypern	Eniea Dimokratiki Enosis Kyprou	Δημοκρατικός Συναγερμός (Democratic Rally)	ΕΝΩΜΕΝΟΙ ΔΗΜΟΚΡΑΤΕΣ (United Democrats)	ΚΙΝΗΜΑ ΟΙΚΟΛΟΓΩΝ ΠΕΡΙΒΑΛΛΟΝ-ΤΙΣΤΩΝ (Cyprus Green Party)

Quellen:
SPE: www.socialistgroup.org/gpes/servlet/Main/EventDetail-1?_wcs=true&lg=de
EVP: www.eppe.org/default.asp?CAT2=0&CAT1=106&CAT0=105&COM=106&MOD=0&SMD=0&SSMD=0&STA=0&ID=0&PARAM=0
Grüne: www.europeangreens.org/peopleandparties/members.html / **ELDR:** http://diogenes.ntc.be/parent.htm
(Stand: Oktober 2004)

die SPE im Jahre 1999 beispielsweise die Publikation ihres bis dahin erschienenen „Newsletter“ ein (Kiessling 2000: 283) – ein faktisches Eingeständnis, dass die für politische Parteien zentrale Funktion der Kommunikation mit den Bürgern (Stöss 2002: 35) durch die europäischen Parteien (noch?) nicht leistbar ist.

Stimmt man dieser Interpretation zu, wird man nicht umhin können, den Art. 191 EG-Vertrag lediglich als Programmsatz zu qualifizieren, als eine Aussage also, die zumindest bisher „lediglich eine Zielvorstellung, den Soll-Zustand der Europäischen Gemeinschaft“ (Neßler 1998: 193) beschreibt. Einen Schritt weiter geht Monath (1998: 164) mit dem Befund, dass EVP, ELDR und SPE überhaupt keine Parteien im Sinne des oben zitierten Parteienartikels seien, weil in diesen Organisationen die Staatsangehörigen der Mitgliedstaaten nicht kraft ihres individuellen Rechtsstatus als Unionsbürger beteiligt würden. Hätte sich diese Auffassung durchgesetzt, so hätte dies die bemerkenswerte Konsequenz gehabt, dass ein wesentliches Motiv zur Einfügung des ex-Art. 138 a in den EG-Vertrag hinfällig geworden wäre. Ein wichtiger Beweggrund für die vertragsrechtliche Anerkennung der europäischen Parteien bestand nämlich darin, auf dieser Basis zu einer (wie der europäische Parteienartikel ebenfalls dem deutschen Muster nachgebildeten) Finanzierung derselben aus Mitteln des EG-Haushalts zu gelangen (Tsatsos/Deinzer 1998: 19). Die Praxis der „versteckten“ Finanzierung der europäischen Parteien aus Haushaltsmitteln des Europäischen Parlaments, die eigentlich den Fraktionen vorbehalten waren, blieb davon allerdings zunächst unberührt. Überwunden werden konnte sie erst durch die Verabschiedung des bereits kurz erwähnten „Parteienstatuts“ der Europäischen Union, das seit den Europawahlen des Jahres 2004 die Finanzierung der europäischen Parteien regelt.

Zur Rechtfertigung staatlicher bzw. öffentlicher Parteienfinanzierung werden im Wesentlichen zwei miteinander verbundene Argumente herangezogen. Sie basieren auf der vom Nationalstaat auf die Europäische Union übertragenen Prämisse, dass das Volk jederzeit, also auch in der Zeit zwischen den Wahlen, Einfluss auf die politischen Entscheidungen nehmen können muss (Grimm 1994: 608). Politische Parteien, die Anspruch auf eine (Teil-)Finanzierung aus öffentlichen Mitteln erheben, müssen daher der Rechtsprechung durch das Bundesverfassungsgericht zu Folge nicht nur als Wettbewerber bei den Wahlen auftreten, sondern auch im permanenten Wettstreit „die Bürger von der Richtigkeit ihrer Politik zu überzeugen" versuchen (BVerfGE 85: 264 (285)).

Weder das eine noch das andere kann von den europäischen Parteien in ihrer derzeitigen Gestalt geleistet werden. Für diesen Befund sprechen nicht nur die bereits dargestellte Mitgliedsstruktur und die natürliche Distanz der europäischen Parteien von der Wahlbevölkerung in den einzelnen Mitgliedstaaten, sondern auch die programmatische Heterogenität der nationalen Mitgliedsparteien. Hierbei geht es weniger um einzelne Differenzen in speziellen Politikfeldern innerhalb der „Parteifamilien" als vielmehr um die Position der verschiedenen Parteien zum europäischen Integrationsprozess als solchem. Das diesbezügliche Extrembeispiel liefert die EVP, die in einem der wichtigsten Mitgliedstaaten der EU – Großbritannien – überhaupt nicht präsent ist. Zwar sind die Europaabgeordneten der Konservativen Partei Mitglieder der EVP-Fraktion, die Partei als solche ist jedoch nicht Mitglied in der EVP, weil sie sich nicht darauf verpflichten lassen will, die EVP-Satzung zu ratifizieren, in deren Präambel der gemeinsame Wille der Mitglieder verankert ist, die „Vereinigten Staaten von Europa" zu gründen. Aber auch die anderen europäischen Parteien müssen mit Mitgliedsparteien leben, die der Vertiefung der europäischen Integration skeptisch bis feindlich gegenüberstehen. Dies gilt mit Abstrichen beispielsweise für die dänische Socialdemokratiet und die britische Labour Party als Mitglieder der SPE sowie die finnische Zentrumspartei, die Mitglied der ELDR ist. Die EGP hat mit der schwedischen „Miljöpartiet de Gröna" gar eine Mitgliedspartei, die ein nationales Referendum zum Austritt aus der Europäischen Union fordert.

Ein weiterer Grund, warum zumindest die EVP und die ELDR von vornherein nicht in allen Mitgliedstaaten als Wettbewerber im Wahlkampf auftreten können, besteht darin, dass sie mehrere Parteien aus ein und demselben Mitgliedstaat unter ihrem Dach vereinen, die bei nationalen und den Europawahlen um die Stimmen der Wähler konkurrieren. Für die EVP gilt dies derzeit etwa hinsichtlich Schwedens und Spaniens, für die Liberalen in Bezug auf Dänemark, Finnland, Italien und die Niederlande.

Die mittlerweile beschlossene Finanzierung der europäischen Parteien aus Mitteln des EU-Haushalts sieht sich also mit dem Dilemma konfrontiert, dass diese die Funktionen, die ihre öffentliche Finanzierung allein rechtfertigen könnten, nicht zu erfüllen vermögen. Nach wie vor gilt: „Europäische Politische Parteien existieren zwar, sie entfalten aber bisher keine nennenswerte Wirkung“ (Neßler 1998: 191), denn „einen sichtbaren Beitrag zur Vermittlung europäischer Politik an die Bürger“ leisten sie kaum (Niedermayer 2002: 446). Europäische Parteipolitik findet deshalb noch immer vorwiegend in den jeweiligen nationalen Parteiorganisationen statt (Leiße 1998: 178), denen damit nach wie vor nicht nur die Aufgabe zukommt, direkt zur europabezogenen politischen Willensbildung der Bürger beizutragen (Damm 1999: 410), sondern die auch das Abstimmungsverhalten „ihrer“ Europaabgeordneten entscheidend beeinflussen (Hix 2002: 696). Mit anderen Worten: Die Frage, inwieweit sich die deutschen politischen Parteien „europäisiert“ haben, ist mit dem Hinweis auf ihre Mitgliedschaft in europäischen Parteien so lange nicht zu beantworten, wie diese beim Bürger so gut wie nicht sichtbar sind. Zu prüfen bleibt damit, welche Bedeutung dem Thema „Europa“ bei der Tätigkeit der politischen Parteien in der Bundesrepublik zukommt. Der Maßstab für diese Prüfung kann aus Ermangelung eines europäischen Raumes der politischen Willensbildung nicht mehr im europäischen Vertragswerk, sondern nur im nationalen Verfassungskontext gefunden werden.

Das Grundgesetz schreibt den Parteien in Art. 21 Abs. 1 bekanntlich die Aufgabe zu, an der politischen Willensbildung des Volkes mitzuwirken. Diese Formulierung ist insofern irreführend, als sie suggeriert, die Tätigkeit der Parteien sei auf die Sphäre der Volkswillensbildung begrenzt. Demokratische Ordnungen zeichnen sich jedoch gerade dadurch aus, dass sie keine vom Volkswillen geschiedene „Staatswillensbildung“ kennen. Art. 20 Abs. 2 führt alle Staatsgewalt auf das Volk zurück, lässt sie von diesem allerdings nur in Form von „Wahlen und Abstimmungen“ ausüben und delegiert sie ansonsten an „besondere Organe der Gesetzgebung, der vollziehenden Gewalt und der Rechtsprechung“. Angesichts dessen besteht die zentrale und unersetzliche Funktion der politischen Parteien darin, zwischen Volk und Staatsorganen zu vermitteln (Oberreuter 1992: 28).

Das wichtigste Element in diesem Vermittlungsprozess ist die Wahl, und die Aufgabe der Parteien besteht darin, das Volk zur Wahl erst fähig zu machen, indem sie die gesellschaftliche Vielfalt in einem Prozess fortschreitender Selektion auf wenige entscheidungsfähige Alternativen reduzieren (Grimm 1994: 605). Die Beteiligung an den Wahlen zu den staatlichen Parlamenten in Bund und Ländern ist demnach die zentrale Funktion der politischen Parteien. § 2 Abs. 2 des Parteiengesetzes bringt dies dadurch zum Ausdruck, dass er eine mehr als sechsjährige Abstinenz von Bundes- bzw. Landtagswahlen (nicht aber von den Europawahlen) mit einem Verlust der Rechtsstellung als Partei für die jeweilig Organisation sanktioniert. Hinsichtlich des auf die Wahlkampfkostenerstattung bezogenen Teils der staatlichen Parteienfinanzierung allerdings werden die Stimmen, welche die Parteien bei Europawahlen erzielen, genauso hoch prämiert wie diejenigen, die sie bei den Wahlen zu den staatlichen Parlamenten auf nationaler Ebene erreichen (§ 18 Abs. 3 Parteiengesetz). Der deutsche Gesetzgeber erkennt damit implizit an, dass die Beteiligung an den Europawahlen zu den Aufgaben der nationalen Parteien gehört (Stricker 1998: 26). Dies rechtfertigt es, die Erfüllung der aus ihrer Beteiligung an den Wahlen resultierenden, weiteren Funktionen der politischen Parteien hinsichtlich des Themas „Europa“ am selben Maßstab zu messen wie ihre auf den nationalen Rahmen bezogene Aufgabenwahrnehmung.

Die im Wahlakt zum Ausdruck kommende Rückkopplung zwischen Staatsorganen und Volk erschöpft sich nicht in den periodisch wiederkehrenden Parlamentswahlen. Legitimitätsschaffend wirken kann diese Rückkopplung nur als permanenter, wechselwirksamer Prozess (Stöss 2002: 30f.). Auch wenn die auf eine dauerhafte Mitwirkung der Parteien an der Willensbildung des Volkes ausgelegten Funktionen in der Teilnahme derselben an den Parlamentswahlen also gleichsam „aufgehen“, bleibt ihre Erfüllung für den demokratischen Prozess doch unverzichtbar. In dieser Perspektive kommt nicht nur der Einschaltung der jeweiligen Mitgliedschaft in die innerparteiliche Willensbildung herausragende Bedeutung zu, sondern auch der nach außen gerichteten Tätigkeit der Parteien, die sowohl darauf abzielt, die in der Bevölkerung vorfindlichen Meinungsbilder zu erkunden, als auch letztere durch die Präsentation entscheidungsfähiger Alternativen zu strukturieren.

Einer weit verbreiteten Auffassung zufolge fehlt es hinsichtlich der Europapolitik allerdings weitgehend an parteipolitisch zuordnungsfähigen, inhaltlich unterscheidbaren Konzepten. In allen zentralen Fragen der Europapolitik gibt es in Deutschland einen breiten Konsens im Sinne der einleitend vorgestellten „politische Kultur-These“: „Das Ziel, der Weg dorthin, die eigene Beteiligung, die ordnungspolitische Philosophie und selbst die inhaltliche Gestaltung wichtiger Sachbereiche sind kaum umstritten“ (Kohler-Koch 1998: 286). Der mögliche Schluss von dem zweifellos vorhandenen europapolitischen Grundkonsens auf das Fehlen jedweder programmatischer Differenzen zwischen den im Deutschen Bundestag vertretenen Parteien erweist sich indes, wie ein Blick auf die diesem Kapitel angefügte Synopse der Programmaussagen der Parteien zu Europa zeigen mag, als voreilig.

Dies ließe sich an den Positionen, welche die Parteien in der sog. Finalitätsdiskussion einnehmen, also der Debatte um die zukünftige Verfasstheit der Europäischen Union, wie auch an den unterschiedlichen Stellungnahmen zum EU-Beitritt der Türkei beispielhaft genauer demonstrieren. Auch die Vorstellungen über die künftige Ausgestaltung einzelner Politikfelder – wie etwa Umweltpolitik und Verbraucherschutz, die Agrarpolitik oder die Zusammenarbeit im Bereich Justiz und Inneres – variieren teilweise beträchtlich. Substanziell unterschiedliche Vorstellungen lassen sich schließlich auch für so bedeutende Fragen wie die nach der Unabhängigkeit der Europäischen Zentralbank von politischen Vorgaben oder der Einrichtung eines europäischen Kartellamts ausmachen.

Das Problem besteht also offensichtlich nicht darin, dass die politischen Parteien keine spezifischen Vorstellungen über die Gestalt der Europäischen Union und den Inhalt der von ihr betriebenen Politiken entwickelt hätten, sondern dass es ihnen nicht gelingt, der Wählerschaft die Relevanz des Themas Europa zu vermitteln. Analysen der Europawahlen der Jahre 1999 und 2004, die von der Forschungsgruppe Wahlen erstellt wurden, ist unter anderem zu entnehmen, dass etwa drei Viertel aller Wahlberechtigten sich nicht für europapolitische Fragen interessierten. Die Wahlbeteiligung sank 1999 im Vergleich zu den Europawahlen von 1994 um 14,8 % auf 45,2 %.

2004 erreichte sie das historische Tief von 43 %. Nur etwa ein Drittel derer, die sich an der Wahl beteiligten, orientierten sich bei ihrer Entscheidung an europapolitischen Kriterien, wohingegen über die Hälfte die Bundespolitik als den für ihre Entscheidung maßgeblichen Faktor benannten (Süddeutsche Zeitung, 15.6.1999: 5 und 15.6.2004: 10). Zum mangelnden Interesse der Wähler an der Europapolitik tritt hinzu, dass der Anteil der Deutschen, welche die EU-Mitgliedschaft des Landes für eine „gute Sache" halten, von etwa 70 % zu Anfang der neunziger Jahre auf nur noch 46 % im Jahr 2003 gesunken ist. Nur noch 37 % der Befragten vermögen Vorteile für Deutschland durch die EU-Mitgliedschaft zu erkennen, während 42 % hierin keine Vorteile mehr erblicken (Europäische Kommission 2003: 21f.).

Diese Zahlen machen deutlich, dass man mit dem Thema Europa keine Wahlen – nota bene auch keine Europawahlen – gewinnen kann. Die für die Ausgestaltung der Europawahlkämpfe in den politischen Parteien Verantwortlichen reagieren auf das skizzierte Meinungsbild von jeher in der Form, dass Europa nur als „Randthema" behandelt wird (Niedermayer 1995: 22). Nicht nur in der Bundesrepublik, sondern in allen Mitgliedstaaten der Europäischen Union, gab und gibt es eine ausgeprägte Tendenz zur „Instrumentalisierung der Europawahlen zu innenpolitischen Zwecken" (Niedermayer 1996: 89), die sich bei der Wahl von 1999 in Deutschland als letztlich erfolgreiche „Abrechnung" der Oppositionsparteien mit der Arbeit der acht Monate zuvor ins Amt gelangten „rot-grünen" Bundesregierung darstellte. Auch 2004 wurde der Europawahlkampf primär unter innenpolitischen Vorzeichen geführt (Sturm 2004), was sich jedoch nicht für das gesamte Regierungslager negativ auswirkte, denn massiven Verlusten der SPD standen deutliche Gewinne von Bündnis 90/Die Grünen gegenüber (Jesse 2004: 17).

Die „defizitäre Kommunikation zwischen Parteien und Bürgern" (Stöss 2002: 35), die den Kernpunkt der von der neueren politikwissenschaftlichen Forschung artikulierten Parteienkritik bildet, ist also in Bezug auf die Europapolitik besonders ausgeprägt. Doch wäre es verfehlt, dies einseitig nur den Parteien anzulasten. Die Nicht-Thematisierung europapolitischer Probleme durch die Parteien im Wahlkampf ist auch als eine durchaus rationale Reaktion der Parteien auf das Desinteresse der Wähler an Europa interpretierbar, die – bei der

Europawahl von 1999 war dies besonders ausgeprägt – in ihrer großen Mehrheit nur mobilisiert werden konnten, weil es den Oppositionsparteien gelang, die Wahlen zum Europäischen Parlament zu einer nationalen „Denkzettelwahl" umzufunktionieren. Vom nationalen Oppositionsbonus nicht profitieren konnte in den 90er Jahren einzig die FDP. Ihre potenziellen Wähler richteten ihr Wahlverhalten ganz im Unterschied zum generellen Trend offenbar tatsächlich ebenenspezifisch aus. Deshalb fehlten der FDP die Leihstimmen aus dem Unionslager, die sie zur Stützung der bürgerlichen Koalitionsregierung bei den Bundestagswahlen in der Vergangenheit regelmäßig erhalten hatte. Wie 1994 scheiterte die FDP auch 1999 an der Fünf-Prozent-Klausel. Seit der Wahl von 2004 ist sie im Europäischen Parlament aber wieder vertreten, denn sie erreichte einen Stimmenanteil von 6,1 %.

Tabelle 11: Die Ergebnisse der Europawahlen von 1994, 1999 und 2004 (in Prozent)

	1994	*1999*	*2004*
SPD	32,2	30,7	21,5
CDU	32,0	39,3	36,5
CSU	6,8	9,4	8,0
Bündnis 90/Die Grünen	10,1	6,4	11,9
PDS	4,7	5,8	6,1
FDP	4,1	3,0	6,1
Wahlbeteiligung	60,0	45,2	43,0

Quellen: Vom Bundeswahlleiter veröffentlichte amtliche Endergebnisse (http://www.statistik-bund.de/wahlen/euro99/d/t/bun.htm für 1994 und 1999; http://www.bundeswahlleiter.de/wahlen/europawahl2004/ergebnisse/bundesergebnisse/be_tabelle_99.html für 2004)

Vielfach wird nicht nur der „Missbrauch" der Europawahlen durch die Parteien zu nationalen Zwecken kritisiert (Decker 2000: 605). Ergänzend wird auch darauf verwiesen, dass die Schatzmeister der Parteien auf „Zurückhaltung" im Europawahlkampf hinwirkten, um durch den geringeren Mitteleinsatz ein finanzielles Plus für die Parteikasse in Folge nicht verbrauchter Zuschüsse aus der Wahlkampfkostenerstattung zu erwirtschaften (so in Bezug auf den Wahlkampf der SPD von 1999 etwa Leyendecker (1999), der von einem „zweistelligen Millionengewinn" spricht; ähnlich für 2004 DER SPIEGEL 24/ 2004: 19). Die Tatsache, dass die Europawahlen von den Parteizentralen im Vergleich zu nationalen Parlamentswahlen deutlich geringer gewichtet werden, mag angesichts der in den Verträgen von Maastricht und Amsterdam vorgenommenen Aufwertung des Europäischen Parlaments verwundern, hat sich dieses doch durch die Einführung des Mitentscheidungsverfahrens in vielen Bereichen zum gleichberechtigten Mitspieler des Rates in den europäischen Entscheidungsprozessen entwickelt. Doch auch in dieser Hinsicht ist die „Zurückhaltung" der Parteien rationaler als es auf den ersten Blick erscheinen mag, denn dass sich das Parlament gegenüber dem Rat mittlerweile so beachtlich emanzipieren konnte, bedeutet nicht, dass auch die Gestaltungschancen der in seinen Fraktionen vertretenen Parteien im gleichen Maße gestiegen sind. Dies hat im Wesentlichen zwei Gründe.

Erstens schränkt die politisch-ideologische Heterogenität der Fraktionen im Europäischen Parlament die Durchsetzung der Prioritäten nationaler Parteien entscheidend ein. Zum Zwang, sich innerhalb der einzelnen Fraktionen auf den kleinsten gemeinsamen Nenner zu einigen, tritt, zweitens, der Umstand hinzu, dass das Parlament sich im Mitentscheidungsverfahren nur dann Geltung verschaffen kann, wenn es gemäß der Bestimmungen des Art. 251 EG-Vertrag im Stande ist, die absolute Mehrheit seiner Mitglieder zu mobilisieren (Leiße 1998: 180). Weil in der bisherigen Geschichte der Europäischen Union noch keine Fraktion allein über die absolute Mehrheit verfügte, kam es in der Vergangenheit häufig zu einer „Großen Koalition" der Fraktionen der Europäischen Volkspartei (EVP) und der Sozialdemokratischen Partei Europas (SPE), die nicht selten auch von der Fraktion der Liberalen (ELDR) unterstützt wurde. Auch wenn es nach der Europawahl von 1999, in deren Gefolge die EVP mit 225 Abgeordneten erstmals die stärkste Fraktion stellte, zu einer Absprache zwischen der christlich-demokratischen und der liberalen Fraktion bezüglich der Wahl der Parlamentspräsidentin Nicole Fontaine kam, machten die SPE- und EVP-Fraktion deutlich, dass sie ihre Kooperation in Sachfragen auch künftig fortzuführen beabsichtigen (Kiessling 2000: 281) – eine Ankündigung, die sie auch wahr machten. In dieser Perspektive erscheint die fehlende sachpolitische Profilierung der nationalen Parteien im Europawahlkampf also als Reflex der parteiübergreifenden Kooperationszwänge im Europäischen Parlament.

Stellt man einen Vergleich der Ausgangsbedingungen für die Europawahlen in den einzelnen Mitgliedstaaten an, offenbart sich für die deutschen Parteien und ihre potenziellen Wähler ein weiteres, das Wahlkampfengagement beeinträchtigendes Moment: Aufgrund der disproportionalen Verteilung der Mandate im Europäischen Parlament auf die Mitgliedstaaten haben die deutschen Parteien bei einem wegen der Größe des deutschen Elektorats vergleichsweise hohen Aufwand relativ wenig zu gewinnen. Die deutschen Parteien konkurrieren um insgesamt 99 Sitze, die der Bundesrepublik im Europäischen Parlament zugewiesen sind; ein Abgeordneter repräsentiert damit mehr als 820.000 Einwohner. Auch wenn durch den Vertrag von Nizza das Abgeordnetendeputat für alle anderen Altmitgliedstaaten etwas gesenkt wurde, ist das Zahlenverhältnis Abgeordnete – Wähler für Deutschland immer noch deutlich schlechter als andernorts. Zum Vergleich: In Österreich beispielsweise liegt die Repräsentationsdichte fast doppelt so hoch. Die sechs Abgeordneten aus Luxemburg repräsentieren im Durchschnitt gar nur knapp 68.000 Einwohner (Woyke 1998: 131).

Die politischen „Prämien“, die den Parteien nach erfolgreich gestalteten Europawahlkämpfen winken, sind schon unter den bislang genannten Gesichtspunkten denkbar bescheiden. Und sie erscheinen noch geringer, wenn die reale Gewichtsverteilung zwischen Supranationalismus und Intergouvernementalismus in der Europäischen Union mit in den Blick genommen wird. Nationale Parteien, die wirklich gestaltend auf die Politiken der Europäischen Union einwirken wollen, haben andere Zielorte als das Europäische Parlament. Es sind dies der Europäische Rat und der Rat der Europäischen Union (Ministerrat). An die eigentlichen „Schaltstellen der Macht“ innerhalb der Europäischen Union gelangen die Parteien also nicht über die Europawahlen, sondern über eine durch die Wahlen zum Deutschen Bundestag vermittelte Regierungsbeteiligung. Nimmt man den Befund ernst, dass dem Europäischen Rat mittlerweile eine Schlüsselfunktion für die Entscheidungsfindung der Europäischen Union zukommt (vgl. dazu Kapitel 3.1), dann lässt sich diese Aussage noch dahingehend zuspitzen, dass die Partei, die den Kanzler stellt, den höchstmöglichen Gewinn in Bezug auf die Beeinflussung der EU-/EG-Politiken verbuchen kann.

Die vielfach erhobene Klage über die „Instrumentalisierung der Europawahlen zu innenpolitischen Zwecken" (Niedermayer 1996: 89) täuscht deshalb über das eigentliche Problem hinweg. Die angebliche Zweckentfremdung der Europawahlen hat ihre Ursache letztlich darin, dass den Parteien bei diesen Wahlen kein realer Machtgewinn in Aussicht steht. Was eine wirkliche Europäisierung der nationalen Parteien bislang verhindert, ist primär nicht die mangelnde Bereitschaft derselben die europäischen „Nebenwahlen" zu „Hauptwahlen" aufzuwerten, die es mittels finanzieller Anreize zu stimulieren gälte (so etwa Decker 2000: 605f.), sondern die Tatsache, dass durch das Entscheidungssystem der Europäischen Union faktisch nur diejenigen Parteien belohnt werden, die im nationalen Wettbewerb reüssieren. Deshalb sollte es in Zukunft nicht nur darum gehen, die Europawahlen mittels institutioneller Reformen wie der längst überfälligen Schaffung eines einheitlichen Wahlsystems in allen Mitgliedstaaten ihres nationalen Charakters zu entkleiden (Decker 2000: 605). Mindestens ebenso wichtig ist die umgekehrte Perspektive, nämlich das politische System der Europäischen Union so zu reformieren, dass die nationalen Parlamentswahlen ihrer „versteckten", aber für die Machtverteilung innerhalb der Union letztlich allein ausschlaggebenden Dimensionen beraubt werden.

Im Vorfeld der Beratungen des Verfassungskonvents wurden zwei einschlägige Reformalternativen diskutiert, die sich beide auf den Modus der Bestellung des Kommissionspräsidenten bezogen. Zur Debatte stand, den Präsidenten der Europäischen Kommission entweder aus der Mitte des Parlaments zu wählen (Bertelsmann Europa-Kommission 2000: 18), oder ihn in einem eigenen Wahlakt unmittelbar von der Bevölkerung der Europäischen Union bestimmen zu lassen (Decker 2001: 37). Beide Vorschläge zielten mit dieser zusätzlichen Personalisierung auf europäischer Ebene darauf ab, die Mitglieder der europäischen Parteien zur Verständigung auf entsprechende Spitzenkandidaten zu nötigen. Mit einem personellen (und programmatischen) Gesamtangebot wären die europäischen Parteien bei den Europawahlen für den Wähler tatsächlich sichtbar in Erscheinung getreten (Nemitz 1998: 47), sodass das Kunststück hätte gelingen können, „die Einmischung nationaler Parteien und Themen [in die Europawahlkämpfe, d. V.] zu verhindern" (Hix 2003: 173).

Für welche der beiden Alternativen man sich entscheidet, hängt davon ab, ob man für die Zukunft Europas eine parlamentarische oder eine präsidentielle Strategie präferiert. Für letztere spricht, dass die Gesetzgebungsprozesse in parlamentarischen Systemen regelmäßig von den Regierungen dominiert werden. Wer also – wie auch alle im Deutschen Bundestag vertretenen Parteien – an der beinahe schon routinemäßig vorgetragenen Forderung nach einer weiteren Ausdehnung der Gesetzgebungskompetenzen des Europäischen Parlaments festhält, und dafür gibt es gute Gründe, scheint gut beraten, sich für das präsidentielle Modell zu entscheiden. Die im Präsidentialismus strukturell verbürgte wechselseitige Unabhängigkeit von Legislative und Exekutive bedarf im Übrigen bekanntlich keiner weltanschaulich geschlossenen Parteien, deren Abgeordnete sich im Parlament einer mehr oder weniger strikten Fraktionsdisziplin unterwerfen. Angesichts der auch in Zukunft unvermeidlichen Heterogenität der europäischen Parteien wäre ein dem Präsidentialismus verpflichtetes Konzept auch unter diesem Gesichtspunkt „passend" für die Europäische Union, auch wenn man dem Europäischen Parlament bei Einführung der Direktwahl des Kommissionspräsidenten sein Recht zur Mitwirkung an dessen Nominierung, welches es erst durch den Vertrag von Amsterdam erhalten hat, wieder nehmen müsste. Zu allererst aber hätte es gegolten, die Regierungen der Mitgliedstaaten davon zu überzeugen, sich aus der Ernennung des Kommissionspräsidenten herauszuhalten. Der Verfassungskonvent ist diesen Weg nicht gegangen. Seine „Präsidentialisierungsstrategie" besteht vielmehr in der Wahl eines ständigen Präsidenten des Europäischen Rates durch eben diesen. Hinsichtlich des Kommissionspräsidenten sieht Art. I 26 des Verfassungsentwurfes vor, dass der Europäische Rat dem Parlament „unter Berücksichtigung der Wahlen zum Europäischen Parlament" einen Kandidaten zur Wahl vorschlägt. Eine neue Funktionszuweisung an die europäischen politischen Parteien wäre damit nicht verbunden.

Tabelle 12: Europapolitische Positionen deutscher Parteien

	SPD	CDU	CSU	Bündnis 90/ Die Grünen	FDP	PDS
Finalität	Starkes und demokratisches Europa mit der Europäischen Verfassung als Grundlage; Friedensmacht und Wertegemeinschaft	EU als politische und wirtschaftliche Union; Gemeinsame Werte und christlich-jüdisches Erbe stellen Grundlage der EU dar; EU als „Global-Player“	Christlich-abendländische Wertegemeinschaft als Fundament Europas; Leistungs- und handlungsfähiges Europa als Ziel; Kulturen, Lebensweisen und Traditionen der Völker müssen erhalten bleiben	Demokratisches, selbstbestimmtes und ökologisches Europa; EU auch wirtschaftliche Union; EU als föderale Integrationsgemeinschaft; Wahrung der Menschenrechte und des Friedens als Ziel	Fundamente sind individuelle Freiheit, Demokratie, Rechtsstaatlichkeit und freier Handel	
Verfassung	Positive Einstellung gegenüber aktuellem Verfassungsentwurf (v.a. wegen Stärkung der Demokratie), für schnelle Verabschiedung; Keine Verbesserungsvorschläge; Gegen Volksentscheid zum Verfassungsentwurf	Insgesamt positive Einstellung gegenüber Verfassung, aber Kompetenzen der EU und der Mitgliedsländer müssen klar geregelt sein; Keine Verbesserungsvorschläge, außer der Festlegung des christlich-jüdischen Erbes in der Verfassung; Volksentscheid wird explizit nicht gefordert	Verfassungsentwurf muss in einigen Punkten geändert werden, v.a. Kompetenzfrage und christlich-jüdische Grundlage Europas; Volksentscheid wird nicht explizit gefordert	Verfassung wird als wesentlicher Fortschritt, der aber noch nicht weit genug reicht, gesehen; Keine expliziten Änderungswünsche, nur Betonung, dass Umweltschutz usw. wichtigere Ziele als Geldwertstabilität darstellen; Europaweite Bürgerentscheide gefordert	Verfassungsentwurf stellt einen „akzeptablen Kompromiss“ dar, es werden jedoch einige Änderungswünsche genannt, v.a. nach einem unabhängigen Zentralbankensystem, hohem Gewicht von Stabilitätspakt und Maastrichter Kriterien, Wettbewerb und offenen Märkten sowie Kontrolle der EU-Gesetzgebung durch nationale Parlamente u.a.; Für Volksentscheid über Verfassung	Gegen aktuellen Verfassungsentwurf, da mehr Rückschritte (v.a. Förderung von Aufrüstung) als Fortschritte (Grundrechtecharta und soziale Rechte) enthalten seien; Volksabstimmung über Verfassung gefordert

	SPD	CDU	CSU	Bündnis 90/ Die Grünen	FDP	PDS
Wirtschaft/ Beschäftigung	Bildung stellt entscheidenden Faktor bei der Bekämpfung von Arbeitslosigkeit dar; Für europäischen Beschäftigungspakt, aber Verantwortung für Senkung der Arbeitslosigkeit liegt bei Mitgliedstaaten; Erhöhung der Forschungsausgaben erwünscht; Sozialer Frieden als Standortvorteil; Unterstützung des Lissabon-Prozess	Stärkung des EU-Wirtschaft auch und gerade vor dem Hintergrund nationaler Interessen; Keine Überregulierung durch Gesetzesinitiativen der Europäischen Kommission; Wettbewerbsfähige Landwirtschaft wichtig; Gemeinsame Bekämpfung der Arbeitslosigkeit; Unterstützung des Lissabon-Prozesses	Im Prinzip wie CDU; Deregulierung nötig; Mehr Subsidiarität	Ökologische Gerechtigkeit ist Grundlage für gegenwärtigen und künftigen Wohlstand; Für fairen Wettbewerb in Europa; keine grenzenlose Privatisierung, z.B. bei Wasserversorgung	Offenheit und Wettbewerb als Grundlage; weitere Liberalisierung und Deregulierung der Märkte; Grundlegende Reformen der Steuerpolitik und des Arbeitsmarkts nötig; Keine Steuerunion; Strukturwandel von monopolisierten staatlich kontrollierten Wirtschaftsbereichen zu freien Märkten, Einführung eines Europasses, Arbeitserlaubnis soll abgeschafft werden; Schaffung von grenzüberschreitenden Modellregionen	Forderung nach Vollbeschäftigung zu guten sozialen Bedingungen; dies soll erreicht werden durch Schaffung öffentlicher Stellen (Verstaatlichung von Wirtschaftszweigen), Zusammenarbeit verschiedener Politikfelder wie Finanz-, Bildungs-, Umwelt- und Wirtschaftspolitik, Verbesserung des Arbeitsstandards wie der Höchstarbeitszeit; Verbesserung der Fortbildungsmöglichkeiten und darauf folgende Arbeitsplatzgarantie

	SPD	CDU	CSU	Bündnis 90/ Die Grünen	FDP	PDS
Bildung	Bildung als Kernziel der EU, v.a. auch bei der Schaffung von Arbeitsplätzen; Förderung des Fremdsprachenunterrichts und von Auslandsaufenthalten; Soziale Gerechtigkeit bei der Ausbildung	Besserer Zugang zu Bildung; Bessere Verzahnung von Theorie und Praxis; Förderung des Fremdsprachenunterrichts und von Auslandsaufenthalten	Keine explizite Erwähnung im Parteiprogramm zur Europawahl 2004	Europa als Wissensgemeinschaft ausbauen; Gerechtes, grenzüberschreitendes Bildungssystem; Lebenslanges Lernen; Soziale Spaltung durch Bildung verhindern	EU als Wissensgesellschaft; Bildung, Wissen und Kultur als Voraussetzung für eine soziale, ökologische und wirtschaftliche Entwicklung; Erweiterung der Mobilität (beruflich und innerhalb der Ausbildung) innerhalb Europas; Genormte Abschlüsse von Universitäten; Bildung soll aber nationale Aufgabe bleiben	Bildung als wichtigen Kernbereich der Daseinsfürsorge; Bessere Versorgung mit Kindertagesstätten, Ganztagsschulen, Freizeitangeboten, Förderung der Fremdsprachenkenntnisse und Austauschprogramme, soziale Gerechtigkeit bei der Ausbildung
Sozialpolitik	Gerechtigkeit und fairer Wettbewerb werden als Grundlagen genannt; EU als „Sozialraum"; Gleichberechtigung zwischen Mann und Frau fördern	Vorrangig Vertrauen auf Marktkräfte, auch bei sozialem Ausgleich	Keine gemeinsame Sozialpolitik, Gestaltung liegt ausschließlich in nationaler Zuständigkeit	Soziale Dimension der EU muss ausgebaut werden; verbindliche soziale Mindeststandards	Keine Sozialunion, Reformen sollen in Verantwortung der Mitgliedstaaten verbleiben, Wettbewerb zwischen den Sozialsystemen; Gleichberechtigung zwischen Mann und Frau fördern; Vereinheitlichung des Familienrechts	Kein Sozialabbau, statt dessen „Sozialer Stabilitätspakt", höchste Priorität für Weiterentwicklung und Ausbau des europäischen Sozialmodells, d.h. hohe Mindestsozialstandards

	SPD	CDU	CSU	Bündnis 90/ Die Grünen	FDP	PDS
EU-Erweiterung	*Osterweiterung:* sowohl wirtschaftlich als auch politisch große Chance und zugleich große Herausforderung, jedoch insgesamt positive Bewertung *Türkeibeitritt:* keine Aussage *Weitere Beitritte:* möglich, soweit Kriterien geprüft und erfüllt sind	*Osterweiterung:* Bringt wirtschaftlich und politisch Vorteile für Europa, aber auch neue Herausforderungen v.a. auch für Grenzregionen *Türkeibeitritt:* Nein, aber Angebot einer privelegierten Partnerschaft *Weitere Beitritte:* Integrationskraft der EU ist begrenzt und darf nicht überfordert werden, möglich wäre aber Alternativen zur Vollmitgliedschaft	*Osterweiterung:* Politische, wirtschaftliche und kulturelle Notwendigkeit, sorgt aber auch für Ängste, Grenzregionen müssen besonders unterstützt werden *Türkeibeitritt:* Nein, aber Angebot einer privelegierten Partnerschaft *Weitere Beitritte:* Absehbar, jedoch mit Anstrengungen verbunden, Debatte nötig; Alternativen zur Vollmitgliedschaft sinnvoll, evtl. Europa der zwei Geschwindigkeiten denkbar, aber nicht als generelles Prinzip	*Osterweiterung:* Prozess noch nicht abgeschlossen *Türkeibeitritt:* möglich und sinnvoll, wenn Kriterien erfüllt werden *Weitere Beitritte:* generell möglich und sinnvoll; Baldige Gespräche über Mitgliedschaft von Rumänien und Bulgarien, Beitritt auch für andere Balkanländer denkbar	*Osterweiterung:* Prozess des Zusammenwachsens wird Zeit erfordern, positive Gesamteinschätzung, Anpassungsprobleme müssen von Politik abgefangen werden, Schaffung grenzüberschreitender Modellregionen, Sicherung der Außengrenze *Türkeibeitritt:* möglich, wenn Kriterien erfüllt sind, evtl. auch Volksentscheid möglich *Weitere Beitritte:* Ja, zur Mitgliedschaft von Rumänien und Bulgarien, auch für andere Balkanländer möglich	*Osterweiterung:* Positive Bewertung, jedoch Unterstützung der Grenzregionen (gerade im Osten Deutschlands müssen Ängste beruhigt werden) *Türkeibeitritt:* Nur möglich, wenn Menschenrechte garantiert sind und Kurdenfrage gelöst ist *Weitere Beitritte:* EU steht allen europäischen Staaten offen, welche ihre Grundwerte beachten

	SPD	CDU	CSU	Bündnis 90/ Die Grünen	FDP	PDS
GASP	Kernpunkte der GASP: Konfliktprävention, Friedenssicherung, Eintreten für Menschenrechte und Abrüstungsbemühungen; zentrales Ziel: Erreichen dauerhafter und konstruktiver Konfliktlösungen; Gleichberechtigte Partnerschaft mit der USA als Ziel; Demonstration von Einigkeit nach außen bei politischen Fragen und gemeinsamer Außenminister nötig; Aufbau einer ESVU	EU als Akteur der Weltpolitik, GASP hat innere Einigkeit als Grundlage, EU hat wichtige Rolle bei der Gestaltung einer neuen Weltordnung; Gleichberechtigte Partnerschaft mit den USA, Schaffung eines gemeinsamen Außenministers und eines Europäischen Auswärtigen Amtes; Gemeinsame Rüstungspolitik	GASP nötig; Gemeinsame Sicherung der Außengrenzen nötig; Schaffung eines europäischen Außenministers; Keine „Abspaltung" von den USA; Stärkung des europäischen Militärs	Keine militärische Supermacht, sondern eine Zivilmacht Europa, d.h. Ziele sind Frieden, Demokratie, Menschenrechte, ökologisch und sozial gerechter Interessenausgleich zwischen den Weltregionen; Weitere Verrechtlichung internationaler Beziehungen; Einigkeit bei politischen Fragen und gemeinsamer Außenminister nötig; UN als wichtigste internationale Institution	Europäischer Außenminister; Gemeinsamer, ständiger Sitz im UN-Sicherheitsrat; Europäische Streitkräfte; Ausbau der GASP; Ziel ist es vorrangig, Konflikte zu vermeiden; Technologische Lücke zu USA schließen; Einstimmigkeit nach außen ist wichtig; Einführung des Mehrheitsprinzips bei Entscheidungen der GASP; Aufbau eines europäischen diplomatischen Dienstes; Verhandlungen zur WTO-Reform weiterführen	Für eine Entmilitarisierung der EU; EU soll zu einer zivilen GASP, die eine friedensstiftende Rolle in der Welt hat, kommen; Aufgabenbereiche sind vor allem der politische sowie der diplomatische Dialog, humanitäre Hilfe, Schutz der Menschenrechte usw.; Erwünscht ist eine gleichberechtigte Partnerschaft mit den USA, die jedoch auch Kritik beinhalten sollte; Mehr Transparenz und Demokratie für GASP-Fragen

	SPD	CDU	CSU	Bündnis 90/ Die Grünen	FDP	PDS
Verbraucherschutz	Gemeinsame hohe Qualitätsstandards bei Lebensmitteln, Durchsetzung einer Kennzeichnung, kein Ausschöpfen technischer Möglichkeiten zu Lasten der Verbraucher	Klare und einheitliche Regeln, jedoch keine Überregulierung	Keine explizite Erwähnung im Wahlprogramm	Grundsatz des mündigen Verbrauchers; Mehr Transparenz und vorbeugende Verbraucherpolitik	Verbraucherschutz wird vom Markt bestimmt; EU soll einen verlässlichen politischen Rahmen bilden, aber keine Überregulierung; Informationspflicht der Unternehmen gegenüber dem Verbraucher	Weitgehende Information des Verbrauchers über Eigenschaften des Produkts; Auf dem Energiemarkt mehr Schutz für „Kleinverbraucher"
Umweltpolitik	Gemeinsame strenge Mindeststandards; EU auch als Vorbild für andere Staaten	Klare und einheitliche Regeln, jedoch müssen die Regeln von allen Mitgliedern im gleichen Maße eingehalten werden	Zusammenarbeit der EU beim Umweltschutz	Umwelt soll in allen Bereichen berücksichtigt werden; Hohe Umweltstandards, verbesserter Klimaschutz, Förderung erneuerbarer Energien, Einhaltung des Kyoto-Protokolls, hohe Tierschutzstandards	EU-weite Umweltstandards, Nutzung von marktwirtschaftlichen Mitteln beim Umweltschutz; Betonung des Subsidiaritätsprinzips, aber Zusammenarbeit der einzelnen Länder, wo dies sinnvoll ist (z.B. Hochwasserschutz); Vernunftgelenkte Chemikalienpolitik	Wandel zu sozialökonomischer Struktur des Binnenmarkts gefordert; Einheitliche Mindeststandards zum Umwelt- und Klimaschutz; Strengere Gesetzgebung zu Stromproduktion und -verkauf und zu anderen Umweltproblemen wie Müllentsorgung

	SPD	CDU	CSU	Bündnis 90/ Die Grünen	FDP	PDS
Agrarpolitik	Grundlegende Reform der Agrarpolitik gefordert, Subventionen sollen anders verteilt und von Qualität und nicht von Masse abhängen	Europäische Landwirtschaftspolitik soll einen Rahmen für die landwirtschaftlichen Betriebe schaffen; teilweise Umstrukturierungen notwendig	Förderung der Wettbewerbsfähigkeit der landwirtschaftlichen Betriebe; Agrarpolitik weitgehenst in nationaler Verantwortung; Nationale Kofinanzierung erwünscht und nötig	Leitbild einer ökologisch, ökonomisch und sozial nachhaltigen Landwirtschaft; Statt nach Produktionsmasse zu subventionieren, sollen Umwelt-, Tierschutz- und Qualitätsprämien geleistet werden	Reform der Agrarpolitik nötig; marktwirtschaftliche Neuausrichtung; Einführung einer produktunabhängigen Kulturlandprämie; Mehr Freiräume für Unternehmer in der Landwirtschaft	Für die Entwicklung einer ökologisch, ökologisch und sozial nachhaltigen Landwirtschaft; Reform der Agrarpolitik, Umstellung der Subventionierungen
ZIJP	Selbstverständliche Zusammenarbeit in der EU bei Verbrechensbekämpfung und -prävention; Einrichtung einer europäischen Staatsanwaltschaft, Kooperation bei grenzüberschreitender Kriminalität, Europol-Ausbau, gemeinsame Sicherung der Außengrenzen, gemeinsames Engagement gegen internationale Terrornetzwerke, weitere Integration im Bereich Inneres und Justiz	Wichtiger Posten im EU-Haushalt; Stärkere Zusammenarbeit bei der Justiz- und Innenpolitik, Verbesserung von Europol, gemeinsame Sicherung der Außengrenzen (gemeinsamer Grenzschutz), Einführung des Amts eines europäischen Finanzstaatsanwalts, um Missbrauch von EU-Geldern zu verhindern	Kein gemeinsames Strafrecht, aber Zusammenarbeit v.a. beim Schutz der neuen Außengrenzen	Ausbau des europäischen Rechtsraums; Europaweite Schließung von Rechtsschutzlücken; Mehr Kontrollmöglichkeiten für Europol; Verbesserung des Datenschutzes; Europäische Staatsanwaltschaft sinnvoll; Gemeinsame Bekämpfung von organisierter Kriminalität wie Menschenhandel, Terrorismus usw.,	Rechtsschutz in der EU gegenüber europäischen Institutionen soll verbessert werden; Gemeinsame Sicherung der neuen Grenzen; Gemeinsames Konzept gegen organisiertes Verbrechen; Leistungsbefugnis der europäischen Staatsanwaltschaft gegenüber Europol; Nachbesserung des europäischen Haftbefehls	Europol sowie Eurojust müssen stärker auf europäischer (parlamentarischer) Ebene kontrolliert werden; Rechte von Beschuldigten müssen gestärkt werden (v.a. beim europäischen Haftbefehl)

	SPD	CDU	CSU	Bündnis 90/ Die Grünen	FDP	PDS
(ZIJP)				Nachbesserung bei der Gesetzgebung zur Terrorismusbekämpfung zugunsten von Freiheitsrechten nötig; Schutz der einzelnen Bürger vor Institutionen wie Europol nötig		
Strukturpolitik			Reform der Strukturpolitik nötig: sie muss sich auf die Förderung der von Investitionen, Wachstumskräften, Innovationen und Arbeitsplätzen in schwächeren Regionen begrenzen; Ermöglichen von mehr Spielraum für eigene nationale Regionalförderung	Erweiterung der Strukturpolitikidee: Ziel ist die Verringerung der Anzahl der Menschen in absoluter Armut; internationale Strukturpolitik nötig; Umstellung des ressourcenraubenden Wirtschafts- und Lebensstils der Industrieländer auch nachhaltigere Modelle in der Finanzwirtschaft, beim Handel usw.;	Förderung der deutschen Grenzregionen, Anschlussförderung für die vom sog. „statistischen Effekt" betroffenen Regionen v.a. in den neuen Bundesländern; Schaffung von Modellregionen, Ausbau der Strukturreformen v.a. für ländliche Gebiete	Solidarität zwischen den Mitgliedstaaten der EU ist ein Grundgedanke der EU; Ziel ist es, regionale Entwicklungsunterschiede abzubauen und v.a. den Entwicklungsrückstand der benachteiligten Gebiete abzubauen; Veränderung der Kriterien für eine Förderungswürdigkeit, d.h. Anerkennung der sozialen und gesellschaftlichen Umstände;

	SPD	CDU	CSU	Bündnis 90/ Die Grünen	FDP	PDS
(Strukturpolitik)				Globale Gerechtigkeit und Umweltschutz als Ziel; Subventionsabbau in Europa und mehr Chancen für Entwicklungsländer		Förderung unterschiedlicher Kategorien von Regionen, auch Weiterförderung von Ostdeutschland gefordert
Kultur	Europa als „Einhalt in Vielfalt"; Stärkung der Vielfalt nötig und sinnvoll	Kulturelle Vielfalt soll erhalten werden; Nationen sollen ihre Identität bewahren können	Vielfalt stärkt Europa, durch die Regionen wird Identität geschaffen, Bewahren der einzelnen Regionen und Sprachen nötig	Kultureller Austausch als Schlüssel für das zusammenwachsende Europa, gemeinsames Erbe soll in seiner Vielfalt bewahrt werden	Vielfalt der Kulturen bewahren und nutzen, aber Herausbildung gemeinsamer europäischer Öffentlichkeit wichtig, kulturelle Zusammenarbeit wichtig	Auf Basis der unterschiedlichen Kulturen, Traditionen und Sprachen soll gegenseitiges Verständnis erreicht werden; Vielfalt bewahren und nutzen
Institutionen und Verfahren	Stärkung des Europaparlaments; Europäisches Bürgerbegehren	Betonung von kommunaler Selbstverwaltung/ Subsidiarität	Ähnlich wie CDU	Abschaffung des Vetos (v.a. GASP); Auflösung EURATOM	Starke Kontrolle der nationalen Parlamente über Zuständigkeiten zwischen EU und Mitgliedstaaten; Stärkung des EP (Kontrolle über EU-Haushalt); Mitentscheidungsverfahren soll zur Regel werden; Zwei-Kammern-System-Legislative;	Einführung eines europäischen Bürgerbegehrens; Einheitliche EP-Wahlen

	SPD	CDU	CSU	Bündnis 90/ Die Grünen	FDP	PDS
(Institutionen und Verfahren)					EP mehr Vorschlagsrecht für Kommissionspräsidenten, Abwahlmöglichkeiten für Kommissionspräsidenten, einheitliches Wahlverfahren in allen Mitgliedstaaten; EP und Ministerrat als gleichberechtigte Partner; Europäische Kommission echtes Exekutivorgan; Öffentliche Tagung des Ministerrats bei Exekutivtätigkeiten, Personalunion des Präsidenten des Europäischen Rats und des Kommissionspräsidenten; Betonung der Subsidiarität	
Finanzen	Strikte Einhaltung des Stabilitäts- und Wachstumspaktes	Strikte Einhaltung des Stabilitäts- und Wachstumspaktes	Keine EU-Steuer; Finanzierung der Solidarleistungen an Beitrittstaaten durch Einsparungen, nicht durch Beitragserhöhungen, keine Aufweichung der EU-Währungsverfassung	Haushaltskonsolidierung; mehr Strukturhilfen	Oberstes Ziel: Geldwertstabilität; unbedingte Einhaltung des Stabilitätspakts; Unabhängigkeit der EZB;	Korrektur des Wachstums- und Stabilitätspakts nötig; Geld- und Haushaltspolitik muss zur Stärkung der Binnenwirtschaft koordiniert werden, Unabhängigkeit der EZB aufheben

	SPD	CDU	CSU	Bündnis 90/ Die Grünen	FDP	PDS
(Finanzen)					Sanierung der Staatsfinanzen der Mitgliedstaaten; Finanzielle Entlastung Deutschlands; Stabilität des Euro; Umschichtung der Subventionierungen; Einführung einer Generationenbilanz	und zu politischem Instrument einer integrierten Finanzpolitik umgestalten; die Hälfte der nicht benötigten Gold- und Devisenreserven sollen aufgelöst werden

Quellen:

Brosig, Helle Rebecca: Europäisierung nationaler Europawahlen? Die Programme für die Wahl der deutschen Abgeordneten des Europäischen Parlaments am 13. Juni 2004. CEuS Working Paper 2004/2 des Jean Monnet Centre für European Studies der Universität Bremen.

Friedrich Naumann Stiftung: Vergleich der Positionen der Parteien nach dem Stand der Wahlprogramme zur Europawahl 2004. Potsdam. 2004. Auf Internetseite: http://admin.fdp-europawahl.de/uploads/10/eurosynopse/pdf. Zugriff vom 8.9.2004.

Europa grün gestalten. Europawahlprogramm 2004 von BÜNDNIS 90/ DIE GRÜNEN, beschlossen von der Bundesdelegiertenkonferenz am 30.11.2003. Auf Internetseite: http://www.gruene-partei.de/rsvgn/rs_datei/0,,4931,00.pdf. Zugriff vom 8.9.2004.

Europamanifest der CDU, Beschluss des Bundesvorstandes der CDU am 22.3.2004. Auf Internetseite: http://www.cdu.de/europa_2004/ europa-manifest(content/htm. Zugriff vom 10.9.2004.

Für ein starkes Bayern in Europa.. Wahlprogramm der CSU zur Europawahl 2004, Beschluss des CDS-Landesvorstandes am 3.2.2004. Auf Internetseite: http://www.csu.de/home/uploadedfiles/Dokumente/040216_Europawahlprogramm.pdf. Zugriff vom 10.9.2004.

Wir können Europa besser! „Für ein freies und faires Europa“ Programm der FDP zur Europawahl 2004, beschlossen auf dem Europatag am 17.1.2004. Auf Internetseite: http://admin.fdp-europawahl.de/uploads/10/wahlprogramm_europawahl.pdf. Zugriff vom 10.9.2004.

Alternativen sind machbar: Für ein soziales, demokratisches und friedliches Europa! Europawahlprogramm der PDS, beschlossen durch die 3. Tagung des 8. Parteitages am 31.1.2004. Auf Internetseite: http://www.pds-online.de/wahlen/dokumente/europawahlprogramm2004/index.htm. Zugriff vom 10.9.2004.

Europamanifest der SPD, Beschluss des SPD-Parteivorstandes zur Europadeligiertenkonferenz am 16.11.2003. Auf Internetseite: http://www.spd.de/servlet/PB/show/1030391/europamanifest.pdf. Zugriff vom 10.9.2004.

Im Vertrag von Nizza wurde der Art. 191 des Vertrages über die Europäische Gemeinschaft neu gefasst. Er sieht vor, dass der Rat im Wege des Mitentscheidungsverfahrens ein Statut der europäischen politischen Parteien und „insbesondere" die Bestimmungen über ihre Finanzierung festlegt. Dies ist, wie erwähnt, im November 2003 geschehen. Ohne eine institutionelle Reform, die den europäischen Parteien einen angemessenen Platz im politischen System der EU zuweist und sie auch in den Augen der Bevölkerung zu funktional unentbehrlichen Bestandteilen dieses Systems aufwertet, ist das neue europäische „Parteienfinanzierungsgesetz", dem zu Folge auf die europäischen Parteien jährlich 8,4 Mio. Euro pro Jahr verteilt werden, allerdings nur schwer zu legitimieren. Allein die Tatsache, dass es zur Anerkennung als „Partei auf europäischer Ebene" genügt, in einem Viertel der Mitgliedstaaten in den nationalen oder regionalen Parlamenten vertreten zu sein, wenn man gleichzeitig die Absicht bekundet, an den Europawahlen teilzunehmen (Art. 3 des Parteienstatuts), demonstriert erneut das weiter vorherrschende, rein formale Verständnis der europäischen Rolle von Parteien.

Literatur

Bangemann, Martin (1976): Die Direktwahl – Sackgasse oder neue Chance für den Parlamentarismus in Europa, in: Bangemann, Martin/Bieber, Roland: Die Direktwahl – Sackgasse oder Chance für Europa? Analysen und Dokumente, Baden-Baden, S. 9–33.

Bertelsmann Europa-Kommission (2000): Europas Vollendung vorbereiten. Forderungen an die Regierungskonferenz 2000, Gütersloh.

Damm, Sven Mirko (1999): Die europäischen politischen Parteien: Hoffnungsträger europäischer Öffentlichkeit zwischen nationalen Parteien und europäischen Fraktionsfamilien, in: Zeitschrift für Parlamentsfragen 30(2), S. 395–423.

Decker, Frank (2000): Demokratie und Demokratisierung jenseits des Nationalstaates. Das Beispiel der Europäischen Union, in: Zeitschrift für Politikwissenschaft 10(2), S. 585–629.

Decker, Frank (2001): Mehr Demokratie wagen: Die Europäische Union braucht einen institutionellen Sprung nach vorn, in: Aus Politik und Zeitgeschichte B 5, S. 33–37.

Europäische Kommission (2003): Eurobarometer 60.1. Public Opinion in the European Union, National Report Germany (http://europa.eu.int/comm/public_opinion/archives/eb/eb60/eb60.1_germany. pdf – Stand: 26.1.2005).

Grimm, Dieter (21994): Politische Parteien, in: Benda, Ernst/Maihofer, Werner/Vogel, Hans-Jochen (Hrsg.): Handbuch des Verfassungsrechts der Bundesrepublik Deutschland, Berlin/New York, S. 599–656.

Hix, Simon (2002): Parliamentary Behaviour with Two Principals: Preferences, Parties and Voting in the European Parliament, in: American Journal of Political Science 46(3), S. 688–698.

Hix, Simon (2003): Parteien, Wahlen und Demokratie in der EU, in: Jachtenfuchs, Markus/Kohler-Koch, Beate (Hrsg.): Europäische Integration, 2. Auflage, Opladen, S. 151–180.

Jesse, Eckhard (2004): Das deutsche Parteiensystem nach der Europawahl 2004, in: Zehetmaier, Hans (Hrsg.): Das deutsche Parteiensystem. Perspektiven für das 21. Jahrhundert, Wiesbaden, S. 14–27.

Kiessling, Andreas (2000): Europäische Parteien, in: Weidenfeld, Werner/Wessels, Wolfgang (Hrsg.): Jahrbuch der Europäischen Integration 1999/2000, Bonn, S. 281–287.

Kohler-Koch, Beate (1998): Bundeskanzler Kohl – Baumeister Europas? Randbemerkungen zu einem zentralen Thema, in: Wewer, Göttrik (Hrsg.): Bilanz der Ära Kohl. Christlich-liberale Politik in Deutschland 1982 – 1998, Opladen, S. 283–311.

Leiße, Olaf (1998): Demokratie „auf europäisch“. Möglichkeiten und Grenzen einer supranationalen Demokratie am Beispiel der Europäischen Union, Frankfurt a.M. u.a.

Leyendecker, Hans (1999): Spaß am Abstrafen. Das Desaster der Sozialdemokraten ist auch hausgemacht, in: Süddeutsche Zeitung, 15.6., S. 7.

Mair, Peter (2000): The Limited Impact of Europe on National Party Systems, in: West European Politics 23(4), S. 27–51.

Monath, Hagen (1998): Politische Parteien auf europäischer Ebene – Der Inhalt des Art. 138 a EGV und seine Bedeutung im Rahmen der europäischen Integration, Diss. Bonn.

Nemitz, Paul F. (1998): Europa-Wahl 1999. Für die indirekte Wahl des EU-Kommissionspräsidenten, in: Internationale Politik, 53(6), S. 45–50.

Neßler, Volker (1998): Deutsche und europäische Parteien. Beziehungen und Wechselwirkungen im Prozess der Demokratisierung der Europäischen Union, in: Europäische Grundrechtezeitschrift, S. 191–196.

Niedermayer, Oskar (1983): Europäische Parteien? Zur grenzüberschreitenden Interaktion politischer Parteien im Rahmen der Europäischen Gemeinschaft, Frankfurt a.M./New York.

Niedermayer, Oskar (1995): Die Europawahl in der Bundesrepublik Deutschland im Kontext des Superwahljahres 1994, in: Integration 18(1), S. 22–30.

Niedermayer, Oskar (1996): Europäische Parteienzusammenschlüsse, in: Lexikon der Politik Band 5. Die Europäische Union, München, S. 84–90.

Niedermayer, Oskar (2002): Die europäischen Parteienbünde, in: Gabriel, Oscar W./Niedermayer, Oskar/Stöss, Richard (Hrsg.): Parteiendemokratie in Deutschland, 2. Auflage, Wiesbaden, S. 428–446.

Niedermayer, Oskar (2003): The Party System: Structure, Policy, and Europeanization, in: Dyson, Kenneth/Goetz, Klaus H. (Hrsg.): Germany, Europe and the Politics of Constraint, Oxford, S. 129–146.
Oberreuter, Heinrich (1992): Politische Parteien: Stellung und Funktion im Verfassungssystem der Bundesrepublik, in: Mintzel, Alf/Oberreuter, Heinrich (Hrsg.): Parteien in der Bundesrepublik Deutschland, Bonn, S. 15–40.
Pöhle, Klaus (2000): Europäische Parteien – für wen und für was eigentlich? Kritik und Perspektive, in: Zeitschrift für Parlamentsfragen 31(3), S. 599–619.
Pridham, Geoffrey/Pridham, Pippa (1979a): Transnational Parties in the European Community I: The Party Groups in the European Parliament, in: Henig, Stanley (Hrsg.): Political Parties in the European Community, London, S. 245–277.
Pridham, Geoffrey/Pridham, Pippa (1979b): Transnational Parties in the European Community II: The Development of European Party Federations, London, S. 278–298.
Stöss, Richard (22002): Parteienstaat oder Parteiendemokratie?, in: Gabriel, Oscar W./Niedermayer, Oskar/Stöss, Richard (Hrsg.): Parteiendemokratie in Deutschland, Wiesbaden, S. 13–36.
Stricker, Gregor (1998): Der Parteienfinanzierungsstaat, Baden-Baden.
Sturm, Roland (2004): Verlierer Europa – Die verpasste Chance der Europawahlen, in: Gesellschaft – Wirtschaft – Politik 53(3), S. 287–289.
Tsatsos, Dimitris/Deinzer, Gerold (1998): Europäische politische Parteien. Dokumentation einer Hoffnung, Baden-Baden.
Woyke, Wichard (1998): Europäische Union: erfolgreiche Krisengemeinschaft. Einführung in Geschichte, Strukturen, Prozesse und Politiken, München/Wien.

4 Die Europäisierung der Entscheidungsfindung in den Politikfeldern

4.1 Der Souveränitätstransfer nach Europa

Der Souveränitätstransfer nach Europa im Rahmen der Entscheidungsprozesse über materielle Politik (Andersen/Eliassen 1993) ist anders als die Europäisierung der parteipolitischen Willensbildung eine tägliche Realität. Definiert man die EU von ihrer Rolle bei der Aufgabenerfüllung her, so ist sie in der deutschen Politik omnipräsent (Schmidt 1999: 388). Immer mehr übernimmt die EU auch die Rolle desjenigen politischen Akteurs, der das „agenda setting“ bestimmt, also politische Kontroversen anstößt und neue Probleme benennt (Mény/Muller/Quermonne 1996: 10f.). Die Gestaltung von Politikfeldern in der Bundesrepublik Deutschlands befindet sich inmitten eines kontinuierlichen Europäisierungsprozesses, der in einigen Politikbereichen, wie der Agrar-, Wettbewerbs- und Währungspolitik, schon so gut wie abgeschlossen ist. Dieser Souveränitätstransfer ist nicht als „Masterplan“ misszuverstehen mit logisch aufeinander aufbauenden Europäisierungsschritten. Auch der geplante Verfassungsvertrag betont weiterhin die bisher schon gültige Priorität der Aufgabenorientierung des Souveränitätstransfers im Unterschied zur grundsätzlichen Verschiebung der Kompetenz zur politischen Letztentscheidung. In seinem Art. I-9 (1) formuliert er: „Für die Abgrenzung der Zuständigkeit der Union gilt der Grundsatz der begrenzten Einzelermächtigung. Für die Ausübung der Zuständigkeiten der Union gelten die Grundsätze der Subsidiarität und der Verhältnismäßigkeit.“

Die Europäisierung von Politikfeldern folgt deshalb auch in der politischen Praxis einer Vielzahl von Modellen. In der Forschungs- und Technologiepolitik, beispielsweise, ist trotz stetig gewachsener Europäisierung des Entscheidungsprozesses (Übergang zur qualifizierten Mehrheitsentscheidung im Rat, Mitentscheidungsverfahren des EU-Parlaments nach Art. 251) der Löwenanteil der relevanten europäischen Forschung weiterhin außerhalb der institutionellen Einflussnahme der EU angesiedelt. Die großen Mitgliedstaaten beriefen sich von Anfang an auf das Subsidiaritätsprinzip, um einen „Automatismus" zu verhindern, der dazu führen könnte, dass nationale Förderprogramme europäisiert werden müssen oder durch europäische Programme ersetzt werden. War in Deutschland hierfür vor allen Dingen der Gedanke an die Stärkung der nationalen Wettbewerbsfähigkeit in Eigenregie ausschlaggebend, so waren für Frankreich und Großbritannien auch strategische Bedenken von Bedeutung. Auf Drängen des deutschen Forschungsministers (Grande/Häusler 1994: 213f.) wurde das Subsidiaritätsprinzip zur Grundlage der Rahmenplanung der europäischen Forschungspolitik gemacht. Konkret heißt das, dass die Aktivitäten der EU unter einem besonderen Begründungszwang stehen. Die EU soll nur dann tätig werden, wenn ein europäischer „Mehr-Wert" zu erwarten ist, also bei Forschungsprojekten mit entsprechender Projektgröße oder finanziellen Synergieeffekten, im Falle der Komplementarität von nationalen Forschungsanstrengungen und bei Forschungsprojekten, die der Vertiefung der europäischen Integration dienen. Ein Nebeneinander von wachsender bi- und multinationaler europäischer Zusammenarbeit und Europäisierung im engeren Sinne der EU-Institutionalisierung ist also durchaus möglich (Sturm 2004).

Der Souveränitätstransfer drückt sich in der Praxis zum einen in einem stetigen Strom von für Deutschland verbindlichen und von der EU überwachten Richtlinien und Verordnungen aus und zum anderen auch in der Tatsache, dass Defizite bei der Umsetzung von Richtlinien und Verordnungen in nationales Recht bzw. bei der Gestaltung von Politikfeldern in nationaler Verantwortung von Brüssel sanktioniert werden können. Europäisierung ist aber nicht automatisch mit einer Zunahme des Staatseinflusses auf bestimmten Politikfeldern gleichzusetzen. Europäisierte Entscheidungsregeln können sich ebenso auf den Abbau staatlicher Interventionsregeln („negative Integration") wie auf deren Findung beziehen („positive Integration"). Für immer mehr Politikfelder wird aber auf die eine oder andere Art die europäische zur Letztentscheidung. Es wäre verfehlt, das Motiv für die Europäisierung materieller Politik einseitig mit einem zentralistischen Machtstreben der EU-Kommission in Zusammenhang zu bringen, denn: „90–95 Prozent aller Rechtsetzungsakte der Kommission ergeben sich aus den Vertragsbestimmungen, werden von Interessengruppen unterschiedlicher Prägung (Industrieverbände, Verbraucher, Umweltschützer, mitgliedstaatliche Ministerialbürokratie etc.) und verschiedener Ebenen (national, regional, lokal) bzw. vom Rat eingebracht. Hinzu kommt, dass die Rechtsakte des Rates in der Regel bereits von nationalen Beamten [...] vorbereitet wurden" (Siedentopf 1999: 99).

Den heute erreichten Status quo der Europäisierung können Mehrebenenbetrachtungen und die Identifikation von Entscheidungsnetzwerken besser beschreiben als formalrechtliche Überlegungen zur gültigen Verfassungsordnung (Jachtenfuchs 1997: 17). Letztere legen im Hinblick auf die Verteilung der Kompetenzen in Europa das Bild eines fast vollendeten europäischen Föderalstaates nahe.

Auf den ersten Blick scheinen der EU nur noch eine Reihe von Kompetenzen in der Verteidigung, den internationalen Beziehungen und im Bereich der Sozialversicherungen zu fehlen, um ihre Kompetenzausstattung der üblichen Kompetenzverteilung in föderalen Staaten anzupassen. Europa erweckt den Anschein einer föderalen Ordnung. Dieser Schein trügt jedoch. Die Kompetenzverteilung in der EU sagt etwas aus über die Zusammenarbeit unterschiedlicher politischer Ebenen bei der Erledigung staatlicher Aufgaben, jedoch nichts über die entscheidende Kompetenzkompetenz bzw. die weiter bestehende, wenn auch abnehmende legitimatorische und machtpolitische Rolle der Nationalstaaten. Im Prozess der Europäisierung hinken institutionelle Vorgaben den politikfeldspezifischen Integrationsfortschritten hinterher, die auf der vor allem von Interessengruppen und Fachbürokratien betriebenen Vertiefung der europäischen Zusammenarbeit beruhen (Derlien 2000).

Ausgehend von der vorzufindenden Kompetenzverteilung bei der Aufgabenerfüllung kann aber die These vertreten werden, dass diese funktionale Konsequenzen für den Europäisierungsprozess hat. Zum einen kann bei der Annahme der Wirksamkeit von Spill-over-Effekten von einer allmählichen Kongruenz verfassungsrechtlicher Regelungen und faktischer Entscheidungsintegration ausgegangen werden. Zum anderen eignet sich die europäische Ebene zur Reduktion von Legitimationskosten im nationalen Rahmen, wie Gretschmann

Tabelle 13: Kompetenzverteilung der EU und eines idealtypischen Bundesstaates im Vergleich

Kompetenzen	*Typologisierung von Bundesstaaten*[1]	*Europäische Union*
Äußere Verteidigung	B	M
Internationale Beziehungen/ Außenpolitik	B	B/M
Rundfunkordnung	B	B/M
Sozialversicherungswesen	B	M
Landwirtschaft (Preisstabilisierung und Einkommen)	B	B
Währungs- und Geldpolitik	B	B
Handelspolitik	B	B/M
Luftverkehr	B	B/M
Wettbewerbspolitik	B/M	B
Hochschulen und Grundlagenforschung	B/M	B/M
Umweltschutzpolitik	B/M	B/M
Weiterführende Schulen	M	M
Gesundheitswesen und Krankenhäuser	M	M
Öffentliche Versorgungsbetriebe	M	M
Verkehrswesen (Eisenbahn- und Postwesen ausgeschlossen)	M	B/M
Ruhestandsregelungen	M	M
Gesetzesvollzug	M	M

Legende zu *Tabelle 13:*

1 Abweichungen der Darstellung von bundesdeutschen Kompetenzverteilungsmustern zwischen Bund und Ländern, wie z.B. die Zuständigkeitsansiedelung für die Rundfunkordnung auf Bundesebene, ergeben sich daraus, dass die linke Spalte der Darstellung gewissermaßen einen Querschnitt der bundesstaatlichen Systeme der Vereinigten Staaten, Kanadas, der Schweiz und der Bundesrepublik bildet.

B bezeichnet Zuständigkeiten, die der gesamtstaatlichen/europäischen Ebene zugeordnet sind. Das Kürzel B steht für „Bund", also links für den Gesamtstaat, rechts für die europäische Unionsebene.

M bezeichnet Aufgaben, die in Bundesstaaten der gliedstaatlichen Ebene und in der Europäischen Union den Mitgliedstaaten vorbehalten sind. Das Kürzel M steht links für die Gliedstaaten in föderativen Systemen (als „Mitglieder" von Bundesstaaten), rechts für „Mitgliedstaaten" der Europäischen Union.

Quelle: Verändert nach Laufer/Fischer 1996: 43.

(2001: 27) argumentiert: „In der Tat ermöglicht es die Existenz eines internationalen Akteurs wie der EU, auf nationaler Ebene unpopuläre und riskante politische Entscheidungen durchzusetzen, die zu Hause als unvermeidlich (‚wir sind überstimmt worden') oder aus übergeordneten Gründen sinnvoll (‚Zugeständnisse waren nötig, um in anderen Bereichen Zustimmung zu erreichen') dargestellt werden können."

Selbst wenn aus theoretischen Gründen funktionalistisch argumentierende Integrationstheorien abgelehnt werden, ist ein weniger institutionell normiertes, aber dennoch die Realitäten verflochtenen Entscheidens reflektierendes Europäisierungsmoment zu unterstellen (Wessels/Rometsch 1996: 77ff.). Es ist nicht zu leugnen, dass die intergouvernementale Prägung der EU fortbesteht. Gleichwohl wäre es deshalb und schlicht auch wegen der de facto bereits erreichten Politikintegration der EU unsinnig, an die von Fritz Scharpf (1994: 42) beschworenen Europäisierungssackgassen zu glauben. Entgegen seiner oft zitierten Erwartung hat sich „das System der nationalstaatlichen Kontrolle über die europäische Politik" auf vielen Politikfeldern als fähig „zur Selbsttransformation in Richtung auf eine effektive Europäisierung europäischer Entscheidungen" erwiesen.

Zu diskutieren wäre allerdings, ob der Europäisierungsprozess eine Einbahnstraße sein muss. Nimmt man an, dass er beispielsweise auch von ökonomischen Effizienzerwägungen abhängig ist, so ist durchaus eine Rückverlagerung von Kompetenzen auf die nationale Ebene möglich, zumal immer der legitimierende Verweis auf das Subsidiaritätsprinzip zur Verfügung steht. Die Debatte um die Neustrukturierung der Finanzierung der Agrarpolitik im Zusammenhang mit den Agenda 2000-Verhandlungen (1999), beispielsweise, hat dies ebenso deutlich gemacht wie die Reformen in der Wettbewerbsaufsicht. Es ist allerdings fraglich, ob der Anregung von Helen und William Wallace (1996: 13ff.) gefolgt werden kann, die meinen, dass bei der Wahl zwischen einer nationalen Politikstrategie und einer europäischen eine Art politischer Pendelausschlag zugunsten oder zuungunsten der einen oder anderen Alternative entscheide, wobei die Richtung des Pendelausschlags von der Substanz und dem Symbolgehalt der jeweiligen Entscheidungssituation auf einem Politikfeld abhängig sei. Eine solche Position scheint die eigenständige Qualität des Europäisierungsprozesses zu unterschätzen und die Eigenlogik des Policy-Prozesses und seiner Durchsetzungsfähigkeit, im Sinne der Wahrnehmung allein aus ihm selbst heraus erklärbarer Präferenzen, zu überschätzen.

Im deutschen Falle fehlt eine Zentralinstanz (z.B. ein mit entsprechenden Machtbefugnissen ausgestattetes Europaministerium, siehe Kapitel 3.1), die das „Nadelöhr" für die Europäisierung der materiellen Politik bilden könnte. Die „bürokratische Politikentscheidung", die für das Tagesgeschäft der Europäisierung von Politikfeldern entscheidend ist, beruht auf der Fähigkeit zur vertikalen und horizontalen Ad-hoc-Koordination politisch-bürokratischer Entscheidungsprozesse. Das Fehlen eines „Gatekeepers" für Europäisierungsprozesse ist eher ein Vorteil als ein Nachteil, sieht man die Europäisierung im Bereich der materiellen Politik nicht grundsätzlich mit skeptischem Blick, weil so ein höheres Maß an Entscheidungsflexibilität für das jeweilige Politikfeld gesichert wird (Wessels/Rometsch 1996: 98).

Im Folgenden soll eine Reihe von Politikfeldern im Einzelnen betrachtet werden. Die Wettbewerbspolitik, die Währungspolitik, die Agrarpolitik, die Umweltpolitik, die Verkehrspolitik, die Regionalpolitik und die Justiz- und Innenpolitik sind nicht nur die quantitativ und qualitativ bedeutendsten Bereiche europäisierten Regierens. Ihre Betrachtung aus der Perspektive des deutschen Regierungssystems macht auch deutlich, wie und in welch unterschiedlichem Maße sich der Souveränitätstransfer nach Europa auf den einzelnen Politikfeldern bereits vollzogen hat oder noch vollzieht.

Literatur

Andersen, Sven/Eliassen, Kjell (Hrsg.) (1993): Making Policy in Europe. The Europeification of National Policy-Making, London etc.

Derlien, Hans-Ulrich (2000): Germany, in: Kassim, Hussein/Peters, Guy B./ Wright, Vincent (Hrsg.): The National Co-ordination of EU Policy. The Domestic Level, Oxford, S. 54–78.

Grande, Edgar/Häusler, Jürgen (1994): Industrieforschung und Forschungspolitik, Frankfurt a.M./New York.

Gretschmann, Klaus (2001): Traum oder Alptraum? Politikgestaltung im Spannungsfeld von Nationalstaat und europäischer Union, in: Aus Politik und Zeitgeschichte B 5, S. 25–32.

Jachtenfuchs, Markus (1997): Die Europäische Union – ein Gebilde sui generis?, in: Wolf, Klaus Dieter (Hrsg.): Projekt Europa im Übergang?, Baden-Baden, S. 15–35.

Laufer, Heinz/Fischer, Thomas (1996): Föderalismus als Strukturprinzip für die Europäische Union, Gütersloh.

Mény, Yves/Muller, Pierre/Quermonne, Jean-Louis (1996): Introduction, in: Mény, Yves/Muller, Pierre/Quermonne, Jean-Louis (Hrsg): Adjusting to Europe. The Impact of the European Union on National Institutions and Policies, London/New York, S. 1–21.

Scharpf, Fritz W. (1994): Optionen des Föderalismus in Deutschland und Europa, Frankfurt a.M./New York.

Schmidt, Manfred G. (1999): Die Europäisierung der öffentlichen Aufgaben, in: Ellwein, Thomas/Holtmann, Everhard (Hrsg.): 50 Jahre Bundesrepublik Deutschland, Opladen, S. 385–394.

Siedentopf, Heinrich (1999): Implementation von EU-Richtlinien, in: Derlien, Hans-Ulrich/Murswieck, Axel (Hrsg.): Der Politikzyklus zwischen Bonn und Brüssel, Opladen, S. 83–103.

Sturm, Roland (2004): Forschungs- und Technologiepolitik der Europäischen Union, in: Weidenfeld, Werner (Hrsg.): Die Europäische Union. Politisches System und Politikbereiche, Bonn, S. 289–304.

Wessels, Wolfgang/Rometsch, Dietrich (1996): German Administrative Interaction and European Union. The Fusion of Public Policies, in: Mény, Yves/Muller, Pierre/Quermonne, Jean-Louis (Hrsg.): Adjusting to Europe. The Impact of the European Union on National Institutions and Policies, London/New York, S. 73–109.

4.2 Wettbewerbspolitik[3]

Zum Kernbestand der europäisierten Politikfelder gehört die Wettbewerbspolitik. Sie definiert die Spielregeln der Wirtschaftsintegration, die der Ausgangspunkt und einer der wichtigsten Gründe für die stetige Ausweitung der europäischen Integration war und ist. Von zentraler Bedeutung für die europäische Wirtschaftsintegration ist die Vision des Binnenmarktes, der sich auszeichnet durch die vier Freiheiten von Arbeit, Dienstleistungen, Waren und Kapital. Auf dem europäischen Binnenmarkt wird wirtschaftlicher Wettbewerb, wenn er durch eine Politik der Liberalisierung der Märkte und des Rückzugs des Staates zustande gekommen ist, als Garant des wirtschaftlichen Erfolges der Europäischen Union angesehen, insbesondere wenn es gelingt, durch wissenschaftliche Innovationen Europa eine Führungsrolle in neuen Technologien zu sichern.

Die Durchsetzung des Binnenmarktprojektes (Cecchini 1988) mit dem Ziel der Vollendung des Binnenmarktes, das 1993 auf den Weg gebracht wurde und bis heute im Hinblick auf die Liberalisierung der Märkte noch nicht völlig abgeschlossen ist, wurde geradezu als Neustart der europäischen Integration empfunden. Bei einem Treffen der Staats- und Regierungschefs der EU in Lissabon bis zum Jahr 2000 wurde diese Integrationsphilosophie nicht nur bekräftigt, sondern zum Programm erhoben. Der „Lissabon-Prozess“ setzte der EU das strategische Ziel, sich im Jahre 2010 zum wettbewerbstärksten Wirtschaftsraum der Welt zu entwickeln.

Die Wettbewerbspolitik der Europäischen Gemeinschaften ist so alt wie diese selbst. Sie ist als Instrument, um einen „Gemeinsamen Markt“ im Bereich Kohle und Stahl zu schaffen (Art. 4 EGKS-Vertrag), bereits im Gründungsvertrag der Europäischen Gemeinschaft für Kohle und Stahl (EGKS), dem sog. Montanunion-Vertrag, enthalten. Die Art. 60 (Diskriminierungsverbot), 65 (Kartellverbot), und 66 (Fusionsverbot) desselben Vertrags definieren die Anforderungen an einen Gemeinsamen Markt detaillierter. Die Grundlagen für die heutige Wettbewerbspolitik wurden mit der Gründung der

3 Dieses Kapitel basiert in Teilen auf Sturm/Zimmermann-Steinhart 2003.

Europäischen Wirtschaftsgemeinschaft (EWG) gelegt. Die EWG sollte einen Gemeinsamen Markt für alle Waren und Leistungen schaffen (Art. 2 EWG-Vertrag). Art. 3 f EWG-Vertrag sieht die „Errichtung eines Systems" vor, „das den Wettbewerb innerhalb des Gemeinsamen Marktes vor Verfälschungen schützt" und billigt der Gemeinschaft die „Anwendung von Verfahren [zu], welche die Koordinierung der Wirtschaftspolitik der Mitgliedstaaten und die Behebung von Störungen im Gleichgewicht ihrer Zahlungsbilanzen ermöglichen" (Art. 3 g EWG-Vertrag). Darüber hinaus wird in Art. 3 h die Angleichung der innerstaatlichen Rechtsvorschriften angestrebt, „soweit dies für das ordnungsgemäße Funktionieren des Gemeinsamen Marktes erforderlich ist" (vgl. Mische 2002: 143).

Konkretisiert wurden diese Bestimmungen im zweiten („Grundlagen der Gemeinschaft") und dritten Teil („die Politik der Gemeinschaft") des EWG-Vertrages. Titel 1 der „Grundlagen der Gemeinschaft" regelt den freien Warenverkehr in Form der Abschaffung von Zöllen innerhalb der Gemeinschaft. Die Wettbewerbspolitik im eigentlichen Sinne wird innerhalb des dritten Teils („die Politik der Gemeinschaft") durch die Art. 85–94 EWG-Vertrag festgelegt. Die vertragliche Basis der Wettbewerbspolitik hat sich seit der Verabschiedung des EWG-Vertrags nur geringfügig verändert, während auf der Durchführungsebene eine Reihe von Veränderungen über Verordnungen erfolgte. In erster Linie ist hier die Fusionskontrollverordnung zu nennen, die 1989 hinzu kam (Niemeyer 1991).

Die Kontrolle der Einhaltung der Wettbewerbsregeln obliegt der Kommission, die somit die Europäische Kartellbehörde ist. Im Unterschied zum zweistufigen Aufbau des Wettbewerbsschutzes in Deutschland gibt es auf europäischer Ebene nur eine Entscheidungsinstanz. In Deutschland wendet das Bundeskartellamt das Gesetz gegen Wettbewerbsbeschränkungen mit der Möglichkeit der richterlichen Überprüfung an. Mit der Ministererlaubnis (Ausnahmegenehmigung des Wirtschaftsministers) gibt es aber zusätzlich eine gelegentlich genutzte zweite Entscheidungsstufe, auf welcher der Wettbewerbsschutz durch eine politische Entscheidung der Wahrung des öffentlichen Interesses nachgeordnet werden kann.

Die Europäische Kommission entscheidet auf der Grundlage der Vorarbeiten der Generaldirektion Wettbewerb (GD Wettbewerb, früher GD IV). In der Kommissionsentscheidung mischen sich nationale Interessenpolitik, zum Beispiel hinsichtlich der Zukunft von in bestimmten Ländern beheimateten Unternehmen, mit Überlegungen zu den wettbewerbspolitischen Folgen von Kommissionsentscheidungen sowohl in Bezug auf die Wettbewerbssituation auf dem europäischen Binnenmarkt als auch in Bezug auf die sich möglicherweise abzeichnende Notwendigkeit, den Wettbewerb auf dem europäischen Binnenmarkt bei der Kommissionsentscheidung zu vernachlässigen, um schlagkräftige europäische Unternehmensstrategien auf dem Weltmarkt nicht zu behindern. Die Suche nach europäischen industriellen „champions" kann ökonomische Bedenken, die das Verschwinden von Wettbewerb auf dem europäischen Binnenmarkt hervorruft, in den Hintergrund treten lassen.

Die für die rechtliche Begründung der Tätigkeit der Europäischen Kartellbehörde notwendigen Richtlinien oder Verordnungen werden vom Rat auf Vorschlag der Kommission mit qualifizierter Mehrheit nach Anhörung des Europäischen Parlaments beschlossen (Art. 83 (1) EG-Vertrag). Im Bereich der öffentlichen Unternehmen (Art. 86 EG-Vertrag) ist der Einfluss des Rates dagegen deutlich geringer. Hier hat die Kommission nicht nur die Durchführungskompetenz, sondern hat neben dem Recht, Entscheidungen zu Einzelfällen zu treffen, auch das Recht, Richtlinien für die Mitgliedstaaten zu erlassen (Art. 86 (3) EG-Vertrag).

In der Literatur besteht weitgehend Einigkeit darüber, dass die Persönlichkeit des Kommissars eine große Rolle bei der Ausgestaltung von Politikfeldern und für deren Bedeutung innerhalb der Arbeit der Kommission spielt (vgl. exemplarisch Peterson 1995: 74). Die Wettbewerbskommissare werden von einem „cabinet" nach dem französischen Vorbild der Organisation eines Ministeriums, einem persönlichen Büro, unterstützt, dem ein Kabinettschef vorsteht. Der eigentliche organisatorische Unterbau der Wettbewerbsaufsicht ist die von einem Generaldirektor geleitete GD Wettbewerb. Traditionell war dieser Brüsseler Beamte immer ein Deutscher, was auf die seit den Tagen Ludwig Erhards anerkannte Wertschätzung der deutschen Politik für wettbewerbspolitische Fragen und die Vorreiterrolle des Bundeskartellamtes in Wettbewerbsfragen hinweist. Bis 1990 war der Amtsinhaber Manfred Caspari, 1990 folgte ihm Claus Ehlermann und von 1995 bis 2002 war Alexander Schaub Generaldirektor. Im Zuge der Umorganisation der Kommission, bei der „Erbhöfe" solcher Art, vor allem wegen des Bestrebens, Korruption zu bekämpfen, kritischer gesehen wurden, wurde dieser Posten im September 2002 erstmals mit einem Briten, Philip Lowe, besetzt.

Eine entscheidende Rolle für die Fortentwicklung der Wettbewerbspolitik spielen die europäischen Gerichte, der Europäische Gerichtshof (EuGH) und das Gericht erster Instanz. Neben der Ausübung ihrer Aufgabe, die Einhaltung des Wettbewerbsrechts zu überwachen, haben beide die Ausgestaltung der Wettbewerbspolitik der Kommission maßgeblich beeinflusst. In der Vergangenheit hat vor allem der EuGH die Kommission in ihren Entscheidungen meist bestätigt und ihr somit den Rücken gestärkt. Das Selbstbewusstsein der innerhalb der Kommission zuständigen GD Wettbewerb baute nicht zuletzt auf den Urteilen des EuGH auf (Cini/McGowan 1998: 56). Dies bedeutet jedoch keinesfalls, dass der EuGH grundsätzlich im Sinne der Kommission entscheidet. Gerade die neuere Rechtsprechung belegt dies.

Die vertraglichen Grundlagen für die Durchführung der Wettbewerbspolitik sind heute unter Titel VI des EG-Vertrags zusammengefasst (Art. 81–89 EG-Vertrag). Ihre Prinzipien finden sich darüber hinaus in den Grundsätzen der EG (Art. 2, Art. 3 (1) f, Art. 3 (1) m, Art. 4 (1) EG-Vertrag). Die Wettbewerbspolitik ist innerhalb der Union in vier wesentliche Teilbereiche untergliedert: (1) Kartellverbot (Art. 81 und 82 EG-Vertrag), (2) staatliche Monopole (Art. 31 und 86 EG-Vertrag), (3) staatliche Beihilfen (Art. 87–89 EG-Vertrag) und (4) Fusionskontrolle (Art. 66 EGKS-Vertrag, Verordnung 4064/89). Diese vier Bereiche werden ergänzt durch die internationale Zusammenarbeit im Bereich der Wettbewerbspolitik und Fragen der Unternehmensverfassung bzw. der Art und Weise von Übernahmen eines Unternehmens durch ein anderes.

Zu Monopolen oder Kartellen führende Absprachen und Vereinbarungen von Unternehmen sind in der EU wettbewerbsrechtlich untersagt. Dies ist in den Art. 81 und 82 des EG-Vertrages geregelt, wobei es allerdings eine Reihe von Ausnahmen gibt, die in Art. 81 Abs. 3 festgelegt sind. Hierzu gehören Absprachen, die der Förderung des technischen Fortschritts dienen oder zur Verbesserung der Erzeugung

Tabelle 14: Die rechtlichen Grundlagen der EU-Wettbewerbspolitik

EGKS-Vertrag:	Art. 4, 54, 64–66, 95 EGKS-Vertrag
EWG-Vertrag:	Art. 37, 42, 77, 85–94 EWG-Vertrag
Maastricht:	Art. 37, 42, 77, 85–94 EG-Vertrag Veränderungen: Art. 92 (3) d: Kulturförderung Art. 94: Anhörung des Parlaments bei Durchführungsverordnungen
Amsterdam:	Art. 3 (1) g, 16, 31, 36, 73. 81–89 EG-Vertrag (Art. 90 (2) und Art. 91) Veränderungen: Art. 91 EG-Vertrag, Regelungen zu „Dumping" wurden gestrichen bzw. aufgehoben
Nizza:	Keine Veränderungen gegenüber dem Amsterdam-Vertrag
Entscheidungsverfahren	Qualifizierte Mehrheit nach Anhörung des EP (Art. 89 EG-Vertrag)
Ziele	– Gewährleistung einer offenen Marktwirtschaft mit freiem Wettbewerb – innere Wettbewerbsfähigkeit, d.h. Wettbewerbsfähigkeit nach außen Vollendung des Binnenmarkts Verbesserung der wirtschaftlichen Rahmenbedingungen für Wachstum, Wohlstand und Beschäftigung
Grundsätze	– Individualismus – Misstrauen gegenüber Großkonzernen – Unbehagen gegenüber staatlichen Eingriffen: Neo-Liberalismus

Quelle: Zimmermann-Steinhart 2003: 36.

und Verteilung von Waren beitragen, ohne dass dadurch der Wettbewerb unterlaufen wird.

Grundlage für die Durchführung von Art. 81 und 82 des EG-Vertrages war bisher im Wesentlichen die Verordnung Nr. 17 aus dem Jahr 1962. Nach dieser Verordnung sind Kartellbildungen bei der Kommission anzumelden, die über eine Freistellung vom grundsätzlichen Kartellverbot entscheidet (Administrativerlaubnis). Neben der Entscheidung über angemeldete Kartelle kann die Kommission auf Beschwerden von Mitbewerbern reagieren und/oder auf eigene Initiative tätig werden, d. h. sie kann Verfahren gegen nicht angemeldete Kartelle einleiten. Die Zahl der auf Initiative der Kommission eingeleiteten Verfahren überstieg seit 1986 die der Verfahren gegen angemeldete Kartelle (Beeker 2001: 34).

Die Kartellverordnung von 1962 wurde durch die Verordnung Nr. 1/2003, die ab dem 1.5.2004 Gültigkeit hat, ersetzt. Die neue Kartell-Verordnung war aus einer Reihe von Gründen erforderlich geworden. Die Kommission ist arbeitsmäßig deutlich überlastet: im Jahr 2000 waren am Jahresende beispielsweise noch 935 Kartellfälle unerledigt. Die Beschwerdefälle, d. h. Beschwerden durch Konkurrenten oder Verbraucher nehmen seit Mitte der neunziger Jahre zu. Ihre Anzahl übersteigt seit dem Jahr 2000 die der angemeldeten Kartelle. Immer wieder wurde auch die Rechtsunsicherheit beklagt, die durch die Interpretationsmöglichkeiten des Art. 81 EG-Vertrag hervorgerufen werde. Die Vergrößerung der Gemeinschaft und die Zunahme der Streitfälle im Wettbewerbsrecht haben dazu geführt, dass die Kommission ihrer Kontrollfunktion mithilfe der Verordnung 17/62 nicht mehr ausreichend nachkommen konnte. Die Einführung von Wettbewerbsbehörden in den Mitgliedstaaten trug dazu bei, dass die Wettbewerbskontrolle dezentralisiert werden konnte. Unterschiedliche Forderungen und wettbewerbspolitische Vorstellungen der Mitgliedstaaten haben die Verabschiedung eines Kommissionsvorschlags jedoch jahrelang hinausgezögert.

Die gefundene Neuregelung ist nicht unproblematisch. Kartelle müssen nun bei der Kommission nicht mehr angemeldet und dann von dieser erlaubt werden. Die Kartellkontrolle wird vom bisherigen Anmelde- und Erlaubnissystem in ein Legalausnahmesystem überführt. D.h. Kartellverfahren sollen nicht mehr automatisch, sondern nur noch auf Beschwerden von Konkurrenzunternehmen eingeleitet werden. Damit entfällt die präventive Wirkung der Kartellverfahren sowie ein gutes Stück der Markttransparenz. Auf nationale Kartellämter kommen neue Aufgaben zu. Da das Legalausnahmesystem dezentral organisiert werden soll, sind sie aufgefordert, nun – unter der Letztkontrolle der Kommission, die jederzeit Verfahren an sich ziehen kann – europäisches Recht anzuwenden. Die nationalen Kartellbehörden haben Bedenken gegen diese ihnen willkürlich scheinende Gestaltungsmacht der Kommission.

Den weiterreichenden Einwänden der nationalen Behörden, dass die Neuregelung der Kartellverordnung in Europa zu Problemen der einheitlichen Rechtsanwendung führen könne, begegnet die Kommission mit der Idee eines Netzwerks der nationalen Wettbewerbsbehörden (Nicolaides 2002). Die nationalen Kartellbehörden sollen sich nicht nur hinsichtlich der Behandlung von Fällen absprechen, um Doppelarbeit und Kompetenzstreitigkeiten bei grenzüberschreitenden Fusionsfällen zu vermeiden. Sie sollen auch eine Art gesamteuropäischer Wettbewerbskultur entwickeln, die zu einer gleichgerichteten Interpretation wettbewerbsrelevanter Tatbestände führt. Ob dies – und vor allem so rasch – funktionieren kann, bleibt fraglich, zumal die EU 2004 um zehn Staaten mit sehr geringer wettbewerbspolitischer Erfahrung erweitert wurde. Die Kommission nimmt an, dass sich die gemeinsame europäische Wettbewerbskultur in der Entscheidungspraxis herausbildet. Ebenso gut könnte aber weniger optimistisch angenommen werden, dass die gemeinsame europäische Wettbewerbskultur bereits eine unabdingbare Voraussetzung für dezentrale Entscheidungen in der europäischen Wettbewerbspolitik ist.

Die wirtschaftspolitische Brisanz des neuen Kartellrechts ist offensichtlich, sowohl für den Bürger als Verbraucher, der bei einer weiteren Vermachtung der Märkte überhöhte Preise und schlechtere Geschäftsbedingungen erwarten kann, als auch für den Bürger als Unternehmer, für den im Unklaren bleibt, wie die eventuellen wettbewerbspolitischen Hürden seiner Wirtschaftstätigkeit aussehen bzw. ob er sich in jedem EU-Mitgliedstaat mit den gleichen wettbewerbspolitischen Anforderungen konfrontiert sieht. Wettbewerbspolitik ist zumindest in letzterem Sinne beispielsweise auch automatisch Mittelstandspolitik im EU-Binnenmarkt. Rechtliche Sicherheit und die

Gleichheit der Wettbewerbsbedingungen sind für Unternehmen mindestens ebenso wichtig wie staatliche Transferzahlungen. Die deutsche Monopolkommission empfahl der Bundesregierung, sie „sollte den Erlass einer neuen Verordnung erst dann akzeptieren, wenn angemessene Lösungen für den Schwerpunkt des Reformprojekts – das Verhältnis zwischen europäischen und nationalen Wettbewerbsregeln, die Zuständigkeitsverteilung und die Wahrung der Rechtseinheit – bereit stehen" (Monopolkommission 2002: 71). Ohne dass dies nennenswerte politische Aufmerksamkeit erregte, ist der Rat aber rasch den Vorschlägen der Kommission gefolgt und hat mit der am 16.12. 2002 beschlossenen Verordnung (VO EG 1/2003 des Rates) die Reformideen der Kommission umgesetzt.

Ein zweiter Bereich kartellrechtlicher Kontrolle ist die Verhinderung des Ausnutzens einer marktbeherrschenden Stellung (Art. 82 EG-Vertrag). Die marktbeherrschende Stellung eines Unternehmens wird im Kartellrecht üblicherweise nicht an sich schon negativ bewertet. Erst ihr Missbrauch veranlasst die Kartellwächter zum Eingreifen. Es gibt vier Varianten des Missbrauchs einer marktbeherrschenden Stellung:

1. das unmittelbare oder mittelbare Erzwingen von unangemessenen Einkaufs- oder Verkaufspreisen oder sonstigen Geschäftsbedingungen;
2. die Einschränkung der Erzeugung, des Absatzes oder der technischen Entwicklung zum Schaden der Verbraucher;
3. die Anwendung unterschiedlicher Bedingungen bei gleichwertigen Leistungen gegenüber Handelspartnern, wodurch diese im Wettbewerb benachteiligt werden;
4. und der Abschluss von an Verträge geknüpften Bedingungen, die darauf zielen, dass Vertragspartner zusätzliche Leistungen annehmen, die weder sachlich noch nach Handelsbrauch in Beziehung zum Vertragsgegenstand stehen.

Auch in Bezug auf Art. 82 EG-Vertrag geht die Kommission entweder eigeninitiativ oder aufgrund von Beschwerden vor. Widerrechtlich getroffene Absprachen oder das Ausnutzen einer marktbeherrschenden Stellung kann die Kommission unterbinden und durch das Verhängen von Bußgeldern sanktionieren. Die Höhe der Bußgelder hängt von Umfang und Wirkung der Absprache ab und variiert folglich stark.

Die Fusionskontrolle wurde erst relativ spät auf EG-Ebene geregelt. Die Forderung der Kommission, explizit mit diesem Aufgabenbereich betraut zu werden, blieb jahrzehntelang unerfüllt, bis schließlich die Fusionskontrollverordnung (FKVO) im Jahr 1989 vom Rat verabschiedet wurde. Die Verabschiedung einer Fusionskontrollverordnung erwies sich aufgrund der stark divergierenden wettbewerbs- und industriepolitischen Vorstellungen der Mitgliedstaaten als ausgesprochen schwierig. Während Frankreich traditionell die Meinung vertritt, dass große Unternehmen mit einem hohen Marktanteil auf dem heimischen Markt wettbewerbsfähiger sind als kleinere Unternehmen und daher nichts gegen Großunternehmen auf dem europäischen Markt einzuwenden hat, setzten sich vor allem Großbritannien und die Bundesrepublik für eine Fusionskontrollverordnung auf europäischer Ebene ein, da sie die Ansicht vertraten, dass Wettbewerbsfähigkeit am besten durch eine Wettbewerbsituation auf dem heimischen Markt trainiert werde. Darüber hinaus waren die institutionellen Anpassungskosten für Großbritannien und die Bundesrepublik deutlich geringer, da in diesen Mitgliedstaaten bereits funktionierende Wettbewerbsbehörden bestanden (vgl. Scherpenberg 1996: 365).

Bei der Fusionskontrolle geht es darum zu verhindern, dass durch die Fusion von zwei oder mehreren Unternehmen ein Unternehmen mit einer marktbeherrschenden Stellung entsteht, das den Wettbewerb auf bestimmten Märkten beeinträchtigen würde. Die Fusionskontrollverordnung definiert die Kriterien, nach welchen Zusammenschlüsse beurteilt werden. Dies sind in erster Linie die Aufrechterhaltung des Wettbewerbs, die Marktstellung und wirtschaftliche Stärke der beteiligten Unternehmen und die Bedingungen, die sich für Lieferanten und Kunden bzw. für die Verbraucher ergeben.

Mittels der Fusionskontrollverordnung stehen der Kommission eine Reihe von Sanktionsmöglichkeiten zur Verfügung. Sie kann Zusammenschlüsse genehmigen, untersagen, teilweise untersagen sowie mit Auflagen oder Bedingungen genehmigen. Zur Ausübung ihrer Kontrollfunktion kann die Kommission alle erforderlichen Auskünfte bei Unternehmen, Regierungen und Behörden von Mitgliedstaaten einholen. Die Befragten sind hierbei auskunftspflichtig. Erhält die

Kommission keine Auskunft, erlässt sie eine förmliche Entscheidung, die Sanktionsandrohungen enthalten kann. Gegen diese Entscheidung kann der Befragte eine Klage beim EuGH einreichen. Die Kommission kann die zuständigen Behörden der Mitgliedstaaten ersuchen, Nachprüfungen zu unternehmen oder diese selbst durchführen.

Bei der Sanktionierung hat die Kommission einen beträchtlichen Spielraum. Für die fahrlässige oder vorsätzliche Unterlassung von Anmeldungen, falsche Angaben, Fristverletzungen, unvollständige Unterlagen kann sie Bußgelder zwischen 1.000 und 50.000 Euro auferlegen. Das Zuwiderhandeln gegen ihre Entscheidungen oder den Vollzug von abgelehnten Zusammenschlüssen kann die Kommission mit einem Bußgeld bis zur Höhe von 10 % des Gesamtumsatzes der beteiligten Unternehmen ahnden. Darüber hinaus kann die Kommission Zwangsgelder von maximal 25.000 Euro pro Tag festlegen, um angeforderte Informationen oder die Möglichkeit der Nachprüfung in den Unternehmen zu erhalten. Werden Auflagen nicht erfüllt oder von der Kommission geforderte Maßnahmen nicht durchgeführt, kann die Kommission auch hier Zwangsgelder festsetzen. Diese können bis zu 100.000 Euro pro Verzugstag betragen.

Zusammenschlüsse, die nur den Markt eines einzelnen Mitgliedstaates betreffen, werden in der Regel durch die Wettbewerbsbehörden des betroffenen Mitgliedstaates kontrolliert. Die europäische Fusionskontrolle greift nicht ein, wenn die am Zusammenschluss beteiligten Unternehmen jeweils mehr als zwei Drittel ihres gemeinschaftsweiten Gesamtumsatzes in ein und demselben Mitgliedstaat erzielen.

Die Kommission ist für Fusionen zuständig, die erhebliches wirtschaftliches Gewicht für den Binnenmarkt insgesamt haben. Die Fusionskontrollverordnung nennt absolute Zahlen als Eingreifschwellen. Der weltweite Gesamtumsatz der am Zusammenschluss beteiligten Unternehmen muss mindestens 5 Mrd. Euro betragen. Zwei der an der geplanten Fusion beteiligten Unternehmen müssen einen gemeinschaftsweiten Gesamtumsatz von jeweils mehr als 250 Mio. Euro aufweisen.

Bleibt eine Inflationsanpassung der Eingreifschwellen aus, so sinken diese de facto. D.h. die Kommission wird allein durch die Preisentwicklung für immer mehr Unternehmenszusammenschlüsse zuständig. So beläuft sich der Schwellenwert von 5 Mrd. Euro in Preisen von 1990 heute faktisch lediglich auf etwa 3,8 Mio. Euro. Einerseits vergrößert die faktische Absenkung der Eingreifschwellen den Einfluss der Kommission auf Kosten der nationalen Wettbewerbsämter und andererseits wächst ihre Arbeitsbelastung.

In Fällen, in denen gegen die Entscheidung der Kommission Klage erging, wurde, wie bereits erwähnt, die Kommissionsentscheidung in der Regel vom EuGH bestätigt. In der jüngeren Vergangenheit zeigt sich jedoch eine Veränderung: die Kommission sieht sich zunehmender Kritik des EuGH ausgesetzt. Erstmals im Jahr 2002 musste die Kommission drei Niederlagen vor dem EuGH hinnehmen. Die Richter des EuGH prangerten in allen drei Fällen an, dass die Kommission sich bei ihrer Entscheidung zu einseitig auf den Wettbewerb in einem einzelnen Mitgliedstaat konzentriert und den Binnenmarkt vernachlässigt habe, wobei das Urteil der EuGH-Richter im Fall der Fusion der französischen Konzerne Legrand und Schneider besonders scharf ausfiel. Die Richter warfen der Kommission Schlamperei bei der Überprüfung des Marktes vor (Süddeutsche Zeitung, 23.10.2002: 24). Dies hatte erhebliche Konsequenzen für die bisher allgemein respektierte Rolle des Wettbewerbskommissars und führte inzwischen zu einer Umorganisation der Generaldirektion Wettbewerb. Die Merger Task Force wurde aufgelöst und die für Fusionskontrollen zuständigen Beamten auf die anderen Abteilungen verteilt. Die Fusionskontrolle ist nun analog zur Arbeitsweise des deutschen Kartellamts nicht mehr ein separater Aufgabenbereich, sondern integriert in die nach Industriezweigen organisierte Wettbewerbskontrolle. Offiziell wurde diese Reorganisation vor allem mit Effizienzargumenten im Hinblick auf die Osterweiterung begründet.

In der jüngsten Debatte um eine Revision der Fusionskontrollverordnung hatte die Kommission zunächst versucht, ihre Zuständigkeiten durch Reduktion der Schwellenwerte für die Unternehmensgrößen zu erweitern, die in ihren Zuständigkeitsbereich fallen sollen. In ihrem Grünbuch vom Dezember 2001 gab sie dieses Vorhaben wieder auf, nicht zuletzt wegen des Widerstandes der Mitgliedstaaten. Die Haltung des deutschen Kartellamtes angesichts des drohenden Kompetenzverlustes war eindeutig ablehnend.

Die Bundesregierung konnte hier allerdings kein prinzipielles Problem erkennen. Dieses prinzipielle Problem ist das wettbewerbspolitische Dilemma Europas, dass nämlich zum einen der europäische Binnenmarkt eine europäische Wettbewerbsbehörde erfordert, dass er aber diese auch, solange sie identisch mit der Kommission ist, was die Zahl der zu behandelnden Fälle betrifft schon bei den besonders drängenden Entscheidungen zu Unternehmenszusammenschlüssen überfordert. Die nationalen Kartellämter weisen nicht zu Unrecht darauf hin, dass das in der EU anerkannte Subsidiaritätsprinzip ihnen einen Freiraum autonomen Entscheidens sichern sollte. Dies ist zum einen eine prinzipielle Frage, zum anderen kann die Beachtung des Subsidiaritätsprinzips selbst bei der bloßen dezentralen Anwendung europäischen Rechts zu Effizienzverbesserungen durch eine „ortsnahe" und „ortskundige" Wettbewerbsaufsicht führen.

Die am 1.5.2004 in Kraft getretene Fusionsverordnung modifiziert die Eingriffsmöglichkeiten der Kommission, weil diese nun auch Effizienzgewinne aus Fusionen berücksichtigen soll (Monopolkommission 2004: 124ff.). Effizienzvorteile können zur Freistellung einer Fusion führen, wenn sie die wettbewerbsschädlichen Folgen einer Fusion, insbesondere für die Verbraucher, ausgleichen. Hinzu kommt, dass die Kommission in Zukunft nach der Einschränkung des Wettbewerbs fragt bevor sie Fälle prüft und nicht mehr, wie das deutsche Kartellamt dies wollte, nach der marktbeherrschenden Stellung der Unternehmen.

In der Logik des Binnenmarktes liegt es, Marktprozesse nicht durch staatliche Schranken zu behindern. Bis heute gibt es eine Reihe nationaler Bestimmungen, die für bestimmte Industriezweige oder bestimmte Unternehmen Anteile in Staatsbesitz vorsehen. Dies dient nicht zuletzt dem Zweck, dem Staat eine Sperrminorität der Aktienanteile zu sichern, oder unliebsame Unternehmensentscheidungen, aber auch die Übernahme von Firmen durch ihre Konkurrenten zu verhindern. Ein Beispiel für eine solche strategische staatliche Beteiligung ist der Anteil des Landes Niedersachsens an der Volkswagen AG. Aber auch ohne staatliche Beteiligung sind Firmenübernahmen für EU-Mitgliedstaaten nicht automatisch unproblematisch.

In Deutschland gibt es beispielsweise keine Tradition von Firmenübernahmen, die gegen den Willen der Firmenleitung mithilfe des

Erwerbs von Aktienmehrheiten durch einen Mitbewerber erfolgen. Eine spektakuläre „feindliche Übernahme“ dieser Art erfolgte im Jahre 2000, als der britische Mobilfunkanbieter Vodafone Mannesmann aufkaufte. Im Vorfeld der Fusion kam es zu heftigem Widerstand bei Mannesmann und sogar zu Verstimmungen zwischen der deutschen und der britischen Regierung.

Indirekt handelt es sich hier ebenfalls um ein Problem der Wettbewerbspolitik, wenn auch im Detail nicht um ein Problem des Wettbewerbs-, sondern des Unternehmensrechts. Die Behinderung des freien Kaufs und Verkaufs von Aktien widerspricht der Freizügigkeit des Kapitals auf dem europäischen Binnenmarkt und damit einer seiner vier Grundfreiheiten. Die Kommission sieht es deshalb als ihre Aufgabe, das Übernahmerecht durch gesamteuropäische Regelungen zu liberalisieren. Die im Dezember 2003 verabschiedete Übernahmerichtlinie sieht vor, dass börsennotierte Unternehmen künftig selbst entscheiden können, ob sie sich an nationales Recht oder an die Vorgaben der EU halten möchten. Die entsprechende EU-Richtlinie erkannte das aktionärsfreundliche Prinzip „Keine Verteidigungsmaßnahme ohne Hauptversammlungsbeschluss“ an und will den Mitgliedstaaten die Möglichkeit geben, Stimmrechtsbeschränkungen und Mehrfachstimmrechte bei Hauptversammlungen für unwirksam zu erklären. Demgegenüber steht das deutsche „Modell“, das „Vorratsermächtigungen“ der Aktionäre für Vorstand und Aufsichtsrat gegen konkrete Übernahmeversuche erlaubt, sowie Sperrminoritäten (Fall Volkswagen) kennt und es Vorstand und Aufsichtsrat anheimstellt, alleine über Abwehrmaßnahmen bei feindlichen Übernahmen zu beschließen.

Auf den ersten Blick impliziert das mit der Übernahmerichtlinie verabschiedete Optionsmodell das Errichten einer Europäisierungsschranke, denn es erlaubt in Deutschland ansässigen Firmen, an bestimmten formalen Hürden zur Abwehr feindlicher Firmenübernahmen festzuhalten. Ob sich die Europäisierung dieses Aspekts der Wettbewerbspolitik so vermeiden lässt, muss aber dahin gestellt bleiben. Die Kommission erwartet, dass Unternehmen mit hohen Übernahmehürden durch die Märkte, d. h. konkret eine entsprechend ungünstige Börsennotierung, bestraft werden, weshalb sich nach ihrer Meinung längerfristig die europäische Lösung durchsetzen wird.

Hinzu kommt im deutschen Fall, dass der Streit der Kommission mit der Bundesregierung wegen des VW-Gesetzes von 1960 noch nicht beigelegt ist. Das VW-Gesetz behindert nach Auffassung der Kommission, die sich drei Jahre intensiv mit diesem beschäftigt hat, den freien Kapitalverkehr und damit eine der vier Grundfreiheiten des Binnenmarktes. Es sieht vor, dass kein Aktionär mehr als 20 % der Stimmrechte auf der Hauptversammlung der Volkswagen AG erhält, auch wenn er einen größeren Aktienanteil besitzt. Das Land Niedersachsen besetzt zwei Aufsichtsratssitze. Das staatliche Entsenderecht für Aufsichtsräte zusammen mit den Stimmrechtsbeschränkungen für Aktionäre schreckt nach Auffassung der Kommission Investoren ab (Financial Times, 13.7.2004: 3).

Staatliche Beihilfen, d. h. Subventionen im finanzwissenschaftlichen Sinn, werden als Verzerrung des Wettbewerbs und Behinderung des Binnenmarktes eingestuft und sind daher, von Ausnahmen abgesehen, verboten. Die Finanzwissenschaft versteht unter Subventionen „gezielte begünstigende Eingriffe des Staates in die Marktwirtschaft". Darunter fallen „staatliche Transferleistungen, die direkt oder indirekt Unternehmen begünstigen, die unmittelbare Kosten für die öffentlichen Haushalte in der Form von Ausgaben oder Mindereinnahmen nach sich ziehen, für die der Staat als Subventionsgeber keine adäquate Gegenleistung erhält, die nach selektiven Kriterien vergeben werden und als politisches Instrument eingesetzt werden, um den Marktprozess gezielt zu beeinflussen" (Schmidt 2001: 138). Die Kontrolle der Einhaltung der Beihilferegelungen obliegt der Kommission.

Nach Art. 87 (1) EG-Vertrag sind staatliche Beihilfen oder aus staatlichen Mitteln finanzierte Beihilfen verboten, die den Wettbewerb durch die Begünstigung bestimmter Unternehmen oder Produktionszweige verfälschen oder zu verfälschen drohen. Allerdings werden hiervon Ausnahmen zugelassen. Diese sind unterteilt in generell bestehende Ausnahmen (Art. 87 (2) EG-Vertrag) und mögliche Ausnahmen (Art. 87 (3) EG-Vertrag). Als generell mit dem Gemeinsamen Markt vereinbar werden Beihilfen sozialer Art an Verbraucher gewertet, sofern keine Diskriminierung nach Herkunft der Waren erfolgt. Weiterhin sind Beihilfen zulässig, die zur Beseitigung von durch Katastrophen bedingte Schäden erfolgen (Art. 87 (2) b EG-Vertrag). Im Jahr 2000 bewilligte die Kommission zum Beispiel Sonderbeihilfen zur Beseitigung der durch den Sturm „Lothar" entstandenen Schäden in den betroffenen Mitgliedstaaten. Die Ausnahmeregelungen zur Beseitigung von Schäden werden in der Literatur einheitlich als unproblematisch eingestuft. Die hierfür aufgewandten Beihilfen werden als Beitrag dazu angesehen, den durch Naturkatastrophen geschädigten Wettbewerb wieder herzustellen, d.h. nicht die Beihilfe wird als wettbewerbsverzerrend eingestuft, sondern der Schadensfall.

Neben den generellen Ausnahmen vom Beihilfeverbot nennt Art. 87 EG-Vertrag eine Reihe von Bereichen, in denen die Kommission Ausnahmen genehmigen kann. Dazu gehören

1. die Förderung der wirtschaftlichen Entwicklung in rückständigen Gebieten mit hoher Arbeitslosigkeit; hierunter fallen die nach Ziel 1 und 2 der Strukturfonds förderfähigen Gebiete (vgl. Kapitel 4.7),
2. Vorhaben im gemeinsamen europäischem Interesse oder zur Behebung einer beträchtlichen Störung im Wirtschaftsleben eines Mitgliedstaats,
3. die Förderung der Entwicklung bestimmter, nicht näher spezifizierten Wirtschaftszweige,
4. Beihilfen im Bereich der Kulturförderung sowie
5. sonstige, vom Rat auf Vorschlag der Kommission mit qualifizierter Mehrheit zu beschließende Beihilfen.

Zur Bewilligung regionaler Beihilfen müssen die Mitgliedstaaten sog. Fördergebietskarten anmelden, die von der Kommission gebilligt werden müssen.

In allen Bereichen der Wettbewerbspolitik dominiert, wie dargestellt, die europäische Regelsetzung. Ordnungspolitische Weichenstellungen sind nur noch sehr begrenzt in Deutschland möglich. Die deutschen Kartellbehörden wachsen immer mehr in die Rolle von „Ausführungsorganen" europäischen Rechts hinein. Die Siebte Novelle des deutschen Gesetzes gegen Wettbewerbsbeschränkungen sieht deshalb auch vor, neben dem Bundeskartellamt auch die Landeskartellbehörden, die dies bisher nicht durften, zu ermächtigen, europäisches Wettbewerbsrecht anzuwenden. Ein Ausschluss der Landeskartellbehörden von der Anwendung des europäischen Wettbewerbsrechts ist nicht mehr möglich, weil diese bei der Anwendung des deutschen Wettbewerbsrechts künftig maßgeblich das europäische zugrunde legen müssen.

Dies verursacht allerdings innerstaatlichen Koordinierungsbedarf. Der Geschäftsverkehr der Landeskartellbehörden mit der EU-Kommission muss über das Bundeskartellamt erfolgen, wegen der ausschließlichen Zuständigkeit des Bundes zur Außenvertretung Deutschlands in diesem Politikfeld. Außerdem entspricht dieses Vorgehen den praktischen Erfordernissen des Netzwerkes der Wettbewerbsbehörden in der EU. Mit dem Bundeskartellamt hat dieses in Deutschland seinen zentralen Ansprechpartner (Entwurf 2004: 39).

Das Bundeskartellamt verstand sich immer als in hohem Maße unabhängige Behörde, die selbstbewusst eine wichtige wirtschaftspolitische Rolle wahrnahm. Solange die Bundesrepublik von Bonn aus regiert wurde, hatte es seinen Sitz regierungsfern in Berlin. Mit dem Umzug des Wirtschaftsministeriums, dem das Kartellamt zugeordnet ist, nach Berlin stellte das Kartellamt durch einen Umzug nach Bonn die alte symbolische Regierungsferne wieder her. Allerdings ist die eigentliche Machtkonkurrenz für das Bundeskartellamt heute nicht mehr der Wirtschaftsminister des Bundes, sondern die Europäische Kommission.

Das europäische Wettbewerbsrecht überlagert das deutsche – aus der Sicht des Binnenmarktprojektes eine Selbstverständlichkeit. Dem Kartellamt bleiben nur noch die Fälle unterhalb der Eingreifschwellen der Kommission, die das europäische Recht definiert. Problematisch ist hier, wie bereits erwähnt, dass mit absoluten Zahlen beispielsweise hinsichtlich des Umsatzes von Unternehmen operiert wird, was zur Folge hat, dass schon bei inflationsbedingter nominaler Erhöhung von Umsatzzahlen immer mehr Fälle in die europäische Kompetenz geraten. Hinzu kommt, dass die wettbewerbsrechtlich interessanten Fälle mit rein deutschem Bezug angesichts der Internationalisierung der Märkte ständig abnehmen.

Die Reform der Fusionskontrollverordnung hat die Hilfsfunktion des deutschen Kartellamtes für die Kommission noch deutlicher gemacht. Hier soll die Behörde ausschließlich europäisches Recht anwenden. Selbstverständlich wird das deutsche Kartellamt bei Kommissionsentscheidungen, die seine Jurisdiktion betreffen, in beratender Funktion herangezogen. Nicht immer geschieht dies in angemessener Form. Im Falle der Fusion Alcatel/AEG (1991) gab die Kommission dem Kartellamt gerade einmal 48 Stunden Zeit, um die Akten zur Kenntnis zu nehmen und eine Stellungnahme zu schreiben (Interview mit dem damaligen Präsidenten des Bundeskartellamtes Dieter Wolf, Frankfurter Rundschau, 12.9.1993: 9). Aber auch im Regelfall sind nur drei Tage vorgesehen: „Unter derartigen Umständen können die Mitgliedstaaten keine qualifizierte Stellungnahme abgeben" (Kartellamt 2001: 73).

Der Einfluss der nationalen Kartellbehörden in den beratenden Ausschüssen der GD Wettbewerb ist gering. Da das Votum nationaler Kartellbehörden vor der Beschlussfassung der Kommission der Geheimhaltungspflicht unterliegt, können nationale Kartellämter keinen öffentlichen Druck erzeugen, mit dem sie die Kommissionsentscheidungen indirekt beeinflussen könnten. Das deutsche Kartellamt fordert daher seit langem, mehr Transparenz durch die Veröffentlichung der Stellungnahmen nationaler Wettbewerbsbehörden vor Entscheidungen der Kommission herbeizuführen.

Die Fusionskontrollverordnung sieht in ihrem Art. 9 aber immerhin vor, dass ein EU-Mitgliedstaat, wenn überwiegend nationale Unternehmen betroffen sind, auch bei formaler Zuständigkeit der Kommission diese bitten kann, den betroffenen Fall an die nationalen Wettbewerbsbehörden zurückzuverweisen. Diese Regelung, die auf Betreiben der Bundesregierung 1989 den Weg in die Verordnung fand, wird auch als „German clause" bezeichnet. Die Kommission kann, muss aber nicht, den Wünschen eines Mitgliedstaates entsprechen. Sie tat dies in der Vergangenheit in der Regel dann, wenn es sich um Fälle mit lokal oder regional begrenzter Reichweite handelte, wenn es auf die besonderen Erfahrungen der nationalen Kartellämter auf den betroffenen Märkten ankam oder wenn nationale Parallelverfahren vorzufinden waren, die gleichzeitig stattfanden oder kurz vorher abgeschlossen wurden. In jüngster Zeit hat die Kommission erstmals auch Fälle an nationale Kartellbehörden abgegeben, denen national abgegrenzte Märkte zugrunde lagen (Monopolkommission 2004: 355).

Für das deutsche Kartellamt ist der „German clause" nicht automatisch eine Möglichkeit, sein Terrain zu behaupten (Sturm 1996: 211ff.). Antragsteller bei Rückverweisungen ist die Bundesregierung, die entsprechenden Bitten des Kartellamtes nicht folgen muss. Wenn die Bundesregierung weiß, dass das Kartellamt eine Rückverweisung eines Fusionsfalles anstrebt, um diesen zu verhindern, sie aber gleichzeitig davon ausgehen kann, dass die Kommission diesen Fusionsfall erlauben möchte, kann sie durch ein Ignorieren der Wünsche des Kartellamts nach Rückverweisung die Fusion gegen den Willen des Kartellamtes durchsetzen, ohne auf das Instrument der Ministererlaubnis zurückgreifen zu müssen. Damit kann sie dank der EU neuerdings den politisch eleganten Weg der „Ministererlaubnis durch die Hintertür" wählen oder, im spieltheoretischen Jargon ausgedrückt, erfolgreich ein „two-level game" spielen.

Ein spektakulärer Fall dieser Art war die Fusion Kali Salz AG, Kassel, und Mitteldeutsche Kali AG, Sondershausen – eindeutig eine überwiegend den deutschen Markt berührende Großfusion, für die aufgrund der Eingreifkriterien Brüssel zuständig wurde. In Ostdeutschland führte diese von der Treuhand-Anstalt mit der Zustimmung des Finanzministers geplante Abwicklung des ostdeutschen Kali-Bergbaus zu Protesten und Hungerstreiks der Kumpel unter Tage. Das Kartellamt kritisierte das Entstehen eines Monopolanbieters auf dem deutschen Markt. Das Finanzministerium wollte sich von den Kosten des ostdeutschen Kali-Bergbaus befreien. Nicht überraschend ignorierte die Bundesregierung deshalb die dringenden auch in der Öffentlichkeit vorgebrachten Forderungen des Kartellamts nach Rückverweisung. Brüssel setzte für die Bundesregierung durch, was weder die Betroffenen noch das deutsche Kartellamt für richtig hielten.

Aus deutscher Sicht hat die Europäisierung der Wettbewerbspolitik zu einem deutlichen Verlust der nationalen Steuerungsfähigkeit auf allen Feldern der Wettbewerbsaufsicht geführt. Der institutionelle Isomorphismus, der in einem historisch ersten Schritt zu einer weitgehenden Übernahme zumindest der Prinzipien der deutschen Wettbewerbspolitik in der EU führte, hat die Akzeptanz der Europäisierung dieses Politikfeldes in Deutschland zunächst erleichtert. Inzwischen aber hat sich die europäische Regelsetzung weitgehend von deutschen „Modellvorgaben" emanzipiert. Sie setzt stärker auf Kriterien, die an ökonomischen Wirkungen ausgerichtet sind, als auf formale Eingangskriterien. Das deutsche Kartellamt wurde inhaltlich und machtpolitisch marginalisiert bzw. „zwangseuropäisiert“. Die Novellierung des deutschen Gesetzes gegen Wettbewerbsbeschränkungen ist, wie die Begründung der bisher letzten (siebten) Änderung auch deutlich macht, in erster Linie Folge der Notwendigkeit der Anpassung an europäisches Recht (vgl. Entwurf 2004).

Friktionen zwischen nationaler Praxis und Europäisierungsimperativ in der Wettbewerbspolitik zeitigten immer dann Widerstand und Frustrationen in der deutschen Politik, wenn die Ineffizienz deutscher Kartellbehörden auf der einen Seite und auf der anderen Seite das Scheitern industriepolitischer Ambitionen der deutschen Politik wegen des erreichten Standes der Europäisierung evident wurden. Der verbliebene Spielraum, den das Beihilferegime der Kommission oder auch die Übernahmerichtlinie zulässt, ist zu gering, um nationale Industriepolitik effizient umzusetzen. Zudem ist das Nutzen dieses Spielraums für nationale Alleingänge problematisch, denn die Logik des europäisierten Binnenmarktes erfordert als ihr Pendant eine europäisierte Wettbewerbspolitik. Spielraum gibt es bestenfalls bei deren Implementation. Diese muss nicht nach dem principal agent-Modell funktionieren, nach dem die Kommission als principal die Mitgliedstaaten anweist. Mehr Subsidiarität ist möglich und angesichts der Arbeitsüberlastung der Kommission vielleicht auch nötig. Mit der Reform der Kartellverordnung, die nun auf Europäisierung durch die Netzwerkbildung nationaler Kartellämter setzt, zeichnet sich eine nationale Autonomie schonendere Alternative zum bisherigen Modus der Europäisierung im Bereich der Wettbewerbspolitik ab.

Literatur

Beeker, Detlef (2001): Aktuelle Herausforderungen der Wettbewerbspolitik, Köln.

Cecchini, Paolo (1988): Europa ’92. Der Vorteil des Binnenmarktes, Baden-Baden.

Cini, Michelle/McGowan, Lee (1998): Competition Policy in the European Union, Houndsmills etc.

Entwurf (2004) eines Siebten Gesetzes zur Änderung des Gesetzes gegen Wettbewerbsbeschränkungen, Bundestagsdrucksache 15/3640 vom 12.8.2004.

Kartellamt (2001): Bericht des Bundeskartellamts 2001, Bundestagsdrucksache 14/6300 vom 22.6.2001.

Mische, Harald (2002): Nicht-wettbewerbliche Faktoren der europäischen Fusionskontrolle, Baden-Baden.
Monopolkommission (2002): Vierzehntes Hauptgutachten der Monopolkommission 2000/2001, Bundestagsdrucksache 14/9903 vom 28.8.2002.
Monopolkommission (2004): Fünfzehntes Hauptgutachten der Monopolkommission 2002/2003, Bundestagsdrucksache 15/3610 vom 14.7.2004.
Nicolaides, Phedon (2002): Reform of EC Competition Policy: A Significant but Risky Project, in: EIPASCOPE, 2, S. 16–21.
Niemeyer, Hans-Jörg (1991): Die Europäische Fusionskontrollverordnung. Heidelberg.
Peterson, John (1995): Decision-Making in the European Union: Towards a Framework for Analysis, in: Journal of European Public Policy, 2(1), S. 69–93.
Scherpenberg, Jens van (1996): Ordnungspolitische Konflikte im Binnenmarkt, in: Jachtenfuchs, Markus/Kohler-Koch, Beate (Hrsg.): Europäische Integration, Opladen, S. 345–372.
Schmidt, Ingo (2001): Wettbewerbspolitik und Kartellrecht, 7. Auflage, Stuttgart.
Sturm, Roland (1996): The German Cartel Office in a Hostile Environment, in: Doern, George Bruce/Wilks, Stephen (Hrsg.): Comparative Competition Policy: National Institutions in a Global Market, Oxford, S. 185–224.
Sturm, Roland/Zimmermann-Steinhart, Petra (2003): Das Europa des freien Marktes. Funktion und Konsequenzen der europäischen Wettbewerbspolitik, in: Gesellschaft-Wirtschaft-Politik 52(3), S. 383–409.
Zimmermann-Steinhart, Petra (2003): Europas erfolgreiche Regionen. Regionale Handlungsspielräume im innovativen Wettbewerb, Baden-Baden.

4.3 Währungsunion

Mit dem 1.1.1999 wurde die deutsche Währung, die Deutsche Mark (DM), Teil eines europäischen Währungsverbundes. Die Währungsunion von zwölf EU-Ländern (ab 2001) fixiert die Austauschverhältnisse zwischen den nationalen Währungen der WWU-Staaten. Sie ergänzt systemlogisch die durch den europäischen Binnenmarkt erreichte weitgehende wirtschaftliche Integration der EU-Länder. Deutschland hat seine Währungssouveränität zugunsten der europäischen Entscheidungsfindung in der Währungspolitik aufgegeben. Am 1.1. 2002 verschwand die DM auch als formales Zahlungsmittel und damit endgültig auch als Symbol nationaler Eigenständigkeit und machte im Zahlungsverkehr dem Euro Platz.

Die Aufgabe des historischen Symbols „DM“, das in Deutschland nicht zuletzt für die erfolgreiche Bewältigung der Kriegsfolgen stand und auch für die Ostdeutschen vor der Einheit zu einem attraktiven Ausweis wirtschaftlichen Erfolges wurde, hat nicht nur beachtliche wirtschaftliche und rechtliche Konsequenzen. Unter anderem wurde auf folgendes hingewiesen: „Durch die Weitergabe der auf Preisstabilität geeichten Institutionen der deutschen Geldpolitik an die EU ist der Bundesrepublik Deutschland allerdings ein strategischer Konkurrenzvorteil im weltwirtschaftlichen Wettbewerb abhanden gekommen" (Schmidt 1999: 392f.). Und der frühere Bundesbankpräsident Karl Otto Pöhl präzisierte: „Deutschland hatte vor dem Euro die niedrigsten Zinsen in Europa, außer der Schweiz. Das war ein enormer Wettbewerbsvorteil, den wir uns dank der Stabilitätspolitik der Bundesbank verdient hatten. Der ist mit dem Euro fortgefallen, die Finanzierungsbedingungen haben sich also für Deutschland relativ verschlechtert und dementsprechend für andere verbessert, die sich heute niedriger deutscher Zinsen erfreuen können" (Die Zeit, 23.10. 2003: 25). Die Aufgabe der DM hatte zudem politisch-kulturelle Konsequenzen. Dieser Gesichtspunkt wird vor allem in der Argumentation britischer Politikwissenschaftler häufig unterschätzt, die regelmäßig darauf hinweisen, dass die Last kognitiver Anpassungsprozesse an die neue Währung nur von den anderen Euro-Ländern zu tragen sei (Dyson 2000: 898).

Im Erfolgsfalle der Währungsunion wird Europäisierung im deutschen Kontext gerade eine neue Form der Identifikation mit der europäischen Ebene politischen Entscheidens zur Konsequenz haben, im Falle des Misserfolges droht eine Entlegitimierung europäischer Politik, die Folgen weit über den engeren Bereich der Währungspolitik hinaus hat. Der Erfolg des währungspolitischen Europäisierungsprozesses wird aus deutscher Perspektive nicht nur an abstrakten ökonomischen Parametern gemessen, sondern ganz konkret an den durchweg positiven Erfahrungen der Deutschen mit der Stabilität und der Erfolgsgeschichte ihrer DM. Oder, wie Jacques Delors, der frühere Kommissionspräsident, dies wahrnahm: „Nicht alle Deutschen glauben an Gott, aber alle an die Deutsche Bundesbank" (Jochimsen 1998: 6). Bisher hat die neue Währung in Deutschland allerdings bei weitem noch nicht die Reputation der DM erreicht, wie die regelmäßigen Eurobarometerumfragen belegen. Die Beliebtheit des Euro in Deutschland bewegt sich auch unterhalb des EU-Durchschnitts. Der

Euro gilt einer großen Zahl von Deutschen im Vergleich zur DM als weichere Währung, die Inflationstendenzen („Teuro“) ausgelöst hat (Risse 2003: 495).

Voraussetzung für die Europäisierung der deutschen Währung waren Reformen des Grundgesetzes und des Bundesbankgesetzes. Das Grundgesetz bestimmte in seiner bis 1992 geltenden Version in Art. 88 lapidar: „Der Bund errichtet eine Währungs- und Notenbank als Bundesbank.“ 1992 wurde diesem ersten Satz ein zweiter hinzugefügt: „Ihre Aufgaben und Befugnisse können im Rahmen der Europäischen Union der Europäischen Zentralbank übertragen werden, die unabhängig ist und dem vorrangigen Ziel der Sicherung der Preisstabilität verpflichtet.“ Damit machte der Verfassungsgesetzgeber, wie nach der Zustimmung des Parlamentes zum Maastrichter Vertrag von 1992 erforderlich, den Weg zur Europäischen Währungsunion frei.

Bemerkenswert ist, dass für die europäische Ebene so verfassungsrechtlich festgeschrieben wurde, was zuvor in der Bundesrepublik auch bei bloß einfachgesetzlicher Regelung lange Jahre erfolgreich im gesellschaftlichen Konsens verankert war, nämlich die Unabhängigkeit der Bundesbank (Sturm 1995). Aufgrund einer fehlenden gesamteuropäischen Tradition der unabhängigen Währungsentscheidung von Zentralbanken entstand ein Regelungsbedarf, der sich in Deutschland innerstaatlich als Verrechtlichung der bisherigen Praxis niederschlug.

Weitere innerstaatliche Folgen der rechtlichen Absicherung des Europäisierungsprozesses betrafen das Bundesbankgesetz (Deutsche Bundesbank 1998). Hervorzuheben sind hier:

1. Die explizite Übernahme der Zielsetzung der Europäischen Zentralbank (EZB), Preisstabilität zu wahren. Aus der Sicht der Bundesbank ergänzt dies die Verpflichtung zur Sicherung der Währungsstabilität, ersetzt diese aber nicht.
2. Die Änderung von § 12 BBankG, der die Bundesbank unter Wahrung ihrer Aufgabe (also der Sicherung der Währungsstabilität) dazu verpflichtete, die allgemeine Wirtschaftspolitik der Bundesregierung zu unterstützen. Nun stehen in der entsprechenden Formulierung des Bundesbank-Gesetzes die Unabhängigkeit der Bundesbank von Weisungen der Bundesregierung und ihre Einbindung in das Europäische System der Zentralbanken (ESZB) im

Vordergrund. Was die entscheidende Frage der Unabhängigkeit der Bundesbank betrifft, ist das allerdings substanziell keine Neuerung, sondern entspricht der „faktischen Entwicklung im Verhältnis von Unterstützungspflicht und Unabhängigkeit" (Hartwich 1998: 162).

3. Die Änderung von § 20 BBankG, welche der Bundesbank erlaubte, dem Bund, den Ländern, den Sondervermögen des Bundes und anderen öffentlichen Verwaltungen kurzfristige Kredite zur Überbrückung von Liquiditätsproblemen (sog. „Kassenkredite") zu gewähren. Kassenkredite sind wegen der europäischen Festlegung eines Kreditverbots für Notenbanken (Art. 101 EGV) nun nicht mehr möglich. Auch hier handelt es sich um einen eher technischen, keinesfalls aber prinzipiellen Eingriff in die Arbeitsweise der Bundesbank.
4. Die Abschaffung des von den Bundesregierungen allerdings nie genutzten suspensiven Vetorechtes bei Beschlüssen des Zentralbankrates (§ 13 BBankG).
5. Die Verlängerung der Mindestamtsdauer der Mitglieder des Zentralbankrates von zwei auf fünf Jahre (§ § 7,8 BBankG). Damit wurde die nationale Regelung an Art. 14 Abs. 2 des Status des Europäischen Systems der Zentralbanken (ESZB) angepasst.

Politisch blieb die Politik der Europäisierung der Währung gerade wegen des impliziten Maßstabes der DM für die neue Währung umstritten (Hankel u.a. 1998). Der Widerstand von Wissenschaftlern, in erster Linie von Ökonomen (z.B. formuliert in einem in der Frankfurter Allgemeinen Zeitung vom 9.2.1998 veröffentlichten Memorandum von 155 Wirtschaftswissenschaftlern), und auch eines Teils der Vertreter der Bundesbank (für letztere vgl. Nölling 1993) war heftig und kulminierte in einer Entscheidung des Bundesverfassungsgerichts von 1993. Das Maastricht-Urteil des Bundesverfassungsgerichts (vgl. dazu auch Kapitel 3.6) konnte zwar die rechtliche Seite der Wahrung deutscher Interessen im Europäisierungsprozess klären, nicht aber die ökonomischen und politisch-kulturellen Vorbehalte ausräumen, welche den post-Maastricht-Diskurs in der deutschen Gesellschaft bestimmten. In den Jahren 1997 und 1998 wurden beim Bundesverfassungsgericht sechs Verfassungsbeschwerden gegen die Einführung des Euro eingereicht, die allesamt mit Verweis auf die Offenheit der Entwicklung der Kriterien für eine Währungsunion bzw. auf deren politischen Charakter abgewiesen wurden.

Um – wie von den Politikern aller Parteien angestrebt – beides zu erreichen, also den Status quo der DM-Stabilität zu erhalten, gleichzeitig aber auch die DM durch vollständige „Europäisierung" zu ersetzen, bot sich als politische Strategie diejenige des „institutionellen Isomorphismus" an, also die Ausrichtung der Formbestimmung der Institutionen und Regeln der europäischen Währungspolitik an den bestehenden deutschen. Diesen Weg ging die EU formal durch die Anpassung der Konstruktion der Europäischen Zentralbank an institutionelle Prinzipien der Bundesbank, was noch näher zu untersuchen sein wird. Symbolisch bekräftigt wurde der institutionelle Isomorphismus durch die Einigung in der EU auf Frankfurt am Main, dem Sitz der Bundesbank, als Sitz der neu zu gründenden europäischen Notenbank (Stadler 1996: 169). Institutioneller Isomorphismus als Europäisierungsstrategie war aber nur möglich, weil die Bundesbank bereits eine „entpolitisierte" Geldpolitik verfocht, die nur noch durch ihre institutionelle „Entnationalisierung" europafähig gemacht werden musste (Tietmeyer 1997). Durchgesetzt wurde der institutionelle Isomorphismus bei der Formbestimmung der EZB im politischen Entscheidungsprozess der EU in einem Mehrebenenspiel, das von Wolf und Zangl (1996) als Entscheidungssituation zwischen der französischen Regierung auf der einen und der deutschen Regierung sowie der Bundesbank auf der anderen modelliert wurde. Die Autoren machen – eine Bewertung, die auch bestritten werden könnte – das Vetopotenzial der Bundesbank dafür verantwortlich, dass die deutsche Währungspolitik die wirtschaftliche Konvergenz der EU-Staaten als Voraussetzung für eine Währungsunion in den Vordergrund rückte, während Frankreich, beispielsweise, nach ihrer Meinung in der Währungsunion vor allen Dingen eine politische Entscheidung sah.

Die Strategie der Anpassung europäischer Institutionen an die deutsche Norm wurde für den Prozess der Auswahl möglicher Mitglieder der Währungsunion zumindest formal auf europäischer Ebene akzeptiert und konnte innerstaatlich zur Legitimation der Europäisierung der deutschen Währungspolitik eingesetzt werden. Das Versprechen der strikten Einhaltung der Konvergenzkriterien sollte in Deutschland als funktionales Äquivalent für die mit der DM verbundene, nun aber aufgegebene „Stabilitätskultur" wirken und damit den Institutionenwechsel in der Währungspolitik legitimieren. Der Europäische Rat in Dublin verabschiedete 1996 einen Stabilitäts- und Wachstumspakt, der das Ziel verfolgte, die Konvergenz der wirtschaftlichen Entwicklung der Mitglieder der Währungsunion zur nationalen Daueraufgabe in den Euro-Ländern zu machen. Ohne solches Bemühen, so die damalige Annahme, befände sich der Europäisierungsprozess in einem ständigen Dilemma, das der frühere Bundesbankpräsident Hans Tietmeyer (1997: 25) treffend folgendermaßen charakterisierte: „Der Euro als entnationalisiertes Geld wird nämlich eingepflanzt in ein politisches Europa, das noch in hohem Maße von nationalen Strukturen geprägt ist. Als entgrenztes Geld stößt der Euro somit auf begrenzte nationale Wirtschafts-, Sozial- und Steuerpolitiken, die in einer Reihe von Ländern noch dabei sind, Antworten auf die entgrenzte Wirtschaft zu suchen. Und als weitgehend entpolitisiertes Geld stößt der Euro auf eine politische Realität, in der manche Menschen und Gruppen vom Sozialstaat noch immer enorme, im Grunde unrealistische Erwartungen haben."

Der Dubliner Ratsbeschluss macht allerdings deutlich, dass – was auch an anderer Stelle noch zu zeigen sein wird – die Isomorphismus-These versagt, wenn man politisch vermittelt eine vollständige Identität deutscher und europäischer Normorientierung und institutioneller Ausgestaltung in der Währungspolitik erwartet. Nicht nur formale, auch durchaus weitreichende substanzielle Abweichungen sind zwischen den politischen Ebenen Deutschland und Europa hinsichtlich Bundesbank und EZB zu beobachten. Deutschland erhielt durch die Europäisierung seiner Währung nicht eine europäisierte deutsche Währungspolitik, sondern in großem Maße auch eine Währungspolitik neuer Qualität. Die deutsche Verhandlungsposition, die innerstaatlichen Positionen zur Währungsunion Rechnung trug, wurde auch durch das in Dublin erzielte Verhandlungsergebnis deutlich verwässert. Der Stabilitätspakt wurde „politisiert" und dadurch „flexibilisiert" und weniger verbindlich. Dies trug zwar dem Mangel an einer europäischen „Stabilitätskultur" Rechnung, reduzierte aber damit für Deutschland die innerstaatliche Stabilitätsgarantie auf eher Symbolisches bzw. die Aussicht darauf, dass Stabilität durch „Politisierung" der Währungspolitik, also durch entsprechende Verhandlungspro-

Tabelle 15: Der Stabilitätspakt: Deutscher Vorschlag (10.11.1995) und Dubliner Kompromiss (13.12.1996)

Kriterien	*Deutsche Vorschläge*	*Dubliner Vereinbarungen*
	„Stabilitätspakt“	„Stabilitäts- und Wachstumspakt“
Begrenzung der Neuverschuldung	3 % „auch in wirtschaftlich ungünstigen Perioden“, d.h. maximal 1 % BIP „in wirtschaftlichen Normallagen (bei Ländern mit einer Gesamtverschuldung von über 50 % weniger als 1 %).	Mittelfristig nahezu ausgeglichener Haushalt oder Überschuss
Ausnahmen	Bei Naturkatastrophen und schwerer Rezession (= Rückgang des BIP um mindestens 2 % in 4 aufeinander folgenden Quartalen). Beschluss über Sachverhalt mit qualifizierter Mehrheit der Euroländer.	Bei einem „außergewöhnlichen Ereignis, das sich der Kontrolle des betreffenden Mitgliedstaates entzieht und erhebliche Auswirkungen auf die Finanzlage des Staates hat“ oder im Fall einer „ernsten Rezession“, d.h. bei realem BIP-Rückgang von mindestens 2 % pro Jahr oder realem BIP-Rückgang von 0,75 bis 2 % pro Jahr bei begründeten Einlassungen. Ein realer BIP-Rückgang von weniger als 0,75 % pro Jahr rechtfertigt eine Ausnahme „in der Regel“ nicht.
Höhe der Geldbuße bzw. der unverzinslichen Einlage bei Fehlverhalten	0,25 % BIP je angefangenem Prozentpunkt der Überschreitung.	0,2 % BIP plus ein Zehntel des das Drei-Prozent-Kriterium übersteigenden Betrages, insgesamt maximal 0,5 % BIP.
Automatisches Inkrafttreten der Sanktionen	JA. Bei Verletzung der Verschuldungsgrenze ohne Beschluss des Ministerrates.	NEIN. Nur durch Beschluss des Ministerrates nach Art. 104c EGV (heute 104). Kommission berichtet Rat. Rat entscheidet mit qualifizierter Mehrheit über Empfehlungen an Mitgliedsland. Bei Weigerung Fristen. Bei weiterer Weigerung: Veröffentlichung der Empfehlungen. Bei weiterer Weigerung: Vorgabe eines Zeitplans zum Defizitabbau. Bei weiterer Weigerung: Sanktionen.

Quelle: Überarbeitete Fassung der Angaben in: Steuer 1997: 12.

zesse unter den Mitgliedern der Währungsunion gewahrt werden soll. Im besten Falle löst der durch den Druck der internationalen Finanzmärkte mobilisierbare europäische Elitenkonsens in der Währungspolitik die in der deutschen politischen Kultur verankerte Meinungsführerschaft der Bundesbank ab.

Erinnert man sich an die Vorgeschichte und den innenpolitisch brisanten Kontext des Stabilitätspaktes, so muss man erkennen, dass die deutsche Bundesregierung heute zu den Protagonisten derjenigen Kritiker des Stabilitätspakts zählt, welche die mit dem Pakt erreichte Regelhaftigkeit der Europäisierung und damit ihre abstrakte Bindung an gesamteuropäische Stabilitätsgrundsätze in Frage stellen. Während die Europäische Zentralbank die „katholische Lehre der Bundesbank" (so der Kritiker Heusinger 2002: 28) verteidigt und nach wie vor auf der Einhaltung des Paktes beharrt, ist in Deutschland ein innenpolitischer Streit um dessen Verbindlichkeit entbrannt. Hintergrund des Streites ist die Situation der deutschen Staatsfinanzen und die Wachstumskrise der deutschen Volkswirtschaft, die es erschweren, die beiden Defizitkriterien des Maastrichter Vertrages (Gesamtverschuldung maximal 60 % des Bruttoinlandprodukts [BIP]; Neuverschuldung maximal 3 % des BIP) einzuhalten. Die Neuverschuldung erreichte 2002 3,5 % und 2003 3,9 % des BIP. Für 2004 meldete die Bundesregierung ein Defizit von 3,8 % des BIP nach Brüssel (Frankfurter Allgemeine Zeitung, 22.10.2004: 15). Die Gesamtverschuldung wird für 2004 auf 66 % des BIP geschätzt (Bundestagsdrucksache 15/3719: 2). Während die Opposition auf der Einhaltung des europäisierten Regelwerkes beharrt, wobei die FDP sogar so weit gehen möchte, die Europäisierung der nationalen Politik in diesem Falle durch Aufnahme der Stabilitätskriterien in das Grundgesetz zu untermauern (Bundestagsdrucksache 15/3721), setzt sich die Regierung für den Kompromiss einer formalen Beachtung des Stabilitätspaktes bei gleichzeitiger Neuinterpretation ein.

Auf die Einleitung eines Defizitverfahrens gegen Deutschland am 19.11.2002 wegen Nichteinhaltung des Stabilitäts- und Wachstumspaktes durch die EU-Kommission und die Feststellung eines übermäßigen Defizits Deutschlands durch die EU-Finanzminister hatte die Bundesregierung zunächst mit verstärkten Bemühungen um haushaltspolitische Konsolidierung reagiert. Als sich deren Vergeblichkeit im Sommer 2003 abzeichnete, reagierte die Kommission im Herbst 2003 mit dem Vorschlag, das Defizitverfahren mit neuen Auflagen zu verschärfen. Was auf der supranationalen Ebene des europäisierten Entscheidens in der EU Zustimmung fand, wurde in intergouvernementalen Verhandlungen im Rat wieder in Frage gestellt. Am 25.11. 2003 setzten die EU-Finanzminister nach einer Kampfabstimmung im ECOFIN Rat die gegen Deutschland und Frankreich laufenden Defizitverfahren aus. Die Kommission sah darin ein vertragswidriges Vorgehen und klagte am 14.1.2004 mit Hinweis auf Verfahrensfragen vor dem Europäischen Gerichtshof, der am 13.7.2004 die Haltung der Kommission bestätigte (Dutzler/Hable 2004).

Die Kommission nahm in dem Papier des Währungskommissars Joaquin Almunia vom September 2004 die Kompromisslinie der Bundesregierung auf, nämlich das Eintreten für den Stabilitätspakt bei gleichzeitiger Neuninterpretation seiner Regeln. Die „außergewöhnlichen Umstände", die schon bisher ein Überschreiten der jährlichen Neuverschuldungsgrenze von 3 % des BIP erlaubt hatten, sollen nun neben wirtschaftlichen Abschwungphasen auch Perioden der Stagnation oder eines positiven, aber niedrigen Wirtschaftswachstums umfassen. Denjenigen EU-Mitgliedstaaten, die bereits ein übermäßiges Defizit aufweisen, soll zudem mehr Zeit zu dessen Beseitigung eingeräumt werden. Relativiert wird auch das mittelfristige Ziel ausgeglichener Haushalte mit dem Hinweis auf länderspezifische Besonderheiten (Europäische Kommission 2004). Die Reaktion des EZB-Präsidenten Jean-Claude Trichet auf die Kommissionsvorschläge war eindeutig. Nach seiner Auffassung erfordern sie eine Änderung der bisherigen Rechtstexte: „Deshalb sind wir auch gegen diese beiden Elemente (der Ausweitung des Paktes, die Verf.). Über sie sollte weiter nachgedacht werden" (Frankfurter Allgemeine Zeitung, 13.9. 2004: 13). Und an anderer Stelle betonte er: „Das Problem mit dem Stabilitätspakt ist nicht der Pakt selbst, sondern dass einige Mitgliedstaaten den Pakt nicht angemessen angewendet haben" (Frankfurter Allgemeine Zeitung, 11.9.2004: 11).

Die haushaltspolitische Praxis in den EU-Ländern deutet aber dennoch auf eine Erosion der europäischen Stabilitätskultur hin. Über die bisher ungeklärten Konsequenzen dieser Entwicklung für den Euro entscheidet vor allem die Sichtweise der Finanzmärkte, die als

Bezugspunkt die Alternativwährung US-Dollar wählen können. Beobachter urteilen aber bereits jetzt: „Die faktische Demontage des Stabilitätspakts steht dafür, dass der früher in Regeln gegossene Konsens nicht mehr in allen Punkten besteht. Da die Währungsunion nur funktioniert, wenn jedes Land darauf vertrauen kann, dass alle anderen sich auch in Krisenfällen vernünftig verhalten und die vereinbarten Regeln einhalten, wird es in den kommenden Jahren darauf ankommen, das angeschlagene Regelwerk zu überarbeiten" (Hillenbrand 2004: 266).

Die Bundesbank versucht vergeblich, ihre durch die Europäisierung verloren gegangene stabilitätspolitische Wächterrolle nun im europäischen Raum wenigstens ein Stück weit zu erhalten, vor allem durch Mobilisierung der Öffentlichkeit. Gegen Bundesregierung und Kommission verwahrte sie sich gegen eine Schwächung des Stabilitätspaktes durch dessen Neuinterpretation (Frankfurter Allgemeine Zeitung, 8.9.2004: 10). Die Reaktion der Bundesregierung, aber auch der anderen europäischen Regierungen, war bezeichnend. Hätte zu DM-Zeiten die Stimme der Bundesbank die Finanzmärkte erschüttert, wurde sie nun darauf hingewiesen, sie solle besser öffentlich schweigen. Sie könne sich ja im EZB-Rat hinter verschlossenen Türen äußern. „Das heißt", so Finanzminister Hans Eichel, „dass im Zentralbankrat der EZB die Diskussion geführt, dort eine Meinung gebildet wird, die dann der Präsident der EZB auch einvernehmlich vertritt" (Frankfurter Allgemeine Zeitung, 11.9.2004: 11). Auch die Neuerungen des Verfassungsvertrags (Caesar/Kösters 2004) wurden in diesem Zusammenhang vor allem von der Deutschen Bundesbank eher kritisch gesehen (Frankfurter Allgemeine Zeitung, 16.8.2004: 11). Ein weiteres Stück der Bundesbanktradition verschwindet, wenn die EZB ihre unabhängige Position insofern verliert, als sie „Organ der EU" werden soll (Art. I-29). Hinzu kommt, dass der EU-Zielkatalog künftig ein „ausgewogenes" statt wie bisher ein „nichtinflationäres Wachstum" enthalten soll. Wird damit das Ziel der Preisstabilität relativiert?

Bis dato ungeklärt bleiben auch einige der innerstaatlichen Folgen des europäischen Stabilitätspakts. Bund und Länder verhandeln noch über die verbindliche Festlegung eines Schlüssels zur Aufteilung des gesamtstaatlichen Spielraums für das deutsche Haushaltsdefizit, an dem sich der Bund (einschließlich der gesetzlichen Sozialversicherungen) auf der einen Seite und die Länder (einschließlich der Gemeinden und Gemeindeverbände) auf der anderen Seite orientieren können. Bund und Länder bleiben nach Art. 109 GG in ihrer Haushaltswirtschaft selbständig und voneinander unabhängig. Der Bund wird aber auf europäischer Ebene für die Einhaltung der Maastricht-Kriterien verantwortlich gemacht. Er dringt deshalb auch auf eine gesetzliche Regelung der Aufteilung von etwaigen Sanktionszahlungen der Bundesrepublik Deutschland zwischen Bund und Ländern bzw. von Einnahmen aus Sanktionszahlungen anderer Mitgliedstaaten.

Als erster Schritt (mit bisher mageren Konsequenzen) ist in diesem Zusammenhang die Zustimmung von Bund und Ländern zu einem neuen § 51 a des Haushaltsgrundsätzegesetzes zu sehen, der 2002 in Kraft trat. Hier heißt es nun: „Bund und Länder kommen ihrer Verantwortung zur Einhaltung der Bestimmungen in Art. 104 des Vertrages zur Gründung der Europäischen Gemeinschaft und des europäischen Stabilitäts- und Wachstumspaktes nach und streben eine Rückführung der Nettoneuverschuldung mit dem Ziel ausgeglichener Haushalte an." Der Finanzplanungsrat soll entsprechende Empfehlungen zur Durchsetzung der Haushaltsdisziplin aussprechen (Bundesgesetzblatt vom 10.12.2001: 3961; Bundestagsdrucksache 14/8979: 6).

Die Konstruktion der Europäischen Zentralbank (dazu u.a. Tilch 2000; Heine/Herr 2004) ähnelt auf den ersten Blick durchaus den gewohnten Strukturen der Bundesbank. Die Bemerkung, die Bundesbank habe ihre Machtposition auf europäischer Ebene in indirekter Form durch den Export ihrer geldpolitischen Grundsätze und Institutionen bewahrt, ist eine auch im Ausland häufig geäußerte Ansicht (u.a. Bulmer u.a. 2000: 40f.). Kaelberer (2003: 374) bemerkt zum Zustandekommen der Währungsunion: „The key paradox of the Maastricht process is that the French initiated it, but that it resulted in the implementation of mostly German preferences."

Eine genauere Analyse der tatsächlich in Europa angekommenen Strukturen zeigt allerdings, wie wenig überzeugend und pauschal, ja irreführend (vgl. z.B. Seidel 1998), dieses Argument der Europäisierung der deutschen Währungspolitik durch Institutionenexport ist. Außerdem ist die in der Debatte häufig vernachlässigte Tatsache zu thematisieren, dass gleich wie man diese Entwicklung aus der europä-

Tabelle 16: Vergleich der Aufgaben und Strukturen der Deutschen Bundesbank (bis 31.12.1998) und der Europäischen Zentralbank (EZB)

	Bundesbank (bis Ende 98)	*EZB*
Direktorium	Bis zu 8 Mitglieder Vorschlag der Bundesregierung/Anhörung des Zentralbankrats/Ernennung durch den Bundespräsidenten Amtszeit: 8 Jahre, in Ausnahmefällen kürzer, mindestens 2 Jahre besondere fachliche Eignung	6 Mitglieder **Vorschlag und Ernennung durch Staats- und Regierungschefs der Mitgliedstaaten/**Empfehlung des Rates/ Anhörung des Europäischen Parlamentes und des EZB-Rates Amtszeit: 8 Jahre besondere fachliche Eignung
Zentralbankrat	Direktorium und Präsidenten von 9 Landeszentralbanken Präsidenten von Länderregierungen vorgeschlagen/ Anhörung des Zentralbankrates/Vorschlag des Bundesrates/ Ernennung durch den Bundespräsidenten	Direktorium und Präsidenten der bislang 12 nationalen Zentralbanken. Rotationssystem bei Abstimmungen ab 15 EU-Mitgliedern **Maßgeblicher Einfluss der nationalen Regierungen auf die Ernennung der Präsidenten und Absprachen bei der Besetzung des Direktoriums**
Gewinn-abführung	Bildung von Rücklagen, Zufluss an Bundeshaushalt.	Bildung von Rücklagen bei EZB Ausschüttung der EZB-Gewinne nach nationalem Schlüssel (für Deutschland: 24,5 %) Zufluss an Bundeshaushalt Gewinne der Bundesbank in europ. Pool (für die ersten drei Jahre nur die Gewinne aus monetären Einkünften). Bundesbank erhält Anteil von 24,5 %. Zufluss an Bundeshaushalt
Zentrales Instrument	Steuerung der Geldmenge durch Vorgabe von Geldmengenzielen.	1. Säule: Steuerung der Geldmenge durch Vorgabe von Geldmengenzielen. 2. Säule: Inflationsziel.
Sicherung der Währung	Verantwortung für Sicherung der Währung (BBankG § 3) **Entscheidung über Wechselkurssystem durch Bundesregierung**	Verantwortung für Preisstabilität (Art. 105 EG-Vertrag) **Entscheidung über Wechselkurssystem durch ECOFIN-Rat**

	Bundesbank (bis Ende 98)	*EZB*
Geldemission	Monopol Nationales Münzrecht	Koordinationsfunktion **Nationale Verantwortung für Emissionen** Genehmigung des Umfangs der Münzemissionen bei nationalem Münzrecht.
Lender of last ressort	Bundesbank durch ihre Beteiligung an der Liquiditäts- und Konsortialbank, über die sie ggf. Kreditfazilitäten zur Verfügung stellt	Fehlt
Aufbau	Einheitlich. Die Landeszentralbanken sind regionale Untergliederungen.	**Föderal. Die nationalen Zentralbanken bleiben als autonome Institutionen bestehen.**
Mitarbeiter	Eigene, ca. 2700.	Auf Zeit von nationalen Zentralbanken, ca. 500.

Fettgedruckt sind die Hebel politischer Intervention.

ischen Perspektive sieht, die Europäisierung der Währungspolitik selbstverständlich Rückwirkungen auf das Institutionengefüge der deutschen Geldpolitik hat.

Die Europäisierung der Währungspolitik bedeutet auch deren teilweise Politisierung. Dies war im Vorfeld der Währungsunion immer heftig bestritten worden. Und es wurde darauf hingewiesen, wie systemwidrig nationale Interessenwahrnehmung in der EZB sei: „Wären die Gouverneure bei geldpolitischen Entscheidungen nationale Interessenverwalter, hätte es viel näher gelegen, die einzelne Stimme mit dem jeweiligen Anteil am Kapital zu gewichten" (Tietmeyer 1997: 24).

Symbolisch wurde nationale Einflussnahme aber schon bei der Auswahl des ersten EZB-Präsidenten deutlich. Nicht die Fachkompetenz der Bewerber stand als Auswahlkriterium im Vordergrund, sondern nationale Interessenkonflikte und ein politisch vager Kompromiss. Der Kandidat Frankreichs, Jean-Claude Trichet, unterlag dem Kandidaten der Mehrheit der Euro-Länder, Wim Duisenberg (Niederlande). Es gab aber die Verabredung, dass letzterer aus Altersgründen vorzeitig zugunsten Trichets zurücktreten werden. Nach überstandenen Korruptionsuntersuchungen (The Economist, 1.11.2003: 16), die seine Ernennung verzögerten und Duisenberg einige Monate zusätzlicher Amtszeit bescherten, übernahm Jean-Claude Trichet am 1.11.2003 das Amt des EZB-Präsidenten. Politisiert wurden auch die Ernennungen für das Direktorium. 2004 verabredete die Bundesregierung mit Frankreich, Italien und Spanien, dass künftig Mitglieder dieser Staaten im Direktorium durch Nachfolger aus den jeweiligen Ländern besetzt werden. Dadurch haben diese vier Staaten quasi Dauerplätze im Direktorium, ganz gegen den Willen der EZB und anderer EU-Mitglieder (Der Spiegel, 8.3.2004: 19).

Aus deutscher Sicht neu ist die bisher noch verhalten vorgebrachte Forderung nach einer parlamentarischen Kontrolle der Zentralbankpolitik. Im Europaparlament wurden Stimmen laut, die EZB transparenter zu machen, unter anderem,

- das Abstimmungsverhalten der Mitglieder im EZB-Rat bekanntzugeben,
- die Protokolle der EZB-Ratssitzungen zu veröffentlichen und

– eine Auskunftspflicht des EZB-Präsidenten gegenüber dem Währungs- und Wirtschaftsausschuss des Europäischen Parlaments einzuführen.

Käme man diesen Forderungen nach, würden die Vertreter der nationalen Zentralbanken entsprechendem öffentlichen Druck in ihren Heimatländern ausgesetzt und der politische Einfluss auf EZB-Entscheidungen würde insgesamt verstärkt werden. Bisher hat die EZB sich gegen solche Forderungen erfolgreich zur Wehr gesetzt, die sie immer weiter von der Praxis der Bundesbank entfernen würden.

Aber auch die bestehenden institutionellen Regeln politisieren Entscheidungsverfahren in einer Weise, die der Bundesbank fremd waren. Das Direktorium, das in der Bundesbank eindeutig den Kurs bestimmte, ist nicht nur zahlenmäßig in einer ausgeprägteren (und mit der Osterweiterung zunehmenden) Minderheitenposition gegenüber den Vertretern der Zentralbanken, es hat es auch mit einer anderen Qualität von Mitentscheidern zu tun. Die deutschen Landeszentralbankpräsidenten teilten die währungspolitischen Grundauffassungen des Direktoriums und hielten sich im Zweifel bei währungspolitischen Kontroversen zurück (Sturm 1990). Gleiches ist von den aus unterschiedlichen Stabilitätskulturen stammenden, zumindest teilweise auch nationalen Interessen verpflichteten Präsidenten der nationalen Zentralbanken nicht zu erwarten. Hier wird dann besonders wichtig, dass der EZB-Rat insgesamt, nach Vorbereitung des Direktoriums, die europäische Geldpolitik festlegt: „Solange das Umfeld gut ist, kann man mit der Heterogenität der nationalen Sichtweisen, die im Rat der EZB vertreten ist, leben. Aber es ist eine Schönwetterkonstruktion. Ein Rat mit (nach der Osterweiterung, d. V.) möglicherweise 26 nationalen Vertretern kann nicht energisch handeln, sollte dies einmal erforderlich sein“ (Gros 1998).

Diese Einsicht führte relativ rasch zu einschneidenden Veränderungen, die deutlich machten, dass die Europäisierung der Geldpolitik so weit europäischer Konsens ist, dass nationale Vertretungsinteressen ohne größere politische Verwerfungen begrenzt werden können. Rechtzeitig vor der Osterweiterung der EU wurde die Struktur des EZB-Rates reformiert mit dem Ziel, dessen Arbeitsfähigkeit auch nach der Aufnahme weiterer Staaten in die Europäische Währungsunion zu sichern (EZB 2003). Allerdings wurde versäumt, die Regelung vor dem Beitritt der neuen EU-Länder am 1.5.2004 in allen Mitgliedstaaten zu ratifizieren, sodass dies nun wohl zusätzlich in den Beitrittsländern erfolgen muss, was erneute Verhandlungen in der Sache nicht ausschließt. Kritiker bemängeln überdies: „Diese verdächtige Eile ist neben der Verwendung des Finanzmarktindikators deutliche Evidenz dafür, dass mit dem Vorschlag des EZB-Rats gerade den kleinen Ländern und nicht den großen wie Deutschland geschadet wird" (Belke/Baumgärtner 2004: 83).

Ob mit der Reform die Regeln für die Entscheidungsfindung im EZB-Rat, wie es in der Begründung des Beschlusses heißt, transparent werden, mag dahin gestellt bleiben. Die neuen Regeln garantieren aber weiterhin die Vertretung aller Nationalbanken im EZB-Rat und deren Berücksichtigung je nach der ökonomischen Bedeutung des jeweiligen Landes im Zentralbanksystem. Nach dem Beschluss des Rates in der Zusammensetzung der Staats- und Regierungschefs vom 21.3.2003 wurde eine Höchststimmzahl von 15 für die Vertreter der nationalen Zentralbanken im EZB-Rat festgelegt, um dessen Arbeitsfähigkeit und vor allem die Balance von Direktoriumsstimmen und Zentralbankstimmen zu erhalten. Art. 10(2) der Satzung des Europäischen Systems der Zentralbanken und der Europäischen Zentralbank regelt dann weiter ein Rotationssystem für die Mitwirkung nationaler Zentralbanken bei Abstimmungen im EZB-Rat.:

„Ab dem Zeitpunkt, zu dem die Anzahl der Präsidenten der nationalen Zentralbanken 15 übersteigt, und bis zu dem Zeitpunkt, zu dem diese 22 beträgt, werden die Präsidenten der nationalen Zentralbanken aufgrund der Position des Mitgliedstaats ihrer jeweiligen nationalen Zentralbank, die sich aus der Größe des Anteils des Mitgliedstaats ihrer jeweiligen nationalen Zentralbank am aggregierten Bruttoinlandsprodukt zu Marktpreisen und an der gesamten aggregierten Bilanz der monetären Finanzinstitute der Mitgliedstaaten, die den Euro eingeführt haben, ergibt, in zwei Gruppen eingeteilt. Die Gewichtung der Anteile am aggregierten Bruttoinlandprodukt zu Marktpreisen und an der gesamten aggregierten Bilanz der monetären Finanzinstitute beträgt $^5/_6$ bzw. $^1/_6$. Die erste Gruppe besteht aus fünf Präsidenten der nationalen Zentralbanken und die zweite aus den übrigen Präsidenten der nationalen Zentralbanken. Die Präsidenten der nationalen Zentralbanken, die in die erste Gruppe eingeteilt werden, sind nicht weniger häufig stimmberechtigt als die Präsidenten der nationalen Zentralbanken der zweiten Gruppe. Vorbehaltlich des vorstehenden Satzes werden der ersten Gruppe vier Stimmrechte und der zweiten elf Stimmrechte zugeteilt.

Ab dem Zeitpunkt, zu dem die Anzahl der Präsidenten der nationalen Zentralbanken 22 beträgt, werden die Präsidenten der nationalen Zentralbanken nach Maßgabe der sich aufgrund der oben genannten Kriterien ergebenden Position in drei Gruppen eingeteilt. Die erste Gruppe, der vier Stimmrechte zugeteilt werden, besteht aus fünf Präsidenten der nationalen Zentralbanken. Die zweite Gruppe, der acht Stimmrechte zugeteilt werden, besteht aus der Hälfte aller Präsidenten der nationalen Zentralbanken, wobei jeder Bruchteil auf die nächste ganze Zahl aufgerundet wird. Die dritte Gruppe, der drei Stimmrechte zugeteilt werden, besteht aus den übrigen Präsidenten der nationalen Zentralbanken“ (Bundestagsdrucksache 15/1654: 8).

Neben den Problemen einer „Politisierung“ der EZB bietet die unvollständige Europäisierung der Instrumente der EZB gewisse, bisher wenig beachtete Gefahren (zum Folgenden vgl. auch Heinsohn/Steiger 1999). Die EZB ist eine hinsichtlich ihrer Aktiva in Europa zu vernachlässigende Instanz. Bei ihr lagern nur ca. 6 % (1999) aller Aktiva des Eurosystems. Diese bestehen nur aus Währungsreserven. Deshalb kann die EZB nur auf den Gold- und Devisenmärkten tätig werden. Die Hauptverantwortung für die Emission des Euro haben die nationalen Zentralbanken. Der EZB fehlt die umfassende Zuständigkeit für die Kontrolle der Sicherheiten, die nationale Zentralbanken bereit sind zu akzeptieren, wenn sie im Gegenzug Privatbanken mit Euros versorgen.

Die dafür üblichen Geschäfte einer Zentralbank – in erster Linie zu nennen sind hier die Wertpapierpensionsgeschäfte – bleiben Aufgabe der nationalen Zentralbanken. Hier kann die EZB die Qualität der Sicherheiten (Kategorie-1-Sicherheiten) prüfen. Wertpapierpensionsgeschäfte dienen der Refinanzierung der Privatbanken, wobei die Zentralbanken eine Rückkaufvereinbarung für Wertpapiere eingehen, in welcher der Zeitpunkt festlegt ist, wann die Geschäftsbanken die Wertpapiere zurückkaufen. Das Risiko der Wertpapierverschlechterung bleibt bei den Geschäftsbanken. Anders als dies die Bundesbank akzeptiert hätte, ist nicht ausgeschlossen, dass nationale Zentralbanken auch endgültige Einkäufe von Wertpapieren tätigen und damit das Wertpapierrisiko in das europäische Währungssystem verlagern.

Weitgehender noch ist eine andere nicht auszuschließende Verhaltensweise nationaler Zentralbanken. Es geht um ihre Bereitschaft (auch auf politischen Druck), sog. Kategorie-2-Sicherheiten zu akzeptieren. Hier prüfen nur die nationalen Zentralbanken das Risiko, auch wenn die durch sie erworbenen Euros grenzüberschreitend genutzt werden können. Heinsohn/Steiger (1999: 14) erläutern: Zu den Kategorie-2-Sicherheiten „gehören neben marktfähigen Schuldtiteln und frei gehandelten Aktien auch nicht marktfähige, also illiquide Titel. Ausstellen dürfen sie nicht nur der private, sondern auch der staatliche Sektor. Neben den – aufgrund ihrer hohen Volatilität – risikoreichen Aktien sind es vor allem ‚nicht marktfähige Schuldtitel der öffentlichen Hand', die für die Stabilität des Euro als größte Gefahr wirken."

Die Gefahr der Politisierung bzw. Rückführung auf nationale Interessenpolitik der Entscheidungsträger und teilweise der Verfahren der EZB wird zusätzlich verstärkt durch die Ambitionen einiger EU-Mitgliedsländer, die europäische Währungspolitik in eine Gesamtsteuerung der europäischen Wirtschaftspolitik zu integrieren. Im Januar 2001 machten der französische Finanzminister Laurent Fabius und der deutsche Finanzminister Hans Eichel die „verstärkte wirtschafts- und finanzpolitische Koordinierung in der EU und in der Euro-Zone" im Zusammenspiel mit der EZB zu ihrem gemeinsamen Ziel (Der Spiegel, 22.1.2001: 115).

Die politische Ebene der Europäisierung der Währungspolitik nahm weiter an Bedeutung zu durch die Entscheidung der Euro-Gruppe unter den EU-Finanzministern im September 2004, sich einen eigenen Vorsitzenden und damit Sprecher zu geben. Zum ersten Vorsitzenden der Euro-Gruppe wurde für eine zweijährige Amtszeit der luxemburgische Ministerpräsident und Finanzminister Jean-Claude Juncker gewählt. Diese Entscheidung greift aus praktischen Erwägungen dem geplanten Verfassungsvertrag voraus. In dem diesem beigefügten Protokoll betreffend die Euro-Gruppe heißt es, dass ein verstärkter Dialog zwischen den Mitgliedstaaten, die den Euro eingeführt haben, nötig sei und dass sich zu diesem Zwecke die Minister dieser Mitgliedstaaten zu informellen Sitzungen zusammenfinden. Diese Minister sollen für die Dauer von zweieinhalb Jahren einen Präsidenten der Euro-Gruppe wählen.

Nicht nur die politische Einbindung der EZB, auch das Koordinatensystem für ihre Entscheidungen hat sich seit der Gründung der EZB verändert. Ursprünglich stand als zentrales Instrument der EZB-Strategie die Vorgabe von Geldmengenzielen im Vordergrund (Issing u.a. 2001). Inzwischen hat die Inflationsentwicklung als Zielvorgabe an Bedeutung gewonnen. Ja, es wurde in der öffentlichen Debatte sogar die sog. „Taylor rule" ins Gespräch gebracht, die der Zentralbank nahelegt, bei geldpolitischen Entscheidungen auch das konjunkturelle Umfeld einzubeziehen. Im Hinblick auf politische Rücksichtnahme wurde die Frage gestellt, ob die derzeit gültige Zwei-Säulen-Strategie der EZB, die – wie erwähnt –, anders als die Bundesbank, neben Geldmengenzielen auch versucht, Inflationsziele zu optimieren, die EZB nicht zu kurzfristigerem und deutlicher tagespolitisch motiviertem Eingreifen animiert (Welter 2004). Die Zwei-Säulen-Strategie ist auch im EZB-Rat nicht unumstritten. Auf einer Konferenz im Juli 2004 in Frankfurt bemerkte der Chef-Volkswirt im EZB- Direktorium und frühere Chef-Volkswirt im Zentralbankrat der Bundesbank, Otmar Issing: „Ich hoffe, dass wir die Bedeutung der Geldmenge nicht erst dann erkennen, indem wir abermals praktisch lernen müssen, dass Geld und Inflation zusammenhängen" (Frankfurter Allgemeine Zeitung, 10.7.2004: 1).

Haushaltspolitisch macht sich die Europäisierung der Währungspolitik auch in einem sinkenden Beitrag zum Bundesbankgewinn deutlich, wodurch als Folge auch nationale finanzpolitische Handlungsspielräume begrenzt werden. 2001 entschied der EZB-Rat über einen Verteilungsschlüssel der Einnahmen aus der sog. Seigniorage. Diese Einnahmen ergeben sich, weil Notenbanken einerseits Geldscheine zinslos ausgeben, andererseits aber für die entsprechenden Deckungsmittel auf der anderen Seite der Bilanz von den Geschäftsbanken Zinsen erhalten. Diese Geldquelle war für die Bundesbank besonders ertragreich, weil die DM einen Anteil von ca. 40 % am gesamten Umlauf aller Euro-Währungen hielt. Beschlossen wurde vom EZB-Rat, die erwähnten monetären Einkünfte nach dem Anteil der Kapitaleinlagen der nationalen Notenbanken an der EZB zu verteilen

– mit einer Übergangsperiode bis 2007. In diesem Jahr sinkt der Bundesbankanteil auf 30 %.

Die Europäisierung der deutschen Währungspolitik mündete bisher in einen Schwebezustand, der noch offen lässt, ob die EZB sich der vielfältigen Möglichkeiten der politischen Deformation ihrer Tätigkeit und damit der Distanzierung zur Praxis der Bundesbank entziehen kann. Im Unterschied zur Rolle der Landeszentralbanken im Kontext der Bundesbank sind die nationalen Zentralbanken nach dem Urteil Hans-Hermann Hartwichs (1998: 165) „keine Untereinheiten des neuen Systems, sondern eher als Gestaltungsfaktoren sui generis anzusehen". Aber ihr Gestaltungsraum schwindet.

Die Europäisierung der Währungspolitik hat direkte innerstaatliche Konsequenzen. Die Landeszentralbanken wurden in einem ersten Schritt zur dritten Ebene von Währungspolitik und benötigen angesichts der europäischen Kompetenzkonzentration noch weniger Profil als bisher. Selbst die Bundesbank konnte ihren Mitarbeiterstab kaum noch rechtfertigen und versuchte durch Ausweitung ihrer Kompetenzen in der Bankenaufsicht, sich neue Tätigkeitsfelder zu erschließen. Im Hinblick auf ihre europäische Rolle innerhalb der EZB forderte die Bundesbank für sich eine schlanke und schlagkräftige Organisation, welche die verbliebenen Aufgaben zentralisiert.

Bemerkenswerterweise gewann die durch die Europäisierung der Währungspolitik ausgelöste Debatte über die Zukunft der Landeszentralbanken (LZBs) eine föderalismusspezifische Komponente. Bemerkenswerterweise deshalb, weil unbestritten ist, dass die Bundesbank keine Einrichtung der Länder ist, wie dies ihre Vorgängerorganisation „Bank deutscher Länder" von 1948 bis 1957 war, auch wenn die Präsidenten der Landeszentralbanken im Zentralbankrat de facto von einzelnen Ländern benannt wurden. Die Frage nach der Rolle der Länder bei der Reform der Bundesbank schien auch deshalb geklärt, weil sie ausführlich bei der Verkleinerung der Zahl der Landeszentralbanken von 11 auf 9 nach der deutschen Einheit diskutiert und (zuungunsten der Länder) entschieden worden war. Eine von Bund und Ländern eingesetzte Expertenkommission, geleitet vom ehemaligen Bundesbankpräsidenten Karl Otto Pöhl, hatte in der zweiten Hälfte des Jahres 2000 vergeblich versucht, einen akzeptablen Kompromissvorschlag zur Zukunft der Bundesbank und ihrer Integration in das Europäische System der Zentralbanken zu entwickeln.

Am 30.5.2001 beschloss das Bundeskabinett unter Hinweis auf die Euro-Bargeldeinführung am 1.1.2002 einen Gesetzesentwurf zur Reform der Organisationsstruktur der Bundesbank. Der Gesetzesentwurf sah keine Veränderung der Zahl der Landeszentralbanken vor, die weiterhin von einem Präsidenten geführt werden sollten. Die Landeszentralbankpräsidenten sollten aber nicht mehr im Zentralbankrat vertreten sein, sondern lediglich noch den neuzugründenden sechsköpfigen Vorstand der Bundesbank, der den Zentralbankrat ersetzt, beraten.

In der Auseinandersetzung von Bundesregierung und Ländern setzte sich ein im Sinne der Bundesbank modifizierter Vorschlag der Bundesregierung durch. Überraschend fand die entscheidende Beschlussfassung im Bundesrat ohne die unionsgeführten Länder statt, weil diese aus Protest gegen das verfassungswidrige Abstimmungsverfahren im Bundesrat zum Zuwanderungsgesetz vor diesem Tagesordnungspunkt aus dem Bundesrat ausgezogen waren. Bis zuletzt war die Beseitigung des Ländereinflusses auf die Bundesbankpolitik durch Abschaffung der Landeszentralbanken umstritten. Der Bundesregierung fehlte die nötige Mehrheit im Bundesrat. Das Bundesbankgesetz ist zwar nur ein Einspruchsgesetz, aber die Bundesregierung schien zwei Drittel der Bundesratsstimmen gegen sich zu haben. Eine entsprechende Mehrheit im Bundestag zur Abweisung des Einspruchs fehlte ihr. Diese Hürde konnte beiseite geräumt werden, als der Bundesfinanzminister Nordrhein-Westfalen zusagte, die damals noch geplante Transrapidstrecke von Düsseldorf nach Dortmund mit ca. 1,7 Mrd. Euro zu bezuschussen. Nach dieser Zusage gab die nordrhein-westfälische Landesregierung ihre Bedenken gegen die „Unterhöhlung des Föderalismus“ durch eine Abschaffung der Landesbanken auf (Müller 2002: 10). Damit reichte die Zahl der Nein-Stimmen im Bundesrat nicht mehr für eine Zwei-Drittel-Mehrheit.

Die reformierte Deutsche Bundesbank hat seit dem 1.5.2002 einen achtköpfigen Vorstand, der die Aufgaben übernahm, die vorher vom Zentralbankrat wahrgenommen wurden. Vier Mitglieder des Vorstands bestimmt die Bundesregierung, vier weitere bestimmen die Länder durch Votum des Bundesrates. Der Präsident und der Vizepräsident kommen aus der Gruppe der von der Bundesregierung vorgeschlagenen Mitglieder. Die Landeszentralbanken wurden zu Hauptverwaltungen der Bundesbank, auf deren Leitung die Länder keinen direkten Einfluss mehr haben. Die neun Hauptverwaltungen sind nach dem Namen der Sitzstadt (Berlin, Düsseldorf, Frankfurt, Hannover, Hamburg, Leipzig, Mainz, München, Stuttgart) und nicht mehr nach den Ländern ihres Zuständigkeitsbereichs benannt (Bundestagsdrucksache 14/6879). Das Filialnetz der Bundesbank soll bis 2007 von ursprünglich 118 auf 45 Standorte reduziert und 10 % der 16.000 Stellen bei der Bundesbank sollen abgebaut werden (Frankfurter Rundschau, 1.11.2003: 11).

Die Europäisierung der Währungspolitik hatte auch Konsequenzen für die Neuordnung der Bankenaufsicht. Hier sah sich die Bundesregierung mit ihrer Absicht, diese aus der Bundesbank auszulagern, mit einer Koalition der Bundesbank und der EZB konfrontiert (Financial Times 7.3.2001: 1), welche die nationalen Zentralbanken gerne als Frühwarnsystem für Bankenkrisen nutzen möchte. Die 2002 gefundene Lösung (Bundestagsdrucksache 14/7033) etablierte eine Bundesanstalt für Finanzdienstleistungen in Berlin, die die Aufsichtskompetenzen der bisherigen drei Bundesoberbehörden, der Bundesämter für das Kreditwesen, für das Versicherungswesen und für den Wertpapierhandel übernahm. Die Kompetenzen der Bundesbank bei der Bankenaufsicht sind in diejenige der neuen Berliner Allfinanzaufsicht eingebunden, werden aber nicht beschränkt. Eher ist das Gegenteil der Fall. Wegen der strengeren Vorgaben für die Kreditvergabe der Geschäftsbanken nach den Regeln von „Basel II“ müssen die Hauptverwaltungen der Bundesbank mehr vor Ort prüfen als bisher. Zwar wurde die Bundesbank nicht mit der gesamten Bankenaufsicht betraut, sie hat aber eigene Aufgaben behalten und damit einen weiteren Einflussverlust als Folge der Neubestimmung ihrer Rolle nach der Europäisierung der Währungspolitik vermieden. Allerdings ist hier das letzte Wort noch nicht gesprochen. Die Bundesregierung setzt sich gegen den Willen der Bundesbank für ein europäisches System der Finanzaufsicht ein. Sollte dies Wirklichkeit werden, wäre die Bundesbank nur noch für die Aufsicht über regional tätige Finanzinstitute wie Sparkassen und Genossenschaftsbanken zuständig (Frankfurter Allgemeine Zeitung, 3.11.2004: 13).

Die Bundesbank, aber auch die Bundesregierung, suchen noch nach ihrem Verhältnis zur Bindewirkung europäisierter Währungspolitik. Sie beherrschen noch nicht den effizienten Umgang mit der neuen Mehrebenenpolitik. Zu den alten institutionellen Konflikten zwischen Bundesregierung und Bundesbank sind als neue Konfliktpartner EZB, Rat und Kommission hinzugekommen. „Misfits" nationaler und europäischer Politik entstehen auch aus unterschiedlichen nationalen Interessenlagen der EU-Mitgliedstaaten, bzw. der Staaten der Euro-Gruppe und wegen der neuen ökonomischen Lage Deutschlands, die nicht mehr vergleichbar derjenigen zum Zeitpunkt der Maastrichter Beschlüsse ist. Das Beispiel Währungspolitik belegt in aller Deutlichkeit, dass institutioneller Isomorphismus als Europäisierungsstrategie nicht a priori konfliktvermeidend wirkt und „misfit"-Probleme ausschließt.

Literatur

Antrag (2004): Für eine stabile Wirtschafts- und Währungsunion – Europäischen Stabilitäts- und Wachstumspakt nicht ändern, Bundestagsdrucksache 15/3719 vom 21.9.2004.

Belke, Ansgar/Baumgärtner, Frank (2004): Die EZB und die Erweiterung – eine ökonomische und rechtliche Kurzanalyse des neuen Rotationsmodells, in: Integration 27 (1–2), S. 75–84.

Caesar, Rolf/Kösters, Wim (2004): Europäische Wirtschafts- und Währungsunion: Europäische Verfassung versus Maastrichter Vertrag, in: Integration 27(4), S. 288–300.

Deutsche Bundesbank (1998): Änderung des Gesetzes über die Deutsche Bundesbank für die Stufe 3 der Europäischen Wirtschafts- und Währungsunion, in: Monatsberichte 50(1), S. 25–31.

Dutzler, Barbara/Hable, Angelika (2004): Das Urteil des Europäischen Gerichtshof zum Stabilitäts- und Wachstumspakt – eine Klarstellung?, in: Integration 27(4), S. 301–315.

Dyson, Kenneth (2000): Europeanization, Whitehall Culture and the Treasury as Institutional Veto Player: A Constructivist Approach to Economic and Monetary Union, in: Public Administration 78(4), S. 897–914.

Entwurf (2001) eines Siebenten Gesetzes zur Änderung des Gesetzes über die Deutsche Bundesbank, Bundestagsdrucksache 14/6879 vom 7.9.2001.

Entwurf eines Gesetzes über die Zustimmung zur Änderung der Satzung des Europäischen Systems der Zentralbanken und der Europäischen Zentralbank, Bundestagsdrucksache 15/1654 vom 2.10.2003.

Entwurf eines Gesetzes zur Änderung des Grundgesetzes (Aufnahme von Stabilitätskriterien in das Grundgesetz), Bundestagsdrucksache 15/3721 vom 22.9. 2004.

Entwurf eines Gesetzes zur Änderung des Solidarpaktfortführungsgesetzes, Bundestagsdrucksache 14/8979 vom 7.5.2002.

Europäische Kommission (2004): Stärkung der Economic Governance und Klärung der Umsetzung des Stabilitäts- und Wachstumspakts, Mitteilung der Kommission vom 3.9.2004, KOM (2004) 581 endg.

EZB (2003) Änderung der Abstimmungsregeln im EZB-Rat, EZB Monatbericht, Mai, S. 79–90.

Gros, Daniel (1998): Euro-Zentralbank ist eine Schönwetterkonstruktion, in: Frankfurter Rundschau, 6.10., S. 13.

Gros, Daniel (2000): Open Issues in European Central Banking, London/Basingstoke.

Hankel, Wilhelm/Nölling, Wilhelm/Schachtschneider, Karl-Albrecht/Starbatty, Joachim (1998): Die Euro-Klage. Warum die Währungsunion scheitern muss, Reinbek.

Hartwich, Hans-Hermann (1998): Die Europäisierung des deutschen Wirtschaftssystems, Opladen.

Heine, Michael/Herr Hansjörg (2004): Die Europäische Zentralbank. Eine kritische Einführung in die Strategie und Politik der EZB, Marburg.

Heinsohn, Gunnar/Steiger, Otto (1999): EZB erfüllt keine der üblichen Hauptfunktionen einer Zentralbank, in: Frankfurter Rundschau, 26.8., S. 14.

Heusinger, Robert von (2003): Im Bann der Bundesbank. Die Deutschen kapieren es als Letzte: Der Stabilitätspakt ist faul, in: Die Zeit, 31.10., S. 28.

Hillenbrand, Olaf (2004): Die Wirtschafts- und Währungsunion, in: Weidenfeld, Werner (Hrsg.): Die Europäische Union. Politisches System und Politikbereiche, Bonn, S. 242–272.

Issing, Otmar/Gaspar, Vitor/Angeloni, Ignazio/Tristani, Oreste (2001): Monetary Policy in the Euro Area. Strategy and Decision-Making at the European Central Bank, Cambridge.

Jochimsen, Reimut (1998): Die Einführung der neuen europäischen Währung aus deutscher Sicht, in: Staatswissenschaften und Staatspraxis 9(1), S. 5–15.

Kaelberer, Matthias (2003): Knowledge, power and monetary bargaining: central bankers and the creation of monetary union in Europe, in: Journal of European Public Policy 10(3), S. 365–379.

Müller, Mario (2002): Des Kanzlers feiner Zug. Die Ereignisse um die Bundesbank-Reform erinnern an ein cleveres Geschäft Bismarcks mit einer Eisenbahngesellschaft, in: Frankfurter Rundschau, 7.3., S. 10.

Nölling, Wilhelm (1993): Unser Geld. Der Kampf um die Stabilität der Währungen in Europa, Berlin/Frankfurt a.M.

Risse, Thomas (2003): The Euro between national and European identity, in: Journal of European Public Policy 10(4), S. 487–505.

Schmidt, Manfred G. (1999): Die Europäisierung der öffentlichen Aufgaben, in: Ellwein, Thomas/Holtmann, Everhard (Hrsg.): 50 Jahre Bundesrepublik Deutschland, Opladen, S. 385–394.
Seidel, Martin (1998): Die Euro-Zentralbank ist nicht nach dem Vorbild der Bundesbank gestaltet, in: Frankfurter Rundschau, 8.10., S. 12.
Stadler, Rainer (1996): Der rechtliche Handlungsspielraum des Europäischen Systems der Zentralbanken, Baden-Baden.
Steuer, Werner (2000): Öffentliche Verschuldung in einer Europäischen Union, Trier (=Arbeitspapier Nr. 48 des Schwerpunktes Finanzwissenschaft/Betriebswirtschaftliche Steuerlehre Universität Trier).
Sturm, Roland (1990): Die Politik der Deutschen Bundesbank, in: Klaus von Beyme/Manfred G. Schmidt (Hrsg.): Politik in der Bundesrepublik, Opladen, S. 255–282.
Sturm, Roland (1995): How Independent is the Bundesbank?, in: German Politics 4(1), S. 27–41.
Tietmeyer, Hans (1997): Der Euro – ein entnationalisiertes Geld, in: Die Zeit 51, 12.12., S. 24f.
Tilch, Stefan (2000): Europäische Zentralbank und Europäisches System der Zentralbanken, Frankfurt/M. etc.
Welter, Patrick (2004): Mehr als ein Streit um Worte, in: Frankfurter Allgemeine Zeitung, 21.7., S. 9.
Wolf, Dieter/Zangl, Bernhard (1996): The European Economic and Monetary Union: ‚Two-level Games' and the Formation of International Institutions, in: European Journal of International Relations 2(3), S. 355–393.

4.4 Agrarpolitik

Die Europäisierung der Agrarpolitik steht am Anfang der europäischen Integration. Bereits die Römischen Verträge von 1957 legten die noch heute gültigen Grundsätze der Gemeinsamen Agrarpolitik (GAP) fest. Ihre historische Rolle für die deutsch-französische Partnerschaft bei der Gestaltung der europäischen Nachkriegsordnung macht die Agrarpolitik ganz abgesehen von dem tatsächlich erreichten Grad von Europäisierung zu einem Symbol der Integration. Frankreich, wo noch Anfang der sechziger Jahre des vorigen Jahrhunderts fast 30 % der Bevölkerung in vielfältiger Weise von der Landwirtschaft abhängig beschäftigt waren, meist auch in Kleinbetrieben, aber auch die Niederlande, machten die Einbeziehung der Landwirtschaft in die Römischen Verträge grundsätzlich zur Voraussetzung für eine Teilnahme an der EWG (Knipping 2004: 114). Inzwischen sind die aus der Sichtweise der fünfziger Jahre des vorigen Jahrhunderts gewonnenen Grundsätze der europäischen Agrarpolitik überholt. Der frühere Agrarkommissar Franz Fischler versuchte allerdings vergebens, den europäischen Verfassungskonvent zu dieser Einsicht und einer entsprechenden Formulierung im europäischen Verfassungsentwurf zu bewegen. Für die GAP wendet die EU jährlich knapp die Hälfte ihrer Finanzmittel auf. Der Agrar-„Markt“ ist mit 40 % der Rechtsetzung der EU der am dichtesten geregelte Politikbereich (Bayerisches Staatsministerium 1995: 8).

Für die nationale Entscheidungsfindung bleibt in der Agrarpolitik wenig Raum. Der deutsche Landwirtschaftsminister ist weniger auf die Zustimmung des Bundeskabinetts für agrarpolitische Entscheidungen angewiesen als vielmehr auf die Unterstützung der Landwirtschaftsminister aus den anderen EU-Ländern. Traditionell kommen diese selbst aus der Landwirtschaft und haben ein offenes Ohr für ihre nationale Agrarlobby (vgl dazu auch Kapitel 3.7.). Inwieweit dadurch die Agrarverbände in der Lage sind, quasi selbst-regulierend im Sinne der capture-These der Regulierungstheorie zu agieren, also inwieweit die Annahme zutrifft, dass die Lobbyisten die Kommandohöhen der politischen Entscheidungen kontrollieren, ist umstritten (Rieger 1996: 409f.). Fest steht aber, dass Agarinteressen in der EU eine herausgehobene Position in einer Weise innehaben (Keeler 1996), die ihnen national nie oder bestenfalls regional begrenzt in den Nachkriegsjahren zukam. Eine Möglichkeit, europäisierte Agrarpolitik zu erklären, ist deshalb sicherlich der Versuch, die Logik von Netzwerken politischen Entscheidens nachzuvollziehen.

Nur im Bereich des Tierschutzes und in der Agrarstrukturpolitik sind Deutschland noch nationale Kompetenzen verblieben. In Krisenfällen, wie im Falle des Ausbruchs von BSE im Vereinigten Königreich, konnte sich Deutschland auf Art. 30 des EG-Vertrages berufen, der zeitlich begrenzte Einfuhr-, Ausfuhr und Durchfuhrverbote oder -beschränkungen auch von Agrargütern erlaubt, unter anderem „zum Schutze der Gesundheit und des Lebens von Menschen, Tieren oder Pflanzen“.

Auch wenn die deutsche Politik nur noch sehr begrenzt die Richtung der Entscheidungsfindung der EU in der Agrarpolitik mitgestalten kann, bleiben die nationalen Haushaltsausgaben für die Landwirt-

Tabelle 17: Agrar- und Fischereiausgaben der EU in Mio. ECU bzw. Euro

Bereich	1999	2000	2001	2002	2003 (z.T. geschätzt)	2004 (Haushaults-entwurf)
Marktordnungsausgaben insgesamt	36.952,6	36.261,0	37.717,7	38.866,0	39.759,1	40.246
davon:						
Getreide	13.516,2	12.671,5	13.335,2	14.132,3	13.349,3	13.742
Rindfleisch	4.578,6	4.539,6	6.053,9	7.071,9	8.090,7	8.054
Milchprodukte	2.510,1	2.544,3	1.906,3	2.360,0	2.796,2	2.680
Zucker	2.112,8	1.910,2	1.497,1	1.396,1	1.277,4	1.538
Olivenöl	2.091,8	2.210,1	2.523,8	2.329,3	2.346,3	2.364
Abteilung Garantie insgesamt	39.540,8	40.437,4	42.081,5	43.116,4	44.389,4	45.694
EAGFL-Ausrichtung	4.169,0	3.200,0	2.145,0	1.767,0	3.480,0	2.958
Ländliche Entwicklung insgesamt	6.757,2	7.376,4	6.508,8	6.017,4	8.110,3	8.406
Agrar- und Fischereiausgaben insgesamt	44.508,9	44.323,6	44.602,5	45.310,4	48.544,4	49.299
Agrar- und Fischereiausgaben in % des EU-Haushalts	55,7	54,3	56,0	53,2	52.3	49,4

Quelle: Ernährungs- und agrarpolitischer Bericht 2004: 171.

schaft beachtlich. Bund und Länder subventionieren die Landwirtschaft in etwa der gleichen Höhe wie die EU Finanzmittel zur Verfügung stellt. Sie tun dies in erster Linie, um in der Landwirtschaft soziale Standards zu sichern (vgl. Tabelle 18).

Grundsätzlich gilt, dass der europäische Binnenmarkt auch die Landwirtschaft umfasst (Art. 32 EG-Vertrag), was allerdings nicht

Tabelle 18: Öffentliche Hilfen für die deutsche Landwirtschaft in Mrd. Euro

Maßnahme	2004 Soll
Finanzhilfen Bund und Länder zusammen	3,5
darunter:	
Gemeinschaftsaufgabe (1)	0,9
Unfallversicherung	0,3
Sonstige Bundesmittel im Rahmen der Agrarsozialpolitik (2)	3,4
davon:	
Alterssicherung (3)	2,4
Krankenversicherung	1,0
Steuermindereinnahmen	0,7
Hilfen von Bund und Ländern insgesamt	**7,6**
Bundesanteil	5,0
EU-Finanzmittel (4)	**6,7**

(1) Ohne Ausgaben für den Küstenschutz, Dorferneuerung, Ausgaben für Wasserwirtschaft zu 50 %. Einschließlich Sonderrahmenplan.
(2) Unfallversicherung, Landabgaberente und Produktionsaufgaberente sind bei den Finanzhilfen nachgewiesen.
(3) Alterssicherung, Zusatzaltersversorgung
(4) EAGFL-Abteilung Garantie, Marktordnungsausgaben und ländliche Entwicklung

Quelle: Ernährungs- und agrarpolitischer Bericht 2004: 38.

heißt, dass die Wettbewerbsregeln des Binnenmarktes automatisch auf die GAP Anwendung finden (Art. 36). Kritiker sehen in der GAP ein planwirtschaftliches System zentralistischer Marktlenkung mit einer angeblich sozial motivierten Transferpolitik von Einkommen, in dem Interessenpolitik endemisch ist, weil alle wirtschaftlichen Fragen zu politischen Fragen geworden sind (Rieger 1999: 19).

Priorität haben fünf Ziele der gemeinsamen Agrarpolitik, die Art. 33 EG-Vertrag nennt, nämlich:

Ziel 1: „Die Produktivität der Landwirtschaft durch Förderung des technischen Fortschritts, Rationalisierung der landwirtschaftlichen Erzeugung und den bestmöglichen Einsatz der Produktionsfaktoren, insbesondere der Arbeitskräfte, zu steigern." Diese Ausrichtung der Landwirtschaft an der Produktivitätssteigerung leistete Phänomenen wie der Massentierhaltung, der Tiermehlverfütterung an Wiederkäuer zur Steigerung der Fleisch- und Milchproduktion, der Überdüngung von Böden oder europaweiten Tiertransporten Vorschub. Alle Argumente, die angesichts der im Jahr 2001 verstärkt aufgetretenen Tierseuchen in Deutschland unter dem Stichwort „Agrarwende" (Agrarbericht 2001: 9f.) vorgebracht wurden, müssen sich an dieser Vertragslage messen lassen. Wer im nationalen Rahmen dafür plädiert, das Produktivitätsziel der GAP neu zu definieren, muss sich für eine Änderung des EG-Vertrages einsetzen, die nur mit der Zustimmung aller EU-Mitgliedstaaten möglich ist.

Unterhalb der Ebene von Vertragsänderungen und der einstimmig zu fassenden Beschlüsse über den finanziellen Rahmen der europäischen Agrarpolitik gilt für den Agrarmarkt das gleiche Entscheidungsverfahren wie für den Binnenmarkt insgesamt. Der Rat erlässt mit qualifizierter Mehrheit auf Vorschlag der Kommission und nach Anhörung des Europäischen Parlaments Verordnungen, Richtlinien oder Entscheidungen (Art. 38 EG-Vertrag). Deutschland kann also in der Agrarpolitik majorisiert werden, wenn es beispielsweise um Fragen der Massenschlachtung und -vernichtung von Rindern zur Stützung der Fleischpreise und zur Vermeidung von Milchseen oder um Exportverbote für Rindfleisch geht.

Tatsächlich wurde bei Entscheidungen im Ministerrat bisher weitgehend der Luxemburger Kompromiss von 1966 beachtet, der den einzelnen Mitgliedstaaten ein quasi-Vetorecht einräumte, weil er (und das gilt nicht nur für die Agrarpolitik) vorsieht, dass bei sehr wichtigen Interessen eines Mitgliedstaates die Erörterungen fortgesetzt werden sollten, bis ein einstimmiges Ergebnis erzielt werden kann. Ausgerechnet Deutschland, das zuvor den Luxemburger Kompromiss als integrationsfeindlich verdammt hatte, berief sich beispielsweise 1985 auf denselben, um eine Preissenkung bei Getreide zu verhindern

(Tangermann 1998: 4). Hinter dem „Schleier" der Europäisierung verbirgt sich so die Politik des nationalen Interessenausgleichs. Es wurde sogar argumentiert, dass in der Landwirtschaftspolitik nur *ein* Interessenausgleich wirklich zähle, der zwischen Frankreich und Deutschland. Sind sich diese beiden Länder einig, werden Beschlüsse möglich, sind sie es nicht, gibt es Entscheidungsblockaden (Webber 1999). Ob dies nach der Osterweiterung der EU noch gelten kann, wird sich zeigen müssen.

Der Luxemburger Kompromiss ist nur eine politische Absichtserklärung und wurde nie zum Bestandteil der europäischen Verträge. Was im nationalen Rahmen ein „wichtiges Interesse" ist, musste immer auch von den anderen EU-Mitgliedstaaten anerkannt werden. Dennoch hat diese Absichtserklärung dazu beigetragen, harte Konfrontationen in der GAP zu vermeiden und nationale agrarpolitische Interessen einzubinden. „Es ist", so Rieger (1999: 55), „kein Zufall, dass der bereits seit zwei Jahrzehnten bestehenden formalen Möglichkeit qualifizierter Beschlussfassung im Agrarministerrat bislang nur als Rückfallposition eine Bedeutung zukommt, sie aber die Willensbildung selbst nicht unmittelbar bestimmt hat. Das erklärt sich ganz einfach daraus, dass eine Politik, deren Entscheidungen so unmittelbar Lebenslagen beeinflusst, dass die wahrscheinliche Wirkung ihrer Veränderung auf die Einkommen einer ganzen Bevölkerungsgruppe praktisch bis auf die zweite Stelle hinter dem Komma vorhersehbar ist und deshalb unmittelbar entsprechende Reaktionen der Betroffenen (genauer ihrer Vertreter) auslöst, ohne eine effektive Vetomacht der ja immer noch parlamentarisch verantwortlichen Regierungsvertreter dauerhaft nicht durchgehalten werden kann." Die Kommission sah sich selten in der Lage, von ihrer „Notkompetenz" zum Handeln Gebrauch machen zu müssen, die ihr solange zusteht, bis eine qualifizierte Mehrheit im Rat andere Entscheidungen trifft (Rieger 1996: 411f.).

Von Bedeutung für EU-Entscheidungen in der Agrarpolitik ist das Verwaltungsausschussverfahren. Mit diesem Verfahren kontrollieren und beeinflussen die Mitgliedstaaten in jenen Bereichen die Tätigkeit der Kommission, in denen ihr vom Rat Rechtsetzungsbefugnisse übertragen wurden. Rieger argumentiert (1996: 421ff.), dass dieses Einfallstor nationaler Interessenpolitik in Verbindung mit einem großzügigen Umgang der EU mit nationalen institutionellen Besonderheiten in der Agrarpolitik, mit der Implementationsaufgabe der Mitgliedstaaten und Sonderregeln für nationale Beihilfen zwar nicht den Charakter der Agrarpolitik als europäisiertem Politikfeld verändert, aber doch dazu beiträgt, dass nationale Interessen und Besonderheiten in der Landwirtschaftspolitik deutlich erkennbar bleiben.

Nationale Interessenpolitik würde auch durch die Neupositionierung der Einflussmöglichkeiten des Europäischen Parlaments nach dem Verfassungsvertrag erleichtert. Das Europäische Parlament soll nach Art. III-127 bei der Durchführung der Agrarpolitik nicht mehr gehört werden. Nur noch der Wirtschafts- und Sozialausschuss soll Stellung nehmen dürfen. In Grundsatzfragen der Agrarpolitik erhielte das Parlament zwar das Mitentscheidungsrecht. Dieses dürfte aber zunächst ziemlich bedeutungslos bleiben, denn mit den Reformen von 2003 und 2004 sind auf absehbare Zeit die Weichen in der Agrarpolitik gestellt. Dem Parlament bliebe, über das neue Haushaltsverfahren zu versuchen, die agrarpolitische Richtungsbestimmung in seinem Sinne zu korrigieren. Mehr als bisher würde der Ministerrat nach dem Verfassungsvertrag zum Entscheidungszentrum, weil neben dem Europaparlament auch die Kommission an Entscheidungsmöglichkeiten verlieren würde. Selbst ein Teil der Umsetzungsentscheidungen auf der Komitologie-Ebene, der Ebene des Ausschussunterbaus der Kommission, soll in die Kompetenz des Ministerrates wandern. Dies wurde gegen die Bedenken des damaligen Agrarkommissars Franz Fischler durchgesetzt, der darauf verwies, dass das Beschlussverfahren im Ministerrat gemessen an den Handlungszwängen in der Agrarpolitik zu lange dauert. Aber vor allem die französische Regierung war bereit, solche Nachteile in Kauf zu nehmen, wenn sie so den Einfluss der Kommission in der Agrarpolitik beschneiden konnte (Bünder 2004: 19).

Ziel 2: Durch die im EG-Vertrag als Ziel genannten Produktivitätssteigerungen soll der landwirtschaftlichen Bevölkerung eine angemessene Lebenshaltung gewährleistet werden. Es mag zwar umstritten sein, was in diesem Zusammenhang „angemessen“ bedeutet. Fest steht aber, dass diese Vertragsbestimmung die EU zur Einkommenspolitik für eine bestimmte Bevölkerungsgruppe verpflichtet. Für keine andere Bevölkerungsgruppe sieht der EG-Vertrag eine solche Einkommenspolitik vor.

Innerstaatlich ist in Deutschland Einkommenspolitik keine Staatsaufgabe, und selbst wenn sie dies wäre, ist äußerst fraglich, ob die Landwirtschaft angesichts der Begehrlichkeiten, die dies bei anderen Gruppen der Gesellschaft geweckt hätte, in dem von der EU garantierten Maße mit Ressourcen ausgestattet worden wäre. Die Europäisierung der Agrarpolitik verschiebt die Lasten auf eine anonym scheinende Ebene, welche ohne die national üblichen konkurrenzdemokratischen Kontrollen bleibt. Die Wohlfahrtskosten der Agrarpolitik tragen die Konsumenten und Steuerzahler (Nedergaard 1995: 140). Eine durchschnittliche europäische Familie hat so jährlich ca. 600 Euro Mehrkosten (Economist, 21.6.2003: 31). Agrarpolitik in der EU ist, wie Rieger (1995: 148) dies prägnant zusammenfasste, deshalb „in den Augen der Landwirte das Versprechen, den Betrieb weiterführen zu können, wenn und solange sie den agrarpolitischen Vorgaben folgen“. Agrarpolitik entwickelte sich „zu einer umfassenden und systematischen Sozialpolitik, die eine uneingeschränkte Verantwortung für die Einkommensverhältnisse und die Lebenslage der gesamten Agrarbevölkerung übernahm“ (Rieger 1996: 404f.).

Seit der GAP-Reform von 1992 (Rieger 1999: 31ff.; Sheingate 2000) hat das Einkommen der Landwirte in Deutschland zwei Komponenten, zum einen die Verkaufserlöse landwirtschaftlicher Produkte und zum anderen Beihilfe-Zahlungen aus dem EU-Agraretat, die u.a. auf die bewirtschaftete Fläche und umweltpolitische Vorgaben bezogen sind. Die Beihilfe-Zahlungen dienen der Einkommenssicherung, die vor der Reform von 1992 durch Garantien für die Preise landwirtschaftlicher Produkte gewährleistet wurde. Diese Preisgarantien sind 1992 nicht abgeschafft worden, die Agrarpreise wurden aber gesenkt, um sie näher an das Weltmarktniveau heranzuführen und die Anreize zur Überproduktion (Milchseen, Butterberge) in der Landwirtschaft zu verringern. Die dadurch entstandene Einkommenslücke der Landwirte wird durch Beihilfen gefüllt. Die Reform von 2003 hat die Tendenz zur Umschichtung zugunsten des Einkommensanteils durch Direkthilfen verstärkt. Heute macht dieser ca. 80 % der landwirtschaftlichen Einkommen aus (Binder 2004a: 3). Die GAP-Reformen verbesserten aber die Transparenz der Praxis europäischer Agrarpolitik keineswegs. Zur Umsetzung der Reformen war auch auf der Ebene der Landwirtschaftsministerien der deutschen Länder ein beträchtlicher Aufwand nötig. In Bayern umfasste die entsprechende Verwaltungsanweisung für die Reform von 1992 735 Seiten (Bayerisches Staatsministerium 1995: 7).

Die Festlegung der Höhe und der Voraussetzungen von Beihilfen für die Landwirtschaft ist eine politische Entscheidung, die bei den Gipfeltreffen der europäischen Staats- und Regierungschefs fällt. Jedes Land hat hier ein Vetorecht. Die deutsche Politik sieht sich bei Beihilfeentscheidungen regelmäßig in dem Dilemma, dass sie die deutsche Nettozahlerposition durch Beihilfeerhöhungen (und damit einhergehend einer Vergrößerung des EU-Haushalts) nicht verschlechtern möchte, dass sie aber andererseits den Agrarsektor nicht von der allgemeinen Einkommensentwicklung in Deutschland abkoppeln kann. Deutschland leistete im Jahr 2002 Nettozahlungen bei den Agrarausgaben (EAGFL-Garantie) in Höhe von 3,22 Mrd. Euro, die wegen der Hochwasserkatastrophe durch vorgezogene Zahlungen auf 2,92 Mrd. Euro reduziert wurden. Größtes Nettoempfängerland der europäischen Agrarsubventionen war Spanien (2,32 Mrd. Euro), gefolgt von Frankreich (1,94 Mrd. Euro), Griechenland (1,90 Mrd. Euro) und Irland (1,12 Mrd. Euro) (Ernährungs- und agrarpolitischer Bericht 2004: 173).

Ziel 3: Eine weitere Funktion der europäischen Landwirtschaftspolitik ist die Stabilisierung der Märkte. Dies beinhaltet sowohl Entscheidungen über die Marktordnungen für einzelne Agrarprodukte als auch die Kontrolle über den Import und Export von Agrargütern. Mit den Subventionsleistungen für die europäische Landwirtschaft und der Erhebung von Zöllen für Agrarimporte in den EU-Raum hat sich Europa international immer wieder dem Protektionismusvorwurf ausgesetzt. Die EU, so hieß es, verhindere den freien Welthandel von Agrargütern und verstoße so gegen internationale Handelsabkommen wie das GATT. Die aus diesem Vorwurf resultierenden Handelskonflikte, vor allem mit den USA, führen regelmäßig zum wechselseitigen Boykott ausgewählter Waren, von denen auch Deutschland betroffen ist. Die grundlegenden Reformen der GAP von 1992 (Coleman/Tangermann 1999; Daugbjerg 2003) und 2003 trugen diesen Zusammenhängen teilweise Rechnung.

Ziele 4 und 5: Die letzten beiden Aufgaben der europäischen Landwirtschaftspolitik sind die Sicherstellung der Versorgung mit Agrargütern und die Belieferung der Verbraucher zu angemessenen Preisen. Beide Aufgaben sind heute erfüllt. „Theoretisch", so Bunz (1993: 2) schon vor über 10 Jahren, „könnte ein Drittel der Landwirte auf einem Drittel der heute bewirtschafteten Fläche die Nahrungsmittelversorgung der Gemeinschaft sicherstellen". Politisch ist ein solches Modell aber aus deutscher Sicht wegen seiner sozialen und ökologischen Folgen nicht tragbar. Es würde das Aus für kleine Höfe und das Ende der Pflege der Kulturlandschaft in Deutschland bedeuten.

Im Juli 1999 beschloss der Ministerrat, tierische Erzeugnisse in die EG-Öko-Verordnung von 1991 aufzunehmen. Damit wurde der deutsche ökologische Landbau in einen EU-weiten einheitlichen Rechtsrahmen integriert. Kernpunkte der Verordnung sind ein generelles Gentechnik-Verbot bei allen Öko-Produkten, die flächengebundene Tierhaltung, Umstellungsvorschriften für Betriebe und Tiere nichtökologischer Herkunft, das grundsätzliche Verbot der Anbindehaltung, die Vorschrift der Fütterung mit ökologisch erzeugten Futtermitteln ohne Antibiotika oder Leistungsförderer, die Erhaltung der Tiergesundheit vor allem durch die Förderung der natürlichen Widerstandskraft der Tiere und eine höchstmögliche Verbrauchersicherheit durch regelmäßige Kontrollen.

Zuständig für diese Kontrollen und die Durchführung der EG-Öko-Verordnung sind die Behörden der deutschen Länder. Die Europäisierung der ökologischen Landwirtschaft erlaubt Fortschritte in der deutschen Regelsetzung nur noch mithilfe von Anträgen an die Kommission. So hat die Bundesregierung im November 2001 ein Memorandum zur Weiterentwicklung der europäischen Vorschriften des ökologischen Landbaus der Kommission vorgelegt, in dem diese gebeten wird, die EU-Standards zu erhöhen. Diese Vorschläge wurden in einem Kommissionsvorschlag von 2003, der zur Beschlussfassung über eine neue EG-Öko-Verordnung dem Agrarrat vorgelegt wurde, teilweise berücksichtigt.

Agrarpolitische Entscheidungen in Deutschland werden in erster Linie im Rahmen der Gemeinschaftsaufgabe „Verbesserung der Agrarstruktur und des Küstenschutzes“ (GAK) getroffen (Art. 91 a GG). Beschlüsse des Planungsausschusses der Gemeinschaftsaufgabe, in dem Bund und Länder gleichgewichtig vertreten sind, bedürfen seit 1974 der Genehmigung durch die Europäische Kommission. Im Unterschied zur vollständigen Europäisierung und Zentralisierung der Verhandlungsstrukturen der meisten anderen Bereiche der Agrarpolitik ist die Agrarstrukturpolitik ein Mehrebenen(EU-Bund-Länder)-Verhandlungssystem. Die Ausrichtung der Gemeinschaftsaufgabe ist größtenteils an die EU-Vorgaben der gemeinsamen Agrarstrukturpolitik gebunden. Bestimmte Maßnahmen der einzelbetrieblichen Förderung wurden bis 1999 im Rahmen der sog. Ziel 5a-Förderung der europäischen Strukturfonds erstattet (Mehl/Rudolph 1994: 92).

Die Gemeinschaftsaufgabe leistet einen Beitrag zur Agrarstrukturpolitik durch Hilfen zur Verbesserung der ländlichen Strukturen (z.B. Flurbereinigung, Wegebau), zur Verbesserung der Produktions- und Vermarktungsstrukturen, zur Entwicklung einer nachhaltigen Landwirtschaft und zur Förderung der Forstwirtschaft und des Küstenschutzes. Aufgaben, die nicht überwiegend der Agrarstrukturverbesserung dienen, sondern der Erhaltung der Kulturlandschaft, der Landschaftspflege und Erholungsfunktion der Landschaft sowie dem Tierschutz sind von den Ländern zu finanzieren. Für das Jahr 2003 stehen 1,25 Mrd. Euro für die Gemeinschaftsaufgabe zur Verfügung, 0,7 Mrd. davon sind Mittel des Bundes (Rahmenplan 2003: 91).

Zukünftig soll die Gemeinschaftsaufgabe zu einem Instrument der ländlichen Entwicklung mit besonderer Berücksichtigung von Regionen mit strukturellen Problemen ausgebaut werden. Bei der Erarbeitung entsprechender strategischer Konzepte sollen die regionalen Akteure miteinbezogen und ein Regionalmanagement organisiert werden. Dieses Konzept knüpft direkt an die Konzeptionen der EU-Agrarreformbeschlüsse von 2003 an. Die Bundesregierung räumt die sich abzeichnende völlige Europäisierung der Gemeinschaftsaufgabe ein. Sie bezeichnet bereits heute die Gemeinschaftsaufgabe als „das zentrale Instrument zur Umsetzung der EU-Politik für die Entwicklung des ländlichen Raums, der zweiten Säule der gemeinsamen Agrarpolitik“ (Bericht der Bundesregierung 2004: 3). Die GAK ist als

„Rahmenregelung“ von der EU-Kommission genehmigt und soll künftig dazu dienen, die vom Ministerrat beschlossenen strategischen Leitlinien der Agrarpolitik umzusetzen. Andere nationale Fördermaßnahmen verlieren weiter an Bedeutung. Ab 2007 werden die Fördersätze für solche Maßnahmen um fünf Prozentpunkte gesenkt, deren Umsetzung nicht den Zielen des GAK-Entwicklungskonzeptes dienen. Auch aus finanziellen Gründen strebt die Bundesregierung eine stärkere Ausrichtung der GAK an EU-Vorgaben an. Da in Zukunft weniger Mittel zur Verfügung stehen, soll die Wirkung der GAK-Maßnahmen dadurch verstärkt werden, dass zu ihrer Erfüllung auch EU-Mittel eingesetzt werden.

Agrarstrukturpolitik ist aber auch Aufgabe der europäischen Strukturpolitik. Bis zur Reform der Strukturfonds von 1999 förderte u.a. der Fonds EAGFL (Europäischer Ausrichtungs- und Garantiefonds für die Landwirtschaft – Abteilung Ausrichtung) die Ziele 5a (Anpassung der Agrarstrukturen) und 5b (Entwicklung des ländlichen Raumes). Mit Ausnahme der Ziel 1-Gebiete der Strukturförderung, also regionalen Entwicklungsgebieten, wird die Agrarstrukturförderung seit den Beschlüssen zur Agenda 2000 aus dem EAGFL-Abteilung Garantie, also dem eigentlichen Agrarhaushalt finanziert, der in erster Linie sämtliche Ausgaben für die Durchführung der gemeinsamen Marktorganisation trägt. Die Reform der Strukturfonds integrierte das Ziel 5b in das Förderziel 2 (Gebiete mit Strukturproblemen). Die Kommission hat mit ihrer Finanziellen Vorausschau für die Jahre 2007–2013 (Agenda 2007) vorgeschlagen, den EAGFL-Abteilung Ausrichtung als Strukturfonds aufzulösen und ihn in die GAP zu integrieren.

Für Maßnahmen zur ländlichen Entwicklung stehen Deutschland in der Förderperiode 2000–2006 insgesamt 8,7 Mrd. Euro aus der Abteilung Garantie des EAGFL zur Verfügung. Innerhalb der Ziel 1-Förderung, die nur Ostdeutschland erhält, stellt der EAGFL-Abteilung Ausrichtung ca. 3,4 Mrd. Euro bereit (Ernährungs- und agrarpolitischer Bericht 2004: 72). Die entsprechenden von den deutschen Ländern vorgelegten Programme wurden Ende 2000 von der Kommission genehmigt.

Die Europäisierung der Agrarpolitik stößt heute und insbesondere auch im Hinblick auf die Osterweiterung der EU an ihre finanziellen

Grenzen. Hinzu kommt, dass sich erwiesen hat, dass die Industrialisierung und internationale Verflechtung der Landwirtschaft Seuchen- und Gesundheitsrisiken in unerträglicher Weise verschärft. Die im Jahr 2001 entstandenen BSE- und MKS-Krisen haben die GAP in ihren Grundlagen, beispielsweise ihrer Orientierung an Produktivitätssteigerungen, erschüttert. Vorschläge, das Subsidiaritätsprinzip auch in der GAP stärker zu beachten, galten lange Zeit als Tabubruch (Comes 1995: 61) bzw. wurden als weitgehend überflüssig erachtet (Gilsdorf 1995). Es ist aber fraglich, ob die erreichte Europäisierung der Agrarpolitik tatsächlich irreversibel ist. Bereits im Jahr 1999 im Vorfeld der Agenda 2000-Verhandlungen vertrat die Bundesregierung die Position, dass ein Element der nationalen Kofinanzierung in die Landwirtschaftspolitik eingeführt werden sollte. Gemeint war damit, dass alle Direkthilfen für die Landwirte, das waren damals ca. 60 % des Agraretats, zwar weiterhin nach EU-Regeln, aber aus den nationalen Budgets jeweils für die einheimischen Landwirte bezahlt werden sollten. Deutschland hätte dadurch bis zu 8 Mrd. DM jährlich eingespart.

Radikalere Vorschläge plädieren für eine Dezentralisierung der Agarpolitik (Sturm 1997) bzw. ihre Deregulierung (Rieger 1999). Voraussetzung wäre eine Anpassung der Agrarpreise an das Weltmarktniveau und damit eine den Marktgesetzen verpflichtete Integration der Landwirtschaft in den Binnenmarkt. Damit könnten auch internationale Handelskonflikte, die der europäische Agrarprotektionismus regelmäßig hervorruft, eher überwunden werden. Der EU bliebe es überlassen, landwirtschaftliche Standards zu kontrollieren (Tiertransporte, Ökologie etc.) und sich in der Agrarstrukturpolitik zu engagieren. Denkbar wäre auch, dass sie sozialpolitische Kompensationen für die Landwirte, die aber nach nationalen Regeln zu verteilen wären, mitfinanziert. Die Entscheidung darüber, wie groß und wie teuer die Agrarpolitik sein soll und wie die Entwicklung des landwirtschaftlichen Sektors politisch und sozial verträglich gestaltet werden kann, wäre damit den Mitgliedstaaten überlassen.

2003 gelang auf europäischer Ebene der bisher letzte Schritt zur Reform der Agrarpolitik. Ausschlaggebend für den politischen Durchbruch war die Gemengelage von internationalen Verhandlungen innerhalb der WTO, die es der EU erschwerten, ihre Agrarsubventionen im bisherigen Umfang aufrecht zu erhalten, und Kostenüberlegungen hinsichtlich der Konsequenzen der Ost-Erweiterung. Grundlage des Reformkonsenses war eine Einigung auf die Strategie, das Niveau der Subventionierung im Wesentlichen zu erhalten, diese aber WTO-tauglich umzuschichten. Damit wurde weniger erreicht als Kritiker der GAP immer eingefordert haben, nämlich deren Finanzanteil am EU-Budget wesentlich zu begrenzen. Auf dem Brüsseler Gipfel vom Oktober 2002 waren zunächst die Weichen für den Erhalt des Agrarbudgets gestellt worden. Aufgrund einer von Frankreich geprägten deutsch-französischen Initiative einigten sich die EU-15 darauf, 2007 bis 2013 den bisherigen Agrarhaushalt jährlich um ein Prozent zu erhöhen, wobei in diese „Ausgabenbegrenzung" weder der zunehmend wichtiger und umfangreich werdende Bereich der „ländlichen Entwicklung" einbezogen wurde noch die Aufwendungen für Rumänien und Bulgarien nach dem Beitritt zur EU. Beides sind Länder mit einem großen Agrarsektor.

Ein Jahr nach dem Brüsseler Gipfel war Agrarkommissar Franz Fischler zumindest mit dem Vorschlag erfolgreich, die Zahlungen an die Landwirte von der Agrarproduktion im Prinzip zu entkoppeln, was eine weitere Annäherung der Preise für landwirtschaftliche Produkte der EU an Weltmarktpreise erlaubt (Grant 2003; Urff 2004). Im internationalen Handel begegnet die EU damit dem Vorwurf der Wettbewerbsverzerrung wegen der Subventionierung ihrer Agrarprodukte, auch wenn diese den WTO-Maßstäben noch immer nicht entsprechen. Ein Grund für Reformblockaden liegt im Entscheidungssystem der EU, das auf Paketlösungen zur Wahrung nationaler Interessen setzt. Deutschland versprach, Frankreichs Bedenken gegenüber einer radikaleren Agrarreform Rechnung zu tragen, wenn Frankreich die deutsche Position in der sachlich mit der Landwirtschaftspolitik nicht verbundenen Frage der Übernahmerichtlinie, welche die „feindliche Übernahme" von Unternehmen regelt, unterstützt (Financial Times, 12.6.2003: 1) (vgl. dazu ausführlicher Kapitel 4.2.).

Die Luxemburger Agrarbeschlüsse der EU vom 26.6.2003 lassen den Mitgliedstaaten einen erheblichen Spielraum bei der Wahl des Entkoppelungsmodells. Europäisierung à la carte zum Umgehen des „misfit"-Problems wird möglich. Im November 2003 einigten sich die Agrarminister von Bund und Ländern darauf, in Deutschland ab

2005 ein Kombinationsmodell aus Betriebs- und Regionalmodell zu verwirklichen. Das Regionalmodell, das nach 2010 zum Regelmodell werden soll, bildet die Grundlage der von der Produktion entkoppelten Zahlungen an die Landwirte. Mit den Regionalmodell werden die Beihilfen, die sich als Summe der Betriebsprämien in einer Region errechnen, auf die landwirtschaftlichen Flächen umgelegt. Die Direktzahlungen richten sich nun also nach Flächengrößen, unterschieden in Acker- und Grünland (letzterem Bereich wird u.a. auch die Rindfleischproduktion zugeordnet). Milchprämien, Mutterkuhprämien, Mutterschafprämien, Sonderprämien für männliche Rinder, Schlachtprämien für Kälber und ein Teil der Futtermittelproduktion werden zunächst weiterhin betriebsbezogen als Zuschläge auf die Regionalprämien ab 2006 zugewiesen, um die entsprechenden Betriebsformen (Stallhaltung) nicht zu abrupt finanziell zu benachteiligen.

Allerdings sind mit der Agarproduktion (1. Säule) begründete Direktzahlungen durch den Mechanismus der sog. obligatorischen Modulation in Zukunft begrenzt. In Deutschland wurde bereits im Jahre 2003 die Möglichkeit der freiwilligen Modulation wahrgenommen. Das EG-Recht erlaubte den Mitgliedstaaten, produktionsbezogene Direktzahlungen (Tier- und Flächenprämien) zugunsten der 2. Säule der GAP (ländliche Entwicklung, Agrarumweltmaßnahmen) zu kürzen. Das deutsche Modulationsgesetz sah eine jährliche Kürzung von 2 % der Direktzahlungen vor, ausgenommen blieb ein Sockelbetrag von 10.000 Euro je Begünstigtem. So wurden jährlich 52 Mio. Euro erwirtschaftet, zu denen noch einmal 30 Mio. Euro nationale Mittel kamen, die für die ländliche Entwicklung eingesetzt werden konnten (Ernährungs- und agrarpolitischer Bericht 2004: 84).

Die europäische Regelung der obligatorischen Modulation löste die deutsche Gesetzgebung zur freiwilligen Modulation ab. Produktionsbezogene Direktzahlungen werden oberhalb eines Freibetrages von 5.000 Euro je Betrieb gekürzt (Prinzip der Degression: 2005: 3 %; 2006: 4 %; 2007: 5 %). Damit werden Kleinbetriebe geschützt und unnötige Subventionen von Großbetrieben begrenzt. Jeder Mitgliedstaat erhält aber mindestens 80 % seiner Mittel zurück. Deutschland erhält zusätzlich 10 % der gekürzten Mittel für den Wegfall der Roggenpreisstützung (Ernährungs- und agrarpolitischer Bericht 2004: 89). Die obligatorische Modulation wurde auf weitere Bereiche der

Landwirtschaft wie den Tierschutz, die Lebensmittelqualität oder die Unterstützung regionaler Partnerschaften erweitert.

Die Gewährung von Direktzahlungen ist seit 2005 unter dem Stichwort der „Cross Compliance“ auch an die Einhaltung von europäischen Vorschriften in den Bereichen Umwelt, Futtermittel- und Lebensmittelsicherheit sowie Tiergesundheit, Tierschutz und Bodenschutz geknüpft. Cross Compliance wird nach 2005 bis 2007 in drei Schritten eingeführt. 2005 sind Umweltregelungen in den Bereichen Düngung, Klärschlamm, Grundwasserschutz, die Fauna-Flora-Habitat- und die Vogelschutzregeln sowie die Vorschriften zur Tierkennzeichnung einzuhalten. Ab 2006 sind Mindestanforderungen im Pflanzenschutz, in der Lebensmittelsicherheit und bei der Tiergesundheit zu beachten. 2007 schließlich werden auch Tierschutzregeln zum Bestandteil von Cross Compliance. Verstöße gegen Cross Compliance werden sanktioniert und können in schweren Fällen für den einzelnen Landwirt einen Verlust der Direktzahlungen für eines oder mehrere Jahre bedeuten. Um das komplexe System der neuen EU-Agrarpolitik zu steuern, verpflichtet Art. 17 der Verordnung (EG) Nr. 1782/2003 jeden Mitgliedstaat, ein Integriertes Verwaltungs- und Kontrollsystem (InVeKoS) einzurichten.

Der Reform von 2003 folgte die Beschlussfassung über noch ausstehende Marktordnungen im April 2004, für die ebenfalls die (Teil-) Entkopplung beschlossen wurde. Deutschland war hier vor allem hinsichtlich der Subventionierung des Hopfen- und des Tabakanbaus betroffen. Neben der Umsetzung der Fischler-Reformen von 2003 steht die finanzielle Neuregelung der GAP für die Förderperiode 2007 bis 2013 im Raum. Die GAP bleibt wegen ihres nun erneut gewachsenen Regelwerkes und ihres finanziellen Volumens in der Kritik, auch wenn aufgrund der Fischler-Reformen nun für 2013 von der Kommission in ihren Vorschlägen für die Finanzielle Vorausschau 2007–2013 die Hoffnung genährt wurde, der Anteil der Agrarausgaben am EU-Budget könne auf 36,5 % sinken (Steenblock/Hartwig 2004: 92).

Die Europäisierung der Agrarpolitik führt dazu, dass ihre Reform alle Ebenen des europäischen Mehrebenensystems, also in Deutschland auch die Länderebene, erfasst. Für Deutschland ergibt sich die Notwendigkeit im Rahmen des von der EU zugebilligten Fördervolumens, durch gesetzliche Regelung entsprechende Flächenanteile für jedes einzelne Bundesland festzulegen. Politisch noch strittiger war die beabsichtigte Vereinheitlichung der Flächenprämien ab 2010 und der Wegfall der betriebsbezogenen Prämien für die Tierhaltung. Verlierer bei der Vereinheitlichung der Flächenprämie wird die Landwirtschaft u.a. in Bayern, Schleswig-Holstein und Ostdeutschland sein, Gewinner hingegen z.B. die Landwirtschaft in Baden-Württemberg und Hessen, weil erstere intensiver wirtschaftet und deshalb bisher mehr Subventionen erhielt als letztere (Hausding 2004: 9). Bei der Beratung des Gesetzentwurfs zur Umsetzung der Reform der Gemeinsamen Agrarpolitik (Bundestagsdrucksache 15/2553) im Vermittlungsausschuss einigten sich im Juli 2004 Bund und Länder, trotz der bayerischen Bedenken wegen der damit, so wurde argumentiert, nicht ausreichenden Berücksichtigung der Belange der Milchwirtschaft, in Deutschland die betriebsbezogenen (Tier-)Prämien von 2010 (90 % betriebsbezogene Zahlungen), über 2011 (70 %) und 2012 (40 %) auf Null im Jahre 2013 abzuschmelzen. (Frankfurter Allgemeine Zeitung, 2.7.2004: 12).

Neben der Reformulierung territorialer Konfliktlinien haben Reformen der europäischen Agrarpolitik auch Auswirkungen auf die Kräftebalance der nationalen Interessenvertretung. Dem Machtverlust der deutschen Exekutive korrespondieren Einflussverluste der Spitzenorganisationen der Landwirte bei verstärkten Auseinandersetzungen unter den Produzentengruppen bestimmter Agrargüter (für den französischen Fall vgl. Roederer-Rynning 2002). Vieles hängt davon ab, ob nationale Spitzenverbände sich weiterhin glaubhaft auch als Akteure im europäischen Rahmen präsentieren können, nicht zuletzt wenn es wegen Europäisierungsprozessen um von der Sache her unversöhnliche Interessenkonflikte innerhalb der eigenen Klientel geht.

Die Schwierigkeiten der EU-Agrarreform machen die Logik einer national und auf europäischer Ebene in Netzwerken verhandelnden Politik besonders deutlich. Koalitionen aus Agrarlobbyisten, Fachpolitikern und Landwirtschaftsverwaltungen nehmen Einfluss bis in die EU-Kommission hinein und verhindern den ökonomischen und politischen Bedeutungsverlust der GAP. Die Europäisierung der GAP ist darüber hinaus symbiotisch mit national angepassten Umsetzungsstrategien verbunden.

Literatur

Agrarbericht (2001), Bundestagsdrucksache 14/5326 vom 14.2.2001.
Bayerisches Staatsministerium für Ernährung, Landwirtschaft und Forsten (1995): Memorandum „Neuausrichtung der Agrarpolitik der Europäischen Union", o.O. (München).
Bericht der Bundesregierung (2004) über die künftige Gestaltung der Gemeinschaftsaufgabe „Verbesserung der Agrarstruktur und des Küstenschutzes" – Rahmenplan 2005 bis 2008, Bundestagsdrucksache 15/3797 vom 23.9.2004.
Bünder, Helmut (2004): Der Machtkampf um das grüne Europa, in: Frankfurter Allgemeine Zeitung, 21.9., S. 19.
Bünder, Helmut (2004a): Agrarpolitik in der Defensive, in: Frankfurter Allgemeine Zeitung, 3.8., S. 3.
Bunz, Axel R. (1993): Keine Alternative zur Agrarreform, in: EG-Information 3, S. 2.
Coleman, William D./Tangermann, Stefan (1999): The 1992 CAP Reform, the Uruguay Round and the Commission, in: Journal of Common Market Studies 37(3), S. 385–405.
Comes, Stefan F. (1995): Die Gemeinsame Agrarpolitik der Europäischen Union und die Osterweiterung, in: List-Forum 21(1), S. 53–64.
Daugbjerg, Carsten (2003): Policy feedback and paradigm shift in EU agricultural policy: the effects of the MacSharry reform on future reform, in: Journal of European Public Policy 10(3), S. 421–437.
Ernährungs- und agrarpolitischer Bericht 2004 der Bundesregierung, Bundestagsdrucksache 15/2457 vom 4.2.2004.
Grant, Wyn (1997): The Common Agricultural Policy, Basingstoke/London.
Grant, Wyn (2003): The Prospects for CAP Reform, in: Political Quarterly 74, S. 19–26.
Gilsdorf, Peter (1995): Der Grundsatz der Subsidiarität und die Gemeinsame Agrarpolitik, in: Randelzhofer, Albrecht/Scholz, Rupert/Wilke, Dieter (Hrsg.): Gedächtnisschrift für Eberhard Grabitz, München, S. 77–102.
Hausding, Götz (2004): Umsetzung der EU-Richtlinien bringt Paradigmenwechsel, in: Das Parlament 12/13 vom 15./22.3., S. 9.
Keeler, John T.S. (1996): Agricultural Power in the European Community: Explaining the Fate of CAP and GATT Negotiations, in: Comparative Politics 28, S. 127–149.
Knipping, Franz (2004): Rom, 25. März 1957. Die Einigung Europas, München.
Mehl, Peter/Rudolph, Markus (1994): Agrarstrukturpolitik im vereinten Deutschland. Kooperativer Föderalismus und resultierende Politikergebnisse am Beispiel der Gemeinschaftsaufgabe „Verbesserung der Agrarstruktur und des Küstenschutzes", in: Landbauforschung Völkenrode 44(1), S. 91–104.
Nedergaard, Peter (1995): The Political Economy of CAP Reform, in: Laursen, Finn (Hrsg.): The Political Economy of European Integration, Maastricht, S. 111–144.

Rahmenplan der Gemeinschaftsaufgabe „Verbesserung der Agrarstruktur und des Küstenschutzes“ für den Zeitraum 2003 bis 2006, Bundestagsdrucksache 15/1201 vom 18.6.2003.
Rieger, Elmar (1995): Bauernopfer. Das Elend der europäischen Agrarpolitik, Frankfurt a.M./New York.
Rieger, Elmar (1996): Agrarpolitik: Integration durch Gemeinschaftspolitik, in: Jachtenfuchs, Markus/Kohler-Koch, Beate (Hrsg.): Europäische Integration, Opladen, S. 401–428.
Rieger, Elmar (1998): Schutzschild oder Zwangsjacke: Zur institutionellen Struktur der Gemeinsamen Agrarpolitik, in: Leibfried, Stefan/Pierson, Paul (Hrsg.): Standort Europa. Europäische Sozialpolitik, Frankfurt a.M., S. 240–280.
Rieger, Elmar (1999): Agenda 2000 Reform der Gemeinsamen Agrarpolitik. Grundzüge einer liberalen Agrarreform, Gütersloh 1999 (Vorabversion).
Roederer-Rynning, Christilla (2002): Farm Conflict in France and the Europeanisation of Agricultural Policy, in: West European Politics 25(3), S. 105–124.
Sheingate, Adam D. (2000): Agricultural Retrenchment Revisited: Issue Definition and Venue Change in the United States and Europe, in: Governance 13(3), S. 335–363.
Steenblock, Rainder/Hartwig, Ines (2004): Die Agenda 2007: Solidarität, Nachhaltigkeit und Innovation, in: Integration 27 (1–2), S. 85–94.
Sturm, Roland (1997): Die Reform der Agrar- und Strukturpolitik, in: Weidenfeld, Werner (Hrsg.): Europa öffnen. Anforderungen an die Erweiterung, Gütersloh, S. 157–201.
Tangermann, Stefan (1998): Deutsche Positionen zur Reform der EU-Agrarpolitik, Deutsch-französische Initiative, Bertelsmann Wissenschaftsstiftung/Notre Europe, hektographiert.
Urff, Winfried von (2004): Agrarmarkt und Struktur des ländlichen Raums in der Europäischen Union, in: Weidenfeld, Werner (Hrsg.): Die Europäische Union. Politisches System und Politikbereiche, Bonn, S. 205–222.
Webber, Douglas (1999): Franco-German Bilateralism and Agricultural Politics in the European Union: The Neglected Level, in: West European Politics 22(1), S. 45–67.

4.5 Umweltpolitik

Noch bevor die deutsche Bundesregierung im Jahr 1971 ihr erstes, umfassendes Umweltprogramm vorlegte, hatte die Europäische Gemeinschaft bereits zwei „Umweltrichtlinien“ verabschiedet. Deren erste stammt aus dem Jahr 1967. Sie galt der Klassifizierung, Verpackung und Kennzeichnung gefährlicher Substanzen. Drei Jahre später folgte eine Richtlinie, die sich mit dem Schadstoffausstoß von

Kraftfahrzeugen befasste (Vogel 1993: 116). Vor allem die Vorarbeiten für die erste Konferenz der Vereinten Nationen über die „Umwelt des Menschen“, die im Juni 1972 auf Initiative der schwedischen Regierung in Stockholm stattfand, hatten die nationalen Regierungen für die Probleme der (grenzüberschreitenden) Umweltverschmutzung sensibilisiert. Deshalb beauftragten die Staats- und Regierungschefs die Europäische Kommission auf ihrem Gipfeltreffen in Paris vom Oktober 1972 mit der Ausarbeitung eines umweltpolitischen Aktionsprogramms. Die Verabschiedung dieses Programms, das für die Jahre 1973 bis 1976 galt und dem bis heute vier weitere gefolgt sind, markierte den eigentlichen Beginn einer gemeinschaftsweiten Umweltpolitik. Die Kommission ihrerseits hatte organisatorisch bereits im Jahr 1971 auf die neue Herausforderung Umweltschutz durch die Einsetzung einer neuen Dienststelle „Umwelt- und Verbraucherschutz“ reagiert. Diese Dienststelle wurde zehn Jahre später zur „Generaldirektion XI: Umwelt, Verbraucherschutz und nukleare Sicherheit“ umgewandelt und damit aufgewertet.

Der Konsens über die Notwendigkeit eines gemeinschaftsweiten Umweltschutzes setzte sich durch, obwohl im seinerzeit gültigen Vertragswerk keinerlei explizite Ermächtigung dafür enthalten war. Unter Berufung auf die in Art. 2 des EWG-Vertrags genannten Ziele einer „harmonischen Entwicklung des Wirtschaftslebens“ und einer „beschleunigten Hebung der Lebenshaltung“ wurde sogar argumentiert, dass der Umweltschutz nicht nur eine mögliche, sondern eine vertraglich gebotene Aufgabe der Gemeinschaft sei (Hartkopf/Bohne 1983: 166). Diese Sichtweise war gewiss nicht zwingend. Doch hinderte die rechtlich diffuse Basis die Europäische Gemeinschaft nicht daran, sukzessive ein umfangreiches Umweltregime zu etablieren. Auch wenn das Prinzip der einstimmigen Entscheidungen im Rat der Normenproduktion mitunter hinderlich war, wurden im ersten Jahrzehnt europäischer Umweltpolitik etwa 35 Richtlinien verabschiedet. Die inhaltlichen Schwerpunkte lagen bei der Gewässerreinhaltung und der Abfallbeseitigung. Hinzu kamen Richtlinien im Chemikalienbereich, zur Luftreinhaltung und Lärmbekämpfung sowie zum Vogelschutz.

Weil der EWG-Vertrag keine eindeutige Handlungsgrundlage für umweltpolitische Maßnahmen enthielt, wurden die einschlägigen

Rechtsakte meist auf Art. 100, mitunter auch auf die „Generalermächtigung" des Art. 235, gestützt. Art. 100 stellte ab auf einstimmige Entscheidungen des Rates über „Richtlinien für die Abgleichung derjenigen Rechts- und Verwaltungsvorschriften der Mitgliedstaaten, die sich unmittelbar auf die Errichtung oder das Funktionieren des Gemeinsamen Marktes auswirken." Das bedeutet, dass die Umweltpolitik gleichsam durch eine legitimatorische Hintertür nach Europa gelangte. Nur insoweit, als sich unterschiedliche Umweltanforderungen in den Mitgliedstaaten als Wettbewerbsverzerrungen bzw. Handelshemmnisse interpretieren ließen, bot Art. 100 eine tragfähige Vertragsgrundlage.

Erst mit der Einheitlichen Europäischen Akte (EEA), die im Jahr 1985 unterzeichnet wurde und am 1.7.1987 in Kraft trat, wurde die „ökologische Vertragslücke" mittels der Einfügung der Art. 130 r–t in den EG-Vertrag geschlossen. Die damit vollzogene Aufwertung des Umweltschutzes verdeutlichte insbesondere die sog. Querschnittsklausel des Art. 130 r Abs. 2. Er bestimmte: „Die Erfordernisse des Umweltschutzes sind Bestandteil der anderen Politiken der Gemeinschaft." Auch der ebenfalls im Zuge der EEA neu eingefügte Art. 100 a, welcher die Kommission verpflichtete, bei ihren Vorschlägen hinsichtlich der Schaffung des Binnenmarktes von einem „hohen Schutzniveau" für die Umwelt auszugehen, bedeutete einen zumindest programmatischen Zugewinn für die Umweltpolitik. Der Art. 100 a war aber auch noch in anderer Hinsicht von Bedeutung, denn er enthielt eine positive „opt-out"-Klausel. Sie eröffnete den Mitgliedstaaten die Möglichkeit, strengere nationale Schutzmaßnahmen als von der Gemeinschaft vorgeschrieben zu ergreifen, wenn sie dies aufgrund von bestimmten Umweltbedingungen für erforderlich hielten. Der Wortlaut dieser Bestimmung war allerdings unklar. Beispielsweise war nicht eindeutig geklärt, ob sie sich nur auf bereits bestehende nationale Maßnahmen bezog oder auch den Erlass neuer Bestimmungen zuließ (Bär/Kraemer 1998: 6).

Der Vertrag von Maastricht brachte weitere Neuerungen für die im europäischen Politikfeld „Umwelt" agierenden Akteure. Die Protagonisten des Umweltschutzes können sich seitdem darauf berufen, dass die Bedürfnisse künftiger Generationen in Form des Prinzips der „nachhaltigen Entwicklung" im Vertragswerk verankert sind. Für die weitere Entwicklung wesentlich bedeutsamer war indes, dass das bis dato geltende Einstimmigkeitsprinzip für umweltpolitische Maßnahmen im Rat durch die Entscheidung mit qualifizierter Mehrheit ersetzt wurde. Zwar wurden wichtige Bereiche wie steuerliche Maßnahmen, Raumordnung, Bodennutzung, Wasserbewirtschaftung und partiell die Energiewirtschaft von der Mehrheitsentscheidung ausgenommen. Entscheidungen über diese Materien blieben damit nach wie vor vom Veto einzelner Mitgliedstaaten bedroht. Gleichwohl strukturierte die Vertragsrevision die Entscheidungskalküle der mitgliedstaatlichen Regierungen neu. Seit Inkrafttreten des Vertrags von Maastricht müssen sie in vielen Bereichen die Möglichkeit einkalkulieren, bei der Beschlussfassung über umweltpolitische Maßnahmen überstimmt zu werden. Der Regierung der Bundesrepublik Deutschland ist dies, wie im Einzelnen noch zu zeigen sein wird, mehrfach widerfahren.

Der Vertrag von Amsterdam hat an den Entscheidungsverfahren im Rat in Bezug auf die Anwendung des Einstimmigkeits- bzw. Mehrheitsprinzips nichts geändert. Dennoch brachte er neben einer neuerlichen rechtlichen Aufwertung der Integrationsklausel (Kraack/Pehle/Zimmermann-Steinhart 1998: 27) eine wichtige Neuerung in prozeduraler Hinsicht. Rechtsakte zur Erreichung umweltpolitischer Ziele werden nunmehr im Verfahren der Mitentscheidung und nicht mehr im Verfahren der Zusammenarbeit verabschiedet. Das Europäische Parlament kann seither als gleichberechtigter Mitspieler des Rates im umweltpolitischen Entscheidungsprozess agieren (Müller-Brandeck-Bocquet 1997: 300).

Eine Neufassung erhielt auch der ex-Art. 100 a, der im konsolidierten Vertragstext als Art. 95 erscheint. Er erwähnt nunmehr explizit die Möglichkeit zur Neueinführung strengerer nationaler Maßnahmen nach dem Erlass entsprechender europäischer Regelungen und beseitigt damit die früheren Unklarheiten. Der neu in den Vertrag aufgenommene Abs. 5 dieses Artikels bindet nationale Alleingänge jedoch an sehr strenge Voraussetzungen. So müssen beispielsweise „neue wissenschaftliche Erkenntnisse“ vorliegen, welche die strengeren nationalen Vorschriften rechtfertigen. Auch wurden die Prüfungsbefugnisse der Kommission ausgedehnt und nationale Ausnahmeregelungen nur für zulässig erklärt, wenn sie das Funktionieren des Binnenmarktes nicht behindern (Bär/Kraemer 1998: 7). Aus Sicht des deutschen Rates von Sachverständigen für Umweltfragen (SRU 2000: 167) sind diese Bedingungen so streng, dass zweifelhaft sei, ob die Mitgliedstaaten von der neuen Bestimmung überhaupt jemals Gebrauch machen könnten.

Bei der Regierungskonferenz im Vorfeld des Vertrages von Nizza hatte die Umweltpolitik insofern eine Rolle gespielt, als sie zu den Bereichen gehörte, die nach dem Willen sowohl der französischen Ratspräsidentschaft als auch der deutschen Bundesregierung vollständig in den Bereich der Ratsentscheidungen mit qualifizierter Mehrheit hätte überführt werden sollen. Insbesondere galt dies für umweltpolitische Vorschriften „überwiegend steuerlicher Art". Aufgrund starken Drucks einzelner Mitgliedstaaten musste die Ratspräsidentschaft jedoch bereits vor der Tagung des Europäischen Rats von Nizza die Umweltpolitik wieder aus dem Reformpaket herausnehmen (Fischer 2001: 127). Auch der Entwurf des Vertrages über eine europäische Verfassung enthält in Bezug auf die Frage der Ratsentscheidungen mit qualifizierter Mehrheit keine Neuerungen. Sollte der Verfassungsvertrag in Kraft treten, bliebe es nach seinem Art. III-130 beim Prinzip der einstimmigen Ratsentscheidungen für die schon in Maastricht festgelegten „Ausnahmebereiche".

Die Tatsache, dass besonders sensible Bereiche der Umweltpolitik nach wie vor der einstimmigen Beschlussfassung des Rates unterliegen, kann allerdings nicht begründen, warum die Intensität der umweltpolitischen Normsetzung der Europäischen Union seit der Unterzeichnung des Vertrags von Maastricht und der Verabschiedung des Fünften Umweltaktionsprogramms der Europäischen Kommission im Jahr 1992 deutlich abgenommen hat. Schließlich war es ja erst der Vertrag über die Europäische Union, der die partielle Einführung von Mehrheitsentscheidungen im Umweltschutz beinhaltete. Als die Einheitliche Europäische Akte, die erstmalig eine genuine umweltpolitische Handlungskompetenz für die damalige Gemeinschaft begründete, im Jahr 1985 von den Staats- und Regierungschefs beschlossen wurde, umfasste das umweltpolitische Regelwerk immerhin schon über 40 Richtlinien und zehn Verordnungen (Richardson 1997: 7). Auch in der Folgezeit war die Kommission – die entscheidende Kraft bezüglich der Initiierung europäischer Rechtsetzung – umweltpolitisch sehr aktiv.

Zum Zeitpunkt der Verabschiedung des Fünften Umweltaktionsprogramms hatte die Kommission über hundert neue umweltpolitische Regelungen in der Schublade. Eingebracht hat sie die wenigsten davon: Zwölf waren es im Jahr 1993, sechs im Jahr 1995, elf im Jahr 1996 und zwei bis zur Jahresmitte 1997 (Richardson 1997: 14). Auf eine Fortschreibung der Statistik wird an dieser Stelle verzichtet, weil derartige Quantifizierungen immer strittig bleiben werden: Aufgrund des Querschnittcharakters der Umweltpolitik lässt sich oft nicht eindeutig bestimmen, ob ein Rechtsakt dem umweltpolitischen „acquis" zuzurechnen ist oder dem eines „benachbarten" Politikfeldes, das von der entsprechenden Regelung betroffen sein mag (Jordan/Brouwer/Noble1999: 381). Gleichwohl belegen die von Richardson aufgeführten Zahlen, dass die Europäische Union nach dem Jahr 1992 in eine Phase des umweltpolitischen Immobilismus geriet, die vor allem dadurch gekennzeichnet war, dass politische Programme bedeutend langsamer fortentwickelt wurden als vordem (Weale 1996: 609).

Diese „Zurückhaltung" im Hinblick auf neue Gesetzesinitiativen lässt sich teilweise durch ein gewandeltes Selbstverständnis der Europäischen Kommission erklären. Während die Kommission unter Präsident Delors vor allem auf die Entwicklung neuer Maßnahmen bedacht war, arbeitete sie unter dessen Nachfolger Santer sehr viel stärker konsolidierend. Ihr Hauptaugenmerk war nunmehr primär auf die Umsetzung bereits beschlossener Maßnahmen und die Implementation rechtsgültiger Richtlinien und Verordnungen durch die Mitgliedstaaten gerichtet (Kraack/Pehle/Zimmermann-Steinhart 1998: 28). Hinzu kam, dass sich die Realisierung des Binnenmarktprojekts bis in die frühen neunziger Jahre – trotz dessen zwangsläufig eintretender „Wirtschaftslastigkeit" – paradoxerweise positiv auf die Handlungsoptionen der Umwelt-Generaldirektion innerhalb der Europäischen Kommission auswirkte.

Unter Berufung auf die Beseitigung von Handelshemmnissen, die sich in Gestalt unterschiedlicher Umweltstandards in den Mitgliedstaaten zuhauf nachweisen ließen, war es der Umweltabteilung möglich, innerhalb der Kommission eine Vielzahl von Rechtsetzungsvorschlägen durchzusetzen. Dies erklärt, warum die Europäische

Gemeinschaft allein zwischen 1989 und 1991 mehr Umweltnormen erließ als zusammengenommen in den vorausgegangenen zwanzig Jahren (Vogel 1993: 124). Die Europäisierung der Umweltpolitik vollzog sich mithin in den von der einleitend erläuterten Regulierungsthese fokussierten Bahnen. Die Chance für die Umweltpolitik, sich gleichsam an einzelne Binnenmarktrichtlinien und -verordnungen „anzuhängen", ist heute allerdings weitgehend verstellt. Unter diesem Aspekt relativiert sich die Verlangsamung der umweltpolitischen Normenproduktion durch die Europäische Union; in quantitativer Hinsicht erscheint sie als Rückkehr zum „Normalmaß".

Das deutliche Abebben der europäischen Normenflut hatte allerdings noch andere – und wichtigere – Ursachen als den Abschluss des Binnenmarktprojekts. Sie bestanden in einem grundlegenden Wandel der programmatischen Orientierung der umweltpolitischen Akteure auf europäischer Ebene, der qualitative Auswirkungen hatte, welche die nationale Umweltpolitik der Bundesrepublik Deutschland in eine durchaus prekäre Situation brachte, aus der sie sich bis heute nicht gänzlich befreien konnte.

Die deutsche Bundesregierung, die traditionell einem regulativen Ansatz für den Umweltschutz verpflichtet war – also Steuerungsinstrumente wie Gebote, Verbote und gebundene Erlaubnisse favorisierte und eine strikte „Grenzwertphilosophie" verfolgte –, hatte in den achtziger Jahren den europäischen Normsetzungsprozess immer entscheidend beeinflusst. Vor allem im industriepolitisch hoch sensiblen, weil kostenintensiven Bereich der Luftreinhaltung war das europäische Umweltrecht gleichsam eine Kopie des deutschen. Nach der Aufwertung der Umweltpolitik durch die Verabschiedung der Einheitlichen Europäischen Akte wurde nun die Regierung Großbritanniens mit dem Ziel aktiv, die Politik der Europäischen Kommission im Sinne ihres immissionsorientierten Regulierungsansatzes zu beeinflussen. In deutlicher Opposition zum „deutschen Weg" forderte sie, künftig auf die Festlegung europaweit einheitlicher Grenzwerte für bestimmte Anlagen zu verzichten und sich statt dessen auf die Vorgabe von Umweltqualitätszielen zu beschränken, weil es ökonomisch unsinnig sei, etwa in „Reinluftgebieten" von den Betreibern industrieller Anlagen dieselben Investitionen in Maßnahmen zur Schadstoffreduktion zu verlangen wie in belasteten Regionen.

Ein Erfolg der Briten in dem plakativ so genannten „regulativen Wettbewerb" um die europäische Politikgestaltung (Héritier/Mingers/Knill/Becka 1994) deutete sich bereits bei der Verabschiedung des Vierten Umweltaktionsprogramms der Europäischen Kommission an, das für die Jahre 1987 bis 1992 galt. In deutlicher Abkehr von dem vordem dominierenden deutschen Ansatz hieß es dort, dass die bislang praktizierte „Grenzwertepolitik" dem im EWG-Vertrag fixierten Verständnis von Umweltpolitik als Querschnittsaufgabe nicht mehr gerecht zu werden vermöge (hierzu und zum Folgenden Pehle 1998b: 246ff.).

Favorisiert wird seitdem ein an der Umweltqualität orientierter Ansatz, der die Entscheidung über die Mittel zur Zielerreichung weitgehend den Mitgliedstaaten überlässt. Dabei ging die Kommission davon aus, dass der „Stand der Technik" nicht mehr für alle Anlagen einer bestimmten Kategorie in ganz Europa verbindlich gemacht werden könne und solle. Ersatzweise müssten die Mitgliedstaaten auf die Erreichung bestimmter Qualitätsziele zum Beispiel für Luft oder Gewässer verpflichtet werden, wofür es neuer flankierender Maßnahmen zur Sicherstellung einer zieladäquaten Implementation der europäischen Vorgaben in und durch die Mitgliedstaaten bedürfe.

Das aus dieser Sicht „veraltete" und „überregulierte" Umweltordnungsrecht der EG (Demmke 1994: 55) sollte mittels Deregulierung modernisiert und sukzessive ersetzt werden durch Bestimmungen, welche die Öffentlichkeit als nationale „Kontrollinstanzen" instrumentalisieren. Weitreichende Informationsrechte für die Öffentlichkeit, die einen „Druck von unten" ermöglichen, sollten die Einhaltung der europäischen Qualitätsstandards durch die Mitgliedstaaten sichern (Héritier/Mingers/Knill/Becka 1994: 192). „Umweltschutz durch Verfahren" lautet also das neue Credo der Kommission, die, wie erwähnt, diesbezüglich nach Kräften von der britischen Regierung unterstützt wurde.

Nicht nur wegen des neuen Primats verfahrensorientierter Instrumente wurde der Europäischen Kommission nach Verabschiedung ihres Fünften Umweltaktionsprogramms ein „radikaler Richtungswechsel" (Wilkinson 1995: 25) attestiert, sondern auch wegen ihres Versuchs, das Prinzip der Umweltintegration zu realisieren (ausführlich hierzu Kraack/Pehle/Zimmermann-Steinhart 2001). Der Begriff

Umweltintegration verweist zum einen auf die bereits erwähnte, im ex-Art. 130 r des EG-Vertrages fixierte Querschnittsklausel, der zu Folge Umweltschutzbestimmungen beim Entwurf anderer europäischer Politiken berücksichtigt werden müssen. Die zweite Dimension integrierter Umweltpolitik besteht in dem Versuch, umweltbeeinträchtigende Auswirkungen bestimmter Maßnahmen nicht isoliert für die verschiedenen Umweltmedien zu erfassen, sondern eben „integriert", also in einem einzigen Verfahren für Wasser, Boden und Luft gemeinsam. Auf diese Weise soll verhindert werden, dass Umweltschutzmaßnahmen nicht mehr bewirken als die „Verschiebung" von Umweltbelastungen von einem Medium in das andere.

Stark verkürzt stellen sich die Konsequenzen der umweltpolitischen Innovation Europas aus deutscher Sicht wie folgt dar: Die Bundesregierung sieht sich seit nunmehr mehr als zehn Jahren damit konfrontiert, dass ihre Vorstellungen in der Gemeinschaft nicht mehr konsensfähig sind (SRU 1994: 231). Im Ministerrat wurden teilweise gegen ihre Stimme Verordnungen und Richtlinien verabschiedet, die konzeptionell und rechtssystematisch mit dem deutschen Umweltrecht nicht vereinbar sind. Die prominentesten Beispiele sind die Richtlinie über die Umweltverträglichkeitsprüfung (UVP), die Richtlinie über Umweltinformationen, die Öko-Audit-Verordnung, die Fauna-Flora-Habitat (FFH)-Richtlinie und die Richtlinie über die integrierte Vermeidung und Verminderung der Umweltverschmutzung (IVU-Richtlinie).

Anhand der „Richtlinie 85/337 EWG zur Umweltverträglichkeitsprüfung bei bestimmten öffentlichen und privaten Projekten" vom 27.6.1985 – der ersten Umweltnorm der EG, die eine prozedurale Orientierung aufwies –, lässt sich exemplarisch erläutern, worin die rechtssystematische Unvereinbarkeit zwischen europäischem und deutschem Umweltrecht besteht. Die Richtlinie, die mittlerweile novelliert wurde, verlangt im materieller Hinsicht die medien- und fachübergreifende Ermittlung, Beschreibung und Bewertung aller Auswirkungen von bestimmten, in Anlage I der Richtlinie näher klassifizierten Großprojekten auf Menschen, Tiere, Pflanzen, Boden, Wasser, Luft, Klima, Landschaft und das kulturelle Erbe einschließlich der jeweiligen Wechselwirkungen. In Hinsicht auf das Verfahren schreibt die Richtlinie generell die Beteiligung der Öffentlichkeit an der UVP sowie die Berücksichtigung der eingeholten Angaben bei der Anlagengenehmigung vor. UVP-pflichtige Projekte sind laut Anlage I z.B. Raffinerien, Kraftwerke, Integrierte Hüttenwerke, Integrierte chemische Anlagen, Autobahnen und Schnellstraßen, Eisenbahn-Fernverkehrsstrecken, Flugplätze, Seehandels- und Binnenhäfen.

Als aus deutscher Sicht entscheidend erwies sich die unscheinbare Bestimmung, dass die Ergebnisse der UVP bei der Anlagengenehmigung berücksichtigt werden müssen. Eine solche Vorschrift ist nur mit solchen Verwaltungsrechtssystemen kompatibel, die eine prinzipielle Abwägungs- und Gestaltungsbefugnis der Genehmigungsbehörden vorsehen. Dieser Konzeption widerspricht die in Deutschland auf der Basis des Gewerberechts entwickelte Idee der gebundenen Anlagengenehmigung, welche die tatbestandlichen Voraussetzungen für die Genehmigungserteilung abschließend bestimmt. Werden diese Voraussetzungen erfüllt, besteht völlig unabhängig vom Ausgang der UVP ein Rechtsanspruch des Antragstellers auf die Genehmigung seines Vorhabens (Breuer 1993: 51). Hat die Umweltverträglichkeitsprüfung ein negatives Ergebnis, muss dieses hinsichtlich der Projektgenehmigung also unter Umständen schlicht unter den Tisch fallen. Dies steht in klarem Widerspruch zur Intention des europäischen Gesetzgebers.

Dem deutschen Umweltrecht wurde mit der UVP also eine Regelung übergestülpt, die sich als weitgehend blind gegenüber seinen inneren Zusammenhängen erwies. Die Bundesregierung hätte die Richtlinie im Rat der Umweltminister durchaus verhindern können, denn seinerzeit wurde noch nach dem Einstimmigkeitsprinzip entschieden. Dass sie es nicht tat, führt Breuer (1993: 51) auf eine „anfängliche Verkennung der normativen Zusammenhänge" seitens der deutschen Verhandlungsführer zurück. Mitte der achtziger Jahre war es also „nur" taktisches Ungeschick, das der Einführung eines mit dem nationalen Recht strukturell inkompatiblen Instruments den Weg bereitete. Der Preis dafür bestand in einer erheblichen Verzögerung der Richtlinienumsetzung in deutsches Recht, die wegen der unmittelbaren Rechtswirkung verspätet umgesetzter Richtlinien zu einer erheblichen Rechts- und Planungsunsicherheit führte. Deutsche Gerichte setzten angesichts dieser Situation zum Beispiel Planfeststellungsbeschlüsse für Autobahnneubauten zeitweise außer Kraft (Pehle

1998a: 234). Die Ursache für diese und andere Entscheidungsblockaden, die im Folgenden analysiert werden, ist in der Verteilung der Gesetzgebungskompetenzen im deutschen Bundesstaat zu suchen.

Die Umsetzungsfrist für die UVP-Richtlinie endete am 2.7.1988. Das deutsche Gesetz zur Umweltverträglichkeitsprüfung trat am 12.2. 1990 in Kraft. Das ohnehin mit Verspätung erlassene Gesetz konnte indes inhaltlich nur wirksam werden durch die Verabschiedung einer entsprechenden Verwaltungsvorschrift. Das Bundesministerium für Umwelt (BMU) benötigte etwa achtzehn Monate, um den Entwurf hierfür auszuarbeiten. Der Aufwand, der diesbezüglich betrieben wurde, war einzigartig. So führte man beispielsweise in Kooperation mit der Verwaltungshochschule Speyer ein Planspiel durch – eine Maßnahme, die in der Geschichte der bundesdeutschen Gesetzgebung bis dahin ohne Beispiel war. Trotz dieser Absicherung und einer auf der ministeriellen Arbeitsebene intensiv betriebenen Koordination mit den Umweltressorts der Länder gingen aber insgesamt sechs Jahre ins Land, bis die Verwaltungsvorschrift endlich verabschiedet werden konnte. Die Schlussdebatte, die der Bundesrat darüber führte, brachte den Grund dafür ans Licht. Die bayerische Landesregierung als Wortführerin der „UVP-Kritiker" argumentierte, dass der Bund mit dem Erlass einer allgemeinen Verwaltungsvorschrift zur UVP endgültig den grundgesetzlichen Ermächtigungsrahmen überschritten habe. Sie verlangte deshalb die Aussetzung der Beschlussfassung. Damit konnte sie sich zwar nicht durchsetzen, aber auch die knappe Mehrheit, die der Vorschrift schließlich zustimmte, machte deutlich, dass sie ihr positives Votum sozusagen als Ausnahme verstanden wissen wollte (Bundesrat Sten. Ber. 682. Sitzung: 165).

Die Konzessionen, welche die Bundesregierung dem Bundesrat gegenüber eingehen musste, um die Überführung der UVP-Richtlinie in deutsches Recht sicherzustellen, betrafen vor allem den Anwendungsbereich des neuen Verfahrens, der erheblich eingeschränkt wurde. Dies veranlasste die Europäische Kommission, ein Vertragsverletzungsverfahren gegen die Bundesrepublik Deutschland anzustrengen (SRU 1996: 110), das am 22.10.1998 mit einer Verurteilung wegen unvollständiger Umsetzung der Richtlinie endete. Im März 1997, also achtzehn Monate, bevor das Urteil erging, hatte der Rat im sog. A-Punkt-Verfahren eine Änderung der UVP-Richtlinie beschlossen, die deren Anwendungsbereich erheblich ausdehnte (Umwelt Nr. 5/1997: 185). Im A-Punkt-Verfahren segnen die Minister Entscheidungen, über die im Ausschuss der Ständigen Vertreter bereits Einigung erzielt wurde, nur noch formal ab. Die deutsche Bundesregierung stimmte dabei der Verschärfung einer Richtlinie zu, die sie nicht einmal im Urzustand vollständig hatte umsetzen können. Der Handlungsbedarf auf Seiten des nationalen Gesetzgebers hatte sich damit noch einmal verstärkt, denn die Umsetzungsfrist für die Änderungsrichtlinie endete am 14.3.1999. Die Bundesregierung plante deshalb ein Gesetz, mit dessen Hilfe sowohl die vom Europäischen Gerichtshof gerügten Mängel beseitigt und gleichzeitig den Anforderungen der Änderungsrichtlinie Genüge getan werden sollte(n).

Die Umsetzungsfrist konnte nicht eingehalten werden. Die Europäische Kommission reagierte darauf im Dezember 2000 gemäß dem in Art. 228 des EG-Vertrages vorgesehenen Verfahren mit der Einleitung eines Zwangsgeldverfahrens vor dem Europäischen Gerichtshof. Für jeden weiteren Tag legislativer Untätigkeit beantragte sie ein von der Bundesregierung zu entrichtendes Zwangsgeld in Höhe von 237.000 Euro. Der Bundesrat reagierte darauf bei der Beratung eines Gesetzesentwurfs der Bundesregierung, mit dem das Zwangsgeldverfahren abgewendet werden sollte, allerdings wenig beeindruckt. In seiner Stellungnahme hieß es, dass der Entwurf „trotz des Erfordernisses einer umgehenden Umsetzung der EG-Richtlinien einer weiteren Überarbeitung bedarf." Das einzige Zugeständnis, zu welchem sich die Länderkammer verstand, bestand darin, auf eine Abstimmung über die knapp 350 Änderungsempfehlungen, die seine Ausschüsse zum UVP-Änderungsgesetz und anderen Entwürfen zur Umsetzung europäischer Umweltrichtlinien abgegeben hatten, zu verzichten und sie dem Bundestag ohne eine weitere detaillierte Stellungnahme als „Material für das weitere Gesetzgebungsverfahren" zu überstellen (Bundesrat Pressemitteilung 226/2000 vom 21.12.2000). Im Vermittlungsausschuss einigte man sich schließlich auf einen Kompromiss, der ganz wesentlich von den Vorstellungen der Bundesratsmehrheit geprägt war. Dem novellierten UVP-Gesetz, das im Juli 2001 in Kraft trat, wurde vom Sachverständigenrat für Umweltfragen zwar attestiert, dass es die zentralen EG-Vorgaben „auf vertretbaren Wegen umgesetzt" habe, jedoch sei das Gesetz in einigen Details hinter dem gemeinschaftsrechtlichen Niveau zurückgeblieben (SRU: 2002: 184).

Der Bundesrat erwies sich auch bei der Umsetzung der sog. Umweltinformationsrichtlinie als schwer zu nehmende Hürde. Die Umsetzungsfrist der „Richtlinie 90/313 EWG über den freien Zugang zu Informationen über die Umwelt" vom 7.7.1990 endete am 31.12. 1992. Das deutsche Umweltinformationsgesetz trat jedoch erst am 8.7.1994 in Kraft. Die Richtlinie schreibt vor, dass juristischen und natürlichen Personen durch die Behörden der freie Zugang zu vorhandenen umweltrelevanten Daten, Programmen und Plänen gewährt werden muss. Die Zugangsberechtigung ist nicht abhängig vom Nachweis eines Interesses oder eines laufenden Verwaltungsverfahrens. Sie erstreckt sich sowohl auf Daten aus Messstellenerhebungen und ähnliches als auch auf umweltrelevante Informationen, welche die Betreiber von genehmigungsbedürftigen Anlagen bei den Behörden einreichen müssen.

Hier gab es ein deutliches Votum des Bundesrats-Innenausschusses, demzufolge es sich bei diesem Gesetz weitgehend um Verfahrensrecht handele, wofür die Regelungskompetenz nach Art. 84 Abs. I GG grundsätzlich bei den Ländern liege. Es bedurfte intensiver Überzeugungsarbeit durch die Vertreter des BMU, bis sich schließlich doch eine Mehrheit im Bundesrat fand, die primär aus Gründen grundsätzlicher Europatreue – und erst nachdem das Gesetz gründlich „entschärft" worden war – ihre Zustimmung gab (Kramer 1994: 1 ff.). Die vom Bundesrat durchgesetzten Abstriche am ursprünglichen Konzept mussten von der Bundesregierung mit dem bei der Umsetzung von Umwelt-Richtlinien schon beinahe üblichen Preis – einem Vertragsverletzungsverfahren – bezahlt werden. Im September 1999 wurde sie wegen unvollständiger Umsetzung der Richtlinie verurteilt. Über eine entsprechende Gesetzesänderung, mit der ein zweites, mit einer Zwangsgeldverhängung verbundenes Verfahren vermieden werden konnte, wurde im „Paket" mit dem UVP-Änderungsgesetz entschieden.

Die prozedurale Orientierung des „neuen" europäischen Umweltrechts liegt gleichsam quer zur Kompetenzverteilung im deutschen Bundesstaat und macht es der Bundesregierung schwer, sich umweltpolitisch europakonform zu verhalten (Wurzel 2003: 296). Art. 84

GG erlaubt zwar die Normierung von Verfahrensrecht durch den Bundesgesetzgeber, dies jedoch nur als eine an die Zustimmung des Bundesrates gekoppelte Ausnahme. Daraus ergibt sich das Dilemma der Bundesregierung. Durch europarechtliche Vorgaben, die sie durch ein Veto im Ministerrat nicht mehr verhindern kann und denen sie etwas „blauäugig" mitunter sogar zugestimmt hat, war sie bereits mehrfach gezwungen – und wird es wohl auch künftig sein – Bundesrecht im Umweltbereich zu setzen, zu dem ihr die Ermächtigung fehlt. Mit der den Ländern jederzeit möglichen Bestreitung der entsprechenden Gesetzgebungskompetenzen werden die Bundesregierung und die sie tragende parlamentarische Mehrheit erpressbar. Schon eine einfache Stimmenmehrheit im Bundesrat zwingen sie im Zweifelsfall in die Zwickmühle zwischen Europäischer Kommission und Europäischem Gerichtshof auf der einen und eben der deutschen Länderkammer auf der anderen Seite. Dieses Ergebnis stellt sich allerdings nicht nur bei verfahrensrechtlichen Vorgaben der Europäischen Union, sondern kennzeichnet die Entscheidungsprozesse auch über andere Umwelt-Transformationsgesetze, weil diese durchgängig der Zustimmung des Bundesrates bedürfen. Insbesondere der Naturschutz, der nur der Rahmengesetzgebung des Bundes unterliegt, birgt einschlägiges Konfliktpotenzial, das bei der Umsetzung der sog. FFH-Richtlinie in besonderer Heftigkeit ausbrach.

Die Umsetzungsfrist der „Richtlinie 92/43 EWG zur Erhaltung der natürlichen Lebensräume sowie der wildlebenden Tiere und Pflanzen" vom 21.5.1992 endete im Juni 1994. Das entsprechende deutsche Gesetz trat in Form einer Novelle des Bundenaturschutzgesetzes erst mit knapp sechsjähriger Verspätung am 9.5.1998 in Kraft. Dies ist der Rekord bei der verspäteten Umsetzung europäischer Richtlinien in deutsches Recht. Mittels der Richtlinie soll der Aufbau eines kohärenten europäischen Schutzgebietssystems, welches unter der Bezeichnung NATURA 2000 firmiert, erreicht werden. Der Streit zwischen Bund und Ländern bezog sich unter anderem auf die Frage, ob den Landwirten nach der Ausweisung neuer Schutzgebiete Kompensationszahlungen für entgangene agrarische Nutzungsrechte zugestanden werden sollten und welche Seite dafür aufzukommen hätte. Diese Kontroverse bezeichnet jedoch nur einen Teil des Problems.

Ursprünglich hatte der Bund versucht, die Umsetzung der FFH-Richtlinie mit einer schon seit Jahren erfolglos betriebenen, umfassenden Novellierung des Bundesnaturschutzgesetzes zu verbinden. Dies wurde vom Bundesrat abgelehnt, und zwar nicht nur, weil die Länder nicht bereit waren, sich vom Bund die Finanzierung der auch in der Sache umstrittenen Ausgleichszahlungen an die Landwirtschaft aufbürden zu lassen. Der Protest gründete sich auch auf verfassungsrechtliche Einwände. Sie galten der Anknüpfung des Gesetzes an bundesrechtlich geregelte Verwaltungsverfahren. Kritisiert wurde, dass der Bund die Rahmengesetzgebung mit Elementen der konkurrierenden Gesetzgebung gleichsam „aufzufüllen" versucht hatte. Weil sich das neue Naturschutzgesetz auch deshalb als nicht konsensfähig erwies, zog sich der Entscheidungsprozess über sechs Jahre hin.

Auch eine Verurteilung der Bundesrepublik Deutschland, die der Europäische Gerichtshof (EuGH) am 11.12.1997 wegen Nichtumsetzung der FFH-Richtlinie aussprach, führte, trotz zwischenzeitlicher Einigung der Konfliktparteien im Vermittlungsausschuss, nicht zu einer Verabschiedung der Gesetzesänderung. Erst nachdem die Europäische Kommission den EuGH erneut mit dem Ziel angerufen hatte, ein Zwangsgeld gegen die Bundesrepublik Deutschland zu verhängen, dessen Höhe bei 1,5 Mio. DM pro Tag bis zur Behebung des Mangels gelegen hätte, verstanden sich Bundestag und Bundesrat dazu, den umstrittenen Gesetzentwurf passieren zu lassen. In diesem Fall erwies sich die ultima ratio des Art. 228 des EG-Vertrags als geeignetes Mittel, dessen sich die Bundesregierung mit Erfolg bediente, um den bundestaatlichen Entscheidungsprozess gleichsam in letzter Minute auf „Europakurs" zu trimmen.

Der Streit um die FFH-Richtlinie war mit ihrer formalen Umsetzung in deutsches Recht allerdings noch nicht beendet. Er entflammte erneut, als es um ihre Implementierung ging, und er hält bis heute an. Die Richtlinie verlangt von den Mitgliedstaaten, schutzwürdige Gebiete, die nach naturschutzfachlichen Kriterien zu ermitteln sind, an die Europäische Kommission zu melden. Die Zuständigkeit hierfür liegt bei den Ländern, deren Meldepraxis allerdings auch „weiterhin defizitär" blieb (SRU 2004: 132). Dies führte auf Initiative der Europäischen Kommission zu einer erneuten Verurteilung der Bundesrepublik durch den EuGH, die am 11.11.2001 erfolgte. Und wiederum leitete die Kommission darauf hin ein Bußgeldverfahren ein. Auf Bitten der Bundesregierung erklärte sie sich allerdings bereit, das Verfahren ruhen zu lassen, wenn die deutschen Länder die noch ausstehenden Meldungen bis zum Herbst 2004 melden würden. Die bayerische Staatsregierung beispielsweise komplettierte ihre Meldeliste mit den Schutzgebieten für „Natura 2000" fristgemäß noch im September 2004 (Süddeutsche Zeitung, 30.9.2004: 49). Offen blieb allerdings, ob auch die Regierung Niedersachsens mit ihrer zur selben Zeit erfolgten Nachmeldung die Auflagen der Europäischen Kommission tatsächlich erfüllt hat. Nach Auffassung des Bundesumweltministers tat sie es nicht, weshalb er die Öffentlichkeit darüber informierte, dass die Bundesrepublik damit rechnen müsse, zu einem Zwangsgeld in Höhe von täglich 790.000 Euro verurteilt zu werden (Süddeutsche Zeitung, 12.10.2004: 22).

Die Schwierigkeiten, mit denen sich die bundesstaatlich organisierte Umweltpolitik in Folge der Setzung europäischer Normen konfrontiert sieht, sind nicht auf den Naturschutz begrenzt. Insbesondere die „Richtlinie 96/61/EG vom 24.9.1996 zur integrierten Vermeidung und Verhinderung der Umweltverschmutzung", kurz „IVU-Richtlinie", deren Umsetzungsfrist im Herbst des Jahres 1999 endete, stellte die deutsche Umweltpolitik vor eine Herausforderung, die sie nur schwer bewältigen konnte. Die Richtlinie schreibt vor, dass bei der Genehmigung industrieller Anlagen deren umweltbeeinträchtigende Auswirkungen medienübergreifend – also Luft, Boden und Wasser „integrierend" – erfasst werden. Hinsichtlich der Verwaltungspraxis zielt der Ansatz der IVU-Richtlinie darauf ab, in einem einzigen Genehmigungsverfahren alle möglichen Umweltauswirkungen eines Vorhabens zu erfassen. Dies gab Anlass zu der Befürchtung, dass der Bund erneut zu einer Vermischung seiner legislativen Kompetenztitel aus der konkurrierenden und der Rahmengesetzgebung gezwungen würde. Um dieses Kunststück bemühte sich auch der im September 1997 vorgelegte Entwurf für ein Umweltgesetzbuch. Seine Verfasser legitimierten ihr Unterfangen mit der Berufung auf eine Bundeskompetenz kraft Sachzusammenhangs (BMU 1997: 84). Einen ähnlichen Vorstoß hatte der Bund in der Vergangenheit schon einmal unternommen. Er regte an, das Wasserhaushaltsgesetz um einen Paragraphen mit dem Titel „Supra- und internationale Anforderungen" zu ergänzen, um die gesetzliche Grundlage für die Umsetzung von europäischem Recht zu schaffen (Umwelt Nr. 11/1995: 409). Diese Initiative scheiterte an verfassungsrechtlichen Einwänden, welche vom Bundesrat nicht nur der Umsetzung der IVU-Richtlinie entgegengehalten werden, sondern dem gesamten Entwurf des Umweltgesetzbuchs.

Die IVU-Richtlinie, deren Transformation in deutsches Recht erst im Juli 2001, also lange nach Ablauf der Umsetzungsfrist in Form eines Artikelgesetzes gelang, steht nicht nur als Beispiel für die vom Bundesrat ausgehenden Verzögerungen der Entscheidungsprozesse, sondern gleichzeitig auch für ein weiteres Merkmal der deutschen, auf Europa bezogenen Umweltpolitik: Eine unproduktive Verhandlungsführung der Bundesregierung im Rat der Umweltminister und seinen Ausschüssen. Das Konzept der IVU-Richtlinie hatte das britische System der „Integrated Pollution Control" zum Vorbild, welches aufgrund seiner Immissionsorientierung auf die Festlegung einheitlicher Grenzwerte für Anlagen eines bestimmten Typs verzichtet (Zöttl 1998: 124ff.). Im September 1993 legte die Europäische Kommission ihren Richtlinienvorschlag vor, der in Deutschland auf vehemente Kritik stieß. Zwar wurde der integrierte Ansatz als solcher durchaus positiv bewertet, doch empfahlen alle mit dem Vorschlag befassten Bundestagsausschüsse und auch der Bundesrat parteienübergreifend seine Ablehnung im Ministerrat.

Die zentrale Forderung, welche die „IVU-Kritiker" in Parlament, Regierung und im Bundesverband der Deutschen Industrie einte, war, auch künftig EU-weit gültige Emissionsgrenzwerte nach dem Stand der Technik zu bestimmen. Regierungsseitig wurde die Bundesrepublik in der Europäischen Union nur von Dänemark unterstützt. Angesichts dieser Situation unternahm die Bunderegierung, die es versäumt hatte, rechtzeitig mit eigenen Vorschlägen aktiv zu werden (SRU 1996: 85), nachdem sie die Ratspräsidentschaft übernommen hatte, den Versuch, den Kommissionsvorschlag noch in letzter Minute zu kippen. Wie zu erwarten und auch von der Ständigen Vertretung Deutschlands bei der Europäischen Union vorausgesagt, scheiterte diese Initiative (Wurzel 1996: 285). Der nachfolgenden französischen Präsidentschaft gelang es schließlich, im Mai

1995 eine Einigung im Ministerrat herbeizuführen, die einstimmig akzeptiert wurde.

Die Richtlinie, die heute, nach Inkrafttreten des Amsterdamer Vertrages, unter das Verfahren der Mitentscheidung fallen würde, wurde seinerzeit im Kooperationsverfahren beschlossen. Im Europäischen Parlament gab es eine Mehrheit für die Verankerung von Emissionsgrenzwerten, wie sie auch die Bundesregierung ursprünglich gefordert hatte (Zöttl 1998: 147). Dadurch, dass letztere aber den Gemeinsamen Standpunkt des Rates schließlich mitgetragen hatte, war das Parlament des Bündnispartners verlustig gegangen, dessen es bedurft hätte, die Richtlinie noch zu verändern. Den Preis hierfür bezahlt die 1998 ins Amt gekommene neue Bundesregierung, der es, wie erwähnt, erst nach drei Jahren gelungen ist, eine Mehrheit im Bundesrat für die Umsetzung der Richtlinie zu gewinnen.

Eine den eigenen Interessen faktisch zuwiderlaufende Verhandlungsführung praktizierte die Bundesregierung auch bei den Verhandlungen über die sog. Öko-Audit-Verordnung. Die „Verordnung 1836/93 EWG vom 29.6.1993 über eine freiwillige Beteiligung gewerblicher Unternehmen an einem Gemeinschaftssystem für das Umweltmagement und die Umweltbetriebsprüfung“ hat die Verbesserung des betrieblichen Umweltschutzes zum Ziel. Hierzu sollen Unternehmen standortbezogen ihre betriebliche Umweltpolitik, Umweltschutzprogramme und Umweltmanagementsysteme festlegen und umsetzen. Darauf folgen interne Umweltbetriebsprüfungen als Basis für eine standortbezogene Umwelterklärung, welche alsdann von einem unabhängigen Umweltgutachter überprüft werden muss. Die als gültig deklarierten Umwelterklärungen werden in ein Verzeichnis eingetragen. Zwar darf die Teilnahme am Öko-Audit-System nicht unmittelbar für die Produktwerbung eingesetzt werden, wohl aber in Broschüren, Presseinformationen u.s.w. zum Zweck der allgemeinen Imagewerbung. Die Verordnung gilt seit April 1995. Obwohl europäische Verordnungen im Gegensatz zu Richtlinien unmittelbar geltendes Recht in den Mitgliedstaaten setzen, bestand dennoch Umsetzungsbedarf, weil ein System für die Zulassung von Umweltgutachtern und die Registrierung geprüfter Betriebsstandorte geschaffen werden musste. Dies geschah mit dem „Umweltgutachterzulassungs- und Standortregistrierungsgesetz“ vom Juli 1995.

Wie die IVU-Richtlinie ist auch die Öko-Audit-Verordnung maßgeblich von der britischen Regierung beeinflusst worden (Zito/Egan 1998: 101f.). Als der Kommissionsentwurf im März 1992 nach langwierigen Verhandlungen dem Ministerrat vorgelegt wurde, hatten elf Delegationen bereits ihre Zustimmung signalisiert. Nur die Regierung der Bundesrepublik verweigerte ihre Zustimmung. Angesichts der seinerzeit noch gültigen Einstimmigkeitsregel konnte sie die Verordnung durch ihr Veto stoppen. Das deutsche Ausscheren aus dem europäischen Konsens über das Öko-Audit erfolgte auf Druck der nationalen Wirtschaftsverbände. Hintergrund dessen war die Befürchtung, dass es in anderen Mitgliedstaaten der Europäischen Gemeinschaft möglich sein würde, eine Beteiligung am europäischen Umweltmanagementsystem unter weniger strengen Bedingungen als in Deutschland erreichen zu können.

Als sich im Vorfeld der Verabschiedung des Maastrichter Vertrages eine Änderung des Entscheidungsmodus im Rat zugunsten von Mehrheitsentscheidungen im Umweltbereich abzeichnete, änderte die Bundesregierung ihre Taktik. Sie versuchte nun, inhaltlichen Einfluss auf die Verordnung zu nehmen und durchzusetzen, dass alle Unternehmen, die sich am System beteiligen wollen, nach deutschem Vorbild auf den Einsatz des „Standes der Technik" verpflichtet würden. Der Stand der Technik repräsentiert die jeweils fortschrittlichsten Verfahren, Einrichtungen oder Betriebsweisen, die mit Erfolg im Betrieb erprobt worden sind. Auf die deutsche Forderung ließen sich die anderen Mitgliedstaaten nur unter der Einschränkung auf die „am besten verfügbaren Techniken" ein, die keineswegs die Spitze der technischen Entwicklung repräsentieren müssen. Zudem wurde festgelegt, dass ihr Einsatz „wirtschaftlich vertretbar" sein muss. Trotz ihres nur sehr bescheidenen Verhandlungserfolges, trug die Bundesregierung den Verordnungstext schließlich mit.

Die Verordnung enthielt noch keine Vorschrift über die detaillierten Standards, die beim „Auditing", also der Umweltqualitätskontrolle angewendet werden sollten. Großbritannien versuchte, seinen national bereits gültigen Standard EU-weit zu etablieren, stieß mit diesem Ansinnen jedoch auf den Widerstand Deutschlands, Frankreichs und Spaniens. Zusätzlich sah sich die Europäische Kommission aufgrund starken internationalen Drucks und der Drohung amerikanischer Konzerne mit Standorten in Europa, die Welthandelsorganisation einzuschalten, genötigt, auch die Tätigkeit der Internationalen Standardisierungskommission ISO zu berücksichtigen, die im November 1996 ihre Norm 14001 für das betriebliche Umweltmanagement vorlegte. Die Kommission entschied schließlich, sowohl den in Großbritannien entwickelten Standard als auch die ISO-Norm innerhalb der Europäischen Union zuzulassen (Zito/Egan 1998: 112).

Die ISO-Norm stellt an die Unternehmen geringere Anforderungen als das in Europa entwickelte Konzept. Sie sieht weder die Veröffentlichung der von den Betrieben abgegebenen Umwelterklärungen vor, noch macht sie die kontinuierliche Verbesserung des betrieblichen Umweltschutzes zur Voraussetzung für eine Zertifizierung.

Die größere Attraktivität der ISO-Norm schlägt sich darin nieder, dass sich innerhalb der EU weit mehr Unternehmen nach ihr zertifizieren lassen als Teilnehmer am Öko-Audit-System registriert sind. Auch in Deutschland, wo der Trend lange umgekehrt war, ist dies mittlerweile der Fall. Zum Ende des Jahres 2003 standen hier 1.697 Teilnehmern am Öko-Audit-System 4.150 ISO-zertifizierte Unternehmen gegenüber. Im Vereinigten Königreich, zum Beispiel, nahmen zum selben Zeitpunkt nur 64 Unternehmen am EU-System teil, während gleichzeitig aber immerhin 2.917 ISO-Zertifizierungen gezählt wurden. Ausgerechnet in Großbritannien, dessen Regierung die Verabschiedung der europäischen Öko-Audit-Verordnung mit Unterstützung der heimischen Wirtschaft nach Kräften gefördert hat, fristet das System also ein Schattendasein. Und ausgerechnet in Deutschland, das im Ministerrat als einziger Mitgliedstaat gegen seine Einführung gestimmt hat, ist immer noch knapp die Hälfte aller Öko-Audit-Standorte innerhalb der EU (15) registriert. Wusste die damalige Bundesregierung, was sie tat, als sie seinerzeit versuchte, die Einführung des Öko-Audit-Systems zu verhindern?

Auch die „rot-grüne" Bundesregierung musste sich Kritik an ihrer umweltpolitischen Verhandlungsführung in Brüssel gefallen lassen. Gegenstand der Kritik war die im Zusammenhang mit der Wahrnehmung der Richtlinienkompetenz durch den Bundeskanzler und dem Einfluss organisierter Interessen auf die Europapolitik bereits erwähnte Weisung des Kanzlers an den Umweltminister, im Rat entgegen seiner Überzeugung gegen die Verabschiedung der Altauto-Richtlinie zu stimmen. Besonders pikant war diese Strategie deshalb, weil die Bundesregierung zu diesem Zeitpunkt die Ratspräsidentschaft innehatte. Eine bereits „durchverhandelte" Richtlinie, die eigentlich für die Liste der unstrittigen A-Punkte vorgesehen war, unmittelbar vor der Ratstagung wieder von der Tagesordnung zu nehmen, ist mit der gängigen Erwartung an die Präsidentschaft, die in der Formel vom „ehrlichen Makler" ausgedrückt wird, schwerlich zu vereinbaren. Der deutschen folgte die finnische Ratspräsidentschaft. Der finnischen Regierung gelang es, innerhalb von wenigen Wochen einen Kompromissvorschlag zu präsentieren, der von einer breiten Mehrheit getragen wurde. Nur Deutschland stimmte dagegen (Hurrelmann 2001: 157). Die Zeiten, in denen die Bundesrepublik aufgrund ihres Entscheidungsverhaltens im Rat ohne jeden Zweifel zu den umweltpolitischen „Vorreitern" innerhalb der Europäischen Union gezählt werden konnte (Holzinger1994: 386ff.), sind seit längerem vorbei. Daran hat auch der Antritt einer Regierungskoalition unter Beteiligung der Grünen wenig geändert.

Auf Europa bezogene, umweltpolitische Weichenstellungen beschränken sich nicht auf die Aushandlung neuer Vertragsbestimmungen auf den Regierungskonferenzen und die Teilhabe der deutschen Regierungsvertreter an den Ratsentscheidungen über Richtlinien und Verordnungen. Insbesondere seitdem die Bundesregierung mit ökonomischen Instrumenten für den Umweltschutz experimentiert, muss sie sich mit Entscheidungen der Europäischen Kommission über die Wettbewerbsverträglichkeit ihrer Maßnahmen auseinandersetzen, auch wenn diese auf den nationalen Rahmen beschränkt sind.

So stand die Fortschreibung der zum 1.4.1999 begonnenen Ökologischen Steuerreform in vier weiteren Stufen für die Jahre 2000 bis 2003 von vornherein unter dem Vorbehalt der Zustimmung durch „Brüssel" (Das Parlament Nr. 48/1999: 9; Wurzel 2003: 301). Ein Veto durch die Kommission drohte deshalb, weil das neue Gesetz auf Betreiben von Bündnis 90/Die Grünen vorsah, neue hocheffiziente Gas- und Dampfkraftwerke für die Dauer von zehn Jahren der Mineralölsteuer zu befreien und sie damit den Kohle- und Kernkraftwerken, die ebenfalls nicht unter die Mineralölsteuer fallen, gleichzustellen. Die Kommission teilte der Bunderegierung zunächst mit, dass sie die vorgesehene Steuerbefreiung als Beihilfe einstufe, die allenfalls für drei bis vier Jahre genehmigungsfähig sei (Süddeutsche Zeitung, 29.1. 2000: 25). Es bedurfte einer ausführlichen Begründung durch das Umweltministerium, damit sich die Kommission ein knappes Jahr später schließlich doch noch dazu verstand, die Steuerbefreiung zu genehmigen. Allerdings befristete sie sie auf fünf Jahre (Umwelt Nr. 1/ 2001: 26).

Nicht nur die Kommission, sondern auch der Europäische Gerichtshof hat, so er denn angerufen wird, die Möglichkeit, die nationale Umweltpolitik nachhaltig zu beeinflussen. Dies war der Fall, nachdem er im Jahr 1998 vom Landgericht Kiel um eine Vorabentscheidung über die Konformität des deutschen Stromeinspeisegesetzes mit dem europäischen Recht ersucht wurde. Das Stromeinspeisegesetz wurde im Jahr 2000 vom „Erneuerbare-Energien-Gesetz" abgelöst. In Bezug auf die strittige Regelung entsprechen sich beide Gesetze im Wesentlichen. Diese Vorschrift verpflichtet die Energieversorgungsunternehmen dazu, Strom aus erneuerbaren Energien wie Windkraft und Solarzellen von anderen Produzenten abzunehmen und mit staatlich festgesetzten Mindestpreisen zu vergüten. Die Kläger machten geltend, dass diese Verpflichtung nicht mit den beihilferechtlichen Bestimmungen des EG-Vertrages vereinbar sei. Zusätzlich monierten sie, dass die Abnahme- und Preisgarantie nur für deutsche Produzenten gilt. Eine solche Diskriminierung sei durch die Binnenmarktregularien untersagt. In seinem Urteil vom 13.3.2001 hat der Gerichtshof die Förderung des „Öko-Stroms" durch den deutschen Gesetzgeber gerettet. Er bewertete Abnahmepflicht und Mindestpreise nicht als Beihilfen, weil sie keine Übertragung von staatlichen Mitteln darstellten, und rechtfertigte den Ausschluss nicht-deutscher Stromproduzenten von der Förderung damit, dass der europäische Strommarkt noch nicht vollständig harmonisiert sei (Süddeutsche Zeitung, 14.3.2001: 25). In den Bereichen, in denen die Gesetze des Binnenmarktes noch nicht vollständig greifen, sind nationale Alleingänge nach der Logik dieses Urteils also grundsätzlich noch möglich, allerdings nur wenn sie in Gestalt ökonomisch-fiskalischer Maßnahmen daherkommen, die den strengen Vorschriften des Art. 95 EG-Vertrag für verschärfte nationale Sonderregelungen im „genuinen Umweltrecht" nicht unterliegen. Nationalstaatliche Umweltpolitiker, die sich um kreative Lösungen bemühen, benötigen bisweilen die

Tugenden von Spürhunden, um die entsprechenden „Lücken" im europäischen Recht auszumachen.

Angesichts der mittlerweile erreichten Regelungsdichte des europäischen Umweltrechts besteht eine ganz wesentliche Erfolgsbedingung für die nationale Umweltpolitik aber nicht im Aufspüren von Regelungslücken, sondern vielmehr darin, inhaltlichen Einfluss auf die Brüsseler Entscheidungsprozesse zu gewinnen. Diesbezüglich sieht die deutsche Bilanz seit etlichen Jahren recht düster aus. Der Sachverständigenrat für Umweltfragen (1996: 85) kritisierte bereits vor Jahren, dass sich die deutsche Verhandlungsführung weitgehend auf die Defensive beschränke, aus der Impulse für eine Mitgestaltung des europäischen Umweltregimes schwerlich zu gewinnen seien. Auch der „rot-grünen" Bundesregierung wirft der Sachverständigenrat (2002: 151) vor, dass ihr „offenbar die Motivation oder die personelle Kapazität [fehlen], die Strategiebildung auf europäischer Ebene voranzutreiben." Auch wenn der Umweltpolitik nach dem Regierungswechsel von 1998 eine gewisse Dynamik nicht abzusprechen war, die sich wie erwähnt vor allem in der Einführung neuer, ökonomisch akzentuierter Steuerungsinstrumente niederschlug (Pehle 2003: 442ff.), war ein Einflussgewinn auf die europäische Ebene damit nicht verbunden. Das Umweltministerium des Bundes ist auch intern weitgehend wieder ins Abseits geraten (Sachverständigenrat für Umweltfragen 2004: 75). Exemplarisch zeigte sich dies an den koalitionsinternen Auseinandersetzungen über den nationalen Allokationsplan für den von der EU vorgeschriebenen Emissionshandel für Treibhausgase (Süddeutsche Zeitung, 31.3.2004: 5).

Aufgrund des innenpolitischen Primats wirtschafts- und arbeitsmarktpolitischer Imperative ist die Entwicklung neuer und eigenständiger Konzepte, mit deren Hilfe man auf die Umweltpolitik der Europäischen Kommission gestaltend einwirken könnte, auch mittelfristig nicht zu erwarten. Das deutsche Umweltministerium muss sich deshalb damit bescheiden, seine europapolitischen Erfolgserlebnisse in „Abwehrkämpfen" gegen Einwände der Kommission, die sich im Jahr 2004 beispielsweise in der Einleitung eines Vertragsverletzungsverfahrens gegen die nationale Dosenpfandregelung niederschlugen (Süddeutsche Zeitung, 21.4.2004: 7), zu suchen. Zwar gibt es nach wie vor umweltpolitisch relevante Bereiche, bei denen die Bundesregierung zu Recht für sich in Anspruch nimmt, die Entwürfe der Europäischen Kommission inhaltlich wesentlich mitbeeinflusst zu haben. Als Beispiel nennt sie selbst den umstrittenen Richtlinienentwurf der Kommission für ein neues Chemikalienrecht (Bundestagsdrucksache 15/3128). Bezeichnenderweise aber wurde eben diese Angelegenheit zur „Chefsache" erklärt. Die nationalen Umweltpolitiker blieben bei den Verhandlungen wohl schon deshalb außen vor, weil es dem Bundeskanzler darum ging, den Entwurf im Sinne der Chemieindustrie zu „entschärfen" (Süddeutsche Zeitung, 29.10.2003: 23 und 30.10.2003: 17). Auch hier handelte es sich also um einen Abwehrkampf, der deutscherseits ernsthaft erst „in letzter Minute" eröffnet wurde. Auch dies macht die ökologische Defensive der deutschen Politik auf europäischer Ebene deutlich. Geschuldet ist sie nicht zuletzt der erwähnten Tatsache, dass das Umweltministerium regierungsintern wieder häufig „ausgegrenzt statt integriert" wird (Pehle 1998a). Auf dieser Basis ist ihm ein selbstbewusstes Networking auf europäischen Niveau schwierig bis unmöglich: Die deutsche Umweltpolitik ist – so scheint es – bis auf weiteres weitgehend zum Befehlsempfänger der Europäischen Union degradiert. Sie hat die Chance verpasst, eine aktive Rolle bei der Bildung von Policy-Netzwerken und advocacy coalitions zu spielen.

Literatur

Bär, Stefani/Kraemer, Andreas R. (1998): Amsterdam und die Umwelt. Eine Analyse des Vertrags von Amsterdam und seinen Folgen für die Umweltpolitik der Europäischen Union und ihrer Mitgliedstaaten, Berlin.

BMU (1997): Bundesministerium für Umwelt, Naturschutz und Reaktorsicherheit (Hrsg.): Umweltgesetzbuch (UGB-KomE). Entwurf der Unabhängigen Sachverständigenkommission zum Umweltgesetzbuch beim Bundesministerium für Umwelt, Naturschutz und Reaktorsicherheit, Berlin.

Breuer, Rüdiger (1993): Entwicklungen des europäischen Umweltrechts – Ziele, Wege und Irrwege, Berlin/New York.

Demmke, Christoph (1994): Umweltpolitik im Europa der Verwaltungen, in: Die Verwaltung 27(1), S. 49–68.

Erbguth, Wilfried (Hrsg.) (2001): Europäisierung des nationalen Umweltrechts: Stand und Perspektiven, Baden-Baden.

Fischer, Klemens H. (2001): Der Vertrag von Nizza. Text und Kommentar, Baden-Baden/Zürich.

Hartkopf, Günter/Bohne, Eberhard (1983): Umweltpolitik, Bd. 1. Grundlagen, Analysen und Perspektiven, Opladen.

Héritier, Adrienne/Mingers, Susanne/Knill, Christoph/Becka, Martina (1994): Die Veränderung von Staatlichkeit in Europa. Ein regulativer Wettbewerb: Deutschland, Großbritannien und Frankreich in der Europäischen Union, Opladen.

Holzinger, Katharina (1994): Politik des kleinsten gemeinsamen Nenners? Umweltpolitische Entscheidungsprozesse in der EG am Beispiel der Einführung des Katalysatorautos, Berlin.

Hurrelmann, Achim (2001): Politikfelder und Profilierung, Mitarbeit in: Joachim Raschke: Die Zukunft der Grünen, Frankfurt a.M./New York, S. 143–265.

Jordan, Andrew/Brouwer, Roy/Noble, Emma (1999): Innovative and Responsive? A Longitudinal Analysis of the Speed of EU Environmental Policy-making, 1967–97, in: Journal of European Public Policy 6(3), S. 376–398.

Knill, Christoph/Lenschow, Andrea (2000): Neue Steuerungskonzepte in der europäischen Umweltpolitik: Institutionelle Arrangements für eine effektivere Implementation?, in: Prittwitz, Volker von (Hrsg.): Institutionelle Arrangements in der Umweltpolitik. Zukunftsfähigkeit durch innovative Verfahrenskombinationen?, Opladen, S. 65–83.

Kraack, Michael/Pehle, Heinrich/Zimmermann-Steinhart, Petra (1998): Europa auf dem Weg zur integrierten Umweltpolitik, in: Aus Politik und Zeitgeschichte B 25–26, S. 26–33.

Kraack, Michael/Pehle, Heinrich/Zimmermann-Steinhart, Petra (2001): Umweltintegration in der Europäischen Union, Baden-Baden.

Kramer, Rainer (1994): Umweltinformationsgesetz, Öko-Audit-Verordnung, Umweltzeichenverordnung: Kommentar zum Umweltinformationsgesetz, Stuttgart/Berlin/Köln.

Müller-Brandeck-Bocquet, Gisela (1997): Flexible Integration – eine Chance für die europäische Umweltpolitik?, in: Integration 20(4), S. 292–304.

Pehle, Heinrich (1998a): Das Bundesministerium für Umwelt, Naturschutz und Reaktorsicherheit: Ausgegrenzt statt integriert? Das institutionelle Fundament der deutschen Umweltpolitik, Wiesbaden.

Pehle, Heinrich (1998b): Intergouvernementales Handeln als Erfolgsbedingung und Restriktion von Umweltpolitik, in: Hilpert, Ulrich/Holtmann, Everhard (Hrsg.): Regieren und intergouvernementale Beziehungen, Opladen, S. 239–256.

Pehle, Heinrich (2003): Umweltschutz, in: Jesse, Eckhard/Sturm, Roland (Hrsg.): Demokratien des 21. Jahrhunderts im Vergleich. Historische Zugänge, Gegenwartsprobleme, Reformperspektiven, Opladen, S. 423–447.

Rat von Sachverständigen für Umweltfragen (1994): Umweltgutachten 1994. Für eine dauerhaft-umweltgerechte Entwicklung, Bundestagsdrucksache 12/6995 vom 8.3.1994.

Rat von Sachverständigen für Umweltfragen (1996): Umweltgutachten 1996. Zur Umsetzung einer dauerhaft-umweltgerechten Entwicklung, Stuttgart.
Rat von Sachverständigen für Umweltfragen (2000): Umweltgutachten 2000: Schritte ins nächste Jahrtausend, Stuttgart.
Rat von Sachverständigen für Umweltfragen (2002): Umweltgutachten 2002: Für eine neue Vorreiterrolle, Stuttgart.
Rat von Sachverständigen für Umweltfragen (2004): Umweltgutachten 2004: Umweltpolitische Handlungsfähigkeit sichern, Bundestagsdrucksache 15/3600 vom 2.7.2004.
Richardson, Jeremy (1997): Policy Instruments in EU Environmental Policy: Explaining Change over Time (Paper presented to Symposium on the Innovation of Environmental Policy, University of Bologna, 21–25 July 1997).
Umwelt (herausgegeben vom Bundesministerium für Umwelt, Naturschutz und Reaktorsicherheit), verschiedene Ausgaben.
Vogel, David (1993): The Making of EC Environmental Policy, in: Andersen, Sven S./Eliassen, Kjell A. (Hrsg.): Making Policy in Europe. The Europeification of National Policy-making, London/Thousand Oaks/New Delhi, S. 116–131.
Weale, Albert (1996): Environmental Rules and Rule-making in the European Union, in: Journal of European Public Policy 3(4), S. 594–611.
Weidner, Helmut/Jänicke, Martin (1998): Vom Aufstieg und Fall eines Vorreiters. Eine umweltpolitische Bilanz der Ära Kohl, in: Wewer, Göttrik (Hrsg.): Bilanz der Ära Kohl. Christlich-liberale Politik in Deutschland 1982 – 1998, Opladen, S. 201–228.
Wurzel, Rüdiger (1996): The Role of the EU Presidency in the Environmental Field: Does it Make a Difference Which Member State Runs the Presidency?, in: Journal of European Public Policy 3(2), S. 272–291.
Wurzel, Rüdiger (2003): Environmental Policy: A Leader State under Pressure?, in: Dyson, Kenneth/Goetz, Klaus H. (Hrsg.): Germany, Europe and the Politics of Constraint, Oxford, S. 289–323.
Zito, Anthony R./Egan, Michelle (1998): Environmental Management Standards, Corporate Strategies and Policy Networks, in: Environmental Politics 7(3), S. 94–117.
Zöttl, Johannes (1998): Integrierter Umweltschutz in der neuesten Rechtsentwicklung. Die EG-Richtlinie über die integrierte Vermeidung und Verminderung der Umweltverschmutzung und ihre Umsetzung in deutsches Recht, Baden-Baden.

4.6 Verkehrspolitik

Das Politikfeld „Verkehr" umfasst zwei verschiedene, wenngleich aufeinander bezogene Dimensionen. Deren erste bildet die Strukturpolitik, bei der es um Erstellung und Erhalt der für die jeweiligen Verkehrsträger erforderlichen Infrastruktur geht. In Gestalt des Aufbaus der sog. Transeuropäischen Netze, die im Wesentlichen Verkehrsinfrastrukturprojekte beinhalten, die für die Mitgliedstaaten von „gemeinsamem Interesse" sind, betreibt auch die Europäische Union Strukturpolitik im Sinne der Finanzierung insbesondere grenzüberschreitender Verkehrsverbindungen. Ein nennenswerter Einfluss auf die grundsätzliche verkehrspolitische Ausrichtung der mitgliedstaatlichen Verkehrspolitiken ist damit jedoch nicht verbunden (ähnlich schon Walther 1996: 235). Unter dem Vorzeichen der „Europäisierung" der deutschen Verkehrspolitik muss dieser Aspekt deshalb nicht näher betrachtet werden.

Anders ist dies bei der zweiten verkehrspolitischen Dimension, der Ordnungspolitik. Ihre Aufgabe besteht in der Ausgestaltung der im weitesten Sinne verstandenen Wettbewerbsregeln (Pehle 2003: 513ff.). Formal – also rein vertragstechnisch – betrachtet, gehört die ordnungspolitische Komponente der Verkehrspolitik bereits seit Inkrafttreten der Römischen Verträge im Jahr 1958 zu den Aufgaben der Europäischen Gemeinschaft. Art. 74 des EWG-Vertrages – dem heute der Art. 70 des EG-Vertrages entspricht – bestimmte, dass die Mitgliedstaaten die Vertragsziele „im Rahmen einer gemeinsamen Verkehrspolitik" verfolgen (sollten). Art. 75 konkretisierte diese Bestimmung dahingehend, dass die EWG für den internationalen Verkehr zwischen den Mitgliedstaaten „gemeinsame Regeln" erlassen sowie „Bedingungen für die Zulassung von Verkehrsunternehmen innerhalb eines Mitgliedstaates, in dem sie nicht ansässig sind", festlegen sollte.

Damit wurde der Vertrag dem Wortlaut nach der „elementaren Bedeutung des Verkehrs für den gemeinsamen Markt" zwar gerecht. Für die politische Praxis jedoch hatten diese Festlegungen über beinahe drei Jahrzehnte nahezu keine Auswirkungen (Kraack/Pehle/Zimmermann-Steinhart 2001: 149). Weil sich die Mitgliedstaaten aufgrund fundamental unterschiedlicher ordnungspolitischer Orientierungen nicht auf eine Füllung der vertraglichen Worthülsen mit konkreten Inhalten einigen konnten (Kerwer/Teutsch 2001:25ff.; Hadzidakis/Jarzembowski 2004: 11), blieb die Gemeinschaft praktisch völlig untätig. Politiker und Öffentlichkeit hatten sich deshalb daran gewöhnt, die Verkehrspolitik als nationalstaatliche Domäne zu behandeln. Es war letztlich das Europäische Parlament, das dieser Auffassung – auf durchaus außergewöhnliche Weise – Mitte der achtziger Jahre ein Ende setzte.

Der EWG-Vertrag hatte die Frage, ob die europäischen Verkehrsmärkte wettbewerblich organisiert oder staatsdirigistischen Eingriffen unterworfen werden sollten, angesichts der ordnungspolitischen Divergenzen zwischen den Mitgliedstaaten zwangsläufig offen gelassen. Schon frühzeitig hatte die Europäische Kommission versucht, dieses programmatische Vakuum mittels einer Vielzahl von Vorschlägen zugunsten einer wettbewerbsorientierten Verkehrswirtschaft zu füllen. In diesem Bemühen wurde die Kommission vom Europäischen Parlament nach Kräften unterstützt. Trotz dreier einschlägiger Entschließungen, die das Parlament in den Jahren 1974, 1979 und 1982 an den Rat adressierte, war jedoch angesichts der Entscheidungsunfähigkeit des Rates ein absoluter Stillstand der europäischen Verkehrspolitik zu konstatieren (Köberlein 1997: 289f.). In dieser Situation kam es im Jahr 1983 erstmals in der Geschichte der europäischen Integration zu einer Untätigkeitsklage, die das Parlament beim Europäischen Gerichtshof (EuGH) gegen den Rat einreichte (Hadzidakis/Jarzembowski 2004: 12).

In der Konsequenz war es also ein Richterspruch, der erst mehr als ein Vierteljahrhundert nach Gründung der EWG den eigentlichen Beginn europäischer Verkehrspolitik markierte. In seinem Urteil vom 22.5.1985 gab der EuGH der Klage in wesentlichen Punkten statt. Die Richter gingen davon aus, dass der damalige EWG-Vertrag immerhin zwei verkehrspolitische Teilziele so konkret bestimmt habe, dass sie einklagbar seien, „[...] nämlich die Dienstleistungsfreiheit im grenzüberschreitenden Verkehr und die Zulassung von ausländischen Verkehrsunternehmen zum innerstaatlichen Verkehr" (Köberlein 1997: 290). Die „Nicht-Entscheidungen" des Ministerrats hätten dazu geführt, dass diese beiden Ziele nicht hätten erreicht werden können, weshalb der Rat wegen Untätigkeit zu verurteilen sei. Dieser habe, so der EuGH weiter, dafür Sorge zu tragen, dass die in Art. 75 EWG-Vertrag genannten Ziele innerhalb eines „angemessenen Zeitraums“ erreicht werden könnten.

Das Urteil machte zwar deutlich, dass bei einem weiteren Ausbleiben entsprechender Ratsentscheidungen mit europäischer Verkehrspolitik auf dem Wege der Ersatzvornahme durch den Gerichtshof gerechnet werden müsse; auf konkrete inhaltliche Vorgaben verzichteten die Richter jedoch. Ihr Urteil bekräftigte lediglich die vertraglich ohnehin geforderte Beseitigung solcher nationaler Regelungen, die den grenzüberschreitenden Verkehr unverhältnismäßig und vor allem stärker behinderten als den innerstaatlichen Verkehr. Gleichzeitig forderte es die Gleichbehandlung in- und ausländischer Verkehrsunternehmer in und durch die Mitgliedstaaten. Die Einschätzung, dass das EuGH-Urteil vom Mai 1985 einen „Wendepunkt in der Verkehrspolitik der Europäischen Gemeinschaften [markiert], weil nach dem Urteilsspruch die Liberalisierung der europäischen Verkehrsmärkte eingeleitet wurde“ (Köberlein 1997: 291), ist zwar berechtigt. Irreführend wäre jedoch die Vermutung, dass diese Liberalisierung durch Richterrecht erzwungen worden wäre, denn dem Diskriminierungsverbot für ausländische Verkehrsunternehmer hätte man auch ohne Liberalisierung gerecht werden können.

Ausgangspunkt der vom Verkehrsministerrat ausgehenden Liberalisierungsbemühungen war ein politischer Grundsatzbeschluss, der im November 1985 – also nur etwa ein halbes Jahr nach dem Urteil des EuGH – erging. Dieser Beschluss sah vor, dass bis zum 1.1.1993 ein freier europäischer Verkehrsmarkt ohne mengenmäßige Beschränkungen realisiert werden sollte. Prinzipiell wurden alle Verkehrsarten und Verkehrsträger von den Liberalisierungsbestrebungen erfasst. Schwerpunktmäßig widmete man sich in der Folgezeit zunächst allerdings dem Straßengüterverkehr. Diesbezüglich von besonderer Bedeutung war die schrittweise Abschaffung des Verbots, Transporte in einem Mitgliedstaat von einem Unternehmer mit Sitz in einem anderen Mitgliedstaat ausführen zu lassen. Die Ermöglichung der sog. „Kabotage“ war ein Essenzial der neuen Verkehrspolitik der Gemeinschaft, durch welches deren Zusammenhang mit dem Binnenmarktprogramm der Europäischen Kommission besonders deutlich wurde. Die Reform, die im Jahr 1990 mit der Einführung zahlenmäßig begrenzter Kabotagegenehmigungen begann, mündete mit Wirkung zum 1.1. 1998 in die völlige Aufhebung des Kabotageverbots (vgl. ausführlich Weyand 1996).

Mit dem Wegfall des Kabotageverbots ist allerdings nur eine von mehreren Möglichkeiten für die Mitgliedstaaten beseitigt worden, ihre Verkehrsunternehmer vor europäischer Konkurrenz zu schützen. Erhebliche Wettbewerbsverzerrungen ergaben sich auch durch die Existenz höchst unterschiedlicher Sozialvorschriften, auch weil die Arbeitszeitrichtlinie der EG, die bis zum Ende des Jahres 1996 umgesetzt werden musste, den Verkehrssektor vollständig aus ihrem Anwendungsbereich ausschloss. Diese Lücke wurde erst mit einer Richtlinie über höchstzulässige Wochenarbeitszeiten für LKW-Fahrer, die seit März 2002 gilt, geschlossen (Hadzidakis/Jarzembowski 2004: 29f.).

Die Liste der Einschränkungen mitgliedstaatlicher Entscheidungsfreiräume im ordnungspolitischen, auf den Straßengüterverkehr bezogenen Bereich durch Rechtsharmonisierung auf europäischem Niveau ist damit bei weitem nicht erschöpft. Sie erstreckt sich mittlerweile auch auf steuer- und abgabenrechtliche Regelungen. So hat die Europäische Union beispielsweise Mindestsätze für die Mineral- und Kraftfahrzeugsteuer dekretiert. Weil diese Sätze jedoch sehr niedrig angesetzt sind, kann diesbezüglich allerdings noch nicht von ernsthaften Einschnitten in die verkehrspolitischen Gestaltungsspielräume der Mitgliedstaaten gesprochen werden. Dies wäre erst der Fall, wenn man sich im Rat tatsächlich auf eine „echte" Harmonisierung er Steuersätze einigen könnte und würde.

Nicht ganz so verhält es sich indes, wenn es um die Frage geht, ob und in welcher Höhe dem Straßen(güter)verkehr die von ihm verursachten Wegekosten angelastet werden sollen. Anders, als man nach den öffentlichkeitswirksamen Auseinandersetzungen über die Einführung der LKW-Maut auf den deutschen Bundesautobahnen (Pehle 2003: 520f.) vielleicht vermuten mochte, ist der nationale Gesetzgeber durchaus an europäische Vorgaben gebunden, was die Erhebung einer solchen Abgabe angeht. Mitgliedstaatliche Ermessenspielräume sind allerdings auch dabei nicht vollständig eliminiert worden. Dieser Befund betrifft vor allem die Frage nach dem „Ob" einer Abgabeerhebung, und er galt auch für den Vorläufer der LKW-Maut, der nicht zufällig als „Euro-Vignette“ tituliert wurde. Die Vignetten-Lösung basierte auf Gebührenhöchstsätzen, die von der Europäischen Union in einer Richtlinie aus dem Jahr 1995 festgelegt worden waren – in einer Richtlinie übrigens, die nach einem Urteil des Europäischen Gerichtshofs noch einmal überarbeitet werden musste (Richtlinie 1999/62/EG, ABl. L 187/42). Die „Euro-Vignette“ war eine zeitabhängige Straßenbenutzungsgebühr, deren Einführung den Mitgliedstaaten freigestellt war. Die BENELUX-Staaten, Deutschland, Dänemark und Schweden machten von dieser Möglichkeit unmittelbar nach Inkrafttreten der ursprünglichen Richtlinie Gebrauch. Mit Wirkung vom 1.4.2001 erfuhr die Gebührenberechnung durch die Einführung einer speziellen, auf den jeweiligen Schadstoffausstoß bezogenen Staffelung in Deutschland eine besondere ökologische Akzentuierung durch die rot-grüne Bundesregierung, die auch diesbezüglich von einer entsprechenden Ermächtigung durch die erwähnte Richtlinie profitierte.

Von vornherein hatte die Bundesregierung seinerzeit klargemacht, dass die Staffelung der grundsätzlich auf einen bestimmten Nutzungszeitraum bezogenen Straßenbenutzungsgebühren nach ökologischen Kriterien nur ein Zwischenschritt sein sollte hin zur Erhebung einer ausschließlich streckenbezogenen Autobahnmaut für schwere LKW mit mehr als 12 Tonnen zulässigem Gesamtgewicht (Pehle 2003: 520). Ein derartiger Systemwechsel von der zeit- zur streckenbezogenen Abgabenerhebung war durch die Verabschiedung der bereits erwähnten Richtliniennovelle von 1999 möglich geworden. Der deutsche Gesetzgeber vollzog ihn mit dem „Gesetz zur Einführung von streckenbezogenen Gebühren für die Benutzung von Bundesautobahnen mit schweren Nutzfahrzeugen“. Dieses Gesetz trat ursprünglich zwar im April 2002 in Kraft, wurde aber schon mit Wirkung vom 8.7.2003 – und zwar erst nach Einschaltung des Vermittlungsausschusses von Bundestag und Bundesrat – novelliert. Der im Vermittlungsausschuss erzielte Kompromiss zwischen SPD und Bündnis 90/Die Grünen einerseits und der CDU/CSU andererseits sieht zum einen die Zweckbindung der Mauteinnahmen zur Verbesserung der Verkehrsinfrastruktur vor. Im Gesetz heißt es dazu, dass die Mittel „überwiegend für den Bundesfernstraßenbau“ einzusetzen seien. Eine derartige Zweckbindung zugunsten des „ausgewogenen Ausbaus der

Verkehrsnetze" wird durch Art. 9 Abs. 2 der Richtlinie 1999/62 zwar ermöglicht, aber nicht erzwungen. Ermessensspielräume lässt die Richtlinie auch bei der Festlegung der konkreten Gebührensätze für die Maut. Art. 7 Abs. 9 bestimmt lediglich, dass sich die „gewogenen durchschnittlichen Mautgebühren" an den Kosten für Bau, Betrieb und Ausbau des entsprechenden Verkehrsnetzes „orientieren" müssen. Deshalb wäre die ursprünglich von der Bundesregierung vorgesehene Abgabe in Höhe von 15 Cent pro gefahrenem Kilometer europarechtlich wohl kaum zu beanstanden gewesen.

Im Vermittlungsausschuss einigte man sich allerdings auf Druck der Oppositionsparteien CDU und CSU darauf, die Maut zunächst nicht in der eigentlich vorgesehenen Höhe zu erheben, sondern sie für diejenigen Fahrzeuge, für welche die Zahlung deutscher Mineralölsteuer nachgewiesen werden kann, auf 12,4 Cent zu reduzieren. Dieser Kompromiss erklärt sich letztlich nur dadurch, dass man gleichsam in letzter Minute versuchen musste, europarechtlichen Vorgaben gerecht zu werden. Ursprünglich hatte die Bundesregierung geplant, die durch die Mauterhebung gefährdete Konkurrenzfähigkeit des deutschen Speditionsgewerbes gegenüber ihren Mitbewerbern aus den anderen Mitgliedstaaten durch die teilweise Rückerstattung der von den deutschen Unternehmen zuvor entrichteten Mineralölsteuer sicherzustellen. Schnell wurde allerdings deutlich, dass damit eine Verletzung der beihilferechtlichen Vorschriften der EU einhergegangen wäre, weshalb man sich um eine diskriminierungsfreie Lösung bemühte. Von der Reduzierung der Mautgebühren, wie sie im Vermittlungsausschuss beschlossen wurde, würde nun auch die ausländische Konkurrenz profitieren, sofern sie ihre Fahrzeuge in Deutschland betankt. Auch dieses Vorhaben scheiterte jedoch (vorerst?) am Einspruch der Europäischen Kommission. Sie setzte die vorgesehenen Rückerstattungen bis zum Abschluss eines beihilfe- und steuerrechtlichen Prüfverfahrens aus (Bundestagsdrucksache 15/3664: 9). Dessen Ausgang ist zwar noch offen. Klar ist aber schon vor der Kommissionsentscheidung, dass der Preis für ein „europakonform" ausgestaltetes Mautsystem letztlich mindestens in einer auf alle mitgliedstaatlichen Speditionsunternehmen ausgedehnten Wirtschaftsförderung bestehen wird, die deutsche Autobahnen benutzen und ihre Fahrzeuge hierzulande betanken, zu Lasten des deutschen Fiskus.

Die Erhebung der Mautgebühren ist gebunden an die Einführung neuer Techniken, was die Inbetriebnahme des deutschen Mautsystems zum eigentlich vorgesehen Zeitpunkt, dem August 2003, verhinderte und seine Verschiebung auf den 1.1.2005 erzwang. Die Richtlinie 2004/52/EG (ABl. L 200/50), die am 29.4.2004 in Kraft trat, enthält wichtige Vorschriften für die Ausgestaltung eben dieser neuen Techniken, welche die „Interoperabilität der elektronischen Mautsysteme in der Gemeinschaft" sicherstellen sollen. Die Mitgliedstaaten, die elektronische Mautsysteme einführen, sind durch diese Richtlinie verpflichtet, nur solche Techniken einzusetzen, die miteinander kompatibel sind. Es muss also möglich sein, mit nur einem Erfassungsgerät die mautpflichtigen Autobahnen im gesamten Binnenmarkt zu nutzen. Weiterhin besteht die Verpflichtung, alle interessierten Unternehmen rechtzeitig mit den entsprechenden Geräten auszustatten, um Diskriminierungen zu vermeiden. Deshalb war es aus der Sicht deutscher Verkehrspolitiker keine Petitesse, dass nur einen Monat vor Inbetriebnahme des deutschen Mautsystems nur knapp 3 % der französischen LKWs, die regelmäßig deutsche Autobahnen benutzen, für den Einbau der erforderlichen „On-Board-Units" registriert waren. Man hegte die Befürchtung, dass mittels des „stillen Boykotts" gezielt LKW-Staus herbeigeführt werden sollten. Auf diese könnte man sich berufen, um die Mauterhebung in Deutschland als Behinderung des freien Warenverkehrs zu interpretieren, was der Europäischen Kommission wiederum Anlass geben könnte, dieselbe weiter hinauszuschieben (Süddeutsche Zeitung, 25.11.2004: 21). Auch dadurch wird deutlich, dass nationale Alleingänge im ordnungspolitischen Bereich der Verkehrspolitik durch die Europäische Union zunehmend verstellt werden.

Dieser Befund gilt nicht nur für den Straßen-, sondern auch für den Schienenverkehr, auch wenn sich für letzteren die Umsetzung der Dienstleistungsfreiheit als noch schwieriger erwies. Erst die dramatische Verschlechterung der wirtschaftlichen Situation der – damals noch staatlichen – Eisenbahnunternehmen in nahezu allen Mitgliedstaaten, die sich spätestens seit Ende der achtziger Jahre nicht mehr leugnen ließen, eröffnete der Europäischen Kommission ein „Reformfenster" zur schrittweisen Einführung von Wettbewerb auf den Schienennetzen (Burmeister 2001: 64). Die erste nennenswerte gesetzgeberische Maßnahme, die von der EG ausging, datiert deshalb erst aus dem Jahr 1991. Die erste „Eisenbahnrichtlinie“ (Richtlinie 91/440/ EWG, ABl. EG 1991 L 237) lief auf eine außerordentlich vorsichtige Öffnung der Schienennetze hinaus. Sie äußerte sich unter anderem darin, dass die Mitgliedstaaten Eisenbahnunternehmen aus anderen Mitgliedstaaten Zugangsrechte für den grenzüberschreitenden Verkehr einräumen mussten. Zudem verpflichtete die Richtlinie die nationalen Bahnunternehmen zur zumindest rechnerischen Trennung von Eisenbahninfrastruktur und der Erbringung von Verkehrsdiensten.

Hadzidakis/Jarzembowski (2004: 41) fassen die damalige, noch recht bescheidene Zielsetzung der Kommission zusammen: „Mit dieser Maßnahme sollte die Verwendung öffentlicher Gelder transparenter und gleichzeitig eine Möglichkeit geschaffen werden, um die tatsächliche Leistungsfähigkeit der beiden Teilbereiche (Netz und Betrieb) besser einschätzen zu können. Damit wurde jedoch nicht notwendigerweise eine Privatisierung dieser Bereiche impliziert.“ Auch unterblieb eine Öffnung der Infrastrukturen für andere staatliche Eisenbahnen oder gar für private Eisenbahngesellschaften. Daran änderten auch zwei weitere Richtlinien wenig, die im Jahr 1995 erlassen wurden. Sie enthielten zwar Harmonisierungsvorschriften für die Erteilung von Betriebsgenehmigungen für Eisenbahnunternehmen, die Verkehrsleistungen auf fremder Infrastruktur erbringen wollten, und schrieben die Einrichtung nationaler „Zuweisungsstellen“ für die Verteilung von Schienenkapazitäten auf eventuelle Wettbewerber vor. Nennenswerte Wirkungen entfalteten diese Regelungen auf den nach wie vor nahezu geschlossenen nationalen Eisenbahnmärkten jedoch nicht. Die Kommission sah dies als eine der Ursachen dafür, dass die Eisenbahn in den Mitgliedstaaten weiterhin Marktanteile verlor. Sie schlug deshalb im Jahr 1998 ein neues Maßnahmenbündel zur gemeinschaftweiten Revitalisierung des Schienenverkehrs vor. Auf Grundlage dieses Vorschlages nahm der Rat im März 2001 drei Richtlinien an, die unter der Sammelbezeichnung „Erstes Eisenbahnpaket“ Eingang in die Fachliteratur fanden.

Die Richtlinien 2001/12, 13 und 14 EG (ABl. EG 2001/L 75) dienen zunächst der schrittweisen Öffnung des gesamten europäischen Eisenbahnnetzes für grenzüberschreitende Güterverkehrsdienste, die bis zum März 2008 abgeschlossen ein muss. Die weiteren Vorschriften des Eisenbahnpakets erstrecken sich nicht nur auf den grenzüberschreitenden Verkehr, sondern auch auf den Schienenverkehr, der sich innerhalb mitgliedstaatlicher Grenzen vollzieht. Diesbezüglich schreibt die Richtlinie 2001/12 vor, dass für den Betrieb der (Schienen-)Infrastruktur einerseits und für die Erbringung von Verkehrsdiensten andererseits getrennte organisatorische Einheiten eingerichtet werden müssen. Die organisatorische Trennung der Verkehrsdienste von der Zuweisung von Fahrwegskapazität und der Erhebung von Entgelt für die Nutzung derselben soll gewährleisten, dass alle interessierten Eisenbahnunternehmen einen gerechten Marktzugang finden. Die Richtlinie 2001/13 legt darauf basierend die finanziellen, wirtschaftlichen und sicherheitstechnischen Voraussetzungen fest, die Eisenbahnunternehmen erfüllen müssen, um eine Betriebserlaubnis erhalten zu können. Die Richtlinie 2001/14 schließlich definiert die Rahmenbedingungen, die bei der Zuweisung von Fahrwegskapazität und bei der Festlegung der Entgeltstruktur beachtet werden müssen.

Ein halbes Jahr nach Verabschiedung des Ersten Eisenbahnpakets legte die Kommission ihr „Weißbuch über die europäische Verkehrspolitik bis 2010: Weichenstellungen für die Zukunft“ vor, in welchem sie weitere Vorschläge für den Eisenbahnverkehr ankündigte. Diese Vorschläge gingen zumindest teilweise in das „Zweite Eisenbahnpaket“ ein, welches vom Europäischen Parlament nach Abschluss eines Vermittlungsverfahrens mit dem Rat im April 2004 verabschiedet wurde. Das „Eisenbahnpaket II“ (ABl. EU L 220/58) besteht im Kern aus drei Richtlinien, mit welchen die Bestimmungen des ersten Pakets novelliert und ergänzt werden. Dabei geht es um die Richtlinie 2004/51 EG zur Entwicklung der Eisenbahnunternehmen, um die Richtlinie 2004/49/EG über die Eisenbahnsicherheit und die Richtlinie 2004/50/EG zur Interoperabilität. Ergänzt werden diese Richtlinien durch eine Verordnung (EG 881/2004) zur Errichtung einer Europäischen Eisenbahnagentur.

Die Richtlinie zur Unternehmensentwicklung sieht im Wesentlichen eine vollständige Marktöffnung im grenzüberschreitenden Schienengüterverkehr ab dem 1.1.2006 vor, auf die ein Jahr später auch die Freigabe der Inlandskabotage folgen wird. Bei der Richtlinie zur Eisenbahnsicherheit geht es um die schrittweise Harmonisierung der Sicherheitsvorschriften und der Ausbildung des entsprechenden Personals. Ziel der „Interoperabilitätsrichtlinie“ ist die allmähliche Angleichung der technischen Standards der nationalen Schienensysteme, ohne die ein reibungsloser grenzüberschreitender Verkehr nicht realisiert werden kann. Eben diese Entwicklung soll durch die Europäische Eisenbahnagentur unterstützt und forciert werden. Diese Agentur soll ihre Tätigkeit im Mai 2006 aufnehmen. Regelungen für die Marktöffnung des grenzüberschreitenden Personenverkehrs auf der Schiene enthält das Eisenbahnpaket von 2004 noch nicht. Diese Materie wurde auf ein drittes, noch zu beratendes Maßnahmenbündel vertagt. Ziel der Europäischen Kommission ist es, die Liberalisierung des Schienenpersonenverkehrs bis zum Jahr 2010 zu realisieren.

Sucht man nun nach einer Antwort auf die Frage, wie die deutsche Politik auf die diversen Vorgaben für den Eisenbahnverkehr aus Brüssel reagiert hat und reagiert, gelangt man zu dem Befund, dass die Verkehrspolitiker in Bonn und Berlin die europarechtlichen Maßgaben zu Beginn der neunziger Jahre nachgerade „übererfüllten“. Dessen ungeachtet müssen sie nunmehr gleichwohl erhebliche Korrekturen an ihren nationalen Konzepten durch die europäischen Institutionen befürchten.

„Übererfüllt“ hat die deutsche Verkehrspolitik die von Europa ausgehenden Handlungsimperative ohne jeden Zweifel durch die vom Gesetzgeber im Dezember 1993 beschlossene Bahnreform. Formal betrachtet enthielt diese Reform wichtige Elemente, die europaweit erst – und auch nur im Ansatz – mit dem acht Jahre später beschlossenen „Eisenbahnpaket I“ Geltung erhielten. Dies ist umso bemerkenswerter, als es der Bundesregierung nicht gelungen ist, die entsprechenden Richtlinien aus dem Jahr 2001 fristgemäß umzusetzen. Insbesondere gilt der Befund, dass die Bundesregierung mehr tat als Europa seinerzeit von ihr verlangte (vgl. auch Teutsch 2001: 154), für die im Dezember 1993 vom (Verfassungs-)Gesetzgeber beschlossene Überführung der Deutschen Bundesbahn und der Deutschen Reichsbahn in das privatrechtlich geführte Wirtschaftsunternehmen „Deutsche Bahn AG“ (DB AG), unter deren Dach die organisatorisch eigenständigen Sparten Personentransport, Güterverkehr und Fahrweg eingerichtet wurden. Dass die Bundesrepublik Deutschland mit der Bahnreform die europarechtliche Entwicklung gewissermaßen vorwegnahm und deshalb durchaus als Vorreiter der von der Europäischen Kommission projektierten Liberalisierungsmaßnahmen gelten durfte, hat seine Ursache vor allem in der desolaten wirtschaftlichen Situation, in der sich die beiden deutschen Staatsbahnen nach der deutschen Einheit befanden (Pehle 2003: 516). Ohne die Bahnreform hätte sich die Haushaltsbelastung des Bundes für den Zeitraum 1994 – 2003 nach Schätzungen des Bundesverkehrsministeriums auf knapp 570 Mrd. DM akkumuliert (Daubertshäuser 2002: 288). Angesichts der Tatsache, dass Bundes- und Reichsbahn trotz staatlicher Subventionen in Höhe von jährlich 27 Mrd. DM im Jahr 1993 einen Gesamtverlust von 15,5 Mrd. DM erwirtschafteten, bedurfte es keines Drucks aus Brüssel, um die Bahnreform in Deutschland möglich zu machen.

Die Überführung der Staatsbahn in ein nach privatwirtschaftlichen Gesichtspunkten geführtes Unternehmen, das von der Erfüllung gemeinwirtschaftlicher Leistungen freigestellt ist, war mithin durch „Europäisierung" nicht erklärbar, machte das deutsche Eisenbahnwesen allerdings vorzeitig „europatauglich". Ganz ähnlich verhält es sich mit der im Zuge der Bahnreform beschlossenen, grundlegenden Neustrukturierung des Öffentlichen Schienenpersonennahverkehrs (SPNV). Auch dieser Teil der Bahnreform war nicht „europainduziert", und er nahm Entwicklungen vorweg, die europaweit wahrscheinlich erst durch ein Drittes Eisenbahnpaket angestoßen werden können. Bei der Implementierung der gesetzlichen Vorgaben für die Organisation des SPNV durch die Länder stoßen die nationalen Verkehrspolitiker mittlerweile allerdings an Grenzen. Sie werden von der Europäischen Kommission unter Berufung auf das europäische Wettbewerbsrecht gezogen. Wir haben es daher zu tun mit einer Europäisierung der deutschen Verkehrspolitik durch die wettbewerbsrechtliche „Hintertür". Die Logik dieser Entwicklung wird im Folgenden zu klären versucht.

Seit Anfang 1996 bezahlt der Bund die DB AG nicht mehr wie bis dahin mit circa 8 Mrd. DM jährlich dafür, dass sie S-Bahn-Netze und Vorortzüge betreibt. Die Verantwortung hierfür ging an die Länder, welche die entsprechenden Aufgaben nach eigenem Ermessen weiterdelegieren können. Die Organisation des SPNV wurde nach den Vorgaben des jeweiligen Landesrechts in einigen Ländern den Kommunen bzw. von ihnen getragenen Zweckverbänden oder Verkehrsverbünden übertragen. Die meisten Flächenländer haben sich allerdings dazu entschieden, selbst als SPNV-Aufgabenträger zu fungieren.

Die zuständigen Gebietskörperschaften bzw. die von ihnen beauftragten Behörden müssen bei der Bahn – sei es die DB AG oder ein privater Konkurrent – diejenigen Nahverkehrsleistungen bestellen, die sie für ihr Gebiet für erforderlich halten. Dafür erhalten die Länder nach Art. 106 a GG finanzielle Zuschüsse vom Bund, deren Höhe in Form eines Gesetzes festgelegt wird, das der Zustimmung des Bundesrates bedarf. Seit dem 1.7.2002 gilt, dass die Länder vom Bund jährlich etwas mehr als 6,7 Mrd. Euro erhalten. Bis 2007 steigt dieser Betrag in jedem Jahr um 1,5 % auf dann 7,2 Mrd. Euro. Für das letztgenannte Jahr ist eine erneute Novellierung des Gesetzes geplant.

Die Länder sind dem Bund gegenüber nicht berichts- oder gar rechenschaftspflichtig, was die Verwendung der von ihm gezahlten Gelder angeht. Insofern ist es schwierig, die gelegentlich geäußerte Kritik an angeblicher „Zweckentfremdung" der Regionalisierungsmittel durch die DB AG, der eine Quersubventionierung ihres Schienenfernverkehrs vorgeworfen wird (vgl. etwa Süddeutsche Zeitung, 22.7. 2003: 17), zu verifizieren oder zu falsifizieren. Wesentlich leichter nachzuvollziehen ist allerdings die Kritik an der von den meisten Ländern geübten Praxis, mit der DB AG langfristige – meist auf etwa zehn Jahre angelegte – und mehr oder weniger flächendeckende Verkehrsverträge auszuhandeln. Diese Praxis mag dem Wunsch der öffentlichen Planungsträger nach überschaubaren Entscheidungsstrukturen und nach Planungssicherheit entspringen, denn nur mit einem Partner verhandelt es sich leichter als mit zehn oder zwanzig Konkurrenten. Auch ist die Verhandlungsposition der Länder gegenüber der Bahntochter „DB Regio" so schlecht nicht, wie man exemplarisch daran ermessen mag, dass es etwa dem bayerischen Verkehrsministerium und der ihm nachgeordneten Eisenbahnbehörde gelungen ist, ihrem Vertragspartner für das Jahr 2002 ein „Bußgeld" für die Verspätungen im Bahnverkehr abzuringen, dessen Größenordnung sich zwischen 10 und 15 Mio. Euro bewegt (Süddeutsche Zeitung, 24.7.2003: 41).

Gleichwohl monieren Kritiker, dass die freihändige Vergabe von Verkehrsleistungen auf der Schiene in der Praxis nichts anderes als die Verhinderung von Wettbewerb bedeute, weil die Bedienung nur sehr weniger Bahnstrecken tatsächlich ausgeschrieben werde. Zieht man in Betracht, dass die „DB Regio" beispielsweise im Jahr 2002 sieben von insgesamt neun Ausschreibungen im Regionalbahnverkehr an private Konkurrenten verloren hat (Der Spiegel Nr. 25/2003: 92), steht in der Tat zu vermuten, dass die freihändige Vergabe von langfristigen Verkehrsverträgen an die ehemalige Staatsbahn unter rein ökonomischen Gesichtpunkten relativ wenig für sich hat. Dieser Aspekt bezeichnet exakt die Einbruchstelle, welche sich der Europäischen Kommission in der deutschen Verkehrspolitik eröffnet.

Auch wenn es in Deutschland mittlerweile über 250 nichtbundeseigene Eisenbahnen gibt, die sich entweder im Besitz von privaten Unternehmen oder von Ländern und Gemeinden befinden und von denen immerhin etwa 200 im Regelverkehr tätig sind (Henke 2002), gilt, dass sich ihr gemeinsamer Marktanteil noch immer bei lediglich etwa 10 % bewegt. Dies hat seinen Grund nach Ansicht der Europäischen Kommission in dem eben beschriebenen Umstand, dass die Bedienung regionaler Bahnstrecken von den Ländern viel zu selten öffentlich ausgeschrieben wird. Die Generaldirektion Binnenmarkt der Europäischen Kommission prüft deshalb seit Ende des Jahres 2003 die Verträge, die die Länder Berlin, Brandenburg, Baden-Württemberg, Rheinland-Pfalz und Thüringen mit der DB AG über die Bedienung ihrer regionalen Zugverbindungen abgeschlossen haben. In einem Schreiben an die Bundesregierung rügt die Generaldirektion, dass die Bevorzugung „bestimmter Dienstleister" gegen das Nichtdiskriminierungsverbot verstoße. Zudem seien die Verträge mit der DB AG schon deshalb nicht rechtmäßig, sondern vielmehr im Widerspruch zum europäischen Wettbewerbsrecht zustandegekommen, weil sie offenbar „meist exklusiv und geheim verhandelt" worden seien (Süddeutsche Zeitung, 27.2.2004: 22 und 23.10.2004: 22). Gelingt es der Bundesregierung nicht, die Länder zu einer der Kommissionsphilosophie entsprechenden Neuausschreibung und -vergabe ihrer Aufträge im SPNV zu bewegen, droht eine Klage vor dem Europäischen Gerichtshof.

Es wäre nicht das erste Verfahren, das der EuGH unter eisenbahnpolitischen Gesichtspunkten gegen die Bundesrepublik Deutschland durchzuführen hätte. Und es wäre auch nicht die erste Verurteilung, die sich die Bundesregierung einhandeln würde, denn am 21.10.2004 hat der Gerichtshof schon einmal auf eine Vertragsverletzung wegen Nicht-Umsetzung der Eisenbahnrichtlinien erkannt, die im Jahr 2001 als „Eisenbahnpaket I" erlassen worden waren (Rechtssache C-477103; vgl. Süddeutsche Zeitung, 23.10.2004: 22). Es scheint, als sei der „regulative Vorsprung", den sich die Bundesrepublik mit der Bahnreform erarbeitet hatte, durch die Missachtung des europäischen Wettbewerbs- und Vergaberechts mittlerweile aufgebraucht.

Über den Weg, auf dem dieser Vorsprung wieder aufgebaut werden könnte, sind sich die meisten verkehrspolitischen Experten im Prinzip einig. Er ist im Grunde durch das „Erste Eisenbahnpaket" bereits vorgezeichnet, das einen diskriminierungsfreien Zugang aller zugelassenen Wettbewerber zum Schienennetz fordert. Formal wird dieser europarechtlichenVorgabe durch das in Deutschland geltende „Allgemeine Eisenbahngesetz" durchaus entsprochen. Faktisch jedoch wird ein fairer Wettbewerb auf der Schiene nach wie vor verhindert – und zwar sowohl für den Zugang zum Schienennetz wie auch, und vor allem, für die Höhe der für seine Nutzung zu entrichtenden Entgelts. Der Grund hierfür ist in der Konstruktion der DB AG als Holding zu suchen, unter deren Dach die Sparten Personen- und Gütertransport sowie Fahrweg (in Gestalt der DB Netz AG) vereint sind. Dieser Auffassung war ursprünglich auch die Bundesregierung. Der damalige Verkehrsminister Kurt Bodewig verkündete deshalb bereits im März 2001 die feste Absicht der Regierung, die DB Netz AG aus der Holding herauszulösen. In der Konsequenz hätte sich die DB AG fortan, wie ihre privaten Konkurrenten auch, bei der dann unabhängigen Netz AG um die Nutzung der Trassen bewerben und dafür ohne Sonderrabatte bezahlen müssen (Der Spiegel Nr. 11/2001: 22). Nur eine Woche nach dieser Ankündigung musste der Minister eingestehen, dass sein Vorhaben am Widerstand des Vorstands der DB AG gescheitert war (Der Spiegel 12/2001: 93).

Zu einer organisatorischen Trennung von Netz und Transport ist es bis heute nicht gekommen. Und auch der „große regulatorische Wurf" in Bezug auf den Schienenverkehr blieb aus. Statt dessen begnügte sich die Bundesregierung mit einer eher bescheidenen Novelle des Allgemeinen Eisenbahngesetzes (AEG), die am 1.7.2002 in Kraft trat. Die Neuregelung des § 14 AEG sieht – vereinfacht dargestellt – im Wesentlichen vor, dass das Eisenbahn-Bundesamt im Konfliktfall zwischen dem Netzbetreiber und einem Eisenbahnverkehrsunternehmen eine Art Schiedsrichterfunktion wahrnehmen soll (ausführlich dazu Brauner/Kühlwetter 2002). Die Tatsache, dass die Bundesregierung bis heute in jeder Hinsicht auf eine wirksame institutionelle Absicherung eines diskriminierungsfreien Zugangs aller Wettbewerber zum Schienennetz verzichtet hat, hat ihr scharfe Kritik seitens des von ihr selbst berufenen Wissenschaftlichen Beirats beim Bundesminister für Verkehr, Bau und Wohnungswesen (2002) eingetragen. Der Beirat fordert mehr als „nur" die Herauslösung des Netzes aus der DB AG. In Übereinstimmung mit der ebenfalls von der Bundesregierung berufenen Monopolkommission (2002: 52) macht er sich ergänzend für die Einrichtung einer Regulierungsbehörde stark, der nach dem Vorbild der für den Telekommunikationsbereich gefundenen Lösung die Aufgabe einer Ex-ante-Regulierung des Netzzugangs zukommen solle. Auch wenn sie eine unterschiedliche Konstruktion der einzurichtenden Regulierungsbehörde favorisieren – der Beirat spricht sich für eine spezielle Regulierungsbehörde aus, die Monopolkommission für eine branchenübergreifende Regulierungsbehörde für alle Netzsektoren –, kommen die Sachverständigen beider Gremien doch übereinstimmend zu dem Ergebnis, dass es zur Sicherung fairen Wettbewerbs auf der Schiene keine Alternative zu einer „echten" regulatorischen Reform gebe. Mit der Umsetzung einer solchen Reform wäre die Bundesrepublik Deutschland bahnpolitisch wieder da angelangt, wo sie Mitte der neunziger Jahre schon einmal stand – an der Spitze der europäischen Bahnreformpolitik. Strategisch führt an der „negativen Integration" in Form eines regulativen Wettbewerbs kein Weg vorbei. Wie die Umweltpolitik belegt, haben Vorreiter die Chance, die Regeln des regulativen Wettbewerbs in der EU zu prägen.

Literatur

Antwort der Bundesregierung (2004): Europäische Verkehrspolitik, Bundestagsdrucksache 15/3664 vom 27.8.2004.

Brauner, Roman/Kühlwetter, Hans-Jürgen (2002): Diskriminierung ja oder nein? Inhalt und Reichweite des „Netzzugangsanspruchs aus Paragraph 14 AEG, in: Internationales Verkehrswesen 54(10), S. 492–495.

Burmeister, Corinna (2001): Der Wettbewerb der Eisenbahnen im europäischen Binnenmarkt, Baden-Baden.

Daubertshäuser, Klaus (2002): Bahnreform: Positive Zwischenbilanz motiviert für kraftvollen Endspurt, in: Internationales Verkehrswesen 54(6), S. 284–288.

Hadzidakis, Konstantinos/Jarzembowski, Georg (2004): Europäische Verkehrspolitik. Bestandsaufnahme und Perspektiven (http://www.jarzembowski.de/verkehr2004.pdf – Stand: 26.1.2005).

Henke, Martin (2002): Der Wettbewerb formt die Unternehmenslandschaft und die Angebotsvielfalt, in: Das Parlament, 1.10.

Héritier, Adrienne/Knill, Christoph (2001): Differential Responses to European Politics: A Comparison, in: Héritier, Adrienne et.al.: Differential Europe. The European Union Impact on National Policy-Making, Boston, S. 257–294.

Kerwer, Dieter/Teutsch, Michael (2001): Transport Policy in the European Union, in: Héritier Adrienne et.al.: Differential Europe. The European Union Impact on National Policy-Making, Boston, S. 23–56.

Köberlein, Christian (1997): Kompendium der Verkehrspolitik, München/Wien.

Kraack, Michael/Pehle, Heinrich/Zimmermann-Steinhart (2001): Umweltintegration in der Europäischen Union. Das umweltpolitische Profil der EU im Politikfeldvergleich, Baden-Baden.

Monopolkommission (2002): Netzwettbewerb durch Regulierung. Vierzehntes Hauptgutachten der Monopolkommission gemäß § 44 Abs. 1 Satz 1 GWB. Kurzfassung (http://www.monopolkommission.de/haupt_14/sum_h14.pdf – Stand: 26.1.2005).

Pehle, Heinrich (2003): Verkehrsinfarkt oder nachhaltige Mobilität? Herausforderungen der Verkehrspolitik im 21. Jahrhundert, in: Gesellschaft – Wirtschaft – Politik 52(4), S. 509–528.

Teutsch, Michael (2001): Regulatory Reform in the German Transport Sector: How to Overcome Multiple Veto Points, in: Héritier, Adrienne et al.: Differential Europe. The European Union Impact on National Policy-Making, Boston, S. 133–171.

Walther, Michael (1996): Verkehrspolitik in der Bundesrepublik Deutschland – Verselbständigung und Politische Steuerung, Dissertation Universität Tübingen.

Weyand, Sabine (1996): Die Vollendung des Binnenmarktes im Güterkraftverkehr. Defizite im Entscheidungsprozess der EU, Baden-Baden.

4.7 Regionalpolitik

Die Regionalpolitik in der EU ist der klassische Fall eines europäischen Mehrebenenverhandlungs- und -entscheidungssystems (Marks 1996; Benz 1998; Ast 1999; Voelzkow 1999; Sutcliffe 2000; Conzelmann 2002). Auf der europäischen Ebene agieren die Kommission als Managerin der Regional- und Strukturpolitik sowie der EuGH als tagespolitischer Schiedsrichter. Die Gipfeltreffen der Staats- und Regierungschefs setzen den finanziellen Gesamtrahmen auch für diese Politik. Über die institutionelle Ausgestaltung der Regionalpolitik sowie über die Zuteilung der Finanzmittel, die zur Basis des Verhandlungssystems werden, entscheidet der Ministerrat mit qualifizierter Mehrheit (Art. 161 EG-Vertrag). Das Europäische Parlament ist bei den den Europäischen Regionalfonds betreffenden Durchführungsbeschlüssen im Mitentscheidungsverfahren beteiligt (Art. 162). Der Ausschuss der Regionen und der Wirtschafts- und Sozialrat müssen zu diesen angehört werden. Den politischen Gehalt der „Vertragslage" fasste Conzelmann (2000: 359) treffend zusammen: „Die Gemeinschaft etabliert sich selbst als Herrschaftsverband, der mittels der von ihm getroffenen Entscheidungen Werte verteilt und Förderstatus zuerkennt oder aberkennt. Die Gemeinschaft wird damit nicht zum ‚Staat', in dem die vormals eigenständigen Kompetenzen der Mitgliedstaaten in der Regionalpolitik nach und nach in der entsprechenden Zuständigkeit der europäischen Ebene aufgehen. Jedoch verkörpert sie einen Bezugspunkt regionalpolitischer Strategie, der in Konkurrenz mit der jeweiligen Regionalförderung der Mitgliedstaaten steht und mit dieser nicht unbedingt kompatibel sein muss."

Die Bundesregierung wirkt an der europäischen Entscheidungsfindung mit, wobei Art. 23 Abs. 6 GG auch ermöglicht, dass ein Ländervertreter die Leitung der deutschen Delegation im Ministerrat übernimmt, wenn Entscheidungen Aufgaben der Länder betreffen (vgl. dazu auch Kapitel 3.3.). Trotz der Berücksichtigung von Länderinteressen durch die Mitwirkung der Länder bei der Formulierung der deutschen Position ist die europäische Prioritätensetzung im Entscheidungssystem der EU dominant. Zum Mehrebenensystem wird die Ausgestaltung der Regionalpolitik einerseits dadurch, dass sie früher parallel zu und heute gekoppelt mit regionalpolitischen Förderbemühungen sowohl des Bundes als auch der Länder wirkt, und andererseits dadurch, dass sie auf einem mehrstufigen Verhandlungssystem beruht, insbesondere bei der Programmgestaltung und Implementation. Sowohl die Bundesregierung als auch die Länderregierungen – teilweise vermittelt über die Bundesebene, teilweise in direktem Kontakt mit der Kommission – verhandeln über den Ressourceneinsatz der EU bzw. über den von der EU tolerierten Einsatz eigener Mittel und damit über den Grad der Ausgestaltung der deutschen Regionalpolitik nach europäischen Maßstäben. Für die Mittelvergabe an Antragsteller und die Evaluierung der Programme sind die Länder zuständig, die sowohl die EU-Mittel als auch die Mittel der Bund-Länder-Gemeinschaftsaufgabe „Verbesserung der regionalen Wirtschaftsstruktur“ verwalten.

Das Interesse der Länder an einer Beteiligung bei der Gestaltung der Regionalpolitik auch auf europäischer Ebene ist keineswegs einseitig. Die subnationale Ebene wird von der EU nicht zuletzt deshalb in das Verhandlungssystem miteinbezogen, um die Effizienz der Mittelzuweisung durch Nutzen des Expertenwissens vor Ort zu erhöhen und um der Europäisierung der Regionalpolitik Legitimation zu verschaffen. Das Interesse der europäischen Ebene an den Regionen als Kooperationspartner (Tömmel 1998) hat diesen zu politischem Selbstbewusstsein und zum Teil auch zur politischen Organisationsfähigkeit erst verholfen (Fischer/Schley 1999: 240) – ein Phänomen, das in erster Linie zentralistisch organisierte EU-Mitgliedstaaten überraschte. Die deutschen Länder fühlten sich durch diese „Tiefenwirkung“ (Knodt 1998) der europäischen Regionalpolitik spätestens ab Ende der achtziger Jahre eher in ihrem Selbstbewusstsein bestärkt als überrascht. Europäische Union, deutsche Bundesregierung und Länderregierungen haben jeweils direkte Kontakte zueinander und die Möglichkeit, wechselnde Allianzen zu bilden. Ganz gleichgewichtig sind die möglichen Beziehungen, wie Voelzkow (1999: 112) erläutert, aber nicht: „Zwar ist nicht zu verkennen, dass die nationalen Regierungen ihre ehemalige Monopolstellung verloren haben, aber sie bleiben zentrale Akteure im Mehrebenensystem europäischer Regionalpolitik. Dies ergibt sich vor allem daraus, dass die beiden anderen Akteursgruppen immer wieder das Interesse entwickeln, die nationale

Regierung als verstärkende Kraft für ihre eigenen Ziele ins Spiel zu bringen."

Die Trennung von Entscheiden und Verhandeln im Mehrebenensystem bleibt nicht widerspruchsfrei. Es mag, wie Benz (1998: 584f.) argumentiert, wenig Sorge vor Blockaden geben. Dies ist aber nicht der Überlegenheit des Mehrebenenverhandlungssystems zu verdanken, sondern der Europäisierung der Letztentscheidung. Die Interessen der Länder als eigentlich Betroffene bei der Formulierung von Regionalpolitik orientieren sich zunächst an eigenen Bedürfnissen und Erfahrungen. Sie sehen sich nicht als verlängerter Arm der Kommission. Partnerschaftliches Handeln bei der Umsetzung von Regionalpolitik schließt den Konflikt bei der Zielfindung und bei Entscheidungen über den erforderlichen Grad der Europäisierung von Regionalpolitik nicht aus. Nicht zuletzt ist die Unzufriedenheit der Länder über die Praxis der vollständig europäisierten Beihilfekontrolle groß, wie immer wieder öffentlich dokumentiert wurde. So hat beispielsweise der Bundesrat in einer Entschließung vom November 1997 betont, dass im Rahmen der Beihilfenkontrolle die Möglichkeit für die Länder verstärkt werden müsse, eine eigene Regionalpolitik zu verwirklichen. Und der damalige nordrhein-westfälische Ministerpräsident Wolfgang Clement (2001) beklagte: „Die Bundesländer haben fast keinen Spielraum mehr in ihrer Strukturpolitik, insbesondere bei der Auswahl der Fördergebiete, und außerhalb dieser Gebiete sind bekanntlich Beihilfen grundsätzlich nicht erlaubt. Gerade die europäische Beihilfekontrolle ist zu einer Art Fachaufsicht geworden, die viele Bereiche unserer staatlichen Tätigkeit beeinträchtigt, um nicht zu sagen, entmündigt."

In historischer Perspektive entwickelte sich die deutsche Regionalpolitik von einem dualen Bund-Länder Entscheidungssystem zu einem integrierten Drei-Ebenen Entscheidungssystem. In der Nachkriegszeit war Regionalförderung noch in erster Linie Länderaufgabe. Die Länder sahen ihre Hauptaufgabe in Hilfeleistungen zur Modernisierung des ländlichen Raumes. Wichtigstes Instrument dieser Modernisierungspolitik war die Infrastrukturentwicklung, u.a. der Bau von Schulen und Straßen. Der Bund intervenierte nur sporadisch mit Finanzhilfen für ausgesprochene Notstandsgebiete. In diesem Zusammenhang entwickelten sich erste Kontakte zwischen dem Bundeswirtschaftsministerium und den Länderwirtschaftsministerien. Die Länder artikulierten in erster Linie ihre Wünsche nach Unterstützungsleistungen. Eine größere Rolle hatte der Bund bei der Bewältigung der Folgen der deutschen Teilung. Hier übernahm er die Verantwortung für die Finanzhilfen für den Westen Berlins und die Zonenrandförderung (1953–1994). Weder als Ziel noch als Mittel der Regionalpolitik spielte die Koordination der Initiativen des Bundes und der Länder eine wesentliche Rolle.

Regionalpolitik wurde in Deutschland erst mit der Anerkennung des Keynesianismus als ökonomischem Leitgedanken zur Mehrebenenpolitik. Das Bemühen der Regierung der Großen Koalition (1966–69) und ihrer Nachfolger um eine geplante und koordinierte wirtschaftliche Gesamtentwicklung erforderte die Abstimmung der Förderpolitik aller staatlichen Haushalte (Reissert/Schnabel 1976). Ihren Niederschlag im Grundgesetz fand diese Neuorientierung der Regionalpolitik durch die 1969 neugeschaffene Gemeinschaftsaufgabe „Verbesserung der regionalen Wirtschaftsstruktur" (GRW). Art. 91 a GG legte fest, dass der Bund künftig bei der Erfüllung der Länderaufgaben in diesem Bereich mitwirkt, „wenn diese Aufgaben für die Gesamtheit bedeutsam sind und die Mitwirkung des Bundes zur Verbesserung der Lebensverhältnisse erforderlich ist". Dies bedeutete nicht, dass eigenständige Länderwirtschaftspolitik ausgeschlossen wurde. Die Formulierung ließ aber breiten Raum für Interventionen des Bundes und die Tatsache, dass dieser bei Fördermaßnahmen, an denen er beteiligt ist, 50 % der Kosten übernimmt, trug entscheidend zur Bereitschaft der Länder bei, die Mehrebenenpolitik, den „goldenen Zügel des Bundes", anzunehmen und nicht zu blockieren.

Im Jahr 1975 entstand auf europäischer Ebene als Nebenprodukt der Erweiterung der EG um Dänemark, das Vereinigte Königreich und Irland der Europäische Regionalfonds (EFRE). Die EG übernahm aber dadurch noch keine gestaltende Rolle in der deutschen Regionalpolitik. Die EFRE-Mittel wurden entsprechend des nationalen Anrechts an den entsprechenden Mitgliedstaat ausgezahlt und in Deutschland zur Mitfinanzierung der Gemeinschaftsaufgabe verwendet. Von einer Europäisierung der deutschen Regionalpolitik kann zu diesem Zeitpunkt noch nicht gesprochen werden.

Zwischen 1979 und 1988 begann Europa eine aktivere Rolle in der Regionalpolitik zu spielen. Die Reformen des Regionalfonds von 1979 und 1984 reservierten zunächst 5 % und dann 20 % der Ressourcen des Fonds für politische Initiativen, über welche die EG allein entscheiden konnte. Damit wurde die EG in der Zusammenarbeit mit den Mitgliedstaaten begrenzt strategiefähig und zu einer, wenn auch noch nicht besonders relevanten Entscheidungsebene in der Mehrebenenpolitik der Regionalförderung. Die EG war nun gezwungen, ihre eigenen Kriterien für die Gewährung von Fördermitteln zu definieren. Die von ihr finanzierten spezifischen Maßnahmen für die Unterstützung altindustrieller Räume waren insbesondere für das Saarland und Nordrhein-Westfalen attraktiv. Diese Länder entdeckten zuerst die Notwendigkeit, ihre finanziellen Interessen auch im europäischen Rahmen zu vertreten. Längerfristig wurde die Mehrebenenpolitik aber für alle Länder zu einer akzeptierten Rahmenbedingung. Mehrebenenentscheidungen waren auch mit den „Nationalen Programmen von Gemeinschaftlichem Interesse" verbunden. Diese Programme wurden von den Mitgliedstaaten initiiert, benötigten aber zur Förderung mit europäischen Geldern die Zustimmung der EG.

Die Strukturfondsreform von 1988, welche die europäische Regionalförderung in einen weiteren und umfassender begründeten Rahmen stellte, etablierte die EG endgültig als zielsetzenden Akteur in der deutschen Regionalpolitik. Nicht nur wuchs in diesem Jahr das finanzielle Gewicht der europäischen Regionalpolitik erheblich, sie war auch erstmals mit einer Palette von verbindlichen gemeinschaftlichen Zielsetzungen verbunden, die noch dazu über den engeren Bereich der Regionalpolitik hinauswiesen. Die Länder wurden in die Programmentwicklung einbezogen (Partnerschaftsprinzip). Für sie wuchs damit der Anreiz, sich zum einen selbst eine Stimme in Brüssel zu verschaffen und zum anderen eine stärkere Beteiligung an Brüsseler Entscheidungen zu fordern. Ein größerer Ländereinfluss auf die Wirtschaftsförderpolitik schien zudem aus der Sicht zumindest der wohlhabenderen Länder effizienter als die Zwei-Ebenen-Politik von Mitgliedstaaten und EU. An der Tatsache der Einbindung der Länder in die Gemeinschaftsaufgabe, die von einigen Ländern seit den neunziger Jahren heftig kritisiert wird, führte kein Weg vorbei. Unter Führung von Nordrhein-Westfalen setzten die Länder 1988 aber eine Entkoppelung der EG-Mittel von der Gemeinschaftsaufgabe durch und erhöhten dadurch ihren Handlungsspielraum. Sowohl der Bund als auch die Länder wurden durch die Einführung des Prinzips der Additionalität in der europäischen Regionalförderung, d.h. der Festlegung eines Eigenbeitrages bei Inanspruchnahme europäischer Finanzhilfen, in einen europäischen regionalpolitischen Finanzierungsverbund integriert.

Seit dem Jahr 1994 sind die Bemühungen des Bundes und der Länder gewachsen, die deutsche Regionalförderung zumindest fördertechnisch an EU-Vorgaben anzupassen. Damals entschied der Planungsausschuss der Gemeinschaftsaufgabe, die Haltung der Kommission bei der Abgrenzung von nationalen Fördergebieten von Anfang an zu berücksichtigen (Conzelmann 2000: 364). Es wurde auch die Möglichkeit geschaffen, dass Länder Gemeinschaftsaufgabe-Mittel zur Kofinanzierung eigener Landesprogramme benutzen, die außerhalb des traditionellen Bereiches der betrieblichen Förderung von Investitionen liegen, wie etwa für Beratungsmaßnahmen für Unternehmen, Schulungsmaßnahmen für Arbeitnehmer, „Humankapitalbildung" in kleinen und mittleren Unternehmen (z.B. Finanzierung von Innovations- und Außenwirtschaftsassistenten) sowie Forschung und Entwicklung. Möglich wurde zudem die Förderung integrierter Entwicklungskonzepte, die in den Fördergebieten mithilfe von Regionalkonferenzen erstellt werden, und auf breiter Zustimmung der Bevölkerung beruhen sollen. „Mit diesen Regelungen", so Nägele (1996: 296), „wurden zwei wesentliche Elemente der europäischen Regionalpolitik, der Programmansatz und die Zusätzlichkeitsregelung in die GRW übernommen." Conzelmann (2000: 369) interpretiert diese Anpassung der deutschen Instrumente der Regionalförderung vor allem als Versuch von Bund und Ländern, eine schwer steuerbare Parallelförderung auf deutscher und europäischer Ebene zu vermeiden.

Was aus deutscher Sicht auf jeden Fall erhalten bleiben sollte, war die weitgehend nationale bzw. Länderzuständigkeit in der europäischen Mehrebenentscheidung über die Gebietsabgrenzung für regionale Fördermaßnahmen entsprechend der auf EU-Ebene beschlossenen Kriterien. Diese Zuständigkeit ist durch die im Jahre 2000 an Deutschland übermittelten Kommissionsvorgaben zur Beihilfenkontrolle aber mittlerweile massiv gefährdet. Die deutsche Regionalpolitik ist durch das quasi flankierende Element der europäischen Beihilfekontrolle heute Teil eines geschlossenen und tendenziell allein noch an europäischen Zielvorgaben orientierten Entscheidungssystems geworden, das begonnen hat, durch Vorgaben für die Politikimplementation das Mehrebenenverhandlungssystem auszuhöhlen.

Tabelle 19: Die Entwicklung des Entscheidungssystems für die deutsche Regionalpolitik

	Entscheidungsebenen	*Interdependenz der Ebenen*
1949–72	2 (Länder und Bund)	gering
1972–75	2 (Länder und Bund)	groß und integriert (Gemeinschaftsaufgabe)
1975–79	3 (Länder, Bund, EG)	Länder-Bund (groß und integriert) Länder/Bund – EG (gering), passive Rolle Europas, EFRE (1) eingerichtet
1979–88	3 (Länder, Bund, EG)	Länder-Bund (groß und integriert) Länder/Bund – EG (gering), aktive Rolle Europas, EFRE-Reformen 1979 und 1984
1988–94	3 (Länder, Bund, EG)	Länder-Bund (groß und integriert) Länder/Bund – EG (groß), Reform der Europäischen Strukturfonds 1988 und 1993
1994–heute	3 (Länder, Bund, EU)	Länder-Bund-EU (groß und integriert), Reform der Gemeinschaftsaufgabe 1994, EU – Vorgaben 2000

(1) EFRE = Europäischer Fonds für Regionale Entwicklung

Quelle: Nach Sturm 1998: 528.

Was bedeutet das konkret? Die deutsche Regionalpolitik wurde durch den historischen Prozess der Europäisierung dieses Politikfeldes in vierfacher Weise grundsätzlich verändert. Erstens unterliegt sie nun vollständig der Subventionskontrolle der EU nach Art. 87–89 EG-Vertrag, d.h. jeder Ressourceneinsatz in diesem Bereich muss von der Kommission genehmigt werden. Dies gilt für die Bundesebene ebenso wie für die Landesebene und damit auch für die von Bund und Ländern nach Art. 91a GG gemeinsam finanzierte und geplante Gemeinschaftsaufgabe „Verbesserung der regionalen Wirtschaftsstruktur", die noch immer das bei weitem wichtigste Instrument der deutschen Regionalpolitik ist. Ausnahmen für die Zulässigkeit von Beihilfen gibt es seit 1996 in der Praxis bei Kleinbeträgen (de minimis-Beihilfen) sowie offiziell seit 1998 für Beihilfen zugunsten von kleinen und mittleren Unternehmen (KMUs) und bei Ausbildungsbeihilfen.

Im Dezember 1997 hat die EU-Kommission erstmals Leitlinien für Regionalbeihilfen beschlossen. Sie legte mit diesen den zulässigen Umfang der Fördergebiete in den einzelnen Mitgliedstaaten fest und bestimmte die jeweils zulässige Förderintensität für die einzelnen Fördergebietskategorien sowie den Umfang der förderfähigen Investitionsmaßnahmen. Seit dem 1.1.2000 müssen die nationalen Fördergebiete und -systeme mit diesen Leitlinien in Einklang stehen. Diese Leitlinien werden von den deutschen Ländern als zu eng empfunden, insbesondere weil sie wesentlich in die Gestaltung der Gemeinschaftsaufgabe „Verbesserung der regionalen Wirtschaftsstruktur" eingreifen.

Zweitens ist außerhalb des Kontrollbereichs der Kommission keine eigenständige nationale oder Länderregionalpolitik mehr möglich, auch wenn diese auf Mittel der EU verzichten würde. Der Grund hierfür ist, dass die Regionalpolitik ihren Bezugsrahmen in einem völlig europäisierten politischen Bereich, nämlich dem Europäischen Binnenmarkt, hat. Regionalförderung ist ein Markteingriff, der die Wettbewerbsbedingungen einiger Unternehmen durch staatlichen Eingriff verbessert. Dies soll aus Sicht der EU nur in einer binnenmarktverträglichen Weise geschehen, also nur um zeitweises Marktversagen zu überwinden bzw. außerwettbewerblich in der Umwelt- und Infrastrukturpolitik.

Das Paradoxe an dieser Konstellation ist aus der Sicht der deutschen Länder, dass gerade dann Hilfestellungen für die eigene Wirtschaft erwogen werden sollten und sinnvoll sind, wenn dadurch Wettbewerbsvorteile entstehen. Diese Zielrichtung der Landeswirtschaftspolitik verschwindet durch die Beihilfekontrolle der EU nicht. Landespolitiker sind heute als Vertreter des Landes oder im Verein mit dem Bund darauf angewiesen, in Verhandlungen mit Brüssel jene Spielräume auszuloten, die die Beihilfekontrolle auf europäischer Ebene noch lässt. Alternativ besteht die Möglichkeit, Förderpolitik auf Landesebene unter anderen Programmansätzen wie Forschungs- und Technologiepolitik oder Mittelstandspolitik zu betreiben, um dadurch neue Handlungsspielräume gegenüber der europäischen Beihilfekontrolle zu gewinnen und weiterhin autonom Landeswirtschaftspolitik betreiben zu können. Auch dies geschieht heute nicht mehr ohne europäischen Bezug, sei es in Form finanzieller Hilfestellungen der EU oder sei es in Form des Policy Learning mit Blick auf vorbildhafte europäische Lösungen.

Drittens behält sich die Kommission Eingriffsmöglichkeiten in die nationale Förderkulisse vor, für die sie selbst die Ausgestaltung vorgibt. Hier handelt die Kommission autonom, im Unterschied zum Löwenanteil der Mittelvergabe (95 %), bei dem die Programmgestaltung zwischen den Nationalstaaten und der EU Verhandlungsgegenstand ist. Mit der 1999 beschlossenen Agenda 2000 wurde die Zahl dieser Gemeinschaftsinitiativen von vierzehn auf vier verringert (INTERREG, LEADER, EQUAL und URBAN).

Viertens wird die Förderwürdigkeit von Regionen nicht mehr an nationalen oder Landesmaßstäben gemessen, sondern an europäischen Durchschnittswerten. Für die Regionalförderung ist der Grenzwert, bei dessen Erreichen die Förderwürdigkeit endet, 75 % des BIP pro-Kopf im EU-Durchschnitt. In Deutschland wird bis 2006 (für Berlin-Ost gilt eine Übergangsphase bis 2005) nur noch Ostdeutschland (Ziel 1-Gebiet) im Rahmen der Regionalförderung unterstützt. Berlin (West) und weitere Gebiete in allen Bundesländern erhalten Fördermittel, weil sie in besonderer Weise vom sozioökonomischen Wandel in den Sektoren Industrie und Dienstleistungen betroffen sind, oder weil sie ländliche Gebiete mit rückläufiger Entwicklung oder Problemgebiete in ihren Städten aufweisen (Ziel 2-Gebiete).

Förderwürdigkeit ist allerdings kein unpolitischer Maßstab. Sie ist Ergebnis von Verhandlungsprozessen. Die letzte Verhandlungsrunde von 1999 zur Agenda 2000 (Sturm/Zimmermann-Steinhart 1999) machte dies erneut überdeutlich. Einzelne Fördergebiete – in Deutschland ist hierfür ein typisches Beispiel Berlin (West) – erhalten Mittel weniger aus ökonomischen als aus politischen Gründen. Für die Bundesrepublik geht es bei den Verhandlungen auf EU-Ebene nicht nur um das hehre europäische Ziel der Stärkung des wirtschaftlichen und sozialen Zusammenhalts der EU, sondern auch um die Organisation von Rückflüssen der Finanzströme von Brüssel nach Deutschland, um die deutsche Position des Nettobeitragszahlers für die EU abzumildern. Europäische Regionalpolitik ist bisher immer auch eine versteckte Finanzausgleichs- oder Wirtschaftsentwicklungspolitik zugunsten der ärmeren Mitgliedstaaten gewesen. Aus deutscher Sicht stellt sich in diesem Zusammenhang die Frage nach der Belastbarkeit des nationalen Haushaltes bzw. der Qualität finanzwirksamer Integrationsfortschritte, für deren Finanzierung in Deutschland politische Mehrheiten gesucht werden müssen.

Entsprechend wenig Verständnis finden in der deutschen Politik einseitige Lastenverschiebungen bei der Regionalförderung. Zum Konflikt kam es beispielsweise, als die Kommission im Jahre 2000 beschloss, von den eigenen ökonomischen Kriterien für die Regionalförderung abzuweichen und das deutsche Fördergebiet von 23,4 % der westdeutschen Bevölkerung auf 17,6 % zu reduzieren, um damit Fördermaßnahmen in anderen Mitgliedsländern zu finanzieren. Der Bund-Länder-Planungsausschuss der Gemeinschaftsaufgabe „Verbesserung der regionalen Wirtschaftsstruktur“ protestierte gegen die Ungleichbehandlung Deutschlands und beschloss in Reaktion auf diese Kommissionsentscheidung der Bundesregierung zu empfehlen, diesen Konflikt mit der Kommission zum Gegenstand eines Rechtsstreits beim EuGH zu machen.

Der EuGH hat mit seinem Urteil vom 18.6.2002 die Klage der Bundesregierung aus rein formalen Gründen für unzulässig erklärt. Er argumentierte, die Kommissionsentscheidung „sei für Deutschland formal nicht belastend, da sie keine Entscheidung über den ursprünglichen deutschen Antrag – Genehmigung von westdeutschen Fördergebieten von insgesamt 23,4 % der deutschen Bevölkerung – enthalte. Deutschland könne nach wie vor ein ergänzendes Verzeichnis von Gebieten nachmelden. Die Kommission hätte dann die Vereinbarkeit dieses Antrags mit dem (EG)Vertrag zu prüfen“ (nach: Zweiunddreißigter Rahmenplan 2003: 26). Damit leistete der EuGH faktisch der Kompetenzverschiebung im Europäisierungsprozess zugunsten der Kommission Hilfestellung.

Für die deutschen Ziel 1-Gebiete stehen im Zeitraum 2000–2006 19, 2 Mrd. Euro (zu Preisen von 1999) zur Verfügung (Daten nach Neunundzwanzigster Rahmenplan 2000: 25ff.). Die Aufteilung der Mittel auf die neuen Länder erfolgt auf Vorschlag der Bundesregierung in Übereinstimmung mit den Ministerpräsidenten. Die Ziel 2-Förderung ist mit ca. 3 Mrd. Euro ausgestattet. Hinzu kommen 526 Mio. Euro Übergangsgelder, die die Folgen des Rückzugs der EU aus Fördergebieten dämpfen sollen. Über die Aufteilung dieser Mittel entschied die Länderwirtschaftsministerkonferenz. Die europäischen Regionalfondsmittel machen einen beachtlichen Teil der Gesamtmittel aus, die in Deutschland für die Regionalpolitik zur Verfügung stehen.

Tabelle 20: Relatives Gewicht der Europäischen Förderpolitik (nur Mittel des Europäischen Regionalfonds, EFRE und ohne Berücksichtigung zusätzlicher Landesmittel) in Prozent der Gesamtmittel

	2000–2004	2004–2008
alte Länder	20,3	22,3
neue Länder	16,6	18,8
Insgesamt	17,2	19,3

Quelle: Eigene Berechnungen nach Neunundzwanzigster Rahmenplan 2000, S. 235 und Dreiunddreißigster Rahmenplan 2004, S. 255.

Die EG hat frühzeitig und großzügig zur Finanzierung der deutschen Einheit beigetragen. Der Europäische Rat beschloss bereits am 4.12. 1990, die EG-Regionalförderung auf die neuen Länder zu übertragen. Das Problem der fehlenden Wirtschaftsdaten zur Berechnung von Mittelzuweisungen wurde durch das Gewähren eines Pauschalbetrages für eine Übergangsperiode bis 1993 gelöst. Anfangs waren die Landesregierungen in Ostdeutschland von der Erstellung der Pläne für die Mittelverwendung völlig ausgeschlossen. Diese wurden allein von den zuständigen Bundesministerien, dem Wirtschafts- und dem Sozialministerium, formuliert. Zunächst bedeutete dies eine völlige Bindung der Mittel des Europäischen Regionalfonds (EFRE) an die Schwerpunktsetzungen der Gemeinschaftsaufgabe (GRW). Hierfür hatte sich die Bundesregierung nicht mehr als formal der Zustimmung der neuen Länder versichert, indem sie deren Wirtschaftsminister aufforderte, „sich innerhalb einer Frist von vier Tagen zu der Bindung der EFRE-Mittel an die GRW zu äußern" (Nägele 1996: 210).

Als es im Jahr 1993 im Zuge der Reform der Strukturfonds zu einem Konflikt zwischen der EU-Kommission und der Bundesregierung wegen der Bindung der EU-Fördermittel an die GRW-Förderung kam, nahmen Sachsen und Berlin die Chance wahr, sich nach westdeutschem Vorbild für eine Entkoppelung der beiden Fördersysteme einzusetzen, um damit den ostdeutschen Ländern die Chance zu einer stärkeren Prioritätensetzung in der Wirtschaftsförderung im Eigeninteresse und auf Eigeninitiative zu geben (Anderson 1996: 178ff.). Diese Initiative kam zumindest zu einem gewissen Grade auch den Interessen der EU-Kommission entgegen, die auf die Entkoppelung zur Durchsetzung ihrer regionalpolitischen Prioritäten setzte und so auch unter Umgehung des Bundes ihren Einfluss auf die Regionalpolitik der neuen Länder verstärken konnte.

Der 24. Rahmenplan der GRW von 1995 sah eine Öffnungsklausel vor, die eine begrenzte Entkoppelung der europäischen Regionalfondsförderung von der GRW-Förderung in Ostdeutschland ermöglichte. Das Entkoppelungsmodell wurde in der Folgezeit auch von denjenigen ostdeutschen Ländern präferiert, die vorwiegend aus parteipolitischer Rücksichtnahme 1993 den Konflikt mit dem Bund gescheut hatten. Zunehmend zeigte sich, „daß trotz der insgesamt kooperativen Zusammenarbeit mit dem Bund und anderen deutschen Ländern jedes Land seine spezifischen Interessen in Brüssel zu vertreten hat, so Mecklenburg-Vorpommern hinsichtlich des Erhalts der Werften, Brandenburg hinsichtlich der Sicherung des Stahlstandortes Eisenhüttenstadt und alle fünf ostdeutschen Länder bei der Unterstützung der landwirtschaftlichen Großbetriebe" (Krämer 1999: 328).

Die Einbindung der Länderwirtschaftsförderpolitik in die EU-Regionalpolitik hat aber auch in Ostdeutschland eine gestalterisch weniger befriedigende Kehrseite, die v.a. durch den Fall der VW-Werke Mosel und Chemnitz in Sachsen deutlich in Erinnerung gebracht wurde. Die Auszahlung der sächsischen Fördermittel an die Volkswagen AG im Sommer 1996 verstieß gegen die Art. 87 und 88 des EG-Vertrages und war deshalb rechtswidrig. Die europäische Subventionskontrolle gilt auch für die ostdeutschen Länder, auch wenn von Rechtsvertretern der sächsischen Landesregierung vorgebracht wurde, dass die Ausnahmeregelung des Art. 87 hätte Anwendung finden sollen, die „Beihilfen für die Wirtschaft bestimmter, durch die Teilung Deutschlands betroffener Gebiete [...] zum Ausgleich der durch die Teilung verursachten wirtschaftlichen Nachteile" erlaubt. Nicht nur hat die EU-Kommission die Förderung der ostdeutschen Wirtschaft von sich aus nie in diesen Zusammenhang gebracht (Götz 1995: 322) und sich damit für alle Zukunft einen weitgehenden Ermessensspielraum bei der Beurteilung von Subventionsleistungen der Landesregierungen gesichert. Es ist auch unumstritten, dass die erwähnte Sonderregelung des Art. 87 nicht darauf zielt, wirtschaftliche Nachteile Ostdeutschlands auszugleichen, die in der mangelhaften Wirtschaftsentwicklung der DDR begründet sind (Uerpmann 1998; Nägele 1997).

Die Europäisierung der deutschen Regionalpolitik ist ein dynamischer Prozess geblieben, dessen Zielrichtung davon abhängt, wie sich das Kräfteverhältnis zwischen Nationalstaaten und EU entwickelt. In der gegenwärtigen Situation, in der Regionalpolitik in Verbindung mit dem Binnenmarkt gesehen werden muss, ist unbestreitbar, dass deutsche regionalpolitische Alleingänge, sei es auf Bundes-, sei es auf Landesebene, nicht mehr möglich sind. Nur die europäische Ebene kann wettbewerbsbeeinflussende Maßnahmen – und dazu gehört die Regionalpolitik – als binnenmarktkonform legitimieren. Damit ist der Rahmen abgesteckt. Was im Rahmen des finanziell in Deutschland möglichen Eingriffes wie gestaltet wird, wird einem Mehrebenenverhandlungssystem anheimgegeben. In der Triade EU-Nation-Länder bzw. Land sind entscheidungs-, situations- und gegenstandsbezogen unterschiedliche Politikpromotoren und Allianzen sowie unterschiedliche Verbindlichkeiten von Lernprozessen denkbar und möglich.

Allerdings sollte bedacht werden, dass deutsche Regionalpolitik nie nur eine Art territorialer, wohlfahrtsstaatlich motivierter Ausgleich war, auch wenn dieser Aspekt von den meisten Detailstudien zum Thema in den Vordergrund gestellt wird. Der EG-Vertrag kennt aber keine andere Begründung als das diesem Ausgleich entsprechende „Kohäsionsziel“. In seinem Art. 158 heißt es: „Die Gemeinschaft entwickelt und verfolgt weiterhin ihre Politik zur Stärkung ihres wirtschaftlichen und sozialen Zusammenhalts, um eine harmonische Entwicklung der Gemeinschaft als Ganzes zu fördern.“ Regionalpolitik war für die deutschen Länder immer auch wirtschaftliche Interessenpolitik, die mit dem Ausbau des Binnenmarktes und der damit einhergehenden zunehmenden Konkurrenz anderer europäischer Regionen, ja auch von Regionen außerhalb der EU, immer wichtiger wird.

Paradoxerweise wird gerade mit der Logik des Binnenmarktes (keine Beeinträchtigung des Wettbewerbs) eine Förderpolitik der Länder in Eigenregie aber aus europäischer Sicht unmöglich. Hier zeigen sich Grenzen der harmonischen Mehrebenenpolitik von Koordination und Kooperation (Benz 1998). Nicht zufällig ist es eines der Hauptanliegen der Länder bei zukünftigen Beschlüssen über die Kompetenzverteilung in der EU, dass neben der europäisierten Regionalpolitik nationale Spielräume der Regionalpolitik neu entstehen sollen. Es wurde argumentiert, dass weitgehende Eingriffe der EU in die Gestaltung der Regionalpolitik der Länder und des Bundes das in Art. 5 EG-Vertrag garantierte Subsidiaritätsprinzip verletzen.

Die erweiterte EU könnte nach 2006 schon aus Gründen der Kostenbegrenzung für die Strukturfonds sich zu der bereits diskutierten Lösung durchringen, nur noch den wirtschaftlich schwächsten Mitgliedstaaten Strukturhilfen zu gewähren und im Gegenzug den wohlhabenderen Mitgliedern größere Freiräume für ihre Regionalpolitik einräumen (Zukunft... 2000: 4). Die Bundesregierung fordert eine Vergrößerung der regionalpolitischen Handlungsspielräume der EU-Mitgliedstaaten, um den wirtschaftsschwachen Regionen, die unter erweiterungsbedingten Anpassungslasten leiden, mit nationalen Mitteln helfen zu können (Dreiunddreißigter Rahmenplan 2004: 8). Dies ist eine Strategie, um dem auch an anderen Stellen auftretenden „Misfit“-Problemen der Europäisierung der EU-Strukturpolitik Herr zu werden. Hinzu kommt auch eine fundamentale Kritik an den Folgen der Europäisierung dieses Politikfeldes, die anstatt die Regionalpolitik zu optimieren zur wachsenden Ineffizienz geführt habe, wie die Bundesregierung feststellt: „Die Erfahrungen aus der Umsetzung der EU Strukturfonds haben in Deutschland wie in allen anderen Mitgliedstaaten gezeigt, dass die EU-Strukturförderung insgesamt zu kompliziert, komplex und zentralistisch geworden ist, um einen effizienten Einsatz der Fördermittel zu ermöglichen" (Dreiunddreißigter Rahmenplan 2004: 27f.).

Die Kommission hat vorgeschlagen, die Strukturfonds nicht nur als Instrument zur Unterstützung regionaler Entwicklung zu nutzen, sondern diese auch als Druckmittel einzusetzen, um die Ziele der EU in den Nationalstaaten durchzusetzen. Die geplante Konditionalität könnte die Zahlung von Strukturfondsmitteln u.a. von der Einhaltung der Maastricht-Kriterien bzw. von Konvergenzprogrammen im Rahmen der Heranführung an die Währungsunion, von der Beachtung der Ausschreibungspflicht für öffentliche Aufträge oder von der Einhaltung von Umweltvorschriften abhängig machen (Frankfurter Allgemeine Zeitung, 16.7.2004: 12).

Deutschland ist von dieser Art der Politiksteuerung wegen der vergleichsweise geringeren Transfers (insgesamt ist Deutschland Nettozahler) weniger betroffen, auch wenn zu einer entsprechenden Ausweitung der Kommissionsbefugnisse Stellung zu nehmen ist. In der Finanzperiode 2007–2013 steht für die deutsche Politik die Abmilderung der Folgen europäisierter Maßstäbe der regionalpolitischen Förderung (des sog. „statistischen Effektes") in einem erweiterten Europa im Vordergrund. Die bisherigen deutschen Empfängerregionen sind gemessen am europäischen Durchschnitt unter Umständen zu reich und verlieren deshalb ihre Förderung. Nach vorläufigen Kommissionsberechnungen, die allerdings auf nicht sehr realistischen Annahmen der Ausweitung des Fördervolumens beruhen, wäre die Förderung Mecklenburg-Vorpommerns, des Nordens von Brandenburg, Thüringens sowie der Bezirke Chemnitz, Dessau und Magdeburg nicht in Gefahr. Geringe Abstriche hätten Süd-Brandenburg, Leipzig, Dresden oder Halle zu erwarten (Frankfurter Rundschau, 19.2.2004: 5). Entscheidend bleibt aber die Einigung über das Fördervolumen. Der Vorschlag aus der Kommission, das Budget der Strukturpolitik in zwei Teile (alte und neue EU-Länder) mit getrennten Antragsverfahren zur Verteilung anzubieten (Financial Times, 11.10.2004: 12), könnte zwar mehr der alten Fördergebiete erhalten, aber nicht den alten Förderumfang. Die neuen EU-Mitglieder werden einer solchen für sie nachteiligen Regelung nicht zustimmen.

Als weiteres Problem der Regionalförderung kommt hinzu, dass deutsche Empfängerregionen nun Nachbarn haben können, die in den Genuss der Höchstfördersätze kommen. Strategien, um diese Effekte abzumildern, sind das allmähliche Abschmelzen der Fördersätze in deutschen Fördergebieten über den gesamten Zeitraum 2007–2013 hinweg sowie eine Ausnahmeregelung für die Grenzlandförderung, bei der weiterhin eine konkurrenzfähige öffentliche Investitionsförderung erlaubt wird. Umstritten bleibt, wie konkret die EU in Zukunft im Einzelnen die Kriterien der Vergabepraxis vorgeben soll (treten an die Stelle „Gemeinschaftlicher Förderkonzepte" „Einzelstaatliche strategische Referenzrahmen"?, Bünder/Friedrich 2004: 17) und innerstaatlich, ob die westdeutschen Länder bereit sind, in hohem Maße auf Regionalförderung durch die EU zu verzichten, um diese für Ostdeutschland zu erhalten. Auf EU-Ebene könnte dies ein deutsches Eintreten für die Abschaffung der Ziel 2-Förderung zugunsten der Ziel 1-Förderung bedeuten (Hartwig/Petzold 2004).

Literatur

Anderson, Jeffrey J. (1996): Germany and the Structural Funds: Unification Leads to Bifurcation, in: Hooghe, Lisbet (Hrsg.): Cohesion Policy and European Integration: Building Multi-Level Governance, Oxford, S. 163–194.

Ast, Susanne (1999): Koordination und Kooperation im europäischen Mehrebenensystem. Regionalisierung europäischer Strukturpolitik in Deutschland und Frankreich, Köln.

Axt, Heinz-Jürgen (2000): Solidarität und Wettbewerb – die Reform der EU-Strukturpolitik, Gütersloh.

Benz, Arthur (1998): Politikverflechtung ohne Politikverflechtungsfalle – Koordination und Strukturdynamik im europäischen Mehrebenensystem, in: Politische Vierteljahresschrift 39(3), S. 558–589.

Bünder, Helmut/Friedrich, Hajo (2004): Das Rennen um die EU-Subventionsmilliarden beginnt, in: Frankfurter Allgemeine Zeitung, 13.7., S. 17.

Clement, Wolfgang (2001): Europa gestalten – nicht verwalten. Die Kompetenzordnung der Europäischen Union nach Nizza, Rede beim Walter-Hallstein-Institut der Humboldt-Universität zu Berlin, vom 12.2.2001. http://www.rewi.hu-berlin.de/WHI/deutsch/fce/fce301/clement.htm

Conzelmann, Thomas (2000): Große Räume, kleine Räume. Die Europäisierung der Regionalpolitik in Deutschland, in: Knodt, Michèle/Kohler-Koch, Beate (Hrsg.): Deutschland zwischen Europäisierung und Selbstbehauptung, Frankfurt a.M./New York, S. 357–380.

Conzelmann, Thomas (2002): Große Räume, kleine Räume. Die Europäisierung der Regionalpolitik in Deutschland und Großbritannien, Baden-Baden.

Dreiunddreißigter Rahmenplan (2004) der Gemeinschaftsaufgabe „Verbesserung der regionalen Wirtschaftsstruktur“ (GA) für den Zeitraum 2004 bis 2007, Bundestagsdrucksache 15/2961 vom 22.4.2004.

Fischer, Thomas/Schley, Nicole (1999): Europa föderal organisieren, Bonn.

Götz, Volkmar (1995): Europäische Beihilfenaufsicht über staatliche Finanzhilfen für die Wirtschaft im Beitrittsgebiet, in: Ipsen, Jörn u.a. (Hrsg.): Verfassungsrecht im Wandel, Köln etc., S. 319–329.

Hartwig, Ines/Petzold Wolfgang (Hrsg.) (2004): Die EU-Strukturpolitik nach 2006: Perspektiven für die Reform, Baden-Baden.

Knodt, Michèle (1998): Tiefenwirkung europäischer Politik, Baden-Baden.

Krämer, Raimund (1999): Von Interessen, östlicher Eigenart und karolingischem Europa, in: Haberl, Othmar Nikola/Korenke, Tobias (Hrsg.): Politische Deutungskulturen. Festschrift für Karl Rohe, Baden-Baden, S. 315–332.

Marks, Gary (1996): Exploring and Explaining Variation in EU Cohesion Policy, in: Hooghe, Lisbet (Hrsg.): Cohesion Policy and European Integration. Building Multi-Level Governance, Oxford, S. 389–425.

Nägele, Frank (1996): Regionale Wirtschaftspolitik im kooperativen Bundesstaat. Ein Politikfeld im Prozess der deutschen Vereinigung, Opladen.

Nägele, Frank (1997): Die ‚graue Eminenz‘ der regionalen Wirtschaftspolitik. Zur regionalpolitischen Bedeutung der EG-Beihilfenkontrolle in der Bundesrepublik Deutschland, in: Staatswissenschaft und Staatspraxis 8(1), S. 109–130.

Neunundzwanzigster Rahmenplan (2000) der Gemeinschaftsaufgabe „Verbesserung der regionalen Wirtschaftsstruktur“ für den Zeitraum 2000 bis 2003 (2004), Bundestagsdrucksache 14/3250 vom 30.3.2000.

Petzold, Wolfgang (2004): Zur Debatte und den Perspektiven der EU-Strukturpolitik nach 2006, in: Europäisches Zentrum für Föderalismus-Forschung (Hrsg.): Jahrbuch des Föderalismus 2004, Baden-Baden, S. 437–452.

Reissert, Bernd/Schnabel, Fritz (1976): Fallstudien zum Planungs- und Finanzierungsverbund von Bund, Ländern und Gemeinden, in: Scharpf, Fritz W./Reissert, Bernd/Schnabel, Fritz: Politikverflechtung, Kronberg/Ts., S. 71–235.

Rolle, Carsten (2000): Europäische Regionalpolitik zwischen ökonomischer Rationalität und politischer Macht, Münster.

Sturm, Roland (1998): Multi-Level Politics of Regional Development in Germany, in: European Planning Studies 6(5), S. 525–536.

Sturm, Roland/Zimmermann-Steinhart, Petra (1999): Die deutsche EU-Ratspräsidentschaft, in: Gegenwartskunde 48(3), S. 285–296.
Sutcliffe, John B. (2000): The 1999 Reform of the Structural Fund Regulations: Multi-level Governance or Renationalization?, in: Journal of European Public Policy 7(2), S. 290–309.
Tömmel, Ingeborg (1998): Transformation of Governance: The European Commission's Strategy for Creating a „Europe of the Regions", in: Regional and Federal Studies 8(2), S. 52–80.
Uerpmann, Robert (1998): Der europarechtliche Rahmen für staatliche Subventionen in Ostdeutschland, in: Die Öffentliche Verwaltung 51(6), S. 226–233.
Voelzkow, Helmut (1999): Europäische Regionalpolitik zwischen Brüssel, Bonn und den Bundesländern, in: Derlien, Hans-Ulrich/Murswieck, Axel (Hrsg.): Der Politikzyklus zwischen Bonn und Brüssel, Opladen, S. 105–120.
Zukunft der deutschen Regionalförderpolitik im Zusammenhang mit der Reform der Strukturfonds der Europäischen Union 2000, Bundestagsdrucksache 14/4112 vom 20.9.2000.
Zweiunddreißigter Rahmenplan (2003) der Gemeinschaftsaufgabe „Verbesserung der regionalen Wirtschaftsstruktur" (GA) für den Zeitraum 2003 bis 2006, Bundestagsdrucksache 15/861 vom 10.4.2003.

4.8 Justiz- und Innenpolitik

Innen- und Rechtspolitik sind Bereiche, die traditionell zum Kernbestand staatlicher Souveränität gerechnet werden. Moderne Gesellschaften sind territorial organisiert; staatliche Gesetze und Anordnungen gelten innerhalb des durch Grenzen markierten Staatsgebiets, und die Tätigkeit der staatlichen Organe, seien es Polizeibehörden oder Gerichte, ist prinzipiell ebenfalls auf das Staatsgebiet beschränkt. Staatsgrenzen trennen also langfristig gewachsene Rechtssysteme voneinander (Gehring 1998: 45), in welchen das „unverzichtbare Kompetenzattribut des modernen Staates", nämlich seine Garantenfunktion für die innere Sicherheit, zum Ausdruck kommt (Di Fabio 1997: 89).

Als man in den fünfziger Jahren die ersten, auf eine rein wirtschaftliche Zusammenarbeit abzielenden Schritte auf dem Weg zur europäischen Integration ging, war noch nicht abzusehen, dass dieser Prozess schlussendlich auch die politisch hochgradig sensiblen, „klassischen" Souveränitätsrechte des Nationalstaates in Frage stellen würde (Schily 2000: 23f.). Schon nach Abschluss der ersten Beitrittswelle aber bekräftigten die Staats- und Regierungschefs der seinerzeit neun Mitgliedstaaten der Europäischen Gemeinschaft ihre Absicht, die Beziehungen ihrer Staaten zueinander im Sinne einer Union zu gestalten. Als deren zentralen Bestandteil verstanden sie einen europäischen „Bürgerstatus“. Er sollte sich in einer Passunion niederschlagen, welche zwangsläufig mit einer Abschaffung der Personenkontrollen an den Binnengrenzen verbunden sein würde (hierzu und zum Folgenden Gehring 1998: 47ff.).

Zwar gab es in den Folgejahren einige zaghafte Anläufe zur Realisierung des anvisierten „Europa ohne Grenzen“, die jedoch in den Jahren der „Eurosklerose“ ohne konkrete Folgen blieben. Erst das von der Delors-Kommission im Jahr 1985 vorgelegte Weißbuch zur Vollendung des Binnenmarkts brachte neue Dynamik in den Integrationsprozess, indem es verdeutlichte, dass zur Realisierung des Binnenmarktprojekts nicht nur Maßnahmen zur Beseitigung tarifärer und technischer Handelshemmnisse erforderlich sein würden, sondern auch Bestimmungen, die auf die Freiheit des Personenverkehrs abzielten. Die Kommission ging davon aus, dass ein Wegfall der Grenzkontrollen durch eine Vielzahl weiterer Maßnahmen der Europäischen Gemeinschaft kompensiert werden müsste und dass über dieses „Freizügigkeitspaket“ ebenso wie über die anderen Teile des Binnenmarktprojekts im Rat mit qualifizierter Mehrheit beschlossen werden würde, scheiterte damit aber am Widerstand Großbritanniens, Dänemarks und Griechenlands. Diesen Gegnern der Passunion gelang es, die personenbezogenen Teile des Binnenmarktprogramms von seinen ökonomischen Bestandteilen in der Form zu trennen, dass erstere nach wie vor der Einstimmigkeitsregel unterlagen (Moravcsik 1991: 41f.).

Die am 1.7.1987 in Kraft getretene Einheitliche Europäische Akte (EEA) bestimmte deshalb zwar, dass der europäische Binnenmarkt einen Raum ohne Binnengrenzen darstelle, in welchem der freie Personenverkehr gewährleistet sei. Sie zog daraus allerdings nicht die von der Europäischen Kommission und den integrationsfreundlichen Mitgliedstaaten gewünschte Konsequenz, der Gemeinschaft die entsprechenden Regelungskompetenzen zu übertragen. Im Gegenteil: In zwei der EEA beigefügten Erklärungen behielten sich die Mitgliedstaaten ausdrücklich einseitige Regelungsbefugnisse sowie das Recht zur zwischenstaatlichen Kooperation außerhalb des Gemeinschaftsrahmens vor (Gehring 1998: 51). Diese Blockadehaltung war der Grund, warum für die meisten der im Weißbuch im Zusammenhang mit der geplanten Abschaffung von Personenkontrollen angekündigten Maßnahmen von der Kommission nicht einmal Vorschläge unterbreitet wurden.

Noch bevor das vollständige Scheitern einer gemeinschaftlichen Rechtsetzung bezüglich der Personenverkehrsfreiheit beschlossene Sache war, hatten allerdings die „Motoren" der europäischen Integration – Deutschland und Frankreich – eine Initiative gestartet, die schließlich am 14.6.1985 zum Abschluss des Schengener Abkommens führte. Obwohl das „Übereinkommen betreffend den schrittweisen Abbau der Kontrollen an den gemeinsamen Grenzen" ein rein intergouvernementales Verwaltungsabkommen war, das nicht einmal der Ratifizierung durch die nationalen Parlamente bedurfte, und obwohl es sich außerhalb der gemeinschaftlichen Vertragsstrukturen bewegte, bildete es die Keimzelle der Europäisierung der vordem eifersüchtig gehüteten, weil „souveränitätsgeladenen" (Knelangen 2000: 149) nationalen Innen- und Rechtspolitik. Seine Darstellung bildet daher den Ausgangspunkt der folgenden Analyse.

Das Schengener Abkommen geht zurück auf eine überraschende und deshalb besonders publikumswirksame Ankündigung einer bilateralen Vereinbarung über den Abbau der Kontrollen an der deutsch-französischen Grenze durch den damaligen französischen Staatspräsidenten François Mitterrand und den deutschen Bundeskanzler Helmut Kohl im Mai des Jahres 1984. Dieser Absichtserklärung folgten erste Verhandlungen auf der Arbeitsebene beider Regierungen, die jedoch ohne Ergebnis blieben. Daraufhin übernahm auf deutscher Seite auf Weisung des Regierungschefs das Bundeskanzleramt die Federführung. Bereits nach vier Wochen wurden die Verhandlungen abgeschlossen, sodass im Juli 1984 das „Saarbrückener Abkommen" unterzeichnet werden konnte. Diese Vereinbarung sah nicht nur die sofortige Beschränkung der Kontrollen an der französisch-deutschen Grenze auf Stichproben vor, sondern hatte explizit zum Ziel, diese nach der Einführung begleitender Sicherheitsmaßnahmen völlig abzuschaffen (Schreckenberger 1997: 396).

Nur wenige Wochen nach Unterzeichnung des Saarbrückener Abkommens erklärten die Regierungen der Benelux-Staaten, von Bundeskanzler Kohl nachdrücklich dazu ermuntert (Schreckenberger 1997: 397), ihre Bereitschaft, sich der deutsch-französischen Initiative anzuschließen. Nach relativ problemlosen Verhandlungen konnte am 14.6.1985, also im selben Monat, in welchem die Kommission ihr Weißbuch zum Binnenmarkt vorlegte, zwischen den Regierungen Deutschland, Frankreichs und der Benelux-Staaten das Schengener Abkommen, benannt nach dem in Luxemburg gelegenen Ort seiner Unterzeichnung, geschlossen werden.

Das Übereinkommen sah den sofortigen Abbau der Personenkontrollen an den gemeinsamen Grenzen vor. In der Regel sollten sie sich auf Sichtkontrollen beschränken. Die unterzeichnenden Regierungen waren sich darüber einig, dass ihr gemeinsames Ziel, die Binnengrenzkontrollen möglichst bis zum 1.1.1990 völlig aufzuheben, unter anspruchsvollen Voraussetzungen stand, die im Titel II des Übereinkommens als „langfristig durchzuführende Maßnahmen" zusammengefasst wurden. Die Art. 17 – 20 nannten diesbezüglich unter anderem die Verlagerung der Kontrollen an die Außengrenzen, eine verstärkte Zusammenarbeit von Zoll- und Polizeibehörden und die Angleichung der nationalen Visabestimmungen sowie des Ausländer-, Betäubungsmittel- und Waffenverkehrsrechts. Es war von vornherein klar, dass der „negativen Integration" im Sinne der Beseitigung nationaler Mobilitätshemmnisse Elemente der „positiven Integration" hinzugefügt, also ein neues Regelwerk geschaffen werden musste, das geeignet erschien, die durch die Abschaffung der Grenzkontrollen zwangsläufig entstehenden Sicherheitsverluste zu kompensieren (Gehring 1998: 46f.). Damit war das Tor zur Europäisierung der Innen- und Rechtspolitik zwar weit geöffnet, konnte allerdings nicht so schnell durchschritten werden, wie ursprünglich geplant.

Die intergouvernementalen Verhandlungen über die Maßnahmen, welche die vollständige Abschaffung der Grenzkontrollen begleiten sollten, zogen sich über fünf Jahre hin. Das Schengener Durchführungsabkommen – mitunter unter dem Kürzel SDÜ geführt, üblicherweise aber als „Schengen II" bezeichnet –, konnte erst im Juni 1990 unterzeichnet werden. Der Grund, warum die Schengen-Gruppe ihre Zeitpläne ständig strecken musste, ist letztlich in den innenpolitischen Entscheidungsmechanismen der beteiligten Staaten zu suchen. Die Aushandlung von Schengen I war vom Bundeskanzler zur Chefsache erklärt worden. Die Verhandlungen wurden federführend deshalb vom vom Bundeskanzleramt geführt, innerhalb dessen der Abteilungsleiter „Innen und Recht" (und nicht etwa der Leiter der Abteilung für Auswärtige Beziehungen) verantwortlich war. Innen- und Justizministerium waren bei den Verhandlungen weitgehend außen vor, und auch von einer Abstimmung der jeweiligen Verhandlungspositionen mit den Landesregierungen wird nirgendwo berichtet. In der Bundesrepublik war der „Post-Schengen-Prozess" auf der obersten administrativen Ebene deshalb von einem deutlichen Konkurrenzverhältnis zwischen Kanzleramt und Innenministerium gekennzeichnet. Während ersteres weiterhin die bundesdeutsche Vertretung in den Schengener Gremien monopolisieren wollte, reklamierte das Innenministerium aufgrund seiner Zuständigkeit für alle Fragen der inneren Sicherheit die Verhandlungen über die Ausgleichsmaßnahmen für die wegfallenden Grenzkontrollen als ureigenstes Aufgabengebiet für sich. Auch auf den nachgeordneten Ebenen waren die Akteure uneins. Schnell zeigte sich, dass die Sicherheitsbehörden, die an der Aushandlung von Schengen I nicht beteiligt waren, den für sie mehr oder weniger überraschend angekündigten Wegfall der Grenzkontrollen als erhebliches Sicherheitsrisiko einstuften. Sie versuchten deshalb, zumindest „ihre Kompetenz über die Detailregelungen zurückzugewinnen" (Lange 1999: 159).

Mit Schengen II stellten sich die Vertragsparteien der Aufgabe, die im Vorläuferabkommen lediglich enumerierten „langfristig zu ergreifenden Maßnahmen" zur Kompensation der abzusehenden sicherheitspolitischen Defizite zu konkretisieren. Weil damit tief in nationalstaatliche Souveränitätsrechte eingegriffen werden musste, war das Durchführungsübereinkommen im Unterschied zu Schengen I von vornherein als ratifizierungsbedürftiger, völkerrechtlicher Vertrag konzipiert. Der Ratifizierungsprozess kam erst am 26.3.1995 zum Abschluss. Zu diesem Zeitpunkt waren Italien, Spanien, Portugal und Griechenland sowie nach seinem EU-Beitritt auch schon Österreich dem Abkommen bereits beigetreten. Im Dezember 1996 unterzeichneten auch Dänemark, Schweden und Finnland als Vollmitglieder; Norwegen und Island, die mit den drei genannten Staaten seit 1957 die Nordische Passunion bilden, traten zum selben Zeitpunkt als assoziierte Mitglieder bei. Damit war die Vision von einem Europa ohne Binnengrenzkontrollen für alle Mitgliedstaaten der Europäischen Union mit Ausnahme Großbritanniens und Irlands rechtlich vollendet und das Paket der Ausgleichsmaßnahmen beschlossen, welches die – hinsichtlich ihrer steuerungspolitischen Funktionalität in der Vergangenheit allerdings durchaus umstrittene – Filterfunktion der Grenzkontrollen (Hailbronner/Thiery 1997: 55; Aschmann 2000: 75ff.) kompensieren sollte. Im März 2001 wurde der „integrierte Reiseraum" (Gehring 1998: 46) mit der Abschaffung der Personengrenzkontrollen in Dänemark, Norwegen und Island vollends Realität.

Die Nationalstaaten, die gemeinsam das mittlerweile sog. „Schengenland" bildeten, verpflichteten sich im Wesentlichen zu Anpassungs- und Kooperationsleistungen in solchen Politikfeldern, in welchen die nationalen Grenzen vordem für den jeweils betroffenen Personenkreis unmittelbar erfahrbare Konsequenzen entfalteten. Maßgeblich betroffen sind deshalb vor allem die Strafverfolgung sowie die Ausländer- und Asylpolitik.

Im Bereich der Strafverfolgung galt es unter anderem, das Recht auf „Nacheile" zwischenstaatlich vertraglich zu verankern. Unter Nacheile wird das Recht von Polizeibeamten zur Verfolgung eines Flüchtigen, der einer Straftat verdächtig oder wegen einer solchen verurteilt ist, über die Grenzen ihres jeweiligen Amtsbezirks hinaus verstanden. Traditionell galt, dass die Nacheile in das Ausland „mit Rücksicht auf die Souveränitätsgrenzen" generell unzulässig und die jeweilige Polizeibehörde auf die Gewährung zwischenstaatlicher Rechtshilfe angewiesen war (Creifelds 1978: 779). Schengen II regelt in den Art. 40 – 43 ausführlich und mit detaillierten Einschränkungen das Recht zur grenzüberschreitenden Nacheile im Falle besonders schwerer Straftaten. Die Bundesrepublik Deutschland hat diesbezüglich einen sehr weitgehenden Souveränitätsverzicht geübt, indem es seinen Vertragspartnern die polizeiliche Nacheile bei allen „auslieferungsfähigen" Straftaten ohne räumliche und zeitliche Begrenzung und mit einem Festhalterecht einräumt (Lange 1999: 161). Dass die anderen Vertragsstaaten in diesem Punkt wesentlich restriktiver verfahren, die Nacheile mit Ausnahme Frankreichs in der Regel auf einen Korridor von zehn Kilometern jenseits der Grenze beschränken und ausländischen Polizeibeamten kein Festhalterecht zugestehen, wurde im Deutschen Bundestag anlässlich der Debatte über die Ratifizierung des Schengener Durchführungsübereinkommens zwar mit unverhohlener Kritik vermerkt (Deutscher Bundestag, Sten. Ber. 12/14012; 14027), scheint für die polizeiliche Praxis allerdings eher nachrangig.

Auch in anderen Bereichen der inneren Sicherheit forderte das Schengener Übereinkommen von der Bundesrepublik weitreichende Zugeständnisse. Im Bundestag wurde insbesondere die Lockerung des waffenrechtlichen Schutzstandards moniert, gleichzeitig aber mit Erleichterung registriert, dass das deutsche Waffenrecht den durch Schengen ausgelösten Harmonisierungsprozessen nicht völlig geopfert werden musste: „Gott sei Dank können wir wenigstens unser Waffenrecht behalten", kommentierte etwa der FDP-Abgeordnete Lüder die durch „Europa" eingeschränkten innenpolitischen Gestaltungsmöglichkeiten (Deutscher Bundestag, Sten. Ber. 12/14016).

Als Kernstück des Abkommens bezüglich der Kompensation von Sicherheitsdefiziten durch den Wegfall der Grenzkontrollen gilt die Einrichtung des gemeinsamen Schengener Informationssystems (SIS). Rechtsgrundlage des SIS sind die Art. 93 – 119 des Durchführungsübereinkommens. Das System basiert darauf, dass von den nationalen Sicherheitsbehörden personenbezogene Daten an eine zentrale technische „Unterstützungseinheit" mit Sitz in Straßburg übermittelt werden, die von den berechtigten nationalen Behörden von dort aus online abgerufen werden können. Die Bezeichnung Informationssystem verdeckt seine „herausragende operative polizeiliche Funktion als zentrales Personen- und Sachfahndungssystem", die es schon deswegen hat, weil es sich nicht auf grenzrelevante Delikte beschränkt (Schreckenberger 1997: 404). Es dient sowohl ausländerrechtlichen als auch polizeilichen Zwecken. Die Speicherung der Daten durch die nationalen Behörden geschieht unter anderem in der Absicht, dass von einem Vertragsstaat ausgesprochene Sanktionen gegen einzelne Personen „schengenweit" wirksam werden können. Weil es sich bei SIS also um ein Fahndungsystem mit Ausschreibungen zur Festnahme, Aufenthaltsfeststellung und Einreiseverweigerung handelt (Aschmann 2000: 90), mutierten die nationalen Polizei- und Ausländerbehörden durch das Schengener Abkommen ein Stück weit zu Vollzugsinstanzen ausländischer Rechtsprechung.

Das Schengener Informationssystem, das nach der Erweiterung der EU um zehn weitere Mitgliedstaaten an Kapazitätsgrenzen stieß und deshalb zum „SIS II“ weiterentwickelt wurde, basiert auf nach wie vor unterschiedlichen nationalen Bestimmungen etwa des Straf- und Ausländerrechts. Seine Zielsetzung macht deutlich, dass vor allem die Ausländerpolitik von den Schengener Übereinkommen hinsichtlich der Gültigkeit von Aufenthaltserlaubnissen im Kernbereich tangiert wurde. Sieht man einmal davon ab, dass ein Staat nach Konsultation der anderen Vertragsparteien vorübergehend wieder Grenzkontrollen einführen darf, wenn „die öffentliche Ordnung oder die nationale Sicherheit“ es erfordern (Schengen II, Art. 2 Abs. 2), gilt grundsätzlich, dass sich jedermann frei im gesamten Schengenland bewegen kann. Weil sich sog. „Drittausländer“ Ausweisungs- oder Abschiebungsverfügungen dadurch hätten entziehen können, dass sie sich in einen anderen Schengen-Mitgliedstaat begeben hätten, in dem die entsprechende Verfügung nicht galt und dort deshalb erneut ein ausländerbehördliches Verfahren in Gang gesetzt hätte werden müssen, dem man im Zweifelsfall auch noch ein gerichtliches Rechtsschutzverfahren nachschalten könnte, war der Harmonisierungsdruck deutlich gestiegen (Hailbronner 1999: 11): Die Schengener Übereinkommen haben ein nur national geltendes Ausländerrecht faktisch obsolet gemacht. In einem ersten Schritt einigten sich die Vertragsparteien deshalb unter anderem auf eine Harmonisierung ihrer, wie es in Schengen II Art. 9 heißt, „Sichtvermerkspolitik“, die der Gestaltung kurzfristiger Aufenthaltserlaubnisse dient, und der Einreisebedingungen für Drittausländer.

Wegen der grundsätzlichen Freizügigkeit war die asylpolitische Problemlage im Grunde identisch, wurde allerdings durch zwei spezifische Besonderheiten noch verschärft. Deren erste bestand im sog. „refugee-in-orbit-Phänomen“, womit gemeint ist, dass Asylsuchende von einem Vertragsstaat in den anderen abgeschoben werden könnten, ohne dass sich einer dieser Staaten für die Behandlung der Asylbegehren für zuständig erklärt. Daneben stand das Ziel, das „asylumshopping“ zu verhindern, das heißt, dem Zustand ein Ende zu setzen, dass Asylbewerber im Vertragsgebiet unkontrolliert weiterwandern und parallel bzw. sukzessiv mehrere Asylverfahren betreiben konnten. Die Asylpolitik wurde damit zu einem Kernbereich im Schengen-

Prozess, der aufgrund seiner politischen Sensibilität den auf die ursprünglich fünf Teilnehmerländer begrenzten Verhandlungsrahmen unmittelbar sprengte.

Schengen II enthält in den Art. 28 – 38 die von den Vertragsparteien für notwendig erachteten Harmonisierungsmaßnahmen für die Asylpolitik. Das Abkommen wurde am 19.6.1990 unterzeichnet. Vier Tage zuvor legte die „Ad-hoc-Gruppe Einwanderung", die von den für Einwanderungsfragen zuständigen Ministern der Mitgliedstaaten der EG im Jahr 1986 eingesetzt worden war, das „Dubliner Übereinkommen über die Bestimmung des zuständigen Staates für die Prüfung eines in einem Mitgliedstaat der Europäischen Gemeinschaften gestellten Asylantrags" vor. Das Dubliner Übereinkommen war etwas ausführlicher formuliert als die asylrechtsrelevanten Teile von Schengen II, lief jedoch auf eine inhaltlich identische Regelung hinaus. Der „Schengen-Besitzstand" als solcher blieb also weiterhin außerhalb des Gemeinschaftsrahmens; die EG übernahm jedoch das von den Schengenstaaten ausgearbeitete Modell zur Teilharmonisierung der Asylbestimmungen genauso, wie sie ein Jahr darauf mit dem „Übereinkommen über Personenkontrollen an den Außengrenzen" einem weiteren Schwerpunktbereich des Schengen-Regimes folgte (Gehring 1998: 63). Der Ratifizierungsprozess für das Dubliner Übereinkommen zog sich über sieben Jahre hin, am 1.9.1997 trat es in Kraft. Bereits drei Jahre vorher hatten die Schengen-Staaten im „Bonner Protokoll" vereinbart, dass die asylrechtlichen Bestimmungen von Schengen II nach Inkrafttreten des Dubliner Übereinkommens nicht mehr angewendet werden sollten.

Ziel des Dubliner Übereinkommens war, „daß mindestens und zugleich nur ein einziger Signatarstaat für die Prüfung eines Asylantrages eines Drittausländers zuständig sein sollte" (Hailbronner/Thiery 1997: 56). Grundsätzlich sollte ausschließlich der zuständige Vertragsstaat den jeweiligen Asylantrag prüfen und entscheiden sowie im Falle eines negativen Verfahrensausgangs dafür Sorge tragen, dass der Asylbewerber das Vertragsgebiet wieder verlässt. Letztlich entscheidendes Kriterium für die Bestimmung der Zuständigkeit war, dass dem Staat die Zuständigkeit zukam, dem die Einreise in das Vertragsgebiet zuzurechnen war. Die Durchführung der Asylverfahren erfolgte entsprechend der jeweiligen nationalen Gesetzgebung. Das Übereinkommen harmonisierte also weder das materielle Asylrecht noch das Asylverfahrensrecht, sondern ging davon aus, dass das Asylrecht in allen Mitgliedstaaten rechtstaatlichen Mindeststandards genügte, weil sämtliche Vertragsstaaten sowohl der Genfer Flüchtlingskonvention als auch der Europäischen Konvention zum Schutze der Menschenrechte und Grundfreiheiten beigetreten sind.

Die Konstruktion von Dublin lief auf eine reines Zuständigkeitsverteilungssystem hinaus (Klos 1998: 42) und schuf in Bezug auf die Mitgliedstaaten lediglich eine fakultative Bindungswirkung, also die Möglichkeit, nicht aber die Verpflichtung, negative Asylentscheidungen anderer Staaten anzuerkennen und damit die Eröffnung eines weiteren Verfahrens ohne weitere Begründung abzulehnen (Hailbronner/Thiery 1997: 56). Trotz dieser Einschränkungen wurde der verfassungsändernde Gesetzgeber in Deutschland – wie im übrigen auch derjenige in Frankreich – durch die Abkommen von Schengen und Dublin unter Handlungsdruck gesetzt.

Bis zum Jahr 1993 kodifizierte das Grundgesetz in Art. 16 Abs. 2 ein unbeschränktes Grundrecht auf Asyl, das einen Rechtsanspruch jedes Asylbewerbers auf Durchführung eines Anerkennungsverfahrens beinhaltete. Aufgrund der seinerzeit dramatisch gestiegenen Zahl der Asylbewerber in Deutschland kam es auf Betreiben von CDU und CSU im Dezember 1992 zum sog. Asylkompromiss, in welchem die SPD einer Änderung der grundgesetzlichen Asylregelung zustimmte (hierzu Reutter 1998). Kernpunkte des im Juni 1993 in Kraft getretenen neuen Art. 16 a sind die in den Abs. 2 und 3 festgeschriebenen Bestimmungen über sichere Dritt- und Herkunftsstaaten. Die Drittstaatenregelung besagt, dass sich auf das Grundrecht auf Asyl nicht berufen kann, wer nach Deutschland aus einem Mitgliedstaat der EU oder aus einem anderen Staat einreist, über welchen der deutsche Gesetzgeber im Asylverfahrensgesetz festgestellt hat, dass dort das internationale Abkommen über die Rechtsstellung der Flüchtlinge und die Konvention zum Schutze der Menschenrechte und Grundfreiheiten Anwendung finden. Als sichere Drittstaaten, die nicht Mitglied der Europäischen Union sind, gelten Norwegen und die Schweiz. Von dort einreisende Asylbewerber können sofort und ohne rechtliche Prüfung wieder abgeschoben werden. Die Regelung über sichere Herkunftstaaten sieht vor, dass der Gesetzgeber eine Liste von Staaten beschließt, für die nach seiner Ansicht gewährleistet ist, dass dort weder politische Verfolgung noch erniedrigende Bestrafungen und Behandlungen praktiziert werden. Asylanträge von Bürgern dieser Staaten werden als offensichtlich unbegründet abgelehnt, solange die Bewerber nicht Tatsachen vortragen können, welche die Vermutung des Gesetzgebers widerlegen, dass dort keine politische Verfolgung durch staatliche Organe stattfindet.

Zur Verteidigung der umstrittenen Neuregelungen hat die Bundesregierung vor dem Bundesverfassungsgericht unter anderem vorgetragen, erst die Änderung von Art. 16 GG habe es der Bundesrepublik erlaubt, den Abkommen von Schengen und Dublin beizutreten (BVerfGE 94: 49 (72)). Diese Behauptung, die im Schrifttum teilweise unkritisch übernommen wurde (etwa Lehmann 1995: 457), ist jedoch nicht haltbar. Beide Abkommen wurden eben gerade aufgrund der seinerzeit gültigen Verfassungslage in Deutschland (und Frankreich) auf eine fakultative Bindungswirkung beschränkt, um beiden Ländern den Beitritt zu ermöglichen (Dunker 1993: 13). Die Abkommen von Schengen und Dublin, die ja beide von den Regierungsvertretern bereits im Jahr 1990 unterzeichnet wurden, hätten dem Fortbestand eines uneingeschränkten Grundrechts auf Asyl grundsätzlich nicht im Wege gestanden, weil sie ein „Selbsteintrittsrecht" für alle Vertragsstaaten vorsehen, das heißt die Möglichkeit, einen Asylantrag auch dann zu prüfen, wenn an sich ein anderer Vertragsstaat zuständig wäre oder war, und zwar auch dann, wenn dort bereits eine negative Entscheidung getroffen wurde (Hailbronner/Thiery 1997: 56).

Richtig ist allerdings, dass das gemeinsame Ziel beider Übereinkommen, die Verhinderung des „asylum-shopping", bei unveränderter Verfassungslage in Deutschland und Frankreich nicht hätte erreicht werden können, weil beide Länder weiterhin verpflichtet gewesen wären, jeden Asylantrag zu prüfen, auch wenn ein anderer Schengen-Staat diesen bereits abgelehnt hätte. Insofern waren zumindest zwei der Bestimmungen des neuen Art. 16 a GG tatsächlich eine sachlich zwingende Konsequenz aus der Einigung auf ein europäisches Asylregime: Die Definition aller EU-Mitglieder als sichere Drittstaaten (Abs. 2) und die Ermöglichung der gegenseitigen Anerkennung von Asylentscheidungen (Abs. 5).

Diesen Anpassungsleistungen des nationalen (Verfassungs-)Gesetzgebers zum Trotz lief das Dubliner Übereinkommen in seiner Grundfunktion – der Steuerung der Zuwanderung von Asylbewerbern – faktisch weitgehend ins Leere. Der Grund hierfür liegt darin, dass es trotz der im Schengen-Übereinkommen vereinbarten Verstärkung der Außengrenzkontrollen und der Etablierung des Schengener Informationssystems sehr häufig unmöglich ist, den Ersteinreisemitgliedstaat eines Asylbewerbers zu bestimmen. Die Einreisewege erweisen sich oft als verschlungen, teilweise werden sie auch bewusst verschleiert. Zudem erschwert der Wegfall der Binnengrenzkontrollen die Rekonstruktion der Reisewege, sodass Fälle der Zurückverbringung von Asylsuchenden in den an sich zuständigen Schengen-Mitgliedstaat eher selten sind (Renner 1999: 208). Schengenweit entspricht es vielmehr weitgehender Praxis, dass die zuständigen nationalen Ausländerbehörden auf die Prüfung einer eventuellen Zuständigkeit anderer Vertragsstaaten von vornherein verzichten und statt dessen die Asylanträge selbst inhaltlich prüfen (Löper 2000: 18). Der von der Bundesregierung vor dem Bundesverfassungsgericht erläuterte Verfahrensablauf, demzufolge die Beamten des Bundesamts für die Anerkennung ausländischer Flüchtlinge regelmäßig zunächst die Zuständigkeitsfrage prüfen und die Asylsuchenden bei einem positiven Ergebnis dorthin verbringen lassen würden (BVerfGE 94: 49 (87)), entsprach offenbar nicht der Realität.

Weil damit faktisch nach wie vor die Zuständigkeit desjenigen Staates gegeben war, in welchem ein Ausländer erstmals offiziell um Schutz nachsuchte, war es bei der Möglichkeit geblieben, einen bestimmten Vertragsstaat gezielt zur Durchführung des Asylverfahrens auszusuchen (Klos 1998: 43). Aus diesem Grunde war die stark divergierende Handhabung gleicher Asyltatbestände, die in den Vertragsstaaten hinsichtlich der Gesetzgebung und des Vollzugs nach wie vor gegeben war (Schmahl 2001: 5), aus gesamteuropäischer Sicht zum Anachronismus geworden. Eine „echte" Harmonisierung des Asylrechts in den Mitgliedstaaten der Europäischen Union war aus dieser Sicht die alternativlose, logische Konsequenz (Kugelmann 1998: 246). Die Bundesrepublik Deutschland war sowohl aufgrund der überproportionalen Flüchtlingsaufnahme in der Vergangenheit, die Kettenwanderungen nach sich zog, als auch wegen der positiven Einschätzung der wirtschaftlichen Lage durch potenzielle Asylbewerber Hauptbetroffene der skizzierten Entwicklung (Klos 1998: 43). Die Bundesregierung war deshalb besonders daran interessiert, die unterschiedliche Attraktivität der EU-Mitgliedstaaten als Asyl-Zielorte zu beseitigen (Monar 2003 a: 311).

Dieses Interesse manifestierte sich bei der dem Vertrag von Maastricht vorausgehenden Regierungskonferenz im Versuch der deutschen Delegation, die Innen- und Justizpolitik in den Vertrag über die Europäische Gemeinschaft aufzunehmen (Di Fabio 1997: 90). Dieser Vorstoß scheiterte, führte aber immerhin dazu, dass die Bereiche Justiz und Inneres der intergouvernementalen Zusammenarbeit der Mitgliedstaaten innerhalb der dritten Säule der Europäischen Union überantwortet wurden. Der seinerzeitige Art. K 1 des EU-Vertrags legte fest, dass die Mitgliedstaaten zur Verwirklichung der Freizügigkeit verschiedene Bereiche als „Angelegenheiten von gemeinsamem Interesse" betrachteten, innerhalb derer gemäß Art. K 3 der Rat einstimmig gemeinsame Standpunkte festlegen und gemeinsame Maßnahmen beschließen konnte. Zu den Angelegenheiten von gemeinsamem Interesse gehörten unter anderem die Asylpolitik, Vorschriften über das Überschreiten der Außengrenzen und die dort durchzuführenden Personenkontrollen, die Einwanderungspolitik, die Bekämpfung der internationalen Kriminalität, die justizielle Zusammenarbeit in Zivil- und Strafsachen, die Zusammenarbeit im Zollwesen sowie die polizeiliche Zusammenarbeit in Verbindung mit dem Aufbau eines Europäischen Polizeiamts.

Gemeinsame Standpunkte und Maßnahmen wurden vom Rat in der Folgezeit allerdings kaum beschlossen, wohl aber eine Vielzahl von – rechtlich unverbindlichen – „Entschließungen", „Empfehlungen" und „Schlußfolgerungen" (Klos 1998: 65ff.), mit welchen die Grundlage für die endgültige Vergemeinschaftung der Innen- und Rechtspolitik durch den Vertrag von Amsterdam geschaffen wurde. Diese Vergemeinschaftung wurde auf zwei Wegen vollzogen.

Der erste der in Amsterdam beschrittenen Integrationswege für die Justiz- und Innenpolitik bestand darin, dass der sog. „Schengen-Besitzstand" durch ein dem EU-Vertrag beigefügtes Protokoll in das europäische Vertragswerk einbezogen wurde, sodass die Zusammenarbeit in diesem Bereich seit Inkrafttreten des Vertrages innerhalb des organisatorischen, institutionellen und verfahrensmäßigen Rahmens der Europäischen Union erfolgt. „Schengen" wurde durch die Inkorporierung in den EU-Vertrag zu einem Anwendungsfall der Flexibilitätsklausel, die eine verstärkte Zusammenarbeit einzelner Mitgliedstaaten untereinander ermöglicht, weil Großbritannien und Irland dem Abkommen nicht beigetreten sind.

Gleichzeitig wurden durch den Vertrag von Amsterdam Teile der dritten in die erste Säule überführt. Dies geschah durch die Aufnahme eines neuen Titels IV, der die Art. 61 bis 69 umfasst, in den EU-Vertrag. Er trägt die Überschrift „Visa, Asyl, Einwanderung und andere Politiken betreffend den freien Personenverkehr". Diesen zweiten Integrationsweg ging man allerdings nur unter einem wesentlichen Vorbehalt. Für einen Zeitraum von fünf Jahren nach Inkrafttreten des Vertrages unterlagen alle vom Rat im Rahmen des Titels IV beschlossenen Maßnahmen dem Einstimmigkeitsprinzip. Nach Ablauf dieser Frist im Mai 2004 sollte der Rat dann wiederum einstimmig festlegen können, über welche Materien aus dem neuen Titel künftig mit qualifizierter Mehrheit entschieden werden sollte.

Die Regierung der Bundesrepublik Deutschland, seinerzeit noch von CDU/CSU und FDP gestellt, hatte zwar zunächst ihr Einverständnis zum sofortigen Übergang zu Mehrheitsentscheidungen signalisiert, musste aber auf Druck der deutschen Landesregierungen einen Rückzieher machen (Monar 2003a: 314) und beharrte deshalb auf dem Einstimmigkeitsprinzip (Welte 1998: 67). Auch die von SPD und Bündnis 90/Die Grünen gebildete Nachfolgeregierung zeigte sich skeptisch, ob „die Abkehr vom Einstimmigkeitsprinzip auf dem heiklen Gebiet der Asyl- und Migrationspolitik aus nationaler Sicht wirklich vertretbar erscheint" (Schily 2000: 26). Mit dieser Sichtweise konnte sie sich auf der Gipfelkonferenz von Nizza wiederum durchsetzen (Kiaw 2001: 8). Durch den Vertrag von Nizza wurde dem Art. 67 des EG-Vertrages zwar ein neuer Abs. 5 hinzugefügt, der für die Beschlussfassung über asyl- und ausländerrechtliche Fragen sowie über Maßnahmen im Bereich der justiziellen Zusammenarbeit das Mitentscheidungsverfahren – also die gleichberechtigte Mitwirkung des Parlaments bei gleichzeitiger Entscheidung des Rates mit qualifizierter Mehrheit – vorsieht. Doch kann diese Regelung erst in Kraft treten, nachdem der Rat zuvor einstimmig „Gemeinschaftsvorschriften erlassen hat, in denen die gemeinsamen Regeln und wesentlichen Grundsätze für diese Bereiche festgelegt sind." Die deutsche Integrationspolitik im Bereich Justiz und Inneres war von Widersprüchlichkeiten also nicht frei: Seit der Maastrichter Gipfelkonferenz drängte sie auf eine Vergemeinschaftung des Politikfelds, verhinderte aber, nachdem sie ihr Ziel erreicht hatte, die daraus eigentlich zu ziehende Konsequenz des Übergangs zu Mehrheitsentscheidungen.

Die neue Gemeinschaftspolitik hat den schrittweisen Aufbau eines „Raums der Freiheit, der Sicherheit und des Rechts" zum Ziel. Der Raum der Freiheit umfasst die Bereiche Einwanderungs- und Asylpolitik, dem Raum der Sicherheit werden vor allem der Kampf gegen die Organisierte Kriminalität und den Drogenhandel zugeordnet und der Raum des Rechts soll durch die justizielle Zusammenarbeit in Zivilsachen aufgebaut werden. Titel IV des EG-Vertrages listete seit „Amsterdam" eine Vielzahl von Maßnahmen auf, die von den Mitgliedstaaten als für die Erreichung der gemeinsamen Zielsetzung erforderlich erachtet wurden. Über diese Maßnahmen konnte der Rat nicht nur in einem Zeitraum von fünf Jahren einstimmig entscheiden, sondern er musste es auch, denn der Vertrag forderte ihn dazu explizit auf (Wilhelm 2000: 63). Damit dies gelinge, hatte man eine weitere institutionelle Übergangsregelung getroffen, der zu Folge den Mitgliedstaaten neben der Kommission ein Ko-Initiativrecht eingeräumt wurde. Davon allerdings haben die mitgliedstaatlichen Regierungen nur sehr zurückhaltend Gebrauch gemacht.

Es war – und ist – die Europäische Kommission, die versucht, auch in diesem Bereich die Akzente zu setzen. Bereits im September 2000 legte sie als erste asylrechtliche Maßnahme einen Vorschlag für eine Richtlinie des Rats über „Mindestnormen für Verfahren in den Mitgliedstaaten zur Zuerkennung oder Aberkennung der Flüchtlingseigenschaft" vor (Kom (2000) 578 endg.). Dem folgte eine Vielzahl weiterer Initiativen zu migrationspolitischen Regelungen, die es gerechtfertigt erscheinen ließen, schon für das Jahr 2002 von „erhebliche[n] Fortschritte[n] in der Verwirklichung der im Amsterdamer Vertrag vorgesehenen Agenda zu den Zugangspolitiken" zu sprechen (Müller-Graff/Kainer 2003: 139).

Mittlerweile ist die „Amsterdamer Agenda" weitgehend abgearbeitet. Aus der Vielzahl der entsprechenden Rechtvorschriften werden hier nur diejenigen erwähnt, die für die Ausgestaltung der nationalen Migrationspolitiken entscheidend sind. Bereits im Januar 2003 hatte man sich auf eine „Richtlinie zur Festlegung von Mindestnormen über die Aufnahme von Asylbewerbern“ (ABl. L 31/18 vom 6.2. 2003) einigen können. Einen Monat später wurde das Dubliner Übereinkommen ersetzt durch eine EU-Verordnung zur Bestimmung des zuständigen Mitgliedstaats für die Prüfung eines Asylbegehrens (ABl. L 50 vom 25.2.2003). Diese Verordnung, abkürzend auch als „Dublin II“ bezeichnet, übernimmt im Wesentlichen die Bestimmungen von „Dublin I“, ergänzt sie jedoch um Bestimmungen, die der Bewahrung der Familieneinheit von Flüchtlingen dienen sollen (Schröder 2003: 128). Dem folgte im März 2004 die Verabschiedung der EG-Richtlinie über „Mindestnormen für die Anerkennung und den Status von Drittstaatsangehörigen oder Staatenlosen als Flüchtlinge oder als Personen, die anderweitig internationalen Schutz benötigen“.

Damit fehlt nur noch ein Element, um das im Amsterdamer Vertrag projektierte gemeinsame Asylsystem der EU zu verwirklichen. Es besteht in einer Richtlinie über Mindestnormen für die nationalen Asylverfahren. Hierüber hat sich der Rat am 29.4.2004 in Form einer Entschließung zwar bereits geeinigt, doch mussten anschließend noch vier nationale Parlamentsvorbehalte (vgl. dazu Kapitel 3.2) – darunter einer aus Deutschland – überwunden werden. Das reformierte deutsche Asylrecht wird ganz wesentlich von zwei Prinzipien getragen. Es sind dies die sicheren Dritt- und Herkunftsstaaten. Wer aus einem solchen Staat einreist, kann sich – so bestimmt es Art. 16 a GG – nicht auf das Grundrecht auf Asyl berufen. Ein solches Konzept war bislang in den anderen Mitgliedstaaten der EU nicht verankert. Gleichwohl fand es Eingang in die im Grundsatz bereits vereinbarte Richtlinie. Dies lässt den Rückschluss auf eine aus seiner Sicht erfolgreiche Verhandlungsführung des deutschen Innenministers Otto Schily zu. Er hat sich bei den Ratsverhandlungen mit seinen Vorstellungen offenbar weitgehend durchgesetzt.

Mit der endgültigen Verabschiedung der Richtlinie über die Mindestnormen für Asylverfahren wäre die Maßgabe des auf deutsches Betreiben in Nizza eingefügten Art. 67 Abs. 5 EUV erfüllt. Damit hätte der Weg frei sein können für einen noch ausstehenden formalen

Beschluss des Europäischen Rates zur Öffnung der Asylrechtsproblematik für Mehrheitsentscheidungen des Rates. Wiederum auf deutsche Initiative hin entschied der Europäische Rat von Brüssel am 4./ 5.11.2004 jedoch, den Rat im Rahmen des sog. „Haager Programms" aufzufordern, bis spätestens 1.4.2005 einen entsprechenden Beschluss zu fassen. Ausgenommen werden vom Mitentscheidungsverfahren sollen nach dem Willen des Europäischen Rates allerdings die Aspekte der legalen Zuwanderung. Die deutsche Bundesregierung setzte diese Ausnahme durch, um die Kontrolle über die nationale Arbeitsmarktpolitik nicht zu verlieren.

Auch wenn europäische Maßnahmen, die legale Einwanderung betreffen, weiterhin mit einem nationalen Veto blockiert werden können, schreitet der Integrationsprozess in der Migrationspolitik spürbar voran, weshalb der Einschätzung, dass der europäischen Integration für die nationale Justiz- und Innenpolitik „überragende Bedeutung" zukommt (Schily 2000: 23), spätestens dann, wenn die Bundesregierung Gefahr läuft, im Rat auch in diesem Bereich einmal überstimmt zu werden, begründet niemand mehr wird widersprechen können.

Obgleich von einer vollständigen „Durchnormierung" der nationalen Innen- und Rechtspolitik in Folge gemeinschaftsrechtlicher Vorgaben noch nicht die Rede sein kann, sind die Folgen der Europäisierung auch in diesem Politikfeld doch unübersehbar. Sie sind das Resultat der Tatsache, dass „kein anderer Politikbereich der Europäischen Union [...] in den vergangenen Jahren durch umfassendere Reformen gegangen [ist] als die Innen- und Justizpolitik" (Monar 2003b: 31). Diese Reformen fanden ihren Niederschlag auch in den Bereichen, die noch nicht vergemeinschaftet wurden und in der dritten Säule verblieben sind. Betroffen sind die justizielle Zusammenarbeit in Strafsachen und vor allem die polizeiliche Zusammenarbeit, die in der Schaffung des Europäischen Polizeiamtes „Europol" kulminierte. Europol nahm seine Arbeit erst im Juli 1999 auf. Das Amt hat allerdings eine mehr als zwanzigjährige Vorgeschichte.

Einer Empfehlung des Europäischen Rates vom Dezember 1975 folgend, beschlossen die Innen- und Justizminister der Mitgliedstaaten der Europäischen Gemeinschaft im Jahr 1976 ein Arbeitsprogramm zur Verbesserung der Zusammenarbeit im Bereich der Inneren Sicherheit, das zur Einrichtung der sog. TREVI-Arbeitsgruppe führte. Mit TREVI, das für „Terrorism, Radicalism, Extremism, Violence International" steht, versuchte man zunächst zwar nur, dem Aufkommen des Terrorismus in Europa Rechnung zu tragen, weitete seine Zuständigkeiten durch Gründung weiterer spezialisierter Arbeitsgruppen aber sukzessive auf weitere Schwerpunkte aus. Die „AG TREVI I" befasste sich, der ursprünglichen Konzeption folgend, nur mit Fragen der Terrorismusbekämpfung. Die Mitte der achtziger Jahre gegründete „AG TREVI II" war dann der erste Ansatz zur Erweiterung der Kooperation. Sie widmete sich einem permanenten Informationsaustausch über schwerwiegende Störungen der öffentlichen Ordnung. Die zur selben Zeit gebildete „AG TREVI III" bekam die Aufgabe, die Zusammenarbeit bei der Bekämpfung der internationalen Organisierten Kriminalität zu intensivieren. Im Jahr 1990 wurde als Untergruppe von TREVI III schließlich die Ad-hoc-Arbeitsgruppe „European Drug Intelligence Unit" eingerichtet. Sie hatte den Auftrag, die Gründung einer supranationalen Stelle zur Bekämpfung der Rauschgiftkriminalität vorzubereiten (Wittkämper/Krevert/Kohl 1996: 131). Die Stelle war die Keimzelle des späteren Europäischen Polizeiamts.

Es war auch in diesem Kontext die deutsche Bundesregierung, die den entscheidenden Integrationsschub auslöste. Auf der Tagung des Europäischen Rats im Juni 1991 in Luxemburg schlug sie vor, zur Bekämpfung des internationalen Drogenhandels und der internationalen Organisierten Kriminalität eine kriminalpolizeiliche Zentralstelle als Behörde der (noch zu gründenden) Europäischen Union einzurichten. In der Folge wurde die oben genannte Ad-hoc-Arbeitsgruppe in „AG Europol" umbenannt und mit den Vorarbeiten zur Gründung des neuen Polizeiamtes beauftragt. Die anschließende Regierungskonferenz von Maastricht folgte der deutschen Initiative allerdings nicht im vollen Umfang, denn sie beschloss, Europol nicht als EU-Institution, sondern auf der Basis intergouvernementaler Kooperation in der dritten Säule einzurichten (Wittkämper/Krevert/Kohl 1996: 133; 144).

Der Ratifizierungsprozess für die Europol-Konvention zog sich aufgrund verschiedener Vorbehalte in einzelnen Mitgliedstaaten bis zum Oktober 1998 hin. Hauptgegenstand der nicht nur auf das Parlament beschränkten, dort aber bemerkenswert polarisierten Auseinandersetzung in Deutschland war neben der mangelnden parlamentarischen Kontrolle über Europol vor allem das sog. Immunitätenprotokoll, welches dem Personal von Europol „Immunität von jeglicher Gerichtsbarkeit hinsichtlich der von ihnen in Ausübung des Amtes vorgenommenen mündlichen und schriftlichen Äußerungen sowie Handlungen" garantiert. Der Bundestag stimmte dem Protokoll schließlich gegen die Stimmen der Abgeordneten von Bündnis 90/ Die Grünen und der PDS bei Enthaltung der SPD-Fraktion zu (Knelangen 1999: 175).

Die Zuständigkeiten von Europol erstrecken sich auf die Bekämpfung des illegalen Drogenhandels, des illegalen Handels mit radioaktiven und nuklearen Substanzen, der Schleuserkriminalität, der Kraftfahrzeugverschiebung, des Menschenhandels (einschließlich der Kinderpornographie), des Terrorismus, der Falschgeldkriminalität und der Geldwäsche. Voraussetzung für das Tätigwerden der Behörde ist, dass es sich um kriminelle Organisationsstrukturen handelt, von denen mindestens zwei EU-Mitgliedstaaten tangiert sind. Europol soll die nationalen Polizeibehörden nicht ersetzen, sondern sie bei ihrer Arbeit unterstützen. Seine Tätigkeit beschränkte sich daher zunächst auf den polizeilichen Informationsaustausch, die Auswertung und Analyse kriminalpolizeilich relevanter Sachverhalte und die Unterstützung nationaler Polizeibehörden bei strafrechtlichen Ermittlungen durch die Übermittlung sachdienlicher Informationen. Die Informationsbestände von Europol enthalten umfassende Daten über Täter, Tätergruppen, Verdachtsmomente und ähnliches, die für die innerhalb der nationalen Souveränität verbleibende Kriminalitätsbekämpfung nutzbar gemacht werden sollen (Aschmann 2000: 90).

Noch bevor Europol seine Tätigkeit aufnahm, wurde von deutscher Seite gefordert, seine Kompetenzen entscheidend zu erweitern. So trat Bundeskanzler Kohl bereits am 12.12.1996 in einer Regierungserklärung unter dem Beifall der Koalitionsfraktionen vor dem Deutschen Bundestag mit Nachdruck für den „schrittweisen Ausbau von Europol zu einer wirksamen Polizeibehörde mit [...] operativen Befugnissen" ein (Deutscher Bundestag, Sten. Ber. 13/13330). Diese Forderung lief darauf hinaus, Europol mit Ermittlungszuständigkeiten zu betrauen. Art. 30 Abs. 2 des EU-Vertrages wird ihr seit Inkrafttreten des Amsterdamer Vertrages gerecht. Dort wird bestimmt, dass der Rat die Zusammenarbeit durch Europol fördert und dem Polizeiamt dazu innerhalb von fünf Jahren „die Vorbereitung spezifischer Ermittlungsmaßnahmen der zuständigen Behörden der Mitgliedstaaten, einschließlich operativer Aktionen gemeinsamer Teams mit Vertretern von Europol in unterstützender Funktion" ermöglicht. Umgesetzt wurde die genannte Vertragsbestimmung durch eine Änderung des Europol-Übereinkommens (Abl C 312/2 vom 16.12.2002), das im Herbst des Jahres 2003 von Bundestag und Bundesrat in nationales Recht überführt wurde. Seitdem gilt, dass Europol-Bedienstete in „unterstützender Funktion an gemeinsamen Ermittlungsgruppen" teilnehmen können.

Vertraut man einschlägigen Äußerungen aus der jüngeren Vergangenheit, dann scheint es, als ginge auch diese Regelung einigen deutschen Innenpolitikern noch nicht weit genug. So forderte etwa der seinerzeit amtierende Vorsitzende der Länder-Innenministerkonferenz, Sachsens Innenminister Klaus Hardraht, bereits vor Jahren, Europol auch mit exekutiven Befugnissen, also dem Recht auf die Durchführung von Durchsuchungen und Verhaftungen in eigener Kompetenz, auszustatten (Süddeutsche Zeitung 9.9.1999: 5). Dieser Vorstoß ist deshalb so bemerkenswert, weil eine derartige Ausweitung der Befugnisse empfindlich mit dem Subsidiaritätsprinzip kollidieren würde. Es ist nicht ersichtlich, warum die zuständigen nationalen Behörden auch gemeinsam mit Europol durchgeführte Fahndungsmaßnahmen nicht selbst sollen zum Abschluss bringen können (Aschmann 2000: 228). Eine Ausstattung von Europol mit Exekutivbefugnissen käme einer überflüssigen Selbstentmachtung der deutschen Länder gleich, die mit dem partiellen Verlust der Polizeihoheit eines der Wesensmerkmale ihrer Staatsqualität preisgeben würden. Gerade deshalb aber ist die einschlägige Forderung eines Landesinnenministers ein Beleg dafür, wie weit die Europäisierung der Innen- und Justizpolitik zumindest in einigen Köpfen mittlerweile bereits vorangeschritten ist.

Nachdem, wie gezeigt, mit dem Amsterdamer Vertrag die ersten Schritte zum Ausbau von Europol wenn auch nicht zu einer Exekutiv-, so doch aber zu einer Ermittlungsbehörde in intergouvernementaler Verantwortung getan wurden, wurde – zumindest aus deutscher Sicht – ein Mangel in der sicherheitspolitischen Architektur der Europäischen Union problematisch, der vordem noch vernachlässigt werden konnte: Das Fehlen einer europäischen Staatsanwaltschaft, die als „Herrin des Vermittlungsverfahrens“ agieren und die Arbeit von Europol rechtlich kontrollieren würde. Auf Initiative der Regierung der Bundesrepublik Deutschland beschloss der Europäische Rat von Tampere im Oktober 1999, eine Stelle namens „Eurojust“ einzurichten, die von der Bundesregierung seitdem als eine „mögliche Keimzelle für eine europäische Staatsanwaltschaft“ bezeichnet wird (Bundestagsdrucksache 14/4991: 43). Mit der Konkretisierung der für die Einrichtung von Eurojust im Einzelnen erforderlichen Maßnahmen wurde der Rat der Justizminister beauftragt. Eurojust, so hieß es in dem Beschluss von Tampere, solle eine europäische Zentralstelle sein, in welcher von den einzelnen Mitgliedstaaten entsandte Staatsanwälte, Richter oder Polizeibeamte zusammengeschlossen werden. Sie solle eine sachgerechte Koordinierung der Arbeit der nationalen Staatsanwaltschaften erleichtern und die strafrechtlichen Ermittlungen, insbesondere auf der Grundlage von Europol-Analysen, unterstützen.

Durch eine Neufassung des Art. 31 des EU-Vertrags, die auf der Gipfelkonferenz von Nizza im Dezember 2000 beschlossen wurde, wurde Eurojust zu einem offiziellen Organ der Europäischen Union im Bereich der justiziellen Zusammenarbeit in Strafsachen. Der Rat fördert nach der genannten Bestimmung die Zusammenarbeit mit Eurojust unter anderem dadurch, dass er der Einrichtung ermöglicht, „zu einer sachgerechten Koordinierung zwischen den für die Strafverfolgung zuständigen Behörden der Mitgliedstaaten beizutragen“. Eurojust soll Europol also sachlich unterstützen und sukzessive in die Rolle eines zentralen Ansprechpartners für Fragen im Zusammenhang mit der Verarbeitung von europäischen Strafverfolgungsdaten hineinwachsen. Vor allem soll es sicherstellen, dass die nationalen Ermittlungsbehörden Auskünfte über das Recht und über einzelne Ermittlungsverfahren eines anderen Mitgliedstaats in der jeweils eigenen Sprache einholen können.

Zur Verwirklichung dieser Ziele erließ der Rat einen Rahmenbeschluss über die Errichtung von Eurojust (ABl L 63/1 vom 6.3.2002), demzufolge Eurojust aus je einem Mitglied pro Mitgliedstaat besteht. Dieser Beschluss wurde vom deutschen Gesetzgeber im Mai 2003 in Form eines Umsetzungsgesetzes dahingehend konkretisiert, dass das deutsche Mitglied von Eurojust vom Bundesministerium der Justiz im Benehmen mit den Landesjustizverwaltungen benannt wird und den fachlichen Weisungen des Bundesministers der Justiz unterliegt.

Von dem aus deutscher rechtspolitischer Sicht äußerst wünschenswerten Zustand, dass Eurojust die Ermittlungen von Europol leitet und beaufsichtigt, ist die derzeitige Konstruktion noch weit entfernt. In den deutschen Justizministerien wird die Formel von Eurojust als „Keimzelle“ einer europäischen Staatanwaltschaft aber immerhin schon seit Jahren dahingehend interpretiert, dass letztere einmal die Aufgabe haben werde, „insbesondere gemeinschaftsbezogene Straftaten zu ermitteln und bei einem noch zu schaffenden europäischen Strafgerichtshof anzuklagen“ (http://www.mje.brandenburg.de – 15.3.2001). Ein über den (engen) Rahmen „gemeinschaftsbezogener“ Straftaten hinausgehender Zuständigkeitsbereich einer europäischen Staatsanwaltschaft allerdings erscheint schon angesichts der diesbezüglich völlig unterschiedlich ausfallenden Vorstellungen der „common law“-Tradition und der kontinentalen Rechtsordnungen (Monar 2003c: 239) für absehbare Zeit wohl ausgeschlossen (Zöberlein 2004). Einer wirklichen Europäisierung der nationalen Rechtspolitik sind hier deutliche Grenzen gesetzt.

Bislang berührt die „Europäisierung“ im hier diskutierten Zusammenhang denn auch weniger die Frage von Souveränitätsverlusten, sondern vor allem die Erleichterung der Zusammenarbeit der nationalen Justizbehörden. Inhaltlich „unterfüttert“ wird sie durch das schon vom Europäischen Rat in Tampere nachdrücklich betonte Prinzip der gegenseitigen Anerkennung unter anderem von richterlichen Entscheidungen (Monar 2003 c: 248). Das in diesem Kontext meist diskutierte Beispiel hierfür ist der Europäische Haftbefehl. Ein entsprechender Beschluss des Rates (ABl.L 190 vom 18.7.2002) konnte in der Bundesrepublik erst im Juni 2004 mit sechsmonatiger Verspätung umgesetzt werden, weil der Bundestag einen Einspruch des Bundesrates, der sich auf die Gleichbehandlung aufenthaltsberechtigter Ausländer mit deutschen Staatbürgern bezog, zurückweisen musste, bevor das Gesetz in Kraft treten konnte. Kernpunkt dieses Gesetzes ist die Erleichterung und Beschleunigung der Auslieferung von Straftätern in Bezug auf einen Katalog von 32 Straftaten. Dies soll dadurch erreicht werden, dass eine entsprechende Entscheidung nur noch vom zuständigen Gericht getroffen wird, die vordem erforderliche Bestätigung durch das jeweils zuständige Justizministerium also entfällt. Das bedeutet, dass die Frage der „doppelten Strafbarkeit" in den vom oben genannten Ratsbeschluss gedeckten Fällen nicht mehr geprüft wird. Auch wenn ein Delikt in dem Mitgliedstaat, an welchen ein Auslieferungsgesuch gerichtet wird, nicht strafbar ist, wohl aber in dem Staat, von dem das Ersuchen ausgeht, ist die Auslieferung künftig (beschleunigt) möglich.

Ein direkter „Souveränitätsverzicht" zugunsten der Europäischen Union ist mit der geschilderten Konzeption nicht verbunden. Der Europäische Haftbefehl ist mithin ein weiteres Beispiel dafür, dass der „europäische Rechtsraum" bislang weniger durch die Europäische Union per se besetzt wird, sondern „[...] mehr als eine auf intensiver Zusammenarbeit, Koordination und noch unvollständig umgesetzter gegenseitiger Anerkennung basierende Verzahnung fortexistierender separater nationaler Rechtsräume [erscheint]" (Monar 2003c: 248). Die Europäische Union hat ihre Fähigkeit zum Policy-Learning auch im Bereich Innen- und Justizpolitik durchaus eindrucksvoll unter Beweis gestellt. Immerhin war sie innerhalb nur eines Jahrzehnts imstande, das weltweit formalisierteste und verbindlichste Regelwerk für die internationale Zusammenarbeit ihrer nationalen Strafverfolgungsbehörden zu schaffen (Knelangen 2000: 153) sowie ihnen mit Europol und Eurojust zwei genuin europäische Institutionen an die Seite zu stellen. Aber auch wenn man dies in Rechnung stellt und die Einschätzung akzeptiert, dass die Schaffung des europäischen „Raumes der Freiheit, der Sicherheit und des Rechts (RFSR) zu einem der fundamentalen Vertrags- und Integrationsziele der EU weiterentwickelt" worden ist (Monar 2003c: 237), wird man zumindest kurz- bis mittelfristig nicht prognostizieren können, dass die nationale Souveränität der europäischen Integration auch im Strafrecht völlig zum Opfer fallen wird. Die Frage aber, wie weit das Konzept „Integration durch Kooperation" inhaltlich führen kann und wird, ist damit allerdings noch nicht beantwortet.

Literatur

Antwort der Bundesregierung (2000): Strafverfolgung in (einem zusammenwachsenden) Europa, Bundestagsdrucksache 14/4991 vom 14.12.2000.

Aschmann, Gerrit (2000): Europol aus Sicht der deutschen Länder, Frankfurt a.M.

Creifelds, Carl (1978): Rechtswörterbuch, 5. Auflage, München.

Di Fabio, Udo (1997): Die „Dritte Säule" der Union. Rechtsgrundlagen und Perspektiven der europäischen Polizei- und Justizzusammenarbeit, in: Die Öffentliche Verwaltung 50(3), S. 89–101.

Dunker, Martin (1993): Die Vereinbarkeit der Schengener Übereinkommen mit dem Europäischen Gemeinschaftsrecht, Diss. Würzburg 1993.

Gehring, Thomas (1998): Die Politik des koordinierten Alleingangs. Schengen und die Abschaffung der Personenkontrollen an den Binnengrenzen der Europäischen Union, in: Zeitschrift für Internationale Beziehungen 5(1), S. 43–78.

Hailbronner, Kay (1999): Ausländerrecht: Europäische Entwicklung und deutsches Recht, in: Aus Politik und Zeitgeschichte B 21 – 22, S. 3–16.

Hailbronner, Kay/Thiery, Claus (1997): Schengen II und Dublin – Der zuständige Asylstaat in Europa, in: Zeitschrift für Ausländerrecht und Ausländerpolitik 56(2), S. 55–66.

Kiaw, Dietrich von (2001): Weichenstellungen des EU-Gipfels von Nizza, in: Internationale Politik 48(2), S. 5–12.

Klos, Christian (1998): Rahmenbedingungen und Gestaltungsmöglichkeiten der europäischen Migrationspolitik, Konstanz.

Knelangen, Wilhelm (1999): Eine Polizei der Europäischen Union? Entwicklung und Perspektiven des Europäischen Polizeiamtes Europol, in: Gegenwartskunde 48(2), S. 165–178.

Knelangen, Wilhelm (2000): Die europäische Zusammenarbeit im Politikfeld Innere Sicherheit an der Integrationsschwelle?, in: Jansen, Manfred/Sibom, Frank (Hrsg.): Perspektiven der Europäischen Integration. Sozioökonomische, kulturelle und politische Aspekte, Opladen, S. 147–169.

Kugelmann, Dieter (1998): Spielräume und Chancen einer europäischen Einwanderungspolitik, in: Zeitschrift für Ausländerrecht und Ausländerpolitik 18(6), S. 244–250.

Lange, Hans-Jürgen (1999): Innere Sicherheit im Politischen System der Bundesrepublik Deutschland, Opladen.

Lehmann, Hans Georg (1995): Deutschland-Chronik 1945 bis 1995, Bonn.

Löper, Friedrich (2000): Das Dubliner Übereinkommen über die Zuständigkeit für Asylverfahren, in: Zeitschrift für Ausländerrecht und Ausländerpolitik 20 (1), S. 16–24.

Monar, Jörg (2003a): Justice and Home Affairs: Europeanization as a Government – Controlled Process, in: Dyson, Kenneth/Goetz, Klaus H. (Hrsg.): Germany, Europe and the Politics of Constraint, Oxford 309–323.

Monar, Jörg (2003b): Auf dem Weg zu einem Verfassungsvertrag. Der Reformbedarf der Innen- und Justizpolitik der Union, in: Integration 26(1), S. 31–47.

Monar, Jörg (2003c): Zur politischen Konzeption des Raumes der Freiheit, der Sicherheit und des Rechts: Faktoren und Elemente, in: Chardon, Matthias/Göth, Ursula/Große Hüttmann, Martin/Probst-Dobler, Christine (Hrsg.): Regieren unter neuen Herausforderungen: Deutschland und Europa im 21. Jahrhundert. Festschrift für Rudolf Hrbek zum 65. Geburtstag, Baden-Baden, S. 237–251.

Moravcsik, Andrew (1991): Negotiating the Single European Act: National Interests and Conventional Statecraft in the European Community, in: International Organization 45(1), S. 19–56.

Renner, Günter (1999): Von der Rettung des deutschen Asylrechts, in: Zeitschrift für Ausländerrecht und Ausländerpolitik 19(5), S. 206–217.

Reutter, Werner (1998): Deutsche Asylpolitik, in: Staatswissenschaften und Staatspraxis 18(1), S. 85–101.

Schily, Otto (2000): Die Europäisierung der Innenpolitik, in: König, Klaus/ Schnapauff, Klaus-Dieter (Hrsg.): Die deutsche Verwaltung unter 50 Jahren Grundgesetz. Europa – Bund – Länder – Kommunen, Baden-Baden, S. 23–38.

Schmahl, Stefanie (2001): Die Vergemeinschaftung der Asyl- und Flüchtlingspolitik, in: Zeitschrift für Ausländerrecht und Ausländerpolitik 21(1), S. 3–11.

Schreckenberger, Waldemar (1997): Von den Schengener Abkommen zu einer gemeinsamen Innen- und Justizpolitik, in: Verwaltungsarchiv 88(3), S. 389–415.

Schröder, Birgit (2003): Die EU-Verordnung zur Bestimmung des zuständigen Asylstaats, in: Zeitschrift für Ausländerrecht und Ausländerpolitik 23(4), S. 126–132.

Welte, Hans-Peter (1998): Beschlüsse zum Ausländer- und Asylrecht auf der Regierungskonferenz am 16./17. Juni 1997 in Amsterdam (Maastricht II), in: Zeitschrift für Ausländerrecht und Ausländerpolitik 18(2), S. 67–69.

Wilhelm, Heinz (2000): Der Europäische Rat Tampere zur Justiz- und Innenpolitik. Beginn eines neuen großen EU-Integrationsprojekts, in: Zeitschrift für Gesetzgebung 15(1), S. 63–68.

Wittkämper, Gerhard W./Krevert, Peter/Kohl, Andreas (1996): Europa und die Innere Sicherheit. Auswirkungen des EG-Binnenmarktes auf die Kriminalitätsentwicklung und Schlussfolgerungen für die polizeiliche Kriminalitätsbekämpfung, Wiesbaden.

Zöberlein, Renate (2004): Auf dem Weg zu einer gemeinsamen europäischen Strafverfolgung: Eurojust als Keimzelle einer europäischen Staatsanwaltschaft?, Berlin.

5 Bestandsaufnahme und Perspektiven

Die systematische Erforschung der Europäisierung des deutschen Regierungssystems hat Fortschritte gemacht. „Europäisierung" lässt sich heute präziser fassen als noch zum Zeitpunkt der ersten Auflage dieses Bandes. Dennoch gilt weiterhin: Auch wenn inzwischen wohl unumstritten ist, dass es das „alte" deutsche Regierungssystem mit festen durch Staatsgrenzen markierte Grenzlinien politischer Gestaltung nicht mehr gibt, bedeutet dies nicht, dass schon heute eindeutig zu bestimmen ist, wie das „neue" deutsche Regierungssystem an einem fiktiven Ende des Europäisierungsprozesses aussehen wird. Die Konturen des neuen deutschen Regierungssystems schälen sich erst allmählich heraus.

Unsere Untersuchung gibt aber eine Reihe sehr konkreter Hinweise für den Stand und die weitere Entwicklung der Europäisierung des deutschen Regierungssystems, die den vorliegenden Band auch zu einer sinnvollen Ergänzung der traditionellen Einführungsliteratur zum politischen System der Bundesrepublik Deutschland machen. Festzuhalten bleibt erstens, dass alle Bereiche des Politischen von den Institutionen (polity) über die Willensbildung (politics) bis hin zu den Politikfeldern (policies) von Europäisierungstendenzen betroffen sind, wenn auch in unterschiedlichem Maße. Nirgendwo gibt es mehr nationalstaatliche Autonomie und selbst die am stärksten europäisierten Politikbereiche funktionieren noch nicht vollständig in der gleichen Weise wie dies in einem „Staat Europa" zu erwarten wäre. Es fällt auf, dass die Europäisierung bei zentralen politischen Institutionen, wie der Bundesregierung, dem Bundestag, oder dem Bundesrat bisher am wenigsten weit fortgeschritten ist. Auch die Parteien agieren weiterhin vorwiegend im nationalen Kontext und sind gegenüber einem politischen Wettbewerb um europäische Themen sehr zurückhaltend.

Immer stärker europäisiert sind hingegen die Politikfelder. Wie insbesondere die Untersuchung der Wettbewerbs- und der Umweltpolitik zeigte, werden bei der Durchsetzung der Europäisierung der deutschen Politik isomorphe Strukturen des Transfers juristisch geprägter

Eingriffsregime immer strikter durch den deutschen Verwaltungstraditionen fremde, nach ökonomischer Logik anzustrebende Zielvorgaben ersetzt. Dies bezieht auch die Verwaltung und das Verwaltungshandeln in die Europäisierungslogik ein. Auch sie reagiert auf den europäischen Anpassungsdruck (Siedentopf 2004).

Die unterschiedlich starke Europäisierung der Polity und der Politics-Dimensionen hat weitreichende politische Folgen. Die Politics-Dimension stellt eine Art „Zwischenbereich" dar, in dem die in der Systematik der Analyse von Regierungssystemen den Institutionen näher stehenden Parteien weniger und die den Politikfeldern näher stehenden Interessengruppen stärker europäisiert sind. Die über Sachpolitik und Bereichsinteressen vermittelte Europäisierung vollzieht sich zumindest aus der Sicht der Öffentlichkeit hinter dem Rücken der Institutionen, die zum einen auf solche Entwicklungen reagieren und diese zum anderen beklagen. Die Diskrepanz zwischen tatsächlichem und vermeintlichem Souveränitätstransfer nach Brüssel, der besonders deutlich wird an dem allgemeinen Wissensstand über die Rolle des EuGH beim Europäisierungsprozess, wird Politikern oft erst dann bewusst, wenn sie mit ihren Plänen in der EU an Grenzen stoßen. Dem kognitiven Defizit der Politik entspricht ein Desinteresse auf der Wählerebene, das sich nicht zuletzt aus dem technokratischen, output-orientierten Charakter der Europäisierung, oder anders ausgedrückt, aus dem Mangel an input-orientiertem emotionalen Engagement speist.

Zweitens machte unsere Untersuchung deutlich, dass es bisher keine „Großtheorie" gibt, die sämtliche Facetten der Europäisierung des deutschen Regierungssystems (oder anderer) hinreichend zu erklären und einzuordnen vermag. Vielmehr konkurrieren Theoriebezüge von ganz unterschiedlichem wissenschaftlichen Status, die (Teil-)Erklärungen entweder allein oder in Kombination mit anderen Teiltheorien liefern. Die theoretische Debatte zur Europäisierung und ihrer Folgen hat aber plausibel machen können, dass es sinnvoll ist von dem Problem des „fits" oder „misfits" der europäischen Herausforderung an nationale politische Systeme ausgehend zwischen Theorieansätzen zu unterscheiden, die sich mit den institutionellen und gesellschaftlichen Folgen der Europäisierung im nationalen Rahmen auseinandersetzen, und solchen, die sich im engeren Sinne mit den

Mechanismen der Implementationsweise der Europäisierung beschäftigen. Der überwiegend zu konstatierende „misfit" von Europäisierungsforderung und der Binnenlogik der deutschen Politik (vgl. Tabelle 21) macht den Europäisierungsdruck deutlich, dem das heutige deutsche Regierungssystem in allen seinen Facetten ausgesetzt ist.

Die Europäisierung von Bundestag und Bundesregierung lässt sich am besten als Mehrebenenverflechtung oder prekäre Koppelung begreifen. Die deutschen Staatsorgane bemühen sich um die Optimierung ihrer institutionellen Ressourcen und ihres institutionellen Designs, um sich in den verschachtelten Entscheidungssituationen auf europäischer Ebene behaupten zu können. Bundesrat, Länder und Kommunen (zumindest in einem wichtigen Teilbereich ihrer europabezogenen Ambitionen) arbeiten in diesem System der mehrfachen Politikverflechtung europäische Einflüsse ab. Entscheidend für die theoretische Erfassung dieses Sachverhalts ist dabei nicht, dass dies bisher nur in Maßen erfolgreich gelang, sondern vielmehr, dass der Beteiligungsföderalismus in Europa mit demjenigen in Deutschland ohne weiteres kompatibel scheint. Dies hat mindestens zwei Konsequenzen: Zum einen nutzen die Exekutiven ihren machtpolitischen Vorsprung und diesbezüglichen Erfahrungshorizont zu ihren Gunsten, und zum anderen werden die negativen Tendenzen des Beteiligungsföderalismus in Deutschland, wie der Machtverlust der Parlamente, die Marginalisierung der Kommunen und die mangelnde Transparenz politischer Entscheidungen, durch die Europäisierung des deutschen Föderalismus verschärft.

Die Europäisierung des Bundesverfassungsgerichts, der Wettbewerbs- und der Agrarpolitik können am besten mit der Fusionsthese erklärt werden. De facto ist in diesen Bereichen eine Verschmelzung staatlicher Handlungs- und Steuerungsinstrumente, die teils in der Verfügungsgewalt der EU-Organe und teils in der Verfügungsgewalt des deutschen politischen Gemeinwesens stehen, zu beobachten. Immer wichtiger wurde in letzter Zeit das Management der Interdependenzbeziehungen zwischen nationaler und europäischer Ebene, sei es in der Urteilsfindung des Bundesverfassungsgerichts, sei es in der Mitarbeit an einer Reform der europäischen Agrarpolitik, sei es in der Netzwerkbildung nationaler Kartellämter.

Tabelle 21: Das neue deutsche Regierungssystem

Teilbereich des Regierungssystems	**Dimension der Politik**	**Europäisierung auf einer Skala von 1 (nationale Autonomie) bis 10 (europäischer Staat)**	**Theoretischer Erklärungsansatz für den Prozess der Europäisierung/und für dessen Implementationsweise**
Bundesregierung	Polity	4	Politikverflechtungsthese/politisches Lernen („fit“)
Bundestag	Polity	3	Politikverflechtungsthese/politisches Lernen („misfit“)
Bundesrat	Polity	3	Politikverflechtungsthese/politisches Lernen („misfit“)
Länder	Polity	6	Politikverflechtungsthese/politisches Lernen („misfit“)
Kommunen	Polity	4	Politikverflechtungsthese/politisches Lernen („misfit“)
Bundesverfassungs-gericht	Polity	7	Fusionsthese/epistemic communities („misfit“)
Verbände	Politics	7	Politiknetzwerkthese/"advocacy coalitions" („fit“)
Parteien	Politics	3	Politische Kultur-These/politisches Lernen („misfit“)
Wettbewerbspolitik	Policy	9	Fusionsthese/institutioneller Isomorphismus und regulativer Wettbewerb (vom „fit“ zum „misfit“)
Währungspolitik	Policy	9	Fusionsthese/institutioneller Isomorphismus („fit“)
Agrarpolitik	Policy	9	Fusionsthese/"advocacy coalitions" („misfit“)
Verkehrspolitik	Policy	3	regulativer Wettbewerb/institutioneller Isomorphismus („misfit“)
Umweltpolitik	Policy	8	regulativer Wettbewerb/institutioneller Isomorphismus und „advocacy coalitions“ (vom „fit“ zum „misfit“)
Regionalpolitik	Policy	8	Politiknetzwerkthese/"advocacy coalitions" („misfit“)
Justiz- und Innenpolitik	Policy	7	Politiknetzwerkthese/politisches Lernen („misfit“)

Die politische Kultur-These mit ihrem Verweis auf den Normenhaushalt, die „belief systems" der politischen Akteure, eröffnet am ehesten den Zugang zur europapolitisch positiven Grundausrichtung aller Parteien, verweist aber auch auf die Grenzen solcher Bereitschaft zur Selbsteuropäisierung. Die politische Kultur eines Landes orientiert sich an Meinungen, Haltungen und Einstellungen von Bürgern, definiert aber nicht deren Handlungskorridor. Für Parteien bietet der Wettbewerb um Stimmen und um die politische Macht heute noch keinen Anreiz, Europagesinnung in die Form einer Selbsteuropäisierung in einem institutionellen Sinne umzusetzen. Für die Parteien definiert sich die Machtfrage noch immer national. Sie ist bisher nicht einmal in Ansätzen europäisch bestimmt.

Die Europäisierung der Währungspolitik folgt der Logik der Fusionsthese und kann, wenngleich mit Abstrichen, hinsichtlich der konkreten Umsetzung als Beispiel für institutionellen Isomorphismus gesehen werden (ähnliches gilt für die Frühphase der Europäisierung der Wettbewerbs- und der Umweltpolitik). Auch wenn wir deutlich gemacht haben, dass das „Modell" der Bundesbank keineswegs eins zu eins auf die europäische Ebene übertragen wurde, hat der Ansatz des institutionellen Isomorphismus für die Währungspolitik einen gewissen Erklärungswert.

Die Umweltpolitik, wie auch die Wettbewerbs- und die Verkehrspolitik, sind Paradebeispiele für die Europäisierung von Politikfeldern durch die Herausbildung europaweiter regulatorischer Regime und für die Schwierigkeiten der Anpassung nationaler Politikfeldtraditionen an die neuen regulatorischen Zwänge. In der Regionalpolitik erfolgt die europäisierte Politiksteuerung nicht durch politische Regulierung, sondern durch nichthierarchische verhandelte Steuerung in dem Mehrebenensystem Europa-Nation-Region. Verhandlungsorte sind die Knoten von Politiknetzwerken, die (was übrigens auch für die Umweltpolitik gilt) weiter gespannt sind als dies das Raster staatlicher Institutionen vorgeben würde, die aber immer auch staatliche Institutionen einschließen. Die Justiz und Innenpolitik schließlich ist nicht zuletzt ein Beispiel für Policy Learning. Deutschland gab und gibt Kompetenzen auf diesem Politikfeld immer wieder ab, weniger wegen wie auch immer gearteter europäischer Grundsatztreue als aufgrund von Lerneffekten, die aus dem Vorbild vorhandener oder möglicher besserer politischer Problemlösungen entstanden.

Ob sich in Zukunft die das deutsche Regierungssystem betreffende Europäisierungsdynamik auf eine Hauptursache verengen lassen bzw. allein auf eine solche zurückzuführen sein wird, muss hier dahin gestellt bleiben. Fest steht aber, dass sich Europäisierungsprozesse im nächsten Jahrzehnt unter neuen Vorzeichen vollziehen werden. Vier wichtige Zukunftsperspektiven sind hier zu nennen: 1) Die Flexibilisierung der europäischen Zusammenarbeit; 2) Die Osterweiterung der EU und 3) Tendenzen zu einer Neuverteilung der Kompetenzen in der EU zwischen europäischer Ebene und Mitgliedstaaten sowie 4) die Möglichkeit bzw. Notwendigkeit einer Reform der EU-Institutionen, zunächst in der Form, wie sie der Verfassungsvertrag vorsieht.

Institutionelle Reformen, wie etwa die Ausweitung der Anwendung des Entscheidungsverfahrens der offenen Koordinierung in der EU, werden beispielsweise Bundesregierung, Bundestag und Bundesrat zur erneuten institutionellen Anpassung an die Europäisierung zwingen. Mit der Osterweiterung sind grundlegende Fragen der Gleichzeitigkeit von Vertiefung und Erweiterung, sowie neue Fragen für viele Politikfelder, wie Innen- und Justiz (Freizügigkeit, Kriminalitätsbekämpfung) oder Agrar- und Regionalpolitik (Finanzierbarkeit, Förderumfang), verbunden. Es ist gut möglich, dass die Osterweiterung die bereits vorhandenen Tendenzen in der EU zur Vertiefung der Zusammenarbeit nur einer Gruppe von EU-Staaten an Stelle der Vertiefung der Zusammenarbeit aller EU-Staaten verstärkt. Dies hätte weitreichende Folgen für die Art und Weise der Europäisierung bestimmter Politikfelder, aber auch für das Zusammenwirken der deutschen politischen Institutionen, die nun quasi mit mehren „Aggregatzuständen" der EU gleichzeitig zurecht kommen müssten. Die Verhandlungen zum Verfassungsvertrag ließen Europäisierung als Einbahnstraße erscheinen. Die in den Beschlüssen von Laeken 2001 gedanklich eröffnete Möglichkeit der Rückübertragung von Kompetenzen der EU auf die Nationalstaaten blieb für das Vertragsdokument unerheblich. Dennoch ist seither Widersprüchliches zu beobachten. Auf der einen Seite beschleunigten sich Europäisierungstendenzen, vor allem in den Bereichen Inneres und Justiz sowie in der Gemeinsamen Außen- und Sicherheitspolitik. Auf der anderen Seite wurden Stimmen laut, die vor einer Überdehnung der Kompetenzfülle der EU warnten. Und im Tagesgeschäft, aber auch bei den Verhandlungen zum Verfassungsvertrag wurde das nationalstaatliche Pochen auf Autonomie und Ressourcenschonung immer deutlicher. Immer weiter streben auch die faktische Europäisierung und die der nationalen Politik und den nationalen Wählerschaften bewusste Europäisierung auseinander. Es scheint absehbar, dass deshalb in Zukunft nicht nur die Mechanismen der Europäisierung selbst, sondern auch die Folgen und die Reichweite der Europäisierung stärker als bisher auch in Deutschland Gegenstand innenpolitischer Kontroversen werden.

Literatur

Siedentopf, Heinrich (Hrsg.) (2004): Der Europäische Verwaltungsraum, Baden-Baden.

6 Verzeichnis der Tabellen

7 Stichwortverzeichnis